国家出版基金项目
NATIONAL PUBLICATION FOUNDATION

本研究先后受到欧盟驻华代表处、美国哈佛大学哈佛燕京学社、中国国家社科基金和南京大学中华人文基金资助，谨此致谢

欧亚历史文化文库

总策划 张余胜

兰州大学出版社

小儿锦研究（三）

——词源（下册）

丛书主编 余太山
刘迎胜 著

图书在版编目(CIP)数据

小儿锦研究. 词源:全2册 / 刘迎胜著. —兰州:
兰州大学出版社,2013.12
(欧亚历史文化文库/余太山主编)
ISBN 978-7-311-04363-6

Ⅰ.①小… Ⅱ.①刘… Ⅲ.①回族—民族语—词源—
研究 Ⅳ.①H289

中国版本图书馆CIP数据核字(2013)第313722号

总 策 划 张余胜
项目执行 施援平
责任编辑 王晓芳 马继萌 施援平
装帧设计 张友乾

书　　名 小儿锦研究(三)——词源(下册)
丛书主编 余太山
作　　者 刘迎胜 著
出版发行 兰州大学出版社 (地址:兰州市天水南路222号 730000)
电　　话 0931-8912613(总编办公室) 0931-8617156(营销中心)
　　　　 0931-8914298(读者服务部)
网　　址 http://www.onbook.com.cn
电子信箱 press@lzu.edu.cn
印　　刷 兰州人民印刷厂
开　　本 700 mm×1000 mm 1/16
总 印 张 85.75(插页7)
总 字 数 1148千
版　　次 2013年12月第1版
印　　次 2013年12月第1次印刷
书　　号 ISBN 978-7-311-04363-6
定　　价 300.00元(共三册)

(图书若有破损、缺页、掉页可随时与本社联系)
淘宝网邮购地址:http://lzup.taobao.com

《词源》使用说明[1]

1.本《词源》以小儿锦为中心,所有词条均以笔者所确定的小儿锦字母出现的先后为序排列。

2.由于小儿锦采用阿拉伯文拼音原则,对元音不倾向于拼出,而倾向于以元音标识标注,故而本《词源》在词条排列时,严格按小儿锦字母顺序排列,元音标识不作为排列依据。凡字母与拼法相同者,再确定排列细则。

3.小儿锦拼法相同的词条排列:

(1)小儿锦拼法相同,元音或鼻音标注亦相同,但实际上对应于不同汉文者,视为不同词条,分别列出,如:

گِء [gi],期[qi],a period of time。波/阿 مُدَّةِ [maddati] ‖ 参见 مدة [muddat],a space of time,a season,end,limit,term。《李殿君》页 19,列 5,行 16–18。

گِء [gi'i],记忆 [ji yi],anamnesis,memory,mind,recall,recollection,remembrance。波/阿 ذَكَّرَ [zakkara] ‖ 参见 ذكر [zikr],remembrance,commemoration,mention。《李殿君》页 67,列 3,行 1–3;同书页 131,列 6,行 16。

(2)对应汉文不同的词条,按对应汉文的四声排列。

[1]详细内容见《小儿锦研究(一)——历史、文献与文字》第 9 章。

(3)对应汉文字数少者在前,多者在后。

4.关于词条内容,本《词源》规定,每一词条中的各项内容出现的先后顺序为:

(1)小儿锦词目原文及其拉丁转写。

(2)对应汉文及其汉语拼音,对应汉文作考订内容及部分对应汉文的白话释义,对应汉文英译。

(3)对应波斯文/阿拉伯文词语,其拉丁转写,其英译或汉译。

(4)资料出处。

(5)对本词目的说明文字或考订。

目录

上册

下 册

ش Šīn

شَ [ši]，赊 [she]，buy or sell on credit

波/阿 نِسَاءِ [nisaā'i] ‖ 参见 نسأ [nasā']，delay，give credit，sell on credit。《李殿君》页 67，列 4，行 13–15。

شَ [ša]，舌 [she]，tongue，lingua

波/阿 لِسَانِ [lisaāni] ‖ 参见لسان [lisān]，the tongue。《李殿君》页 7，列 1，行 4–6。

شَ [ša]，蛇 [she]，snakes，serpent

波/阿（1） جَرِيشِ [jarīš]，按，此词待考。《李殿君》页 37，列 2，行 16–18；同书页 118，列 6，行 10。

波/阿（2） حَيَّةِ [hhiyati] ‖ 参见 حية [haiyat]，a serpent （said never to die except from accident），a long scorpion。《李殿君》页 7，列 2，行 1–3；同书页 124，列 5，行 10。

شَ [ša]，舍 [she]，give alms，abandon，give up

波/阿 وَهَّابُ [wahhābu] ‖ 参见 وهاب [wahhāb]，a giver，one who bestows。《李殿君》页 7，列 3，行 4–6。

شَ [ša]，赦 [she]，condone，pardon，remit

波/阿 عَتْقِ ['atqi] ‖ 参见 عتق['atq]，managing （flocks） well，being well managed （flocks），taking the lead （horse），being clear but tender-skinned （on recovering from an indisposition），nobility，liberty，freedom。《李殿君》页 7，列 5，行 4–6。

شِ [ši]，湿 [shi]，damp，humid，wet

波/阿（1） نِدْوَةِ [nidwati] ‖ 参见 ندوة [nudūwat]，moisture。《李殿君》页 95，列 3，行 16。

波/阿（2） بَلَّ [balla] ‖ 参见 بل [ball]（v.n.），moistening，softening。《李殿君》页 79，列 2，行 4–6。

شِ [ši]，狮 [shi]，a lion

波/阿 ختعم [khaṣ'am] ‖ 参见 خَثْعَمَ [khaṣ'ama]，狮子。《李殿君》页 36，列 5，行 10–12。

شِ [ši]，失 [shi]，lost，lose，miss

波/阿 عثر ['aṣara]，失足，踋倒，摔倒，《新阿汉大词典》页 1285，左。《李殿君》页 65，列 3，行 4–6。

شِ [ši]，施 [shi]，gift，donate

波/阿 بَزْلِ [bazli] ‖ 参见 بزل [bazl]，munificence，a gift。《李殿君》页 95，列 1，行 16。

شِ [ši]，实 [shi]，fact，truth

波/阿 حَقِيقَةِ [haqiīqati] ‖ 参见 حقيقة [haqīqat]，truth。《李殿君》页 95，列 4，行 13。

شِ [ši]，石 [shi]，rock，stone

波/阿 كحل，按，此词待考。《李殿君》页 31，列 4，行 13–15。

شِ [ši]，拾 [shi]，pick

波/阿 چيد [čīd] ‖ 参见 چيدن [čīdan]，to gather，collect，to select，pick，choose，动词不定式。《真境花园》页 4，列 2，行 10。

شِ [ši]，饰 [shi]，act the role of，adorn，decorations，ornaments，polish

波/阿（1） نَجادِ [najaādi] ‖ 参见 نجد [najjada]，装饰，点缀，《新阿汉大词典》页 2012，左。《李殿君》页 65，列 1，行 4–6。

波/阿（2） طوع [ṭū']，按，此词在阿拉伯语中的基本意义为服从，顺从。未查到与“饰”有关的意义，待考。《李殿君》页65，列 2，行 1–3。

شُ [šu]，熟 [shu]，cooked

波/阿 پخت [pukht] ‖ 参见 پخت [pukht]，he cooked。《真境花园》页 4，列 1，行 9。

شَن [šan]，山 [shan]，mountain，hill

波/阿 جُوْدِّىَ [juūddiīa] ‖ 参见 جودى [jūdī]，Mount Ararat in Armenia （where the ark is supposed to have rested）。《李殿君》页 68，列 2，行 10–12。

按，此处对应阿拉伯语所提到的山，乃挪亚方舟所停泊之山。

شَّ [ša]，扇 [shan]，fan

波/阿 مضراع，按，应为 مصراع [miṣrā‘]，门扇，一扇门，《新阿汉大词典》页 1119，左。《李殿君》页 67，列 4，行 7–9。

شِن [šin]，深 [shen]，deep

波/阿غَمِيقِ[ghamiīqi] ‖ 参见غمق [ghamaq]，being moist with dew（ground），lying on the earth （dew）。《李殿君》页 81，列 1，行 1。

شِن [šin]，身 [shen]，body

波/阿（1） جَسْدِ [jasdi] ‖ 参见 جسد [jasad]，the body（of men，genii，or angels）。《李殿君》页 10，列 5，行 4–6。

波/阿（2） قامت [qāmat] ‖ 参见 قامة [qāmat]，stature，shape，form，figure，body。《真境花园》页 11，列 1，行 14。此处对应汉字写作“身材”。

شِّ [ši]，神 [shen]，God，deity，divinity，spirit

波/阿（1） اَوْثَانِ [auṣaāni] ‖ 参见 اوثان [auṣān]（pl. of wasan），idols。《李殿君》页 73，列 5，行 4–6。

波/阿（2） جِنِّ [jinni] ‖ 参见 جن [jinn]（vulg. jin），a demon，an angel，spirit，genius，a parī or fairy，a hobgoblin。《李殿君》页 73，列 2，行 1–3。

波/阿（3） جِبتِ [jibti] ‖ 参见 جبت [jibt]，an idol，a magician，a soothsayer，magic，witchcraft，soothsaying。《李殿君》页 40，列 3，行 10–12。

شِّ [ši]，沈 [shen]，sink

波/阿 مَارَ [maāra] ‖ 参见 مار [mār]，a serpent，a beating or striking（ماره q.v.） an account-book，register，an accountant，（contracted from bīmār）sick，unwell。《李殿君》页 8，列 5，行 10–12。

按，此处阿拉伯文与对应汉字意义有别，该小儿锦表示的应为"审"字。

شُّ [šun]，顺 [shun]，submit，resign oneself，obey，listen to，obedience，submissiveness，humbleness，humidity，meekness，resignation，amenability

波/阿（1） ذَلَّلَ [z̲allala] ‖ 参见 ذلل [z̲ulul]（pl. of the following），tractable（horses）。《李殿君》页 66，列 3，行 10–12。

波/阿（2） أَذَلَّ [az̲alla] ‖ 参见اذل [az̲all]，more or most submissive。《李殿君》页 99，列 3，行 10。

شَا [ša]，杀 [sha]，kill，fordo，massacre，butcher，slaughter

波/阿 قَتْلِ[qatli] ‖ 参见 قتل [qatl]，killing，slaying，slaughtering，murdering，murder，homicide，assassination，bloodshed，carnage，massacre。《李殿君》页 7，列 4，行 13–15；同书页 163，列 4，行 1–3。

شَا [ša]，傻 [sha]，foolish，stupid

波/阿 غَبِّيِ [ghabbiyi] ‖ 参见غبى [ghabī]，a dolt，blockhead，

fool。《李殿君》页 45，列 3，行 16–18。

شِاً [šian]，阐 [chan]，explain

波/阿 فشا [fašā]，expound and propagate。《李殿君》页 65，列 2，行 10–12。

شًا [šan]，衫 [shan]，shirt，coat

波/阿 لَفَافَةِ [lufaāfati] ‖ 参见 لفافة [lifāfat，lifāfa]，any kind of bandages，swathes，a wrapper。《李殿君》页 56，列 4，行 1–3。

شًا [šan]，山 [shan]，mountain，hill

波/阿（1） جَبَلِ [jabali] ‖ 参见 جبل [jabal]，a mountain。《李殿君》页 12，列 5，行 4–6；同书页 117，列 2，行 10-12。

波/阿（2） أَعْلَامُ [a'laāmu] ‖ 参见 اعلام [a'lām]，mountains。《李殿君》页 94，列 5，行 16。

波/阿（3） عَرْنَانِ ['arnaāni] ‖ 参见 عرنان ['irnān]，name of a mountain。《李殿君》页 57，列 2，行 7–9。

波/阿（4） حَودَلَةِ [haūdalati] ‖ 参见 حودلة [haudalat]，hill，《新阿汉大词典》页 460。《李殿君》页 124，列 6，行 4。

波/阿（5） ظَرْبُ [žarbu] ‖ 参见 ظرب [žarib]，a small hill，a projecting and sharp part of a stone。《李殿君》页 36，列 2，行 13–15。

波/阿（6） طُوْرَ [ṭuūra] ‖ 参见 طور [ṭūr]，a mountain，especially Sinai。《李殿君》页 94，列 2，行 7。

波/阿（7） رتج，按，此词在阿拉伯语中基本意义为关门，道口等。或可参考رتاجة [ritājat]，岩石，石头，礁石，《新阿汉大词典》页 708，右。《李殿君》页 64，列 5，行 16–18。

شًا [šan]，闪 [shan]，flash，lightning

波/阿 حَشْحَشِ [hašhaši] ‖ 参见حش[hašš]（v.n.），lighting （a fire）。《李殿君》页 61，列 3，行 16–18。

شِاً [šian]，鳝 [shan]，eel

波/阿 جلكى，按，此词在同书另一处拼为جَلَّي（《李殿君》页119，列3，行4）。按，似为حنكليس [hankalīs]之误，指鳝鱼，鳗。《李殿君》页28，列2，行7–9。

شَا تًا [ša tan]，沙滩 [sha tan]，a sandy beach

波/阿 جَرعَةِ [jar'ati] ‖ 参见 جَرعَة [jar'at]，a sand-hill where vegetation thrives，《新阿汉大词典》页267，左：光秃的沙地，不毛之地，荒凉多沙的地。《李殿君》页118，列1，行10。

شِاًجوَ ْ [šan jau]，显照 [xian zhao]，show

波/阿 طوالع [ṭāwāl] ‖ 参见 طلوع [ṭulū']，appearing。《伯亚尼》页3，列1，行1。

شًا دِ [šan din]，山顶 [shan ding]，peak，hilltop

波/阿 اوج [auj] ‖ 参见 اوج [auj]，the highest point，top，summit，highest position。《中文消经》页2，列1，行10。

按，“顶”字应为后鼻韵母，此处小儿锦拼为前鼻音。

شًا دِ ي غٍ [šan dingh]，山顶 [shan ding]，mountain top

波/阿 اَوْجِ [aūji] ‖ 参见 اَوْج [auj]，top。《李殿君》页107，列1，行16。

شَا دِيًا [ša dian]，闪电 [shan dian]，lightning

波/阿 حَثحَثِ [haṣaṣi] ‖ 参见حَثحَث [haṣaṣa]，打闪，打忽闪，《新阿汉大词典》页343，右。《李殿君》页121，列5，行4。

شَا زْ [ša z]，沙子 [sha zi]，grit，sand

波/阿 رَمْلِ [ramli] ‖ 参见 رمل [raml]，sand。《李殿君》页6，列3，行7–9（此处对应汉字为“砂子”）；同书页135，列2，行16。

شًازْ [šan z]，衫子 [shan zi]，clothing

波/阿 قَمِيْصُ [qamiīṣu] ‖ 参见 قميص [qamīṣ]，a shirt，shift，

or any kind of inner garment of linen，also a tunic，a surplice （of cotton，but not of wool）。《李殿君》页 5，列 3，行 7–9。

شًاسْ [šan s]，山丝 [shan si]，silk

波/阿 خَزِّ [khzzi] ‖ 参见 خز [khazz]，silk，silken stuff。《李殿君》页 126，列 3，行 4–6。

شًافُّو [šan fun]，山峰 [shan feng]，mountain peak

波/阿 ضهر [ẓahr]，山峰，山顶，《新阿汉大词典》页 1199，右。《李殿君》页 72，列 1，行 7–9。

按，“峰”字应为后鼻韵母，此处小儿锦拼为前鼻音。

شًاقِ [šan ghin]，山根 [shan gen]，the foot of a mountain

波/阿 حَصِيصَ [haṣīṣa] ‖ 参见 حضيض [haẓīẓ]，the foot of a mountain。《李殿君》页 40，列 4，行 16–18；同书页 122，列 2，行 16。

شًاقٌ [šan ghun]，善功 [shan gong]，well-doing

波/阿 اعمال المبرورة [a‘māl al-mabrūr] ‖ 参见 اعمال [a‘māl]（pl. of ‘amal），works，acts，labours，مبرور [mabrūr]，purified，absolved，accepted of God，pious。《伊哈雅仪》页 2，列 4，行 17。

按，“功”字应为后鼻韵母，此处小儿锦拼为前鼻音。ال为阿拉伯语名词定冠词。

شًاگِ [šan gi]，疝气 [shan qi]，hernia

波/阿 فَتْقِ [fatqi] ‖ 参见 فتق [fatq]，hernia，a disease in the scrotum。《李殿君》页 159，列 6，行 7–9。

شًاكِيُو [šan giu]，删去 [shan qu]，delete，omit

波/阿 تخريج [tkhrīj] ‖ 参见 تخريج [takhrīj]，bring out，educing，instructing in learning and politeness。《伊哈雅仪》页 2，列 1，行 17。

شًالِ [šan lin]，山岭 [shan ling]，mountain，mountain range

波/阿 خَرْمُ [kharmu] ‖ 参见 خرم [kharm]，the brow of a mountain。《李殿君》页 62，列 3，行 7–9；同书页 126，列 6，行 1。

按，“岭”字应为后鼻韵母，此处小儿锦拼为前鼻音。

شًامِ [šan min]，山名 [shan ming]，name of the mountain，name of a mountain

波/阿 جُودِّى [jūddīa] ‖ 参见 جُودِّى [jūdī]，mount Ararat in Armenia。按，此处系原作者对此专有名词جُودِّى [jūddīa]的说明，而非“山名”这个词。《李殿君》页 119，列 6，行 16。

按，“名”字应为后鼻韵母，此处小儿锦拼为前鼻音。

شَامُوَ [ša mua]，（砂）[沙]漠 [sha mo]，desert

波/阿 البطاح [al-baṭāh] ‖ 参见 بطاح [biṭāh]，洪水干涸后的大沙石河道，大干河，《新阿汉大词典》页 136，左。《伯亚尼》页 3，列 2，行 27。

按，ال为阿拉伯语名词定冠词。

شَانْ [šan]，伤 [shang]，be distressed，be harmful to，get sick of sth.，injure，wound，injury

波/阿（1）جرح[jarh]，wounding。《满俩》页 2，行 2。

波/阿（2）آسيب [āsīb] ‖ 参见 آسيب [āsīb]，misery，hurt，injury，damage。《真境花园》页 3，列 2，行 2。

波/阿（3） حَبْطِ [habṭi] ‖ 参见 حبط [habaṭ]（v.n.），being cicatrized（a wound），the cicatrized scar of a wound or scourge。《李殿君》页 17，列 2，行 7–9。

波/阿（4） بَتَّرَ [battara] ‖ 参见 بتر [batar，battar]，worse。《李殿君》页 53，列 2，行 16–18。

波/阿（5） بَاسِ [ba'asi] ‖ 参见 بَاسِ [ba's]，pain。《李殿君》页 22，列 2，行 4–6；同书页 108，列 4，行 13。

波/阿（6） دَمْغِ [damghi] ‖ 参见 دمغ [damgh]（v.n.）, wounding, piercing to the brain。《李殿君》页 48，列 3，行 13–15。

波/阿（7） حَبْطِ [habṭi] ‖ 参见 حبط [habaṭ]（v.n.），being cicatrized（a wound），the cicatrized scar of a wound or scourge。《李殿君》页 17，列 2，行 7–9。

波/阿（8） عَطْبُ [‘aṭbu] ‖ 参见 عطب [‘aṭab]（v.n.），perishing, breaking down （camel or horse），destruction。《李殿君》页 16，列 5，行 4–6。

波/阿（9） ثُبُورَ [ṣubuūra] ‖ 参见 ثبور [ṣubūr]（v.n. of ثبر），ruining，destroying，ruin，perdition。《李殿君》页 60，列 2，行 16–18；同书页 116，列 3，行 1。

波/阿（10） حَطْمُ [haṭṭmu] ‖ 参见 حطم [haṭm], breaking（anything dry），being broken（a horse）through age。《李殿君》页 123，列 1，行 1。

波/阿（11） هَلْكِ [halki] ‖ 参见 هلك [halk]（v.n.），ruining, leading to destruction。《李殿君》页 3，列 2，行 4–6。

波/阿（12） قَلْتَ[qalta] ‖ 参见 قلت [qalat]（v.n.），perishing, death, destruction, [qalt, qalit], one who has little flesh on the bones。《李殿君》页 64，列 2，行 4–6。

波/阿（13） ذن [ẕẕan]，打击，击中，命中（……的尾巴），《新阿汉大词典》页 682，左。《李殿君》页 44，列 3，行 4–6。

波/阿（14） شَقَّ [šaqqa] ‖ 参见 شق [šaqq]（v.n.），splitting, tearing，cutting（a tooth）。《李殿君》页 54，列 1，行 10–12。

按，آن-[-ān]在小儿锦中表示开口后鼻韵母-ang。

شِآن [šan]，商 [shang]，commerce

波/阿 شَوَّرَ [šawwara] ‖ 参见شور [šaur]（v.n.），publishing, divulging, exhibiting （for sale）。《李殿君》页 22，列 5，行 16–18。

按，آن-[-ān]在小儿锦中表示开口后鼻韵母-ang。

شِآن [šian]，上 [shang]，up

波/阿 عُرُوجِ [ʻuruūji] ‖ 参见 عروج [ʻurūj] （v.n. of عرج），climbing up （a ladder），ascending，becoming high，ascent，ascension，rising，exaltation，zenith。《李殿君》页 68，列 4，行 1–3。

按，آن-[-ān]在小儿锦中表示开口后鼻韵母-ang。

شِآن ءْ [šian ʼi]，上颚 [shang e]，maxilla

波/阿 حِنْکِ [hinki] ‖ 参见 حنک [hanak]，the palate and the under part of the mouth。《李殿君》页 124，列 2，行 4。

按，آن-[-ān]在小儿锦中表示开口后鼻韵母-ang。

شَانْ بِيًا [šan bian]，上边 [shang bian]，upper place

波/阿 فوق [fauq] ‖ 参见 فوق [fauq]，upper part，superiority。《满俩》页 4，行 4。

按，آن-[-ān]在小儿锦中表示开口后鼻韵母-ang。

شِآن صٌ [šian ṣun]，伤损 [shang sun]，hurt，wounded，injury

波/阿（1）دَمْيغ [damīgh] ‖ 参见 دميغ [damīgh]，one whose brain is injured，《新阿汉大词典》页，641。《李殿君》页 130，列 4，行 7。

波/阿（2） اَلْتِ [ālti] ‖ 参见 اَلْتِ [ālut]，the chine。《李殿君》页 106，列 3，行 7。

按，آن-[-ān]在小儿锦中表示开口后鼻韵母-ang。

شِآن كْ [šian k]，上颚 [shang e]，maxilla

波/阿 حَنْکِ [hanki] ‖ 参见حنك [hanak]，the palate and the under part of the mouth。《李殿君》页 38，列 4，行 10–12。

按，آن-[-ān]在小儿锦中表示开口后鼻韵母-ang。

شَانْ گِ [šan gin]，上进 [shang jin]，make progress

波/阿 جهدا [jahdā]，劳累，辛苦，辛劳，谨慎地干，慎重地办，《新阿汉大词典》页 315，右。《伯亚尼》页 6，列 2，行 30。

按，آن-[-ān]在小儿锦中表示开口后鼻韵母-ang。

شًاوْ [šan ü]，鳝鱼 [shan yu]，eel

波/阿 حَنكْلِس [hanklis] ‖ 参见 حنكليس [hankalīs]，eel。《李殿君》页 124，列 3，行 4。

شًايَآن [šan yan]，山羊 [shan yang]，goat

波/阿 عَنزَةِ [‘anzati]，按，应为عنوز [‘unūz]，she-goats。《李殿君》页 156，列 2，行 4–6。

按，آن-[-ān]在小儿锦中表示开口后鼻韵母-ang。

شَ ءِ [ša ’i]，涉疑 [she yi]，doubt，disbelieve，misbelieve，suspect

波/阿（1） اِرتَابُ [irtaābu]，按，应为 ارتياب [irtiyāb]（v.n. 8 of ريب），doubting，suspecting，doubt，uncertainty。《李殿君》页 70，列 4，行 16–18。

波/阿（2） رَيْبَ [raība] ‖ 参见 ريب [raib]（v.n.），doubting，suspecting，doubt，suspicion，scandal，adverse fortune，danger。《李殿君》页 78，列 4，行 4–6；同书页 136，列 4，行 7。

شِءِغ [š’ingh]，生 [sheng]，give birth to，unripe

波/阿نِفَاس [nifaāsi] ‖ 参见 نفاس [nifās]，child-birth，labour，bringing forth。《李殿君》页 51，列 4，行 7–9。

شِ ءٌ گِيَا [ši ’un gia]，诗文家 [shi wen jia]，poet，author

波/阿 شعراع [s’rā’] ‖ 参见 شعرا [šu‘arā]（pl.of šā‘ir），poets。《满俩》页 2，列 4，行 2。

شِ پِ [ši pin]，食品 [shi pin]，food，eatable，edible，foodstuff，grocery，scoff

波/阿 طَعَامُ [ṭa‘aāmu] ‖ 参见 طعام [ṭa‘ām]，food，refreshment。

《李殿君》页 2，列 3，行 1–3。

شِ تِ [šin ti]，身体 [shen ti]，bodies

波/阿（1） جَرمُ [jarmu] ‖ 参见 جَرم [jirm]，a body，阿拉伯语。《李殿君》页 118，列 2，行 10。

波/阿（2） جَسدِ [jasdi] ‖ 参见 جَسدِ [jasad]，the body，阿拉伯语。《李殿君》页 118，列 5，行 13。

波/阿（3） بُدْنِ [budni] ‖ 参见 بُدْنِ [badan]，the body，波斯语。《李殿君》页 109，列 3，行 13。

波/阿（4） قَالَبُ [qālabu] ‖ 参见 قالب [qālab，qālib]，the body，bust，shape，figure，阿拉伯语。《李殿君》页 162，列 4，行 10–12。

شِتَّانْ [šian tan]，胸（堂）[膛] [xiong tang]，chest

波/阿 صورنا [ṣūrnā] ‖ 参见 صدر [ṣadr]，the breast。《伯亚尼》页 2，列 3，行 1。

按，“胸”字应为后鼻韵母，此处小儿锦拼为前鼻音。آن-[-ān] 在小儿锦中表示开口后鼻韵母-ang。

شِ تِوْ [ši tiu]，石头 [shi tou]，stone

波/阿（1） حَصىَ [haṣīa] ‖ 参见 حصى [haṣī]，a small stone。《李殿君》页 37，列 1，行 13–15。

波/阿（2） جِمَارَ [jimaāri] ‖ 参见 جمار [jimār]，small stones（thrown in the solemnities of Mecca）。《李殿君》页 37，列 3，行 1–3；同书页 119，列 6，行 4。

波/阿（3） حُجُرةِ [hujurati] ‖ 参见 حجر [hajar]，a stone。《李殿君》页 121，列 1，行 10。

شَ ثِيَانْ [ša ṣian]，麝香 [she xiang]，muskiness

波/阿 مشكى [muškī] ‖ 参见 مشک [mušk]，musk。《真境花园》页 3，列 1，行 5。

按，آن-[-ān]在小儿锦中表示开口后鼻韵母-ang。

شِ خُوِ [ši hui]，石灰 [shi hui]，calcareousness，lime

波/阿（1） نُوْرَةِ [nuūrati] ‖ 参见 نورة [nūrat，nūra]，a medicament made of quick-lime and arsenic for taking out hairs by the roots。《李殿君》页 35，列 4，行 10–12。

波/阿（2） كِلْسِ [kilsi] ‖ 参见 كلس [kils]，quick-lime。《李殿君》页 58，列 4，行 10–12。

شِ خِوْ [ši hiu]，时候 [shi hou]，moment，time

波/阿（1） وَقْتِ [waqti] ‖ 参见 وقت [waqt]，appointing a time，time season，hour，especially fixed for doing anything，opportunity。《李殿君》页 14，列 3，行 13–15。

波/阿（2） آنَاءِ [ānaā'i] ‖ 参见 اناء [anā']，an impediment，delay，postponement，seasonable moment，opportunity。《李殿君》页 26，列 4，行 4–6；同书页 107，列 4，行 4。

波/阿（3） آوَانِ [āwaāni] ‖ 参见 آوان [āwān]，times。《李殿君》页 90，列 5，行 7；同书页 107，列 4，行 13。

شِ دَ [ši da]，使得 [shi de]，make，let，cause someone to

波/阿（1） جَازَ [jāza] ‖ 参见 جأز [jā'az]，being affected by the sensation。《李殿君》页 88，列 4，行 16；同书页 117，列 2，行 1。

波/阿（2） ساغ [sāgha]，make，let，《新阿汉大词典》页 996。《李殿君》页 50，列 4，行 10–12；同书页 138，列 6，行 10。

شٍ دوُ [šin du]，深度 [shen du]，depth

波/阿 الفور [alfūr] ‖ 参见 فور [faur]，boiling（as a pot），bubbling as（a fountain），heat，celerity，hast，expedition，way，mode，manner。《伊哈雅仪》页 4，列 3，行 15。

شِ دَىْ [ši dai]，时代 [shi dai]，times

波/阿 عصر ['ṣr] ‖ 参见 عصر ['ṣsr，'ṣr，'usr，'uṣur]，times，an age，day and night，last part of the day，evening prayer。《伊哈

雅仪》页 5，列 3，行 9。

شَ دِيوُ [ša diu]，射［丢］[she]，shoot，throw

波/阿 رمى [rmī] ‖ 参见 رمى [ramī]，shooting，darting。《满俩》页 2，行 6。

شِ ذَعْ [šin z̠'a]，身（才）［材］[shen cai]，stature，figure

波/阿 قَامَةِ [qāmati] ‖ 参见 قامة [qāmat]，stature，shape，form，figure，body，a man's height。《李殿君》页 162，列 5，行 10–12。

شِرقَوْ [ši ghuwa]，石锅 [shi guo]，stone pot

波/阿 بُرَام [burām]，有柄瓦锅，砂锅，《新阿汉大词典》页 118，右。《李殿君》页 110，列 1，行 1。

شِسِ زِ [ši zi]，狮子 [shi zi]，a lion

波/阿（1） ضرغام [z̡rghām] ‖ 参见 ضرغام [z̡irghām]，a lion。《伊哈雅仪》页 3，列 2，行 11。

波/阿（2） اسود [asūd] ‖ 参见 اسد [asad]，狮子。《伊哈雅仪》页 3，列 2，行 12。

波/阿（3） بَاسِلِ [baāsili] ‖ 参见 باسل [bāsil]，a lion。《李殿君》页 93，列 5，行 1；同书页 108，列 5，行 13–15。

شِ زن [ši zan]，侍女 [shi nü]，handmaid，lady's-maid，lady in waiting

波/阿（1） أَمَةِ [amati] ‖ 参见 [amat]，a female servant，a handmaid。《李殿君》页 13，列 3，行 13–15。

波/阿（2） جَارِيَةِ [jāriyati] ‖ 参见 جَارِيَه [jāriya]，a femaie slave。《李殿君》页 117，列 1，行 1。

按，该小儿锦后半部分زن是波斯语表意借词，意为女人，妇女，妻子。四夷馆本《回回馆杂字》"人物门"第 149 词"زن （zan），妻，簪"，即此词。小儿锦使用者虽然书写时取波斯文原形，但仍按对应汉语意义读为“女”。

شِ زن [ši zan]，（实）[石]女 [shi nü]，a woman with a narrow female organ

波/阿 رَتْقِ [ratqi] ‖ 参见 رتق [rataq]，a narrowness of female organs to such a degree as only to allow a passage for the urine。《李殿君》页 133，列 3，行 4。

按，该小儿锦后半部分زن是波斯语表意借词，意为女人，妇女，妻子。四夷馆本《回回馆杂字》“人物门”第 149 词“زن（zan），妻，簪”，即此词。小儿锦使用者虽然书写时取波斯文原形，但仍按对应汉语意义读为“女”。

شِ زِيًا [ši zian]，舌尖 [she jian]，the tip of tongue

波/阿 لَهْجَةِ [lahjati] ‖ 参见لهجة [lahjat，lahja]，the tongue。《李殿君》页 61，列 3，行 1–3。

شَّ ژُ شَ ثِيَانْ دِ [šan jhuša ṣian di]，身如麝香的 [shen ru she xiang de]，body with musk smell

波/阿 نسيم [nsīm]（v.n. of نسيم），breathing gently （wind，odour），gentle breeze，zephyr，fragrant air，spicy gale，breath，perspiration。《真境花园》页 2，列 1，行 8。

按，آن-[-ān]在小儿锦中表示开口后鼻韵母-ang。

شٍ ژُوُ [šin jhu]，深入 [shen ru]，go deep into

波/阿 أخز [a'khz] ‖ 参见 خز [khazz]，stabbing，transfixing with a dart，fencing a wall with thorns。《伊哈雅仪》页 5，列 1，行 17。

شَ ژُوْ [ša jhu]，舌肉 [she rou]，tongue

波/阿 لِسَانِ [lisāni] ‖ 参见 لسان [lisān]，the tongue。《李殿君》页 170，列 4，行 7–9。

شَ ژُوُ يًا يُوِى [ša jhu yan yui]，舌肉言语 [she rou yan yu]，language

波/阿 لسان [lsān] ‖ 参见 لسان [lisān]，the tongue，language。《满俩》页 2，行 3。

شِ سر [ši sar]，石头 [shi tou]，rock，stone

波/阿 حَجْرَةِ [hajrati]，按，应为 حجر [hajar]，a stone，the philosopher's stone。《李殿君》页 11，列 5，行 7–9。

按，该小儿锦后半部分سر为波斯语表意借词，小儿锦使用者虽然书写时取波斯文原形，但仍按对应汉语意义读为“头”。

شِ شَ [ši ša]，施舍 [shi she]，give alms

波/阿 بَذلِ [bazli] ‖ 参见 بذل [bazl]，munificence。《李殿君》页 109，列 1，行 16。

شِ شُوَى [ši šuai]，蟋蟀 [xi shuai]，cricket

波/阿 جُدْجُدَ [judjuda] ‖ 参见 جدجد [judjud]，a kind of cricket。《李殿君》页 57，列 4，行 16–18。

شَ شِيَانْ [ša šian]，设想 [she xiang]，think

波/阿 تجيية [tajiyat]，按，此词待考。《伯亚尼》页 6，列 2，行 1。

按，آن-[-ān]在小儿锦中表示开口后鼻韵母-ang。

شِغِ [šigh]，水 [shui]，water

波/阿 رِيقِ [rīqi] ‖ 参见 ريق [raiq]，shining on the ground like water。《李殿君》页 91，列 1，行 4。

按，此处小儿锦双元音拼音中的字母غ[gh]，应理解为ع[ê]，即读为شِعِ [šie]。

شِغٍ [šingh]，深 [shen]，deep，profundity

波/阿 عَمِيْقِ [‘amiīqi] ‖ 参见 عميق [‘amīq]，deep，profound（well），distant，long，widely extensive，a gulf。《李殿君》页 9，列 3，行 4–6。

按，“深”字应为前鼻音，此处小儿锦拼为后鼻音。

شِغ [šingh]，生 [sheng]，unripe，raw，born

波/阿 نِئ [niī’] ‖ 参见 نئ [nay]，raw，生的，未成熟的，未煮熟的，《新阿汉大词典》页 2146，右。《李殿君》页 55，列 4，行 7–9。

شِغ [šingh]，升 [sheng]，ascend，rise，promote

波/阿 صَاعَ [ṣaā‘a] ‖ 参见 صاع [ṣā‘]，a mark left by an ostrich’s breast on the ground。《李殿君》页 27，列 1，行 7–9。

شِغ [šingh]，牲 [sheng]，livestock

波/阿 صَيْدِ [ṣaīdi] ‖ 参见 صيد [ṣaid]，prey，anything to be killed。《李殿君》页 95，列 4，行 7。

شِغ [šingh]，绳 [sheng]，rope

波/阿（1） سِلسِلِ [silsili] ‖ 参见 سلسلة [salsalat]，a long slice of camel’s bunch。《李殿君》页 85，列 4，行 7。

波/阿（2） حَبْلِ [habli] ‖ 参见 حبل [habl]，a rope，cord，halter，a tendon，a vein。《李殿君》页 12，列 2，行 4–6。

波/阿（3） عِكَالِ [‘ikaāli] ‖ 参见 عكال [‘ikāl]，a rope with which a camel’s fore-foot is tied up。《李殿君》页 24，列 2，行 13–15。

شِغ [šingh]，盛 [sheng]，flourishing，prosperous，vigorous，put in

波/阿 در [darra]，繁茂，茂密，《新阿汉大词典》页 605，左。《李殿君》页 48，列 4，行 7–9。

شِغ [šingh]，圣 [sheng]，holy，sacred，sage，saint

波/阿 نَبِّي [nabbiīi] ‖ 参见 نبى [nubī，nibī]，word of God。《李殿君》页 18，列 2，行 1–3。

شِغ [šingh]，胜 [sheng]，success，superb，surpass，victory，win

波/阿（1） إِسْتَلى [istaāya] ‖ 参见 استيلاء [istīlā’]，conquest，dominating。《李殿君》页 69，列 4，行 13–15。

波/阿（2） ظاهر [ẑāhir]，胜利者，无往而不胜的，常胜的，《新阿汉大词典》页 1272，左。《李殿君》页 45，列 5，行 10–12。

波/阿（3） مهير，按，此词待考。《李殿君》页 46，列 2，行 16–18。

شِغًا [šighan]，山 [shan]，hill，mountain

波/阿（1） رَوَاسِى [rawaāsiīa] ‖ 参见 رواسى [rawāsī]（pl. of rāsiyat），huge mountains。《李殿君》页 15，列 5，行 16–18。

波/阿（2） حودلة [haudalat]，hill，《新阿汉大词典》页 460。《李殿君》页 33，列 3，行 10–12。

按，此词小儿锦前鼻韵母开口元音拼音中的字母غ[gh]，应理解为ع[ê]，即读为شِعًا [šiean]。

شِغًا [šighan]，衫 [shan]，shirt

波/阿 مجسد [mijsad]，衬衫，贴身衬衣，《新阿汉大词典》页 276，左。《李殿君》页 60，列 3，行 10–12。

按，此词小儿锦前鼻韵母开口元音拼音中的字母غ[gh]，应理解为ع[ê]，即读为شِعًا [šiean]。

شِغًازْ [šighan z]，衫子 [shan zi]，shirt

波/阿 قَميصُ [qamīṣu] ‖ 参见 قميص [qamīṣ]，a shirt，shift，or any kind of inner garment of linen。《李殿君》页 165，列 2，行 16–18。

按，此处“衫”字小儿锦前鼻韵母开口元音拼音中的字母غ[gh]，应理解为ع[ê]，即读为شِعًا [šiean]。

شِغ ءِ [šingh ’in]，声音 [sheng yin]，sound，voice，vocality，vox

波/阿（1） خُوَارَ [khūāra] ‖ 参见 خوار [khuwār]，the lowing of oxen，bleating of sheep，goats，or fallow deer。《李殿君》页 127，列 1，行 16。

波/阿（2） صَوْتِ [ṣauti] ‖ 参见 صوت [ṣaut]（v.n.）, calling out, shriek of distress。《李殿君》页 9，列 3，行 13–15。

شِغِ زْ [šingh z]，升子 [sheng zi]（量粮食的容器，容量为斗的十分之一），liter

波/阿 قَفِيزَانِ [qafīzāni] ‖ 参见 قفيز [qafīz]，a measure of 12 ṣā‘ or about 8 makākīk，a weight。《李殿君》页 76，列 5，行 1–3；同书页 165，列 2，行 4–6。

شِغِ زْ [šingh z]，绳子 [sheng zi]，a rope

波/阿 حِبلِ [hbli] ‖ 参见 حبل [habl]，a rope。《李殿君》页 121，列 4，行 1。

شِغُ شِ [šighu ši]，首饰 [shou shi]，jewelry，ornaments

波/阿 اساور [asaāwira] ‖ 参见ساور [suwar]，手镯，臂钏，《新阿汉大词典》页 982，左。《李殿君》页 40，列 5，行 13–15。

按，此处“首”字小儿锦双元音拼音中的字母غ[gh]，应理解为ع[ê]，即读为شِعُ شِ [šieu ši]。

شِغِ صِيَا [šingh ṣiai]，牲畜 [sheng chu]，livestock

波/阿（1） بَهَائِمُ [bahā’imu] ‖ 参见 بَهَائِمُ [bahā’im]，beasts。《李殿君》页 112，列 5，行 10。

波/阿（2） بُدَنَةِ [budanati] ‖ 参见 بُدَنَة [badanat]，an ox or camel sacrificed at Mecca in discharge of a vow。《李殿君》页 109，列 4，行 13。

شِغِ قَوْ [šingh gau]，升高 [sheng gao]，lift，elevate，rise，raise

波/阿（1） رَفْعَ [raf‘] ‖ 参见 رفع [raf‘]，lifting，raising，elevating。《李殿君》页 135，列 1，行 1。

波/阿（2） رَقّى [raqqīa] ‖ 参见 رقى [raqqī]，elevate，《新阿汉大词典》页 769。《李殿君》页 135，列 3，行 4。

شِغِ وْ [šingh ü]，圣谕 [sheng yu]，holy preaching，an imperial edict

波/阿 حَدِيثِ [hadiīṣi] ‖ 参见 حديث [hadīṣ]，tradition(particularly with regard to the saying and action of Muhammad)，今译称“圣训”。《李殿君》页 86，列 4，行 10；同书页 121，列 5，行 16。

شُ فُ [šu fu]，顺服 [shun fu]，obey，submit to

波/阿（1） مُطِيعِ [muṭiī‘i] ‖ 参见 مطيع [muṭī‘]，obedient，submissive，obsequious。《李殿君》页 44，列 1，行 1–3。

波/阿（2） ذَلَّلَ [ẕallala] ‖ 参见 ذلل [ẕulul]，tractable （horses）。《李殿君》页 132，列 3，行 1。

波/阿（3） انقاد，按，此词未查到顺服的意义，待考。《李殿君》页 48，列 4，行 4–6；同书页 107，列 1，行 13 （此处波/阿写为 اِنْقَاذ [inqāẕ]，setting at liberty，救援，拯救，营救，《新阿汉大词典》页 2103，左）。

شِ فَـاءَ [šin f’a]，生方 [sheng fang]

波/阿 حيل [hail]，武力，强力，力量，能量。《新阿汉大词典》页 468 左及 469 右。《李殿君》页 18，列 5，行 13–15。

按，“生”与“方”均应为后鼻韵母，此处小儿锦“生”拼为前鼻音，“方”未标鼻音。“生方”的意义不明，与阿拉伯文 حيل [hail]之间的对应关系待考。

شِ تِوَ [ši tiua]，石头 [shi tou]，rock，stone

波/阿 صَخْرَ [ṣakhra] ‖ 参见 صخر [ṣakhr，ṣakhar]，rocks，huge hard stones，the great piece of rock in the mosque of ‘Umar in Jerusalem。《李殿君》页 73，列 5，行 1–3。

شَ قِ [ša ghin]，舌根 [she gen]，hypoglottis，back of tongue，tongue root

波/阿 حِرْقِدَ [hirqida] ‖ 参见 حرقد [hiqid]，hypoglottis。《李殿君》页 68，列 1，行 7–9；同书页 122，列 6，行 1。

شِ قَوْ [ši ghau]，石膏 [shi gao]，gesso，gypsum

波/阿جِبسِ [jibsi] ‖ 参见 جِبس [jibs]，gesso。《李殿君》页 36，列 1，行 1–3；同书页 117，列 1，行 1–3。

شٍ قَوْ [šin ghau]，升高 [sheng gao]，hoist，rise

波/阿（1） رَقْى [raqyi] ‖ 参见 رقى [raqī]，ascend，promote。《李殿君》页 19，列 1，行 1–3。

波/阿（2） رافع [rāfi‘] ‖ 参见 رافع [rāfi‘]，one who raises or exalts。《伯亚尼》页 5，列 1，行 9。

按，“升”字应为后鼻韵母，此处小儿锦拼为前鼻音。

شَ قُوًا [ši ghuan]，习惯 [xi guan]，habit

波/阿 عرف [erf] ‖ 参见 عرف [‘irf]，being patient。《满俩》页 2，行 7。

شِ كِيَ [ši kia]，世界 [shi jie]，world

波/阿 دُنْيا [dunyaā] ‖ 参见 دنيا [dunyā]，the world。《李殿君》页 93，列 4，行 16。

شِ گِ [ši gi]，拾起 [shi qi]，pick up

波/阿 قطم [qaṭm]，啃，咬，《新阿汉大词典》页 1660，右。《李殿君》页 66，列 5，行 7–9。

شِ گِءِوْ [ši g’iü]，失去 [shi qu]，lose

波/阿 فَوْتِ [fawti] ‖ 参见 فوت [faut]，dying，passing away。《李殿君》页 90，列 3，行 1。

شِ گِ غِ [ši gingh]，时境 [shi jing]，environment，situation

波/阿 حَالِ [hāli] ‖ 参见 حَال [hāl]，condition。《李殿君》页 120，列 6，行 13。

شِ گِيَ [ši gia]，世界 [shi jie]，the world

波/阿（1） عَالَمِ [‘aālami] ‖ 参见 عالم [‘ālam]，the world。《李

殿君》页 98，列 3，行 7。

波/阿（2） دُنْيَا [duniā] ‖ 参见 دنيا [danyā]，the world。《李殿君》页 130，列 3，行 10。

شِكِؤ [ši kiü]，失去 [shi qu]，lose

波/阿（1） فَقَدِ [faqadi] ‖ 参见 فقد [faqd]，being deprived of，losing，missing，loss，deprivation。《李殿君》页 21，列 3，行 1–3；同书页 161，列 6，行 4–6。

波/阿（2） فَوْتِ [fauti] ‖ 参见 فوت [faut]，to be lost，escape。《李殿君》页 161，列 4，行 16–18。

شِ لِ [šin lin]，森林 [sen lin]，a forest

波/阿 اَيْكِ [aiki] ‖ 参见 اَيْكِ [aik]，a forest。《李殿君》页 108，列 1，行 7。

شِ لِ [šin li]，牲（畜）[礼？] [sheng chu]，livestock，dumb things

波/阿 بُدْنَةِ [budnati] ‖ 参见 بدنة [badanat]，beast for sacrifice。《李殿君》页 16，列 1，行 7–9。

按，"牲"字应为后鼻韵母，此处小儿锦拼为前鼻音。该小儿锦第二个词لِ [li]与汉字"畜"不相当，疑为"礼"字拼音。

شِ لُوِى [šin lui]，神类 [shen lei]，angels

波/阿 جن [jn] ‖ 参见 جن [jin]，angels。《满俩》页 2，行 10。

شُ لِيَآن [šun lian]，顺良 [shun liang]，submissive

波/阿 اَذّلّ [azzala] ‖ 参见 اَذّلّ [azzal]，submissive。《李殿君》页 104，列 1，行 4。

按，آن-[-ān]在小儿锦中表示开口后鼻韵母-ang。

شِ لِيُوْ [ši liu]，石榴 [shi liu]，guava，a megranate

波/阿 رُمَانِ [rumāni] ‖ 参见 ومان [rummān]，a pomegranate。《李殿君》页 35，列 1，行 13–15；同书页 135，列 1，行 13。

شِ لِيُو ْ پِ [ši liu pi]，石榴皮 [shi liu pi]，rind of pomegranate

波/阿 آسِ，按，此词待考。《李殿君》页 104，列 2，行 13。

شِ لِيُو حُوَا [ši liu hua]，石榴花 [shi liu hua]，flower of pomegranate

波/阿 ضيمران [ẓaimurān] ‖ 参见 ضيمران [ẓaimurān]，a species of odoriferous herb。《真境花园》页 7，列 2，行 2。

شِ خَیْ [šin khai]，（申）[审] 核 [shen he]，examine，verify

波/阿 راجعنا [rāja'anā] ‖ 参见راجع [rāja'a]，校对，检查，审查，审核，鉴定，《新阿汉大词典》页 714，右。《伊哈雅仪》页 2，列 2，行 11。

ش نیَ [š nia]，（实）[石]女 [shi nü]，a woman with a narrow female organ

波/阿 رُتْقِ [rutqi] ‖ 参见 رتق [rataq]，a narrowness of female organs to such a degree as only to allow a passage for the urine。《李殿君》页 34，列 4，行 10–12。"实"当为"石"之误。

شَوْ [šau]，烧 [shao]，burn，fever，cook，roast

波/阿（1） رَمْضِ [ramẓi] ‖ 参见 رمض [ramẓ]（v.n.），splitting （a sheep） and roasting it in the skin upon a hot stone covered with ashes，burning of the feet from hotness of the ground。《李殿君》页 63，列 5，行 10–12。

波/阿（2） حَرْقِ [harqi] ‖ 参见 حرق [harq]，burning。《李殿君》页 5，列 5，行 4–6；同书页 122，列 5，行 1。

شَوْ [šau]，哨 [shao]，whistle

波/阿فَرْطِ [farṭi] ‖ 参见 فرط [farṭ，faraṭ]，a road-post，a person or persons going before to prepare buckets，ropes，and whatever is requisite for the wants of a caravan。《李殿君》页 41，列 5，行 16–18。

شَوْ [šau]，少 [shao]，few，a little while，fewness，lack，little

波/阿（1） قِلَّةِ [qillati] ‖ 参见 قلة [qillat]（v.n. of قلّ），being little，few，diminishing，paucity，littleness，fewness。《李殿君》页 6，列 5，行 1–3。

波/阿（2） حَدَاثَةِ [hadaāṣti] ‖ 参见 حداثة [hadāṣat]（v.n. of حدث），being new，fresh and young，youth，tender age。《李殿君》页 30，列 4，行 13。

شُوَ [šua]，说 [shuo]，speak，say，talk，tell

波/阿（1） خرص [kharṣ]，guesing by the eye，guess，conjecture，a lie。《李殿君》页 75，列 4，行 7–9。

波/阿（2） ئلم，按，此词待考。《李殿君》页 16，列 4，行 7–9。

波/阿（3） قَوْلِ [qauli] ‖ 参见 قول [qaul]，speaking，saying，pronouncing，or giving an opinion upon（anything），speech。《李殿君》页 21，列 1，行 10–12；同书页 166，列 2，行 7–9。

شُوَ [šua]，所 [shuo]，place

波/阿خصال [khiṣāl]（v.n. of خصل [khaṣala]），conquering at darting，cutting away（a piece）of meat，（pl. of khaṣlat）good manners，habits，properties，or qualities。按，此处对应汉字与对应阿拉伯文意义不同，待考。《李殿君》页 60，列 3，行 4–6。

شُوِ [šui]，睡 [shui]，sleep

波/阿 نَوْمُ [naumu] ‖ 参见 نوم [naum]（v.n.），sleeping，falling asleep，sleep，slumber。《李殿君》页 56，列 2，行 10–12。

شُوُ [šu]，熟 [shu]，cooked，ripe，familiar，skilled

波/阿（1） نَضْخِ [naẓkhi] ‖ 参见 نضخ [naẓkh]，boiling or bubbling up（water）。《李殿君》页 58，列 2，行 16–18。

波/阿（2） رَضْفُ [raẓfu] ‖ 参见 رضف [raẓf]，buring，banding，roasting，or boiling with a hot stone，a hot stone thrown into milk， in order to warm it。《李殿君》页 134，列 5，行 7。

波/阿（3）نَضْجِ [nazji] ‖ 参见 نضج [naẓj, nuẓj]（v.n.）, ripening （as dates）。《李殿君》页 55，列 3，行 7–9。

波/阿（4）دَبْغِ [dabgh] ‖ 参见 دبغ [dabgh]，tanning （a hide）。《李殿君》页 6，列 5，行 10–12（按，该词的右侧为“皮子”，因此此处以“熟”训该词，应指将皮革鞣熟）；同书页 128，列 1，行 10。

شِوْ [šiu]，手 [shou]，hand

波/阿 يَدِ [yadi] ‖ 参见 يد [yadd，yad]，the hand。《李殿君》页 5，列 2，行 16–18。

شِوْ [šiu]，瘦 [shou]，lean，thin，tight

波/阿（1）غَثَّ [ghaṣṣa] ‖ 参见 غث [ghaṣṣ]，lean。《李殿君》页 51，列 2，行 10–12。

波/阿（2）عجيف ['ajiīfu] ‖ 参见عجيف ['ajifa]，变瘦，瘦弱，憔悴，《新阿汉大词典》页 1291，右。《李殿君》页 55，列 2，行 1–3。

波/阿（3）اصنا，按，此词待考。《李殿君》页 37，列 3，行 16–18；同书页 105，列 5，行 1。

波/阿（4）فجاء，按，此词待考。《李殿君》页 37，列 4，行 13–15。

شُوْ [šu]，叔 [shu]，uncle

波/阿 عَمَّ ['amma] ‖ 参见 عم ['am]，a father's brother。《李殿君》页 83，列 1，行 16。

شُوْ [šu]，鼠 [shu]，rat，mouse

波/阿（1）فَرَنْتِ [faranti]，按，应为 فرنب [firnib]，a mouse，the young of a jerboa。《李殿君》页 64，列 3，行 10–12。

波/阿（2）درص，按，应为 درض [darẓ]，jerboa，跳鼠。《李

殿君》页 66，列 2，行 1–3。

波/阿（3） فَارَةِ [faārati] ‖ 参见 فأرة [fa'rat]，a mouse （male or female）。《李殿君》页 3，列 2，行 7–9。

波/阿（4） بُعْرَ [bu'ra] ‖ 参见 بعر [ba'r]，dung。《李殿君》页 86，列 5，行 4。在李殿君字典中有"شُو ْ شِ [šu ši]，鼠屎。بَعرَ [ba'ra]"（页 111，列 3，行 7）当即此，虽与鼠有关，但仍不指老鼠。

波/阿（5） وَبْرَ [wabra] ‖ 参见 وبر [wabr]，a tailless animal smaller than a cat。《李殿君》页 28，列 2，行 13–15。

شُوْ [šu]，树 [shu]，tree

波/阿（1） شَجْرَةِ [šajrati] ‖ 参见 شجرة [šajarat，šajara]，one tree，a genealogical tree，a map in which fields are marked out。《李殿君》页 3，列 5，行 10–12。

波/阿（2） اِرَاكِ [iraāki] ‖ 参见 اراک [arāk]，a kind of salt and bitter tree。《李殿君》页 100，列 4，行 7。

波/阿（3） آثْلِ [āṣli] ‖ 参见 آثل [āṣl]，a tamarisk shrub。《李殿君》页 99，列 4，行 13。

شُوْ [šu]，术 [shu]，spell

波/阿 سِحْرَ [sihra] ‖ 参见 سحر [sahr]，magic，a spell。《李殿君》页 99，列 5，行 16。

شُوْ [šu]，漱 [shu]，wash

波/阿 مَضْمَضَ [maẓmaẓa] ‖ 参见 مضمض [maẓmaẓ]，washing the mouth。《李殿君》页 91，列 1，行 1。

شُوْ [šu]，数 [shu]，count，enumerate

波/阿（1） عَدَّ ['adda] ‖ 参见 عد ['add]，counting。《李殿君》页 92，列 3，行 4。

波/阿（2） حَصَى [haṣaī] ‖ 参见 حصى [haṣī]，counting，number，reckon，compute，《阿汉词典》页 277。《李殿君》页 37，列 4，

行 7–9。

شُوَا [šua]，刷 [shua]，brush，scrub，paste up，switch，rustle

波/阿 مِسْوَاكِ [miswaāki] ‖ 参见 مسواك [miswāk]，a dentifrice，especially one made from a certain kind of tree。《李殿君》页 69，列 3，行 10–12。

شُوَا بًا [šuan ban]，拴绊 [shuan ban]，fasten

波/阿 رَبْطِ [rabṭi] ‖ 参见 ربط [rabṭ]，binding，tying，connection，friendship，a tie。《李殿君》页 132，列 5，行 16。

شُوَآن [šuan]，双 [shuang]，double，twin

波/阿 شُفْعَ [šufʻa] ‖ 参见 شفع [šafʻ]，an even number，a pair，a couple。《李殿君》页 44，列 1，行 10–12。

按，آن-[-ān]在小儿锦中表示开口后鼻韵母-ang。

شِ وَانْ [ši wan]，失望 [shi wang]，disappointed

波/阿 يأس [ya's] ‖ 参见 يأس [ya's]，despairing，despair，hopelessness。《真境花园》页 8，列 2，行 4。

按，آن-[-ān]在小儿锦中表示开口后鼻韵母-ang。

شُوآن شٍ [šuan šin]，双生 [shuang sheng]，twins

波/阿 تِئْمُ [ti'mu] ‖ 参见 تِوائمُ [tiwā'mu]，twins。《李殿君》页 39，列 5，行 13–15；同书页 113，列 5，行 1。

按，آن-[-ān]在小儿锦中表示开口后鼻韵母-ang。“生”字应为后鼻韵母，此处小儿锦拼为前鼻音。

شِوْ ءِ [šiu 'i]，手艺 [shou yi]，handicraft

波/阿 حَرْفَةِ [harfati] ‖ 参见 حرفة [hirfat，hirafa]，a trade，craft，art，business，profession，skill，ingenuity，cunning。《李殿君》页 27，列 3，行 13–15；同书页 122，列 4，行 1。

شَوُ بٍ خَوْ [šau bin khau]，所（寻）[秉？]好 [suo xun hao]，get

well

波/阿 استخبره [astkhbrt] ‖ 参见 استخبار[istikhbār], interrogating, exploring, investigating, informing one's self, asking news, desiring advice。《伊哈雅仪》页 5，列 4，行 11。

按，小儿锦拼音与对应汉字不合，疑对应汉字为“所秉好”。

شَوْ بِغٍ [šau bingh]，烧饼 [shao bing]，a cake

波/阿 رَغِيفُ [raghīfu] ‖ 参见 رغيف [raghīf]，a thin round flat cake，paste，or wafer。《李殿君》页 134，列 5，行 13。

شِو بُوَ بِيًا [šiu bua bian]，受驳贬 [shou bo bian]（被驳斥），be denounced

波/阿 ذميمة [zmīmt] ‖ 参见 ذميمة [zamīma]，an act to be blamed。《满俩》页 5，行 10。

شِوُ بِيًاْ [šiu bian], 受编 [shou bian]（被编辑，被搓）, sth. be twisted, be edited

波/阿 المفتول [al-muftūl] ‖ 参见 فتل [fatala]，捻，搓，《新阿汉大词典》页 14952，左。《伯亚尼》页 7，列 2，行 2。

按，ال 为阿拉伯语名词定冠词。

شِوْ پِ لِيٌ [šiu pin liun]，受评论 [shou ping lun]，being commented

波/阿 معتبرة [mu'tabarat] ‖ 参见 معتبر [mu'tabar]，honored respected。《满俩》页 4，行 5。

按，“评”字应为后鼻韵母，此处小儿锦拼为前鼻音。

شِوْ پُو خَي [šiu pui hai]，受配合 [shou pei he]（配合），cooperated

波/阿 مركب，按，原文未注明音标 ‖ 参见 مركب [markab]，compounded。《满俩》页 2，行 8。

شِوْ تَوْ [šiu tau]，手套 [shou tao]，gloves，mittens

波/阿 قُفَّازِ [qufāzi] ‖ 参见 قفاز [qafāz]，a glove lined with

cotton。《李殿君》页 15，列 4，行 10−12；同书页 165，列 1，行 1−3。

شِوْ ثِيَانْ تِيًا دِ [šiu ṣian tian di]，［受？］向前［的］[xiang qian]，forward

波/阿 المتتدمة [al-mattadmat]，按，应为المتقدمة [al-mutaqadd-mat] ‖ 参见 متقدم [mutaqaddm]，先进的，进步的，前面的，先驱的，《新阿汉大词典》页 1598，左。《伯亚尼》页 6，列 3，行 27。

按，آن-[-ān]在小儿锦中表示开口后鼻韵母-ang。ال为阿拉伯语名词定冠词。该小儿锦所拼写的应为四个字，但对应汉字只有“向前”两个字，两者不合。其第一个字或为“受”（经堂教育中对阿拉伯/波斯术语中含被动意义的词，多在汉译前加一个“受”字），而最后一个字当为“的”。

شُو ثِيَ فَا [šu ṣia fa]，书写法 [shu xie fa]，regulations of writing

波/阿 رسم خط [rsm khṭ] ‖ 参见 خط [khaṭṭ]，writing，رسم [rasm]，drawing。《满俩》页 3，行 4。

شِوْ ثِيَ ىُ [šiu ṣia yu]，受解义 [šou jie yi]（被解释），be explained

波/阿 مفحوم [mfhum] ‖ 参见 مفحوم [mafhām]，understood。《满俩》页 2，行 17。

شُوَ ثِيَانْ [šua ṣian]，所想 [suo xiang]，sth. be wanted

波/阿المشتاقين [al-mušatāqīn] ‖ 参见مشتاق [mušatāq]，full of desire，wishing，longing，anxious to see an absent friend。《中文消经》页 3，列 1，行 26。

按，آن-[-ān]在小儿锦中表示开口后鼻韵母-ang。ال 为阿拉伯语名词定冠词。

شِوْ جِ [šiu ji]，手指 [shou zhi]，fingers

波/阿 أَصَابِعَ [aṣābi‘a] ‖ 参见 أَصَابِعْ [aṣābi‘]，fingers。《李殿君》

页 105，列 3，行 1。

شِوْ جَدِ [šiu ja di]，受遮的 [shou zhe de]（掩盖，不显露），hide from view，cover，screen

波/阿 حجبى [hijabī] ‖ 参见 حجابى [hijābī]，veiled，concealment，secrecy。《中文消经》页 3，列 1，行 21。

شُو جُوَانْ ژِ [šu juan jhin]，梳妆的女人 [shu zhuang de nü ren]，a comber，waiting-maid，bride-dresser，or tire-woman

波/阿 مشاطه [maššāṭat]，a comber，waiting-maid，bride-dresser，or tire-woman。《真境花园》页 9，列 1，行 2。

按，该小儿锦拼写的是“梳妆人”。آن -[-ān]在小儿锦中表示开口后鼻韵母-ang。

شِوْ جَى [šiu jai]，受遮 [shou zhe]（屏障），barrier

波/阿 المحتجبة [al-mahatjabat] ‖ 参见حجب [hajaba]，阻隔，隔开，遮盖，掩盖，遮蔽，《新阿汉大词典》页 344，左。《伯亚尼》页 6，列 1，行 32。

按，ال为阿拉伯语名词定冠词。

شِوْ چِ شُوَ [šiu čin šuwa]，受称说 [shou cheng shuo]，be praised

波/阿 يتصف [ītṣaf]，按，此词待考。《伯亚尼》页 7，列 1，行 5。

按，“称”字应为后鼻韵母，此处小儿锦拼为前鼻音。

شِوْ چَى [šiu čai]，受摘 [shou zhai]，be picked，be plucked，be taken off

波/阿 مقتطفة [muqtaṭafit] ‖ 参见قطف [qaṭatafa]，采，摘（果实等）。《中文消经》页 2，列 3，行 10。

شِوچِى لِ [šiu jin lin]，受承领 [shou cheng ling]，admitted

波/阿 مقبول [maqbūl] ‖ 参见 مقبول [maqbūl]，accepted。《伯亚

尼》页 3，列 1，行 31。

按，“承”与“领”均应为后鼻韵母，此处小儿锦拼为前鼻音。

شِو چِی مِ [šiu či min]，受驰名 [shou chi ming]（有名的），famous，renowned

波/阿 مشتهر [muštahar]，proclaimed，called，named，famous。《满俩》页 1，列 2，行 5。

按，“名”字应为后鼻韵母，此处小儿锦拼为前鼻音。

شِوْ چِی كِيُوَ [šiu či giua]，受知觉 [shou zhi jue]（感觉到的），be felt

波/阿 مدرک [mudrak]，comprehended。《满俩》页 4，行 1。

شُوَ خُوَآن [šua khuan]，说谎 [shuo huang]，telling a lie

波/阿（1） خَرْصَ [kharṣa] ‖ 参见 خرص [kharṣ]，guesing by the eye，guess，conjecture，a lie。《李殿君》页 125，列 5，行 16。

波/阿（2） بُرقَلِ [burqali] ‖ 参见 برقل [barqala]，撒谎，说谎，《新阿汉大词典》页 116，左。《李殿君》页 110，列 2，行 7。

波/阿（3） كِذْبُ [kiẕbu] ‖ 参见 كذب [kiẕb，kaẕib]，lying，a lie，false。《李殿君》页 167，列 6，行 10–12。

按，آن-[-ān]在小儿锦中表示开口后鼻韵母-ang。

شِوْ څَی كِيُوِ [šiu ċai kiui]，受采取 [shou cai qu]，accepted

波 / 阿 ماخوذ [mā'khuẕ] ‖ 参 见 ماخوذ [mā'khuẕ]，taken，occupied。《满俩》页 2，行 15。

شَوْ دِ [šau di]，少的，不值钱的 [shao de，bu zhi qian de]，less，sth. of less cost

波/阿（1） مزجات [muzjāt] ‖ 参见 مزجاة [muzjāt]，a small matter，a thing of little value，a trifle。《真境花园》页 9，列 1，行 15。

波/阿（2） قليل [qlīl] ‖ 参见 قليل [qalīl]，little，rare。《满俩》

页 5，行 6。

شِوْ دَانْ [šiu dan]，受当 [shou dang]（受骗吃亏），be taken in，be fooled，be duped

波/阿 هرهوت [harhūt]，按，应为 هرنوت [harnūt]，fraud，deceit，evil-speaking。《中文消经》页 2，列 3，行 24。

按，آن-[-ān]在小儿锦中表示开口后鼻韵母-ang。

شِوْ دِ دُوَ [šiu din dua]，受定夺 [shou ding duo]，being determined

波/阿 منوى [mnwī] ‖ 参见 منوى [manawī]，belonging to the idol。《满俩》页 3，行 1–6。

按，“定”字应为后鼻韵母，此处小儿锦拼为前鼻音。

شُو دِ فًا جُو [šu di fan ju]，数的繁重 [shu de fan zhong]（非常繁重），very heavy

波/阿 استثقال [istiṣqāl]，heaviness。《满俩》页 5，行 15。

按，“重”字应为后鼻韵母，此处小儿锦未标示鼻音。

شَوْ دل [šau dil]，烧心 [shao xin]，heart burning

波/阿 شقف [šaqaf]，（陶瓷器的）碎片，碎瓦片，《新阿汉大词典》页 1058，右。《李殿君》页 25，列 5，行 13–15。

按，该小儿锦后半部分دل[dil]是波斯语表意借词，小儿锦使用者虽然书写时取波斯文原形，但仍按对应汉语意义读为“心”。该小儿锦对应汉字与对应阿拉伯文意义不合，待考。

شِوْ دُوًا [šiu duan]，受断 [shou duan]（接受命令），being ordered

波/阿 محكوما [mhkūmā] ‖ 参见 محكومة [mahkūmat]，being ordered commanded。《满俩》页 4，行 2。

شِوْ زِ نُو [šiu zin nu]，受憎恶 [shou zeng wu]，disgusting

波/阿 منكر [mnkr] ‖ 参见 منكر [munkar]，wicked，bad。《满俩》页 5，行 9。

按，“憎”字应为后鼻韵母，此处小儿锦拼为前鼻音。“恶”字小儿锦拼音含影母。

شِوْ زَوْ دِ [šiu zau di]，受造的 [shou zao de]，created

波/阿 جلق [jlq] ‖ 参见 خلق [khalq]，producing，creating。《满俩》页 2，行 7。

شِوژِ قُوَ لِيُوْ [šiu jhin ghua liu]，使人过虑 [shi ren guo lü]，make sb. think too much

波/阿 تجيبية [tejiyat]，按，此词待考。《伯亚尼》页 6，列 2，行 1。

شِوْ ژُوْ [šiu jhu]，受辱 [shou ru]，be disgraced，be dishonoured，be insulted

波/阿 تَثْرِيبُ [taṣriību] ‖ 参见 تثريب[taṣrīb]（v.n. 2 of ثرب），chiding。《李殿君》页 74，列 5，行 13–15。

شَوَسٍ [šau sin]，烧心 [shao xin]（热爱），love

波/阿 شغف [šaghaf]，love。《伯亚尼》页 3，列 4，行 8。

شِوْ سِ [šiu si]，受喜 [shou xi]（讨人喜欢），attractive

波/阿 مرضى [marẓi] ‖ 参见 مرضى [marẓī]，agreeable。《满俩》页 5，行 15。

شُوَ سٍ [šuwa sin]，所寻 [suo xun]，be looked for

波/阿（1） بَغى [baghā]，要求，索求，追求，《新阿汉大词典》页 148，右。《李殿君》页 111，列 1，行 13。

波/阿（2） طَلْبُ [ṭalbu] ‖ 参见 طلب [ṭalab]（v.n.），petitioning，begging，requesting，seeking，desiring，petition，request，inquiry，search，quest，summons。《李殿君》页 19，列 1，行 13–15。

波/阿（3） استطالع [astiṭāl‘] ‖ 参见 استطلاع [istiṭlā‘]，seeking information。《伯亚尼》页 2，列 4，行 22。

شُوَ سِ دِى وِى [šua sin di wi]，所寻替位 [suo xun ti wei]（代替某人），use someone instead of others

波/阿 استناب [astnāb] ‖ 参见 استناد [istinād]，leaning against，supporting oneself by，or depending on。《伊哈雅仪》页 5，列 1，行 9。

شُو سِ عِلم دِ ژِ [šu sin ʻilm di jhin]，求学的人 [qiu xue de ren]（求学者），student

波/阿 طلبة [ṭalaba]，students。《满俩》页 5，行 7。

按，该小儿锦中的علم[ʻilm]为阿拉伯语表意借词，意为学问。小儿锦使用者虽然书写时取阿拉伯文原形，但仍按对应汉语意义读为“学”，或“学问”。该小儿锦所拼为“所寻学问的人”。

شُوَ سِيَوْ [šua siao]，说笑 [shuo xiao]，joking

波/阿 ملاعبت [mulāʻabat] ‖ 参见 ملاعبة [mulāʻabat]，a playing，joking，toying。《真境花园》页 5，列 1，行 13。

شُوْ شِ [šu ši]，鼠屎 [shu shi]，dropping of mice

波/阿 بَعرَ [baʻra] ‖ 参见 بَعر [baʻr]，voiding dung。《李殿君》页 111，列 3，行 7。

شِوْشِ[šiu ši]，（手）[首]饰 [shou shi]，jewelry

波/阿 أَسَاوَرَ [asaāwara] ‖ 参见ساور [suwar]，手镯，臂钏，《新阿汉大词典》页 982，左。《李殿君》页 104，列 4，行 13。

شُوْ شِ [šu šin]，赎身 [shu shen]，ransom

波/阿 مَكَاتَبُ [makaātabu] ‖ 参见 مكاتب [mukātab]，a slave self-ransomed （written off）。《李殿君》页 58，列 5，行 7–9。

شُوْ شُ [šu šu]，数数 [shu shu]（计算），counting

波/阿 حَصَى [haṣīa] ‖ 参见 حصى [haṣī]，counting，《阿汉字典》页 277。《李殿君》页 122，列 5，行 13。

شِوْ شِآن [šiu šian]，受伤 [shou shang]，injure，suffer

波/阿（1） جَراح [jarāha] ‖ 参见 جَراح [jirāh]（pl. of jirāhat），wounds。《李殿君》页 118，列 2，行 7。

波/阿（2） اِغْتَالِ [ightāl]，按，此词待考。《李殿君》页 50，列 3，行 1–3；同书页 105，列 1，行 13。

波/阿（3） تَثرِيبُ [taṣarību] ‖ 参见 تَثرِيب [taṣrīb]，chiding。《李殿君》页 113，列 4，行 7。

波/阿（4） حَبطِ [habṭi] ‖ 参见 حَبط [habaṭ]，being cicatrized（a wound）。《李殿君》页 121，列 1，行 1。

波/阿（5） تَبَّ [tabba] ‖ 参见 تَبّ [tabb]，injury，a fever。《李殿君》101，列 5，行 1；同书页 113，列 6，行 1。

波/阿（6） بَتَبَرَ，按，此词或为 ثبور [ṣubūr]（v.n. of ثبر），ruining，destroying，ruin，perdition；或为 بتر [batar，battar]，worse。《李殿君》页 109，列 1，行 4。

波/阿（7） خاب [khāb]。按，此词在阿拉伯语中意为变穷，变穷困，《新阿汉大词典》页 572，左；在波斯语中意为丢在后面的，《波汉词典》页 869，左。未查到有伤的意义，待考。《李殿君》页 37，列 4，行 10–12。

波/阿（8） خَبلِ [khabli] ‖ 参见 خبل [khabl]，mutilating（the body），amputation of hands or feet，an affection of the limbs。《李殿君》页 64，列 5，行 13–15；同书页 125，列 3，行 7。

波/阿（9） ضَرَّ [ẓarra] ‖ 参见 ضر [ẓarr]（v.n.），injuring，hurting，harming，loss，damage。《李殿君》页 74，列 3，行 7–9。

波/阿（10） أذىً [izīan] ‖ 参见 اذيه [azīyat]，injuring，hurting，injury，harm，damage，nuisance，hurt，wrong，loss。《李殿君》页 77，列 4，行 4–6；同书页 104，列 5，行 4。

波/阿（11） ذَنَّ [ẕanna] ‖ 参见 ذن [ẕann]，hit，《新阿汉大词典》页 682。《李殿君》页 132，列 5，行 1。

波/阿（12） وَبْقِ [wabqi] ‖ 参见 وبق [wabaq]（v.n.），perishing，

dying。《李殿君》页 28，列 3，行 13–15。

按，آن-[-ān]在小儿锦中表示开口后鼻韵母-ang。

شِوْ شِآن [šiu šian]，收上 [shou shang]，collect，receive

波/阿 اِحْتَوَى [ihtawīi] ‖ 参见 احتوا [ihtiwā]，comprehending，collecting。《李殿君》页 81，列 5，行 13–15；同书页 103，列 6，行 7。

按，آن-[-ān]在小儿锦中表示开口后鼻韵母-ang。

شِوْ شَانْ بَوُ كُوَ [šiu šan bau kau]，收上包括 [shou shang bao kuo]，that received including

波/阿 شاملة [šamlt] ‖ 参见 شاملات [šāmilāt]，things included。《满俩》页 4，行 8。

按，آن-[-ān]在小儿锦中表示开口后鼻韵母-ang。

شِوْ شِ مِ [šiu ši mi]，受失迷 [shou shi mi]，lost

波/阿 مفقودان [mfqwdān] ‖ 参见 مفقود [mafqūd]，lost，missing。《满俩》页 3，行 16。

شِوْ شُو [šiu šu]，寿数 [shou shu]（享年，寿命），the life span

波/阿 العصر [āl-‘ṣr] ‖ 参见 عصر [‘ṣsr，‘ ṣsr，‘ṣsr，‘uṣur]，time，an age。《中文消经》页 3，列 2，行 17。

شِوْ شَوْ كًا [šiu šau kan]，受扫看 [shou sao kan]（被看到），being viewed

波/阿 ملحوظ [mlhuẑ] ‖ 参见 ملحوظ [malhūẑ]，viewed with affection。《满俩》页 4，行 1。

شِوْ شِي [šiu ši]，受拾 [shou shi]，be picked

波/阿 منلقطة [manlaqṭat] ‖ 参见لقط [laqaṭa]，（从地上）拾起，捡起，《新阿汉大词典》页 1857，左。《中文消经》页 2，列 3，行 11。

شو شیَان جو [šu šian ju]，受相助[shou xiang zhu]，get someone's help

波/阿 علی نبیک الوئد [atānabīk al-muid] ‖ 参见 علی نبیک الوئد [atānabīk al-muid]，get your help。《伯亚尼》页 2，列 2，行 4。

按，آن-[-ān]在小儿锦中表示开口后鼻韵母-ang。

شُوَ صِ [šua ṣin]，所寻 [suo xun]，sth. being looked for，seek

波/阿（1） بغی [baghā]，要求，索求，追求，《新阿汉大词典》页 148，右。《李殿君》页 77，列 5，行 1–3。

波/阿（2） اِیْجاب [ījāba] ‖ 参见 اِیْجاب [ījāb]，assent。按，此词与小儿锦及对应汉字的意义不同，待考。《李殿君》页 108，列 3，行 4。

شُوْ صَنً [šu ṣan]，数算 [shu suan]，calculate

波/阿 حِسَا بُ [hisābu] ‖ 参见 حساب [hisāb]，reckoning，computation，calculating，number，proper number，sufficiency。《李殿君》页 122，列 5，行 7。

شِوْ صِ [šiu ṣin]，瘦损 [shou sun]，lean

波/阿 غَثَّ [ghaṣṣa] ‖ 参见 غث [ghaṣṣ]，lean。《李殿君》页 157，列 4，行 7–9。

شِوْ ضَیْ ضُو [šiu ćai ĉu]，受采取 [shou cai qu]，collection

波/阿 الماخل [al-mākhal] ‖ 参见خَوَّالَ[khawwala]，赠送，奉送，授权。《新阿汉大词典》页 576，左。《伯亚尼》页 6，列 3，行 7。

按，ال为阿拉伯语名词定冠词。

شِوْ ظُوَ خُوَ [šiu žau hau]，受作伙 [shou zuo huo]（成伙），being divided into groups

波/阿 مشترک [muštarak]，shared。《满俩》页 3，行 12。

شُوغِ [šungh]，顺 [shun]，in the same direction as，put in order

波/阿 طَوَّعَ [ṭauua‘a] ‖ 参见 طوع [ṭau‘]（v.n.），obeying, complying with, humouring, affording plenty of pas ture, obedience, voluntary submission，easy，gentle，obedient。《李殿君》页 23，列 2，行 10–12。

按，“顺”字应为前鼻音，此处小儿锦拼为后鼻音。

شُوغ كِيَوْ [šughi giau]，睡觉 [shui jiao]，sleep

波/阿（1） رَاقُوْدَ [rāqūda] ‖ 参见 رقُوْدَ [ruqūd]，sleep，《阿汉词典》页 481。《李殿君》页 132，列 4，行 10。

波/阿（2） رَقْدِ [raqdi] ‖ 参见 رقد [raqada]，sleep，《新阿汉大词典》页 769。《李殿君》页 135，列 6，行 1。

波/阿（3）سَبْخ [sabkh] ‖ 参见 سبخ [sabkh]，a retiring to a distance，deep sleep，rest，leisure。《李殿君》页 138，列 4，行 16。

按，此处“睡”字小儿锦双元音拼音中的字母غ[gh]应理解为ع[ê]，即读为شُوع كَيَوْ [šuei giau]。

شِوْ فُنْ مِ [šiu fun min]，受分明 [shou fen ming]（明显），clear

波/阿 المفصول [al-mafṣūl] ‖ 参见 مفصول [mafṣūl]，separated。《伯亚尼》页 6，列 1，行 1。

按，“明”字应为后鼻韵母，此处小儿锦拼为前鼻音。ال为阿拉伯语名词定冠词。

شِوْ فُوْ خوَ [šiu fu khua]，受复活 [shou fu huo]，be revived

波/阿 منشور [manšūr] ‖ 参见 نشر [našara]，（入春后）大地变绿，春回大地；انشر [anšara]，复活，使死者复生，《新阿汉大词典》页 2053。《伯亚尼》页 4，列 3，行 7。

شِو فُو يِ [šiu fu yin]，受复印 [shou fu yin]，being printed

波/阿 منشور [manšūr] ‖ 参见 منشور [manšūr]，published。《伯亚尼》页 4，列 3，行 17。

شِو ق [šiu gh]，收割 [shou ge]，reap，harvestry

波/阿(1) حِصَادَ [hiṣaāda] ‖ 参见 حصاد [haṣād, hiṣād], reaping, harvest，a reaper。《李殿君》页 55，列 5，行 1–3；同书页 122，列 2，行 13。

波/阿(2) خرمن [khirman, kharman], reaped corn, the harvest。《真境花园》页 4，列 2，行 8。

شِوْ قِ [šiu ghin]，受更 [shou geng]（被再次），being repeated

波/阿 منقولة [manqūlat]，recounted，copied，transcribed，removed。《满俩》页 4，行 6。

按，“更”字应为后鼻韵母，此处小儿锦拼为前鼻音。

شِوْ قُوَا بِى [šiu ghuwan bi]，受关闭 [shou guan bi]，be closed

波/阿 مغلقا [maqlaqā]，按，此词待考。《伯亚尼》页 6，列 2，行 23。

شُوَ قِى [šua ghi]，说给 [shuo gei]，say

波/阿 گو [gū]，波斯语动词“说”的命令式第二人称单数，即“你说”，《真境花园》页 4，列 2，行 13。

شِو قى كِيَوْ [šiu ghi giau]，睡给觉 [shui gei jiao]（让……睡觉），let sb. go sleep

波/阿 انام [anām]，按，此词未查到与睡相关的意义，待考。《伯亚尼》页 4，列 2，行 21。

شُوْ كِو [šu kiu]，漱口 [shu kou]，clean the mouth

波/阿 شَوَّصَ [šawwaṣa] ‖ 参见 شوص [šauṣ]，washing，cleaning。《李殿君》页 84，列 3，行 1。

شِوْ كَا شِوُ [šiu kan šiu]，受看守 [shou kan shou]，be guarded

波/阿 مصون [maṣūn]，幸免的，被保留的，有特权的，《波汉词典》页 2220，右。《伯亚尼》页 6，列 2，行 18。

شُوِ گِ شِ [šui gin ši]，水晶石 [shui jing shi]，crystal

波/阿 مينا [mīnā]，a glass globule or bead，a stone resembling lapis lazuli。《真境花园》页 6，列 2，行 13。

按，“晶”字应为后鼻韵母，此处小儿锦拼为前鼻音。

شِوْ گی [šiu gi]，按，原文与对应汉字“巾”相应的小儿锦音标看不清，手巾 [shou jin]，a handkerchief

波/阿 دستار [dastār] ‖ 参见 دستار [dastār]，a handkerchief，napkin。《真境花园》页 4，列 2，行 5。

شِوْ كِيًا شِيُوًا [šiu gian šiuan]，受拣选 [shou jian xuan]（挑选），collection

波/阿 الاخيار [al-akhiyār] ‖ 参见 اختيار [ikhtiyār]，choosing，selecting。《伯亚尼》页 6，列 1，行 10。

按，ال为阿拉伯语名词定冠词。

شُوِ كِيَوْ [šui giau]，睡觉 [shui jiao]，sleep

波/阿 راقود [raāquūda] ‖ 参见 رقُود [ruqūd]，sleep，《阿汉词典》页 481。《李殿君》页 70，列 4，行 4–6。

شِوْ كِيُو خَ بِ [šiu giu ha bin]，受聚合并 [shou ju he bing]，get together

波/阿 انضمام [ānẓmām] ‖ 参见 انضمام [īnẓimām]，being drawn together。《满俩》页 3，行 9。

按，“并”字应为后鼻韵母，此小儿锦拼为前鼻音。

شِوْ كِيو مِ [šiu giu min]，受叫（各）[们] [shou jiao ge]（叫每个人），ask everybody to do something

波/阿 اطدعى [aṭid‘ī] ‖ 参见 اطلاع [itlā‘]，to inform。《伯亚尼》页 2，列 1，行 11。

شِوكِيوِى [šiu giui]，受聚 [shou ju]（被聚集），be collected

波/阿 منشور [manšūr] ‖ 参见 منشور [manšūr]，spread open。这里“受聚”表示被动意义。《伯亚尼》页 4，列 3，行 7。

شِوْ كِيُوِ ىٍّ [šiu giui yiun]，受举意 [shou jü yi]（有意向，故意），intentional

波/阿 منوى [manwi]，intending。《满俩》页 2，行 8。

شِوْ لِ [šiu lin]，首领 [shou ling]，chief，header，captain，leader

波/阿 سَيِّد [ssaīd] ‖ 参见 سيد [saiyid]，a lord，prince，chief，the title of the chiefs of the family of Muhammad。今译赛义德（圣裔）。《李殿君》页 138，列 1，行 10。

按，“领”字应为后鼻韵母，此处小儿锦拼为前鼻音。

شِوْ لِىٌ لِيُو شِوْ لِيُو طٌ [šiu liun liu šiu liu tun]，受轮流受流通 [shou lun liu shou liu tong]（流动的），circulated

波/阿 معتوربة [mu'tawarbt] ‖ 参见 معتور [mu'tawir]，reciprocal in taking a thing by turn。《满俩》页 5，行 2。

按，“通”字应为后鼻韵母，此处小儿锦拼为前鼻音。

شِوْ لِيَوْ [šiu liau]，手镣 [shou liao]，handcuffs

波/阿 كِتَافُ [kitāfu] ‖ 参见 كتاف [kitāf]，a cord for tying the hands behind the back，a chain，fetter，tether。《李殿君》页 167，列 6，行 1–3。

شَوَ مَجَازِ [šua majaāzi]，[说]隐喻法 [yin yu fa]，metaphor

波/阿 تجوز [tajuwwuz]，speaking metaphorically。《满俩》页 3，行 2。

按，该小儿锦由两部分构成：前半部分 شَوَ [šua]应为“说”，对应汉字未写出。后半部分 مجاز [majāz]为阿拉伯语表意借词，意为隐喻，小儿锦使用者虽然书写时取阿拉伯文原形，但仍按对应汉语意义读为“隐喻法”。

شُوِ مُغِ [šui mungh]，睡梦 [shui meng]，sleep，dream

波/阿 مَنَامُ [manaāmu] ‖ 参见 منام [manām]，bed，dormitory，dream，sleep。《李殿君》页 26，列 5，行 1–3。

شِوْ نَا خِى ثِيُو [šiu nan ċi ṣiu]，受按次序 [shou an ci xu]，by the order

波/阿 المترتبة，按，原文未注音标 ‖ 参见 مترتب [mutarrattib]，ordered，arranged。《满俩》页 5，行 1。

按，“按”字小儿锦拼音含影母。ال为阿拉伯语名词定冠词。

شِوْ نِ چِى [šiu nin či]，受拧成 [shou ning cheng]，sth. be screwed

波/阿 المفتول [al-muftūl] ‖ 参见 فتل [fatala]，捻，搓，《新阿汉大词典》页 1495，左，此处为阿拉伯语被动名词。《伯亚尼》页 7，列 2，行 2。

按，“拧”与“成”字均应为后鼻韵母，此处小儿锦“拧”拼为前鼻音，“成”未拼出鼻音。ال为阿拉伯语名词定冠词。

شَوْ نِيًا [šau nian]，少年 [shao nian]，young man，boy

波/阿（1）فَتىَ [fatya] ‖ 参见ا فتى [fatā]，a youth，boy。《李殿君》页 85，列 5，行 13；同书页 159，列 6，行 10–12。

波/阿（2） شِبَابِ [šibaābi] ‖ 参见 شباب [šabāb]（v.n. of شبّ），growing up，becoming a young man，youth，prime of life，youthfulness（pl. of shābb），youths，young men。《李殿君》页 5，列 3，行 1–3。

波/阿（3） حَدَاثَةِ [hadāṣati] ‖ 参见 حَدَاثَةِ [hadāṣat]，youth。《李殿君》页 121，列 4，行 10。

شِوْ وً [šiu wan]，手腕 [shou wan]，wrist，finesse

波/阿 رُسْغ [rusghi] ‖ 参见 رسغ [rusugh，rusgh]，the slender part which in quadrupeds extends from the fetlock-joint to the hoof，the pastern，the wrist （in man）。《李殿君》页 8，列 5，行 1–3；同

书页 134，列 5，行 1。

شَوْ وِى [šau wi]，稍微 [shao wei]，a little

波/阿 نَكْدِ [nakdi] ‖ 参见 نكد [nakad]，containing but little water。《李殿君》页 97，列 4，行 10。

شُوِى [šui]，睡 [shui]，sleep

波/阿 سَبْخِ [sabkhi] ‖ 参见 سبخ [sabkh]，deep sleep。《李殿君》页 53，列 2，行 10–12。

شِوْ ي [šiu y]，手艺 [shou yi]，handcraft

波/阿 كسب [kasb], gaining, earning, gain, acquistion, industry, art，trade，profession，handicraft。《伊哈雅仪》页 4，列 1，行 19。

شِو ْ يِ [šiu yi]，兽医 [shou yi]，vet

波/阿 بِيطَارَ [biṭāra] ‖ 参见 بِيطَار [baiṭār], a veterinary surgeon。《李殿君》页 112，列 2，行 16。

شِوْ يًا دِ [šiu yan din]，受严定 [shou yan ding]（注定），destined

波/阿 معينة [m'ynt] ‖ 参见 معين [ma'īn]，destined。《满俩》页 5，行 13。

按，"定"字应为后鼻韵母，此处小儿锦拼为前鼻音。

شِوْ ى دِ [šiu u di]，受无的 [shou wu de]（无），nothing

波/阿 منتفيان [mntfyān] ‖ 参见 منتفى [muntafi]，removed。《满俩》页 4，行 12。

شَوٌ七غِ [šaun qingh]，顺情 [shun qing]，flatterer

波/阿 مداهن [mudāhim]，阿谀奉承的（人），谄媚的（人），拍马屁的（人），伪善的（人），《波汉词典》页 2150，左。《李殿君》页 33，列 2，行 4–6。

شَنّ ۋ [šan ü]，鳝鱼 [shan yu]，an eel

波/阿 جلّي，按，此词似为حنكليس [hankalīs]之误，指鳝鱼，鳗。《李殿君》页 119，列 3，行 4。

شِ ۋغ [ši üngh]，湿润 [shi run]，moistening

波/阿 بَلّ [balli] ‖ 参见 بل [ball]，moistening。《李殿君》页 112，列 1，行 1。

按，“润”字应为前鼻韵母，此处小儿锦拼为后鼻音。

شَ هِآن [ša hian]，麝香 [she xiang]，muskiness

波/阿 مِسْکِ [miski] ‖ 参见 مسك [misk，musk]，麝香。《李殿君》页 55，列 3，行 1–3。

按，آن-[-ān]在小儿锦中表示开口后鼻韵母-ang。

شَی [šai]，虱 [shi]，flea，cootie，louse

波/阿（1） عَزَامُ [‘azaāmu] ‖ 参见 عزام [‘azām]，a flea。《李殿君》页 86，列 3，行 7。

波/阿（2） قُمَّلِ [qummali] ‖ 参见 قمل [qaml]，an insect less than the tick，found on lean camels，a louse。《李殿君》页 21，列 2，行 1–3；同书页 165，列 1，行 16–18。

شَیْ [šai]，啬 [se]，stingy

波/阿（1） بَخِيلِ [bakhiīli] ‖ 参见 بخيل [bakhīl]，covetous，a miser。《李殿君》页 86，列 5，行 10。

波/阿（2） قَتْرَ [qatra] ‖ 参见 قتر [qatr]，being parsimonious。《李殿君》页 86，列 2，行 7。

شَیْ [ši]，色 [se]，color

波/阿 دهمة [duhmat]，blackness。《李殿君》页 48，列 1，行 16–18。按，李殿君先生在同书另外两处分别以 دهمة [duhmat] 对应于 شِيُوْ شَیْ [šiu šai]，锈色（页 131，列 4，行 1）与 جِ مَا [ji ma]，

芝麻（页 38，列 5，行 13–15；页 131，列 3，行 1）。

شَ يِ [ša yi]，涉疑 [she yi] ，be suspected of being involved

波/阿 اِمْتِرَى，按，此词待考。《李殿君》页 106，列 4，行 16。李殿君先生在同书另几处将“涉疑”拼写为 شَ ءِ [ša ’i]，并分别以阿拉伯文 اِرْتَابُ [irtaābu]（应为 ارتياب [irtiyāb]（v.n. 8 of ريب），doubting，suspecting，doubt，uncertainty）（页 70，列 4，行 16–18）与 رَيْبَ [raība]（参见 ريب [raib]（v.n.），doubting，suspecting，doubt，suspicion，scandal，adverse fortune，danger）（页 78，列 4，行 4–6；页 136，列 4，行 7）当之。

شِ يِ [šin yin]，声音 [sheng yin]，sound

波/阿 صوت [ṣut]，calling out。《满俩》页 2，行 8。

按，“声”字应为后鼻韵母，此处小儿锦拼为前鼻音。

شِ يًا [ši yan]，试验 [shi yan]，experiment，try

波/阿（1） اِبْتَلَى [ibtaliya] ‖ 参见 اِبْتَلى [ibtali]，experiment，examination，test。《李殿君》页 25，列 3，行 1–3；同书页 102，列 5，行 4。

波/阿（2） فِتْنَ [fitna] ‖ 参见 فتن [fatn]（v.n.），proving，trying，assaying （metals），tempting，seducing，burning，scorching。《李殿君》页 78，列 3，行 7–9；同书页 159，列 3，行 10–12。

شِ يًا [šin yan]，深淹 [shen yan]，submerge deeply

波/阿（1） غَمْسِ [ghamsi] ‖ 参见 غمس [ghams]，immersing，ducking into water，dipping。《李殿君》页 158，列 5，行 10–12。

波/阿（2） مفرق [mufaraq]，分散的，散开的，零散的，《新阿汉大词典》页 1523，右。未查到与“深淹”有关的意义，待考。《伊哈雅仪》页 4，列 3，行 19。

شًيا دَ [xian da]，贤得［德］[xian de]，virtue

波/阿 الكرام [al-kirām] ‖ 参见 كرام [kirām]，generous。《伯亚尼》页 3，列 2，行 33。

按，ال为阿拉伯语名词定冠词。

شيآن [šian]，伤 [shang]，be distressed，be harmful to，get sick of sth.，injury，injure，wound

波/阿（1） جَرَاحَ [jaraāha] ‖ 参见 جراح [jirāh]（pl. of jirāhat），wounds。《李殿君》页 6，列 3，行 16–18。

波/阿（2） حَطْمُ [haṭmu] ‖ 参见 حطم [haṭm]（v.n.），breaking（anything dry），being broken （a horse） through age。《李殿君》页 47，列 2，行 10–12。

按，آن-[-ān]在小儿锦中表示开口后鼻韵母-ang。

شيآن [šian]，上 [shang]，ascending，go to，go up，previous，submit，superior

波/阿 صُعُوْدَ [ṣu'uūda] ‖ 参见 صعود [ṣa'ūd]，high，towering，craggy，steep，the highest，most inaccessible part of a mountain，name of a mountain in hell。《李殿君》页 6，列 1，行 16–18。

按，آن-[-ān]在小儿锦中表示开口后鼻韵母-ang。

شِيَآن جُ [šian ju]，相助 [xiang zhu]，help

波/阿（1） أَيّدَ [aiada] ‖ 参见 أَيّدَ [aid]，power。《李殿君》页 108，列 4，行 4。

波/阿（2） أَعَانَ [a'āna] ‖ 参见اعانه [i'āna]，帮助，资助，捐助，《波汉词典》页 130，左。《李殿君》页 105，列 3，行 7。

按，آن-[-ān]在小儿锦中表示开口后鼻韵母-ang。

شِيَان جُو [šian ju]，相助 [xiang zhu]，help

波/阿（1） عون ['aun]，help。《伯亚尼》页 5，列 2，行 19。

波/阿（2） ساعد [sā'id] ‖ 参见 ساعد [sā'id]，help。《伯亚尼》页 4，列 2，行 1。

按，آن-[-ān]在小儿锦中表示开口后鼻韵母-ang。

شِيَان چَا [šian čan]，相掺 [xiang chan]，mix

波/阿 امتزاج [imtizāj]，mingling，blended。《满俩》页 3，行 6。

按，آن-[-ān]在小儿锦中表示开口后鼻韵母-ang。

شِيَانْ شِىُو [šian šiu]，相续 [xiang xu]，continue

波/阿 اضفت [aẓafat]，波斯语，意为增加，接续。《伯亚尼》页 6，列 3，行 9。

按，آن-[-ān]在小儿锦中表示开口后鼻韵母-ang。

شِيَانْ يَاً نِنْ يَاً دِ [šian yan nin yan di]，乡言能言［的］[xiang yan neng yan]，can speak dialect

波/阿 لسان [lisān]，the tongue。《满俩》页 2，行 1–4。

按，آن-[-ān]在小儿锦中表示开口后鼻韵母-ang。“能”字应为后鼻韵母，此处小儿锦拼为前鼻音。

شِىَءَ [šiʼa]，虱 [shi]，flea

波/阿 طَائِرَ [ṭaāʼira] ‖ 参见 طائر [ṭāʼir]，flying，a bird。《李殿君》页 86，列 3，行 10。

شِى بِيًآ [ši bian]，诗篇 [shi pian]，poems

波/阿 قصيدة [qaṣīdat]，a poem，or elegy being a kind of ghazal（which latter seldom exceeds thirteen，but never eighteen distichs）。《伯亚尼》页 7，列 1，行 4。

شَىْ پِ [šai pi]，啬脾 [se pi]（吝啬），mean，stingy，tightwad

波/阿 طَحَالِ [ṭahaāli] ‖ 参见 طحال [ṭihāl]，spleen。《李殿君》页 98，列 5，行 7。

شِى پِيًا [ši pian]，诗篇 [shi pian]，psalter，poems

波/阿 قصيدة [qaṣīdat]，a poem，or elegy being a kind of ghazal（which latter seldom exceeds thirteen，but never eighteen distichs）。

《伊哈雅仪》页 5，列 4，行 1。

شى جِ [ši ji]，实质 [shi zhi]，substance

波/阿 حقيقت [hqiqt]，A حقيقةً [haqīqatan]（in P. frequently حقيقتاً），truly，certainly。《伊哈雅仪》页 2，列 1，行 7。

شِى دِ قِوْ مًا ظُو [ši di ghiu man ẑu]，使得够满足 [shi de gou man zu]，satisfying

波/阿 كاف [kāf] ‖ 参见 كاف [kāf]，satisfying。《满俩》页 3，行 5。

شىَ ژُ [šia jhu]，舌肉 [she rou]（舌头），tongue

波/阿 باللسان [bāllisān]，似由波斯语介词بِ [bi-]＋阿拉伯语冠词ال [al-]＋阿拉伯语لسان [lisān]舌构成，直译“以此舌”。《伯亚尼》页 5，列 3，行 10。

شِى ژِ وُ نِْ [ši jhin wu nin]，使人无能 [shi ren wu neng]，omnipotent

波/阿 الاعجاز [al-a‘jāz] ‖ 参见 اعجز [a‘jaz]，无能为力，做不到，使无能为力的，《新阿汉大词典》页 1289，右。《伯亚尼》页 6，列 1，行 22。

按，“能”字应为后鼻韵母，此处小儿锦拼为前鼻音。ال为阿拉伯语名词定冠词。

شِىً فً [šian fan]，凶风 [xiong feng]，strong wind

波/阿 بصرمر [baṣar-i mar] ‖ 参见 بصر [baṣar]，vision，视力，目光；مر [murr]，bitter。《伯亚尼》页 3，列 3，行 28。

按，“凶”和“风”字应为后鼻韵母，此处小儿锦拼为前鼻音。

شِى فٌ [ši fen]，侍奉 [shi feng]，service

波/阿 خدمة [khadmat]，service。《伯亚尼》页 5，列 2，行 10。

按，“奉”字应为后鼻韵母，此处小儿锦拼为前鼻音。

شَیَ فَان [šia fan]，设放 [she fang]（摆放），put

波/阿 وضعت [waẓ't] ‖ 参见 وضعة [waẓ'at]，position。《伯亚尼》页 4，列 1，行 30。

按，آن-[-ān]在小儿锦中表示开口后鼻韵母-ang。

شيِ گِیَی [ši gia]，世界 [shi jie]，the world

波/阿 العالم [al-'ālam] ‖ 参见 عالم ['ālam]，the world。《伯亚尼》页 4，列 3，行 32。

按，ال为阿拉伯语名词定冠词。

شَیْ لِ [šai lin]，吝啬 [lin se]，stingy，niggardly，miserly，mean

波/阿（1） قَتْر [qatra] ‖ 参见 قتر [qatr]，being parsimonious in household expenses。《李殿君》页 163，列 3，行 1–3。

波/阿（2） بَخِيلِ [bakhīli] ‖ 参见 بَخِيلِ [bakhīl]，covetous。《李殿君》页 109，列 3，行 10。

شيٍ لیوَ [šin liau]，渗了 [shen le]，be permeated

波/阿 نضب [nuẓb] ‖ 参见 نضب [nuẓb]，flow。《伯亚尼》页 3，列 2，行 9。

شِيَوْ [šiau]，笑 [xiao]，laugh，smile

波/阿 ضَحْكِ [ẓahki] ‖ 参见 ضحك [ẓahk，ẓihk，ẓihik，ẓahik]（v.n.），laughing，grinning，chattering（like an ape），being pleased，satisfied，contented。《李殿君》页 14，列 2，行 4–6。

شِيُوًا شِيُوًا [šiuan xiuan]，玄学 [xuan xue]，metaphysics，transcendentalism

波/阿 الحكمة [al-hikmat] ‖ 参见 حكمة [hikmat]，wisdom。《伯亚尼》页 5，列 3，行 33。

按，ال为阿拉伯语名词定冠词。

شِيُوًا مِ [šiuwan min]，宣明 [xuan ming]，declaration，clarify

波/阿（1）الايضاح [al-īẓāh] ‖ 参见 ايضاح [īẓāh], making evident。《伯亚尼》页 6，列 2，行 25。按，ال为阿拉伯语名词定冠词。

波/阿（2）فى ايضاح [fī-īẓāh] ‖ 参见 فى [fī], totally, in...; ايضاح [īẓāh], making evident。《伯亚尼》页 2，列 2，行 2。

按，"明"字应为后鼻韵母，此处小儿锦拼为前鼻音。

شِيَوْ چُوٌ [šiau čun]，小虫 [xiao chong]，insect，worm，bug

波/阿 مفصة ，此词待考。《李殿君》页 25，列 5，行 1–3。

按，"虫"字应为后鼻韵母，此处小儿锦拼为前鼻音。

شِيُوْ چُوًا [šiu čuan]，小船 [xiao chuan]，small boats

波/阿 بَارِجَةِ [bārijati] ‖ 参见 بَارِجَةِ [bārijat]，主力舰，战舰，《新阿汉大词典》页 106，左。《李殿君》页 108，列 2，行 13。

شِيُو خِى شِيُوَ [šiu ċi šiua]，修辞学 [xiu ci xue]，rhetoric

波/阿 البلا غة [al-balāghat] ‖ 参见 بلا غة [balāghat]，rhetoric。《伯亚尼》页 2，列 4，行 5。

按，ال为阿拉伯语名词定冠词。

شِيَو ْ دًا [šiau dan]，小胆 [xiao dan]，timid

波/阿 جِبنِ [jibni] ‖ 参见 جبن [jubn]，fear。《李殿君》页 117，列 4，行 10。

شِيُوْ شَىْ [šiu šai]，锈色 [xiu se]，rust

波/阿 دِهْمَةِ [dahmati] ‖ 参见 دهمة [duhmat]，blackness。《李殿君》页 131，列 4，行 1。

شِيُو قُو [šiu ghu]，朽骨 [xiu gu]，decayed bone

波/阿 رصم [raṣm]，按，此词待考。《伯亚尼》页 4，列 3，行 3。

شِىُو كى [šiu ki]，锈漆 [xiu qi]，rust

波/阿 صداء [ṣadā'] ‖ 参见 صدا [ṣadā']，rust。《伯亚尼》页 5，

列 2，行 25。

شِيُو كِيُو [šiu kiu]，需（要）[求][xu yao]，demand

波/阿 الاوطار [al-awṭār] ‖ 参见 اوطار [awṭār]（复数），愿望，欲望，目的，目标，需要，需求，《新阿汉大词典》页 2293，左。《伯亚尼》页 4，列 1，行 5。

شِيَوْ مُوَ [šiau muwa]，小磨 [xiao mo]，a small mill

波/阿 جَارُوْشِ [jārūši] ‖ 参见 جَارُوْش [jārūš]，手磨，《新阿汉大词典》页 267，右。《李殿君》页 116，列 6，行 16。

شى یٌ [ši yun]，诗韵 [shi yun]，rhyme of poems

波/阿 السجع [al-saj‘] ‖ 参见 سجع [saj‘]，押韵的话语，韵文，《新阿汉大词典》页 883，右。《伯亚尼》页 5，列 3，行 27。

按，ال为阿拉伯语名词定冠词。

شِ 七غٍ [ši qingh]，事情 [shi qing]，thing，business，affair，matter

波/阿（1）شَأْنِ [šaa'ni] ‖ 参见 شأن [ša'n, šān]，thing，business，affair。《李殿君》页 18，列 1，行 13–15。

波/阿（2）أمرَ [amra] ‖ 参见 أمر [amr]，affair，business，transaction，event，occurrence，fact，circumstance，matter，case，thing，particular，point，question。《李殿君》页 19，列 3，行 7–9；同书页 106，列 5，行 16。

ص Ṣād

صَّ [ṣa]，算 [suan]，calculate，count，reckon

波/阿 حِسَابُ [hisaābu] ‖ 参见 حساب [hisāb]（v.n. of حسب），reckoning，computation，calculation，arithmetic，account，bill，measure。《李殿君》页 12，列 4，行 1–3。

صَّ [ṣa]，（算）[蒜][suan]，calculate，count，reckon

波/阿 فوم [fūm]，蒜，《新阿汉大词典》页 1567，右。《李殿君》页 56，列 2，行 1–3。

按，从对应阿拉伯文فوم [fūm]判断，此处对应汉字“算”应为同音字“蒜”之误写。

صِ [ṣi]，髓 [sui]，marrow，medulla，pith

波/阿（1）نَقْيِ [naqyi] ‖ 参见 نقى [niqī]，marrow，the fat part of the eye。《李殿君》页 72，列 5，行 16–18。

波/阿（2）مُخِّ [mukhkha] ‖ 参见 مخ [mukhkh]，the brain，marrow，pulp，kernel，the purest or best part of anything。《李殿君》页 72，列 4，行 13–15。

صٌ [ṣun]，孙 [sun]，grand children

波/阿 نَافِلَةِ [naāfilati] ‖ 参见 نافلة [nāfilat]，grand children。《李殿君》页 99，列 4，行 7。

صٍّ [ṣi]，损 [sun]，decrease，lose，damage，injure，harm

波/阿 فَصْخِ [faṣkhi] ‖ 参见 فصخ [faṣkh]（v.n.），neglecting，taking no heed，suffering loss，being taken in，dislocating（a hand）。《李殿君》页 66，列 5，行 16–18。

صًا [ṣan]，（洒）[沙][sa]，besprinkle，spill，splash，sprinkle，sprinkler

波/阿 رَمْلِ [ramli] ‖ 参见 رمل [raml]，sand。《李殿君》页 69，列 5，行 10–12。

按，从对应阿拉伯语词汇رمل[raml]判断，其对应的汉字“洒”应为音近词“沙”之误写。

صًا [ṣan]，酸 [suan]，sour

波/阿 سُمَاقِ [sumaāqi] ‖ 参见 سماق [sumāq]，漆树属植物（其籽可做酸性调料），《新阿汉大词典》页 957，右。《李殿君》页 82，列 2，行 7。

صً آب [ṣan āb]，酸水 [suan shui]，water with tart flavor

波/阿 غِثْيَانِ [ghiṣyāni] ‖ 参见 غثى [ghaṣiyā]，恶心，反胃，作呕，想呕吐，《新阿汉大词典》页 1435，左。《李殿君》页 157，列 6，行 7–9。

按，此词小儿锦中的آب [āb]为波斯语表意借词，意为水。明四夷馆本《回回馆杂字》“地理门”第 47 词“آب（āb），水，阿卜”，即此。小儿锦使用者虽然书写时取波斯文原形，但仍按对应汉语意义读为“水”。

صِءِ [ṣ'i]，俗 [su]，common，custom，popular

波/阿 رَسْمُ [rasmu] ‖ 参见 رسم [rasm]，habit，custom。《李殿君》页 52，列 3，行 4–6。

صِءِ [ṣ'i]，续 [xu]，continue，joint

波/阿 وَصْلِ [waṣli] ‖ 参见 وصل [waṣl]（v.n.），joining together。《李殿君》页 52，列 1，行 4–6。

صِ ءِ [ṣi'i]，（蓄）[畜] [xu]，store，keep，save

波/阿 بَهَائِمُ [bahaā'imu] ‖ 参见 بهائم [bahā'im]，beast。《李殿君》

页 82，列 2，行 4。从对应阿拉伯文بهائم [bahā'im]判断，此处对应汉字“蓄”应为同音字“畜”之误写。

صِءِيًا [ṣ'ian]，鲜 [xian]，fresh，new

波/阿 طَرِّى [ṭarriīa] ‖ 参见 طرى [ṭarī]，fresh。《李殿君》页94，列 1，行 10。

صِ چِآ [ṣin čia]，寻查 [xun cha]，look for

波/阿 رَقِيبُ [raqiību] ‖ 参见 رقيب [raqīb]，a guardian，preserver，该词在阿拉伯语与波斯语中均意为监护人、看护人，《新阿汉大词典》页 769，右，《波汉词典》页 1172，右。《李殿君》页 18，列 4，行 4–6。

按，对应阿语词汇رقيب与该小儿锦及对应汉语意义有些出入。

صِ خُوَىْ [ṣin huai]，损坏 [sun huai]，corrupt，breakdown，damage，injure，spoil

波/阿（1） لَقْسِ [laghsi] ‖ 参见 لقس [laqs，laqas]，treating opprobriously，being disturbed，being spoiled，depraved。《李殿君》页 170，列 1，行 16–18。

波/阿（2） اِتْرَافُ [itrāfu] ‖ 参见 اِتْرَافْ [itrāf]，corrupt。《李殿君》页 102，列 4，行 13。

صُ زْ [ṣu z]，膆子 [su zi]，crop（of a bird），craw

波/阿 غَبْغَبُ [ghabghabu] ‖ 参见غبغب [ghabghab]，a dewlap，a full of double chin，the wattles of a cock。《李殿君》页 75，列 3，行 1–3；同书页 157，列 2，行 7–9。

صَ زْغَوْ [ṣan zghau]，酸枣 [suan zao]，a sour Chinese date

波/阿 دَقْلِ [daqli] ‖ 参见 دقل [daql]，the poorest coconut，《新阿汉大词典》页 631。《李殿君》页 129，列 5，行 16。

按，此处“枣”字小儿锦双元音拼音中的字母غ[gh]，应理解为ع[ê]，即读为صَ زْعَوْ [ṣan zeau]。

صَ لِيًا [ṣan lian]，酸脸 [suan lian]，knit one's brows

波/阿 قَطْبُ [qaṭbu] ‖ 参见 قطب [qaṭb]，frowning，knitting the brows，looking stern。《李殿君》页 164，列 4，行 13–15。

صُوِ [ṣui]，随 [sui]，follow

波/阿 مُقْتَدِي [muqtadī] ‖ 参见مقتدى [muqtadī]，follower。《李殿君》页 88，列 3，行 16。

صُوَ [ṣua]，锁 [suo]，lock

波/阿 قُفْلِ [qufli] ‖ 参见 قفل [qufl]，a lock，bolt，bar，a combination lock，a padlock。《李殿君》页 9，列 2，行 10–12；同书页 165，列 5，行 1–3。

صُوٌ [ṣun]，孙 [sun]，grandson

波/阿 ذُرِّيَةِ [ẕurriyati] ‖ 参见 ذرية [ẕurrīyat，ẕarrīyat，ẕirrīyat]，progeny，offspring，children，descendants。《李殿君》页 40，列 1，行 10–12。

صُوٌ [ṣun]，送 [song]，deliver，carry，see off，send，handsel，present

波/阿 جهز [jahhaz]，准备，预备，《阿汉词典》页 219，右。《李殿君》页 69，列 1，行 16–18。

按，"送"字应为后鼻韵母，此处小儿锦拼为前鼻音。

صُوًا [ṣuan]，酸 [suan]，acid，ache，acerbity

波/阿（1） خربد [kharbad]，按，此词待考。《李殿君》页 53，列 4，行 13–15。在同书另一处，小儿锦与对应汉字"صُوًا زُوْ [ṣuan jhu]，酸乳"，波/阿也是与之相近的خربد [kharbad]（《李殿君》页 125，列 4，行 13）。

波/阿（2） قطب [qaṭb]，frowning，knitting the brows，looking

stern。《李殿君》页 64，列 1，行 4–6。

波/阿（3） شب，按，此词待考。《李殿君》页 58，列 4，行 7–9。

波/阿（4） صَرِيبُ [ṣariību] ‖ 参见 صريب [ṣarīb]，milk or milk-meats soured。《李殿君》页 50，列 1，行 4–6。

波/阿（5） شيران [šīrān]，按，此词待考。《李殿君》页 33，列 2，行 1–3。

صُوًا آب [ṣuan āb]，酸水 [suan shui]，acid water

波/阿 غثيان [ghaṣiyān] ‖ 参见 غثى [ghaṣiyā]，恶心，反胃，作呕，想呕吐，《新阿汉大词典》页 1435，左。《李殿君》页 57，列 5，行 13–15。

按，该小儿锦后半部分آب [āb]为波斯语表意借词，意为水。明四夷馆本《回回馆杂字》“地理门”中第 47 词“آب（āb），水，阿卜”，即此。小儿锦使用者虽然书写时取波斯文原形，但仍按对应汉语意义读为“水”。

صُوًا ژُوْ [ṣuan jhu]，酸乳 [suan ru]，yoghourt

波/阿 خَرْبَدَ [kharbada]，按，此词待考。《李殿君》页 125，列 4，行 13。

صُوًا نَ [ṣuan na]，酸奶 [suan nai]，acidophilus milk，yoghourt，yogurt

波/阿 صمر [ṣamarra]，（奶）变得非常酸，《新阿汉大词典》页 1147，右。《李殿君》页 40，列 3，行 13–15。

صُوٌ ثِّ [ṣun ṣi]，送信 [song xin]，sending message

波/阿 سَفِيرَ [safiīra] ‖ 参见 سفير [safīr]，a mediator，ambassador。《李殿君》页 82，列 4，行 16。

按，“送”字应为后鼻韵母，此处小儿锦拼为前鼻音。“信”字应为前鼻音，小儿锦未标出鼻音。

صُوْ دَوْ [ṣun dau]，送到 [song dao]，send

波/阿 تَبلِيغِ [tablīghi] ‖ 参见 تَبلِيغ [tablīgh]，sending。《李殿君》页 113，列 6，行 4。

按，"送"字应为后鼻韵母，此处小儿锦拼为前鼻音。

صُوْسِ [ṣun sin]，送信 [song xin]，sending message

波/阿 سَفِيرَ [safīra] ‖ 参见 سفير [safīr]，an envoy。《李殿君》页 140，列 6，行 7。

按，"送"字应为后鼻韵母，此处小儿锦拼为前鼻音。

صُوِ صُوِ [ṣui ṣui]，穗穗 [sui sui]，an ear of corn

波/阿 خوشه [khuša]，a cluster or bunch of grapes，an ear of corn。《真境花园》页 4，列 2，行 9。

صُوُغِ [ṣungh]，松，pine，loose，relax

波/阿（1） عَرْعَرَ [ʻarʻara] ‖ 参见 عرعر [ʻarʻar]，the juniper，the cypress。《李殿君》页 51，列 5，行 16–18。

波/阿（2） ثساهل [ṡasāhal]，按，应为تساهل [tasāhal]，成为简单的、容易的，纵容、放纵，宽待、宽容、姑容，《新阿汉大词典》页 975，右。《李殿君》页 40，列 2，行 1–3。

صُوُغِ [ṣungh]，送 [song]，deliver，give

波/阿 جهار，按，应为جهاز [jahāz]，行装，旅行用品，《阿汉词典》页 219，右。《李殿君》页 24，列 1，行 10–12。

صُوُغِ هِيَ [ṣun hi]，松懈 [song xie]，relax，slack，slack off，take it easy

波/阿 فُتُورَ [futuūra] ‖ 参见 فتور [futūr]（v.n. of فتر），slackening，languishing，flagging，being weak，languid，relaxed，being tepid。《李殿君》页 70，列 4，行 10–12。

按，"松"字应为后鼻韵母，此处小儿锦拼为前鼻音。

صُوٗغِى گِ [ṣuingh gi]，松鸡 [song ji]，a kind of pheasant

波/阿 قِطَاةِ [qiṭāti] ‖ 参见 قطاة [qaṭāt]，one bird of the qatā species。《李殿君》页 164，列 2，行 13–15。

按，此处小儿锦“松”字拼音صُوٗغِى [ṣuingh]中غ之后的元音ى[-i]虽置于غ之后，但读音时按置于其前拼读。这种后鼻韵母拼音中的元音后置现象，笔者目前所见者主要在李殿君先生字典中。

صُوٗغِى هِىَ [ṣungh hia]，松懈 [song xie]，relax，slacken，slack

波/阿 فُتُوْرَ [futūra] ‖ 参见 فتور [futūr]，slackening，languishing，flagging，being weak，languid，relaxed。《李殿君》页 159，列 4，行 10–12。

按，此处小儿锦“松”字拼音صُوٗغِى [ṣuingh]中غ之后的元音ى[-i]虽置于 غ之后，但读音时按置于其前拼读。这种后鼻韵母拼音中的元音后置现象，笔者目前所见者主要在李殿君先生字典中。

صِ هِىَ [ṣi hia]，碎屑 [sui xie]，chipping，crumb，oddment

波/阿 عذبة [‘aẕbat]，边，头，梢，微尘或水上的浮污，《新阿汉大词典》页 1303，右。《李殿君》页 45，列 1，行 7–9。

صُوٌ هِىَ [ṣun hia]，松懈 [song xie]，relax，laxation，slack off

波/阿 وَهَّنَ [wahhana] ‖ 参见 وهن [wahn，wahan]，weakening，enervating，being weak，weakness。《李殿君》页 51，列 1，行 13–15。

按，“松”字应为后鼻韵母，此处小儿锦拼为前鼻音。

صِىَ [ṣia]，雪 [xue]，snow

波/阿 ثَلْجَ [ṣulja] ‖ 参见 ثلج [ṣalj]（v.n.），snowing，snow。《李殿君》页 69，列 2，行 4–6；同书页 116，列 2，行 10。

صِيًا [ṣian]，鲜 [xian]，fresh

波/阿 جَدِيدَةِ [jadiīdati] ‖ 参见 جديد [jadīd]，fresh。《李殿君》

页 100，列 4，行 1。

صِيًا [ṣian]，宣 [xuan]，announce，declare

波/阿 سلطن [salṭan]，使成为苏丹，宣布为君主，《新阿汉大词典》页 941，左。《李殿君》页 50，列 5，行 4–6。

صِ يًا [ṣian]，癣 [xuan]，tinea

波/阿 حَزَازِ [hazāzi] ‖ 参见 حزاز [huzāz]，dry scab，ringworm。《李殿君》页 89，列 3，行 4。

صِيًا [ṣian]，选 [xuan]，choose，elect，pick，select

波/阿（1） نَخْبُ [nakhbu] ‖ 参见 نخب [nakhb]，selecting，choosing。《李殿君》页 18，列 5，行 16–18。

波/阿（2） خَيَّرَ [khayyara] ‖ 参见 خير [khair]，挑选，选择，《新阿汉大词典》页 580，右。《李殿君》页 57，列 4，行 1–3。

波/阿（3） تلخيص [talkhīṣ]，摘要，概括，概述，总结，《新阿汉大词典》页 1830，左。《李殿君》页 46，列 1，行 16–18。

波/阿（4） مُصْطَفَى [muṣṭafaī] ‖ 参见 مصطفى [muṣṭafā]，chosen，elected。《李殿君》页 60，列 1，行 1012。

صِيًا دُ [ṣian du]，宣读 [xuan du]，read out，announce

波/阿（1） اِيْلاءِ [īlā'i] ‖ 参见 اِيْلاءِ [īlā']，swearing。《李殿君》页 108，列 2，行 7。

波/阿（2） اِمْلاءِ [imlā'i] ‖ 参见 اِمْلاءِ [imlā']，dictation。《李殿君》页 107，列 5，行 1。

صِيًا مِ [ṣian min]，宣明 [xuan ming]，speak

波/阿 اِعْرابُ [i'rābu] ‖ 参见 اِعْرابُ [i'rāb]，speak。《李殿君》页 105，列 6，行 7。

按，"明"字应为后鼻韵母，此处小儿锦拼为前鼻音。

ض Ẓād

ضُ طِو دْو دْ دِ [ẓua ṭiu dau dia]，从头到尾 [cong tou dao wei]，from the beginning to the end

波/阿 باسرها [bā-sar-hā]。按，此短语可拆解为 با [bā-]＋سر [sar]＋ها[-hā]。其中با为波斯语介词，意为以……，同……；سر [sar] 意为头；ها [-hā]为名词复数后缀，此波斯语短语可译成“从头”，恰与该小儿锦的前半部对应，但没有“到尾”的意义。《伯亚尼》页 3，列 1，行 29。

按，“从”字应为后鼻韵母，此处小儿锦拼为前鼻音。

ضٌ کِی [ẓun gi]，踪迹 [zong ji]，sign

波/阿 اثار [āṣār]，sign。《满俩》页 5，列，行 1。

按，“踪”字应为后鼻韵母，此处小儿锦拼为前鼻音。

ض Ćād

ضَّاوُ [ćan wu]，（惨）[参]悟 [can wu]（明白），understanding

波/阿 نكه [naka]，疑为 نكر [nakar]，understanding。《真境花园》页 3，列 2，行 15。

ضُنْ جُه [ćun jun]，从中 [cong zhong]，out of，from，among，therefrom

波/阿 زان[zān]，波斯语از آن[az ān]（意为从中，其中）的缩写；البين || 参见بين [bain]，阿拉伯语，意为中间，在……之间，ال为阿拉伯语名词定冠词。《中文消经》页 3，列 2，行 8。

按，“从”与“中”字均应为后鼻韵母，此处小儿锦拼为前鼻音。

ضُنْ مِ [ćun min]，聪明[cong ming]，clever, wisdom

波/阿 الفطنة [al-fiṭnat] || 参见فطنة [fiṭnat]，wisdom。《伯亚尼》页 3，列 3，行 26。

按，ال为阿拉伯语名词定冠词。“聪”与“明”字均为后鼻韵母，此处小儿锦皆拼为前鼻音。

ضُوُ [ću]，醋 [cu]，vinegar

波/阿 خَلّ [khlli] || 参见 خل [khall]，anything sour or bitter。《李殿君》页 127，列 4，行 1。

ضُوَ [ćua]，错 [cuo]，fault，wrong

波/阿 غَلَطِ [ghalaṭi] || 参见 غلط [ghalaṭ]（v.n.），blundering in speaking or in calculating。《李殿君》页 2，列 2，行 7–9。

ضُوَ [ćua]，左 [zuo]，left

波/阿 شِمَالِ [šimaāli] ‖ 参见 شمال [šimāl]，the left hand。《李殿君》页 2，列 4，行 7–9。

ضُوَ [ćua]，坐 [zuo]，sit

波/阿 قَاعِدَ [qaā'ida] ‖ 参见 قاعد [qā'id]，sitting。《李殿君》页 83，列 1，行 10。

ضُوْ بَوْ [ću bau]，粗暴 [cu bao]，asperity，wildness，inhuman

波/阿 فَظِّ [faẑẑi] ‖ 参见 فظ [faẑẑ]，harsh，morose，inhuman。《李殿君》页 29，列 1，行 13–15。

ضَىْ جِى [ćai ji]，才智 [cai zhi]，genius

波/阿单数：لب [labb]，复数：الباب [albāb] ‖ 参见 لب [labba]，聪明，有理智，《新阿汉大词典》页 1811，左。《伯亚尼》页 5，列 2，行 30。

ضَىْ نِ [ćai nin]，才能 [cai neng]，skill

波/阿 هنر [hunar] ‖ 参见 هنر [hunar]，skill，knowledge，science，ingenuity。《真境花园》页 3，列 1，行 4。

按，“能”字应为后鼻韵母，此处小儿锦拼为前鼻音。

ط Ṭā

طًّ بًا دِ ثِيَ [ṭan ban di ṣian]，同伴，弟兄 [tong ban di xiong]，brothers，companion

波/阿واصحابى [wāṣṣhābī] ‖ 参见 اصحاب [aṣhāb]，the companions of Muhammad。《伯亚尼》页 2，列 1，行 6。

按，“同”与“兄”字均应为后鼻韵母，此处小儿锦拼为前鼻音。

طٌبُوِي [ṭun bui]，同辈 [tong bei]，peers

波/阿 الاقران [alāqrān] ‖ 参见 اقران [aqrān]，peers，pairs，equals，contemporaries。ال为阿拉伯语名词定冠词。《伊哈雅仪》页 2，列 1，行 4。

按，“同”字应为后鼻韵母，此处小儿锦拼为前鼻音。

طٌبِوُى ژِ [ṭun bui jhin]，同辈人 [tong bei ren]，peers

波/阿 الاقران [alāqrān] ‖ 参见 اقران [aqrān]，peers，pairs，equals，contemporaries。ال为阿拉伯语名词定冠词。《伊哈雅仪》页 3，列 1，行 5。

按，“同”字应为后鼻韵母，此处小儿锦拼为前鼻音。

طًخوِ [ṭan hiu]，(褪)[退]后 [tui hou]，backwardness

波/阿 تقاعلت [taqālt] ‖ 参见 تقاعد [taqā‘ud]，backwardness。《伯亚尼》页 3，列 1，行 2。

按，“退”字应为开音节，此处小儿锦误标为前鼻音。

طٌسِ [ṭun sin]，通行 [tong xing]，pass through，current，general

波/阿 انجاح [injāh] ‖ 参见 انجاح [injāh]，being prosperous，

successful，giving success（God）。《中文消经》页 2，列 1，行 8。

按，“通”与“行”均应为后鼻韵母，此处小儿锦拼为前鼻音。

طٌشِ دیْ [ṭun ši dai]，同时代 [tong shi dai]，in the same times，contemporary

波/阿 اقران [aqrān] ‖ 参见 اقران [aqrān]，peers，equals，contemporaries。《伊哈雅仪》页 4，列 1，行 8。

按，“同”字应为后鼻韵母，此处小儿锦拼为前鼻音。

طٌ شُوَ [ṭun šuwa]，通说 [tong shuo]（说明），explain

波/阿 اطلقوا [aṭalqūā] ‖ 参见طلق [ṭalaqa]，口齿伶俐，好口才，能说善辩，《新阿汉大词典》页 1237，右。《伯亚尼》页 7，列 1，行 6。

按，“通”字应为后鼻韵母，此处小儿锦拼为前鼻音。

طِ شِیَ [ṭin šia]，誊写 [teng xie]，copy

波/阿 تحريرا [tehrīrā] ‖ 参见تحرير [tehrīr]，编辑书刊，《新阿汉大词典》页 369，左。《伯亚尼》页 6，列 2，行 15。

按，“誊”字应为后鼻韵母，此处小儿锦拼为前鼻音。

طِشِیَ [ṭin xia]，（我）誊写 [wo teng xie]，I copy out

波/阿احور [ahūr] ‖ 参见تحرير [tehrīr]，编辑书刊，《新阿汉大词典》页 369，左。《伯亚尼》页 4，列 1，行 14。

按，该小儿锦中无“我”字。“誊”字应为后鼻韵母，此处小儿锦拼为前鼻音。

طِقوُ [ṭin ghu]，疼顾 [teng gu]，look after

波/阿 الرافة [al-rāfih] ‖ 参见 رافة [rāfih]，obedient。《伯亚尼》页 5，列 2，行 8。

按，“疼”字应为后鼻韵母，此处小儿锦拼为前鼻音。ال为阿拉伯语名词定冠词。

طَّمِدِ [ṭan min di]，同名的 [tong ming de]，of the same name

波/阿 سِی [sīy] ‖ 参见 سی [sīy]，equal，alike。《中文消经》页 2，列 2，行 19。

按，“同”与“名”字均应为后鼻韵母，此处小儿锦拼为前鼻音。

طُّمُّدِ [ṭun mun di]，同盟的 [tong meng de]，the union

波/阿 المحالف [almhālf] ‖ 参见 محالف [muhālif]，a confederate，sworn ally。《伊哈雅仪》页 4，列 1，行 14。

按，“同”与“盟”均应为后鼻韵母，此处小儿锦拼为前鼻音。ال为阿拉伯语名词定冠词。

طُّنياً [ṭun nian]，童年 [tong nian]，childhood

波/阿 صبا [ṣibā]，boyishness，childishness，extreme，youthfulness。《伊哈雅仪》页 4，列 2，行 1。

按，“童”字应为后鼻韵母，此处小儿锦拼为前鼻音。

طُوَ [ṭua]，脱 [tuo]，doff，take off，pull off，escape from，miss out

波/阿（1） افلاح，按，在阿拉伯语中，فلح [falaha]的几个基本意义均与此处小儿锦及对应汉字不合（《新阿汉大词典》页 1552），或为افرج [afraja]，离开，撤离（《新阿汉大词典》页 1505）。《李殿君》页 60，列 1，行 4–6。ال为阿拉伯语名词定冠词。

波/阿（2） نَزْعِ [naz‘i] ‖ 参见 نزع [naz‘]（v.n.），removing，carrying off，pulling up，tearing out。《李殿君》页 6，列 4，行 1–3。

طُوَ [ṭua]，陀 [tuo]，a top，a whipping top

波/阿 دوامة [dawāmat] ‖ 参见دوم [dawm]，使转动，玩陀螺，《新阿汉大词典》页 659，右。《李殿君》页 28，列 5，行 4–6。

طُوَ [ṭua]，驼 [tuo]，camel，hunchback，humpback

波/阿（1） كُدْنَةِ [kudnati] ‖ 参见 كدنة [kidnat，kidna]，flesh，fat，the hump of a camel。《李殿君》页 72，列 5，行 7–9。

波/阿（2） فَنِيقِ [faniīqi] ‖ 参见 فنيق [fanīq]，a camel or a horse stallion of a noble breed，and never ridden or worked。《李殿君》页 26，列 5，行 16–18。

波/阿（3） نَاقَةِ [naāqati] ‖ 参见 ناقة [nāqat，nāqa]，one she-camel。《李殿君》页 16，列 2，行 7–9。

波/阿（4） اِبْلِ [ibli] ‖ 参见 ابل [ibl，ibil]，camels，the camel species。《李殿君》页 11，列 5，行 13–15。

波/阿（5） جَامِلِ [jaāmili] ‖ 参见 جامل [jāmil]，a troop of camels with their owners and keepers，a large part of a tribe，（pl. of jamal）full-grown camels。《李殿君》页 72，列 1，行 4–6。

波/阿（6） هِجِينِ [hijiīni] ‖ 参见 هجين [hajīn]，a mean-blooded park horse。《李殿君》页 83，列 2，行 4。

طُو [ṭu]，途 [tu]，road，route，way，distance

波/阿 مِسَافَةِ [masaāfati] ‖ 参见 مسافة [masāfat]，distance，interval，part of a road or journey，a journey。《李殿君》页 2，列 5，行 4–6。

طُوَ بُوِى [ṭua bui]，驼背 [tuo bei]，hunchback，humpback

波/阿 غارب [ghārib] ‖ 参见 غارب [ghārib]，the upper part of a camel's bunch，also the space between that and the neck。《中文消经》页 3，列 2，行 24。

طُوِ خِوْ [ṭui hiu]，退后 [tui hou]，stand back

波/阿 خَلَّفَ [khallafa] ‖ 参见 خلف [khalf]，coming after or behind，succeeding （as day to day，or as people to people）。《李殿君》页 127，列 6，行 4。

طُو ژُوْغٍ [ṭu jhungh]，驼绒 [tuo rong]，camel’s hair

波/阿 وَبْرَ [wabra] ‖ 参见 وبر [wabar]（v.n.）, having much hair（a camel）, the hair, wool, or flue of camels, goats, hares, or other animals of a soft kind。《李殿君》页 38，列 1，行 1–3。

طِوْ شِ [ṭiu šin]，头绳 [tou sheng]，string for binding plait

波/阿复数：بخيوط [bukhīwuṭ]，单数 خيط [khaiṭ]，按，复数为 خيوط[khuiyuṭt]，线，《新阿汉大词典》页 582，右。《伯亚尼》页 7，列 2，行 5。

按，“绳”字应为后鼻韵母，此处小儿锦拼为前鼻音。

طُوَ عِ [ṭua ‘i]，驼儿 [tuo er]，camel

波/阿 مخاخى [makhaākhī] ‖ 参见 مخيخ [makhīkh]，复数 مخائخ [makhā’ikhu]，良种驼，《新阿汉大词典》页 1907，左。《李殿君》页 65，列 1，行 7–9。

طُوُغٍ [ṭungh]，聪 [cong]，clever，acute hearing

波/阿 طَبْنِ [ṭbni] ‖ 参见 طبن [ṭaban]（v.n.），knowing，perceiving，understanding well，quickness，sagacity。《李殿君》页 32，列 1，行 16–17。此处的ط[ṭ] 相当于汉语普通话的 c。

طُوُغٍ [ṭungh]，通 [tong]，pass through

波/阿 اِتِّفَاقِ [ittifaāqi] ‖ 参见 اتفاق [ittifāq]，coming to pass，agreeing。《李殿君》页 95，列 2，行 1。

طُوَ فُغٍ [ṭua fungh]，驼峰 [tuo feng]，hunch of a camel

波/阿（1） سَنَامُ [sanaāmu] ‖ 参见 سنام [sanām]，a camel’s hunch。《李殿君》页 96，列 5，行 1。

波/阿（2） كَتْرَ [katra] ‖ 参见 كتر [katr]，a camel’s hump。《李殿君》页 167，列 1，行 4–6。

طُوَ كَوْ [ṭua kau]，托靠 [tuo kao]，entrust，intrust，commit something to someone’s care，consign，rely on，based on，dependence

波/阿（1） وَكَّلَ [wakkala] ‖ 参见 وكل [wakl]（v.n.），entrusting（one’s affairs to another）。《李殿君》页 68，列 1，行 13-15。

波/阿（2） التوكل [al-tawakkul] ‖ 参见توكل[tawakkul]，reliance。《伯亚尼》页 5，列 3，行 1。

按，ال为阿拉伯语名词定冠词。

طُوَكِيَوْ [ṭua giau]，驼轿 [tuo jiao]，sedan chair

波/阿 دَجَّ [dajja] ‖ 参见 دج [duj]，a reed of which are woven or on which melons are hung。《李殿君》页 128，列 4，行 10。

طُوَكِ ۋ [ṭuwa giü]，脱去 [tuo qu]，get off

波/阿 ثَرْبُ [ṣarbu] ‖ 参见 ثَرْبُ [ṣarb]，taking off （a sick person’s） clothes。《李殿君》页 116，列 3，行 4。

طُوَكِيُوَ لِي [ṭua giua li]，［他］脚里 [jiao li]，in his foot

波/阿 مطايا [maṭāyā] ‖ 参见 مطا [maṭā]，阔步行走，快步走，大踏步前进，《新阿汉大词典》页 1949，右。《伯亚尼》页 3，列 2，行 23。小儿锦原文中并无“他”字。

طُوَكِۣۋ [ṭua giü]，脱去 [tuo qu]，shuck off，strip down，take off clothes

波/阿 ثَرْبُ [ṣarbu] ‖ 参见 ثرب [ṣarb]，taking off （a sick person’s） clothes。《李殿君》页 50，列 3，行 13-15。

طُوَلِ [ṭua li]，脱离 [tuo li]，separate，break away，be divorced，divorce，detach

波/阿（1） افلاح，按，在阿拉伯语中，فلح[falaha]的几个基本意义均与此处小儿锦及对应汉字不合(《新阿汉大词典》页 1552)，或为افرج[afraja]，离开，撤离(《新阿汉大词典》页 1505)。《李殿君》页 66，列 4，行 4-6；同书页 105，列 4，行 16。

波/阿（2） خَلْعَ [khal‘a] ‖ 参见 خلع [khal‘]，removing from office。《李殿君》页 127，列 4，行 4。

طُوَلُوَ [ṭua lua]，陀螺 [tuo luo]，a peg-top

波/阿 دَوَّنَ [daūana] ‖ 参见 دوامة [dawāmat]，a peg-to，《新阿汉大词典》页 659。《李殿君》页 130，列 1，行 13。

طُوّ هِیءِغ [ṭun h’ingh]，通行 [tong xing]，pass through，current

波/阿 إِجَازَةِ [ijaāzati] ‖ 参见 اجازة [ijāzat]，giving leave permission。《李殿君》页 100，列 3，行 1。

按，"通"字应为后鼻韵母，此处小儿锦拼为前鼻音。

طُوِی [ṭui]，腿 [tui]，leg

波/阿 سَاقِ [saāqi] ‖ 参见 ساق [sāq]，the leg from ankle to knee。《李殿君》页 91，列 5，行 4。

طُوِی [ṭui]，退 [tui]，recede，withdraw，move back

波/阿（1） نَكْصُ [nakṣu] ‖ 参见 نكص [nakṣ]，depart，retire，desist from timidity。《李殿君》页 32，列 5，行 4–6。

波/阿（2） قهقرى [qahqarā]，退却，后退，倒退，《新阿汉大词典》页 1699，右。《李殿君》页 45，列 2，行 4–6。

ظ Ẑā

ظٌدَا [ẑun da]，尊大 [zun da]，self-consequence

波/阿单数：مجد [majd]（v.n.），overcoming，excelling，glory，grandeur，greatness，splendour，the honour derived from ancestors；复数：امجاد [amijād]（v.n. 3 of مجد），contending for glory，boasting。《中文消经》页 2，列 2，行 26。

按，ال为阿拉伯语名词定冠词。

ظٌقُوِى [ẑun guii]，尊贵 [zun gui]，distinguished

波/阿 عزيز [zīz] ‖ 参见 عزيز [azīz]，excellent precious venerable，a king ruler。《满俩》页 1，列 3，行 8。

ظٌكِ [ẑun gin]，尊敬 [zun jing]，respect

波/阿 التبجيل [altbjīl] ‖ 参见 تبجيل [tabjīl]，honouring，showing respect。《伊哈雅仪》页 4，列 4，行 6。

按，"敬"字应为后鼻韵母，此处小儿锦拼为前鼻音。

ظُوَكٍ [ẑua gin]，坐静 [zuo jing]，sit quietly

波/阿（1）خلوة [khlūt] ‖ 参见 خلوة [khulwa]，disgraced，infamous。《伊哈雅仪》页 3，列 4，行 2。

波/阿（2）اعتكف [a'tkf] ‖ 参见 اعتكاف [i'tikāf]，continuing in prayer，remaining constantly in the mosque，restrain one's passions from religious motives。《伊哈雅仪》页 5，列 1，行 13。

按，"静"字应为后鼻韵母，此处小儿锦拼为前鼻音。

ظٌكِى [ẑun gi]，踪迹 [zong ji]，track

波/阿 وسم [wsm]，sign brand。《满俩》页 3，行 11。

按，“踪”字应为后鼻韵母，此处小儿锦拼为前鼻音。

ظً كِيَوْ سِ [ẑan giau sin]，宗教性 [zong jiao xing]，sodality

波/阿 الدينية [aldīnīt] ‖ 参见 دينى [dīnī]，religious。《伊哈雅仪》页 2，列 3，行 7。

按，“宗”与“性”均应为后鼻韵母，此处小儿锦皆拼为前鼻音。ال为阿拉伯语名词定冠词。

ظِوُ ثِيُو يوْ [ẑiu ṣiu yu]，最需要[zui xu yao]，most needed

波/阿 احوج [ahūj] ‖ 参见 احوج [ahwaj], more or most needed or necessitous。《伊哈雅仪》页 3，列 3，行 1。

ظُوَ جِغ [ẑua jingh]，作证 [zuo zheng]，testify，attest，verification

波/阿 شاهد [šāhid]，eye-witness。《李殿君》页 44，列 4，行 16–18。

ظُودَآن [ẑū dan]，阻挡 [zu dang]，stop，stem，resist，obstruct

波/阿 عًوائِق [‘anwa’iqi] ‖ 参见 عوائق [‘awā’iq]，hinderers，hindrances，impediments。《李殿君》页 156，列 2，行 10–12。

按，آن-[-ān]在小儿锦中表示开口后鼻韵母-ang。

ظُوَ دِ ئِ [ẑua di ’i]，作定义 [zuo ding yi]，give definition

波/阿 عرف [arf] ‖ 参见 عرف [arf]，knowing，discerning。《满俩》页 5，行 15。

按，“定”字应为后鼻韵母，此处小儿锦未标出鼻音。

ظَو فٌ قَىْ [ẑau fun ghai]，作分隔 [zuo fen ge]，separate

波/阿 فرقوا [farqwā] ‖ 参见 فرق [farq]，separating，dividing。《满俩》页 5，行 13。

ظَوُ قُوِى [ẑau ghui]，尊贵 [zun gui]，honorable，respected

波/阿 مَنِيفُ [maniīfu] ‖ 参见 منيف [munīf]，eminent，exalted，high，lofty，sublime。《李殿君》页 25，列 5，行 7–9。

ظُومٌ ژِ [ẑu mun jhin]，做梦人 [zuo meng ren]，one who dreams

波/阿 الرأى [alrāʼī] ‖ 参见 رأى [raʼy，rāy]，seeing，thinking，judging，knowledge，wisdom，opinion，belief，view，counsel。《伊哈雅仪》页 5，列 2，行 18。

按，"梦"字应为后鼻韵母，此处小儿锦拼为前鼻音。

ظُوَ هِيَا [ẑua hia]，坐下 [zuo xia]，sit，take a seat

波/阿 قَاعِدَ [qāʻida] ‖ 参见 قاعد [qāʻid]，sitting，sedentary。《李殿君》页 162，列 2，行 10–12。

ظُوِ وِ دَا [ẑui wui da]，最伟大 [zui wei da]，the greatest

波/阿 الكبرى [alkbrī] ‖ 参见 ا كبرى [kubrā]，greater，great（city），the major。《伊哈雅仪》页 2，列 1，行 14。该词是اكبر（意为最伟大，较伟大）的阴性词。

ظِوِى جِ قِوْ [ẑiui jin qiu]，最正规 [zui zheng gui]，the most formal

波/阿 اصح [aṣahh]，more or most true or authentic，more or most accurate，correct，sound or healthy。《伊哈雅仪》页 2，列 2，行 6。

按，"正"字应为后鼻韵母，此处小儿锦拼为前鼻音。

ظِوِى وا مِوِى [ẑui wan miui]，最完美 [zui wan mei]，the perfectest

波/阿 اهم [ahm] ‖ 参见 اهم [ahamm]，more or most important，needful，momentous。《伊哈雅仪》页 2，列 4，行 9。

ظٌيَا，فَاوِى [ẑun ian，fan wi]，尊严，范围[zun yan，fan wei]，august

波/阿 حوزة [hauzat，hauza]，tract，side，part，middle （of a kingdom），nature（of a man），vulva，name of a valley in Hijaz。《伊哈雅仪》页 3，列 3，行 11。

按，此处对应汉字与对应阿拉伯语意义不同，待考。

ظ Çā

ظَوَ [çaua]，错 [cuo]，fault，wrong

波/阿（1）سَهْوَ [sahwa] ‖ 参见 سهو [sahw]（v.n.），forgetting，blundering through inattention，oversight，inadvertency，omission，neglect，negligence。《李殿君》页 12，列 2，行 16–18。

波/阿（2）خَطْئِ [khaṭi'] ‖ 参见 خطيئة [khaṭi'at]，a sin，fault，crime。《李殿君》页 2，列 1，行 10–12。

ظُوَ [çua]，（措）［搓］[cuo]，measures［rub］

波/阿（1）دلک [dalk]，rubbing（anything），giving a rub。《李殿君》页 2，列 3，行 10–12。

波/阿（2）فرك [farak]，揉，搓（衣服），擦（眼睛），《新阿汉大词典》页 1523，左。《李殿君》页 2，列 5，行 10–12。

ظُوَبِ [çua bi]，作比 [zuo bi]，liken to，compare to

波 / 阿 قِيَاسِ [qiyāsi] ‖ 参见 قياس [qiyās]，comparison，comparing。《李殿君》页 166，列 2，行 10–12。

ظُوُ بُآوْ [çū buau]，粗暴 [cu bao]，rude，rough，crude，brutal

波/阿 فَظِّ [faẑẑi] ‖ 参见 فظ [faẑẑ]，harsh，morose，inhuman。《李殿君》页 161，列 3，行 4–6。

ظُوَبِيًا [çua bian]，左边 [zuo bian]，left side

波/阿 يَسَارِ [yasaāri] ‖ 参见 يسار [yasār]，left。《李殿君》页 95，列 5，行 13。

ظُوٌ جُوٌ [çun jun]，尊重 [zun zhong]，respect

波/阿 تَعْظِيمُ [ta'ẑiīmu] ‖ 参见 تعظيم [ta'ẑīm]（v.n. 2 of عظم）, magnifying, honouring, treating with respect, reverence, veneration, geniality, politeness, ceremonious and respectful treatment。《李殿君》页 61，列 4，行 10–12。

按，"重"字应为后鼻韵母，此处小儿锦拼为前鼻音。

ظُوَ زْغَوْ [çua zghau]，作造 [zuo zao]，create

波/阿 صُنْعَ [ṣunghh'] ‖ 参见 صنع [ṣan']，做，作，制造。《新阿汉大词典》页 1151，左。《李殿君》页 16，列 4，行 10–12。

ظُوَ كناه [çua kunāh]，作罪 [zuo zui]，guilt

波/阿 اَثْمُ [aṣmu] ‖ 参见 اثم [āṣim，asim]，sinner。《李殿君》页 56，列 5，行 13–15。

按，该小儿锦后半部分كناه [kunāh]为波斯语表意借词，意为罪过，过错。按波斯文正字法，此词应写为گناه [gunāh]。明四夷馆本《回回馆杂字》"人事门"第 284 词"گناه [gunāh]，罪，古纳黑"[1]，即此。[2]在笔者所接触的《回回馆杂字》各本中，除"北图回杂本"之外，其余诸本此词波斯文皆写作كناه [kunāh]，其起首辅音گ [g-]之上三点缺失，可见回回人将此词写为كناه [kunāh]由来已久。小儿锦使用者虽然书写时取波斯文原形，但仍按对应汉语意义读为"罪"。

ظُوَ هِيَا [çuwa hia]，坐下 [zuo xia]，sit down

波/阿 جَلَسِ [jilsi] ‖ 参见جلس [jilsi]，sit。《李殿君》页 119，列 2，行 4。

ظُوِى كِ [çui gi]，催起 [cui qi]，hasten，urge，press

波/阿 ارهاج [ilhāja] ‖ 参见 ارهج [arhaja]，掀起，扬起（灰尘），

〔1〕巴黎本在"罪"字右侧，有无名学者标音 tsoui，其下拉丁文释义为 peccatum （罪恶的，过错）。在汉字音译"古纳黑"之下标音为 kọu na he。

〔2〕刘迎胜：《〈回回馆杂字〉与〈回回馆译语〉研究》，页 137。

制造纠纷，挑拨是非，《新阿汉大词典》页 792，右。《李殿君》页 58，列 3，行 13–15。

ظُوَ يوم [çua yaum]，昨日 [zuo ri]，yesterday

波/阿 أَمسِ [amsi] ‖ 参见امس [ams]，yesterday。《李殿君》页 100，列 3，行 7。

按，该小儿锦后半部分يوم [yaum]为阿拉伯语表意借词，意为天，日。小儿锦使用者虽然书写时取波斯文原形，但仍按对应汉语意义读为“日”。

ظُوَزى وِى [çua ziui]，作罪 [zuo zui]，sin

波/阿 أَثْمُ [aṣmu] ‖ 参见 أَثْمُ [aṣm]，sin。《李殿君》页 102，列 5，行 1。

ع ‘Ein（Ê）

عًاشِوْ [‘ean šiu]，看守 [kan shou]，a guard

波/阿 رِعايَةِ [ri‘āiati] ‖ 参见 رعاية [ri‘āyat]，ruling，governing，observance，scaring。《李殿君》页 134，列 2，行 10。

按，字母ع[‘ein]在拼写小儿锦中汉语词汇的声母，即出现在词首时，有与غ[ghein]混淆的现象，此处应理解为غًاشِوْ[‘ghan šiu]。这种现象可能并非误写，似有意为之。

عْآن پِي [ean pi]，糠皮 [kang pi]，chaff

波/阿 تِبْنِ [tibni] ‖ 参见 تبن [tabn]，straw，稻草。《李殿君》页 113，列 1，行 7。

按，字母ع[‘ein]在拼写小儿锦中汉语词汇的声母，即出现在词首时，有与غ[ghein]混淆的现象，此处应理解为غان پی[ghan pi]。这种现象可能并非误写，似有意为之。-آن[-ān]在小儿锦中表示开口后鼻韵母-ang。

عِ خُوًا [ei huan]，耳环 [er huan]，earring

波/阿 قَرْطِ [qarṭi] ‖ 参见 قرط [qurṭ]，an ear-ring。《李殿君》页 92，列 5，行 1。

عْ خْ غِوْ [ê ċghiu]，咳嗽 [ke sou]，a cough

波/阿 سُعالِ [su‘āla] ‖ 参见 سعال [su‘āl]，cough，cough。《李殿君》页 140，列 2，行 1。

按，字母ع[‘ein]在拼写小儿锦中汉语词汇的声母，即出现在词首时，有与غ[ghein]混淆的现象。“嗽”字小儿锦双元音拼音中的字母غ[gh]，应理解为ع[ê]。此处应理解为غْ خْ عِوْ[gh ċeiu]。这种现象可能并非误写，似有意为之。

عِدُوْ [ei duwa]，耳朵 [er uo]，the ear

波/阿 أُذْنِ [uẕni] ‖ 参见 أُذْنِ [uẕn]，the ear。《李殿君》页 104，列 3，行 4。

عِدُوَ خُوَا [ei dua hua]，一朵花 [yi duo hua]，a flower

波/阿 ورق [waraq] ‖ 参见ورق [waraq]，a leaf of a tree or of paper。《真境花园》页 7，列 2，行 13。

عِدِيَوْ [ei diau]，音调 [yin diao]，tone

波/阿 سجع [saj‘]，speaking rhythmically，rhyme，cadence。《真境花园》页 7，列 1，行 4。

按，此处小儿锦中的“音”字未标明鼻音，可能直接将ع按其名称读为‘ein。

عِزْ [ei z]，儿子 [er zi]，son

波/阿 اِبْنِ [ibni] ‖ 参见 اِبْنِ [ibn]，a son。《李殿君》页 102，列 4，行 10。

عَسَىْ [ea sai]，耳塞 [er sai]，earplug

波/阿 الصمّ [al-ṣmm] ‖ 参见 صم [ṣamm]，closing or corking a bottle，emitting no sound when struck，being deaf，deafness。《伊哈雅仪》页 4，列 1，行 17。

عِشِ [ei ši]，耳屎 [er shi]，cerumen，earwax

波/阿 وَقْرَ [waqra] ‖ 参见وقر [waqr]，being deaf (the ear)，making deaf，deafness。《李殿君》页 70，列 3，行 7–9。

عِشِى [ei ši]，开始 [kai shi]，start，begin

波/阿 اضد [aẓd]，按，اضد [aẓadda]在阿拉伯语中意为生气，发怒。暂未查到“开始”的意义，待考。《伊哈雅仪》页 2，列 3，行 10。

按，字母ع['ein]在拼写小儿锦中汉语词汇的声母，即出现在词首时，有与غ[ghein]混淆的现象，即应理解为غ شى[ghi ši]。

عِ صِ خُوَا [en ṣi hua]，银穗花[yin sui hua]，a tulip

波/阿 سنبل [sumbul]，a flower （especially of an odoriferous plant），a hyacinth。《真境花园》页 8，列 2，行 1。

按，此处小儿锦中的“银”字未标明鼻音，可能直接将ع按其名称读为'ein。

عِ قَ فُ لُ [ei gha fu lu]，一个俘虏 [yi ge fu lu]，a captured soldier

波/阿 اسيرى [asīrī] ‖ 参见 اسيرى [asīrī]，a prisoner，a bondman。《真境花园》页 10，列 2，行 3。

عِ كِوْ كِه شُ [ei kiu kie šu]，一口气数 [yi kou qi shu]（瞬间），very short

波/阿نفسى [nafsī] ‖ 参见نفسى [nafase]，an instant。《真境花园》页 3，列 2，行 14。

عِ كِيَ خُوَا [ei kia hua]，一切花 [yi qie hua]，all the flowers

波/阿 لالهخا [lālahā]，按，应为 لالهها [lālahā]，all wild flowers，ها[-hā]为波斯语无生命名词的复数后缀。《真境花园》页 7，列 1，行 6。

عِ كِيَ شِ وٌ [ei kia ši wun]，一切诗文 [yi qie shi wen]，all literatures

波/阿 منشآت [munšāt] ‖ 参见 منشات [munšāt]，compositions，writings。《真境花园》页 2，列 2，行 14。

عِ كِيَ قُوَ [ei kia ghua]，一切果［品］[yi qie guo]，all fruits

波/阿 ميوحا [mevhā]，按，应为 ميوها [mīwa-hā，maiwa-hā]，all fruits，ها[-hā]为波斯语无生命名词的复数后缀，直译“各种水果”。《真境花园》页 7，列 1，行 8。该小儿锦并未拼出“品”字。

عِ كِيَ كِه قًا [ei kia kie gan]，一切旗杆 [yi qie qi gan]，all kinds of banners

波/阿 الوية [alwiyat] ‖ 参见 الوية [alwiyat]，standards，ensigns，banners。《真境花园》页 3，列 1，行 9。小儿锦与“旗”字相应的音节上疑多标一个开口符。

عِ لِيَوْ گِ ['i liao gin]，一（钌襟）［撩巾］[yi liao jin]，front of a garment

波/阿 دامنی [dāmanī]，按，此字为在波斯语دامن [dāman]“裙子”、“衣襟”添加不定ی [-ī]构成，直译“一块前襟”。《真境花园》页 2，列 2，行 5。

عِ مٌ [ei mun]，耳门 [er men]，ear

波/阿 صِمَاخِ [ṣimaākhi] ‖ 参见 صماخ [ṣamākh]，the ear。《李殿君》页 99，列 5，行 1。

عُوْ [eu]，苦 [ku]，bitter，hard，suffer from

波/阿 مُرَّةِ [murrati] ‖ 参见 مرة [murrat]，a species of bitter tree or herb。《李殿君》页 4，列 2，行 16–18。

按，字母ع['ein]在拼写小儿锦中汉语词汇的声母，即出现在词首时，有与غ[ghein]混淆的现象，此处应理解为غُوْ [ghu]。这种现象可能并非误写，似有意为之。

عِوْ تِوْ [eiu tiu]，（叩）［磕］头 [kou tou]，knock head

波/阿 سجد [sujjad]，worshippers。《李殿君》页 55，列 1，行 7–9。

按，字母ع['ein]在拼写小儿锦中汉语词汇的声母，即出现在词首时，有与غ[ghein]混淆的现象，即应理解为غِوْ تِوْ[ghiu tiu]。这种现象可能并非误写，似有意为之。

عِی [ei]，耳 [er]，ear

波/阿复数：الاسماع [al-asmā']，单数：سمع [sam'] ‖ 参见 اسماع

[asmā‘]，ears。《伯亚尼》页 3，列 1，行 32。

按，ال为阿拉伯语名词定冠词。

عُ يًا لِيُو سِيَ [eu yan liu sia]，五颜六色 [wu yan liu se]，various-coloured

波/阿 رنکارنک [rank-ā-rank] ‖ 参见 رنگارنگ [rang-ā-rang]，various-coloured，波斯语。《真境花园》页 7，列 1，行 7。对应波斯词语中两个ک均应为گ之误。

عِی خُوًا [ei huan]，耳环 [er huan]，earrings

波/阿 قَرْطِ [qarṭi] ‖ 参见 قرط [qurṭ]，an ear-ring。《李殿君》页 163，列 6，行 16–18。

غ Ghein

غَ [gha]，额 [e]，forehead

波/阿 جَبِينَ [jabiīna] ‖ 参见 جبين [jabīn]，the side of forehead。《李殿君》页 84，列 2，行 17。

按，该词声母小儿锦拼音中含疑母。

غْ [gh]，鹅 [e]，goose

波/阿 اِوَزّ [iwazzi] ‖ 参见 اوزة [iwazzat]，a goose。《李殿君》页 19，列 2，行 4–6；同书页 107，列 4，行 16。

按，该词声母小儿锦拼音中含疑母。

غٍ [ghin]，恩 [en]，a significant favor or kindness that morally entails a debt of gratitude

波/阿 نوال [nawāl]，赠品，礼物，《新阿汉大词典》页 2143，左。《李殿君》页 26，列 2，行 4–6。

按，该词声母小儿锦拼音中含影母。

غًا [ghan]，安 [an]，safe，secure，content，satisfied，calm，still，quiet，peace

波/阿（1） اَمَانِ [amaāni] ‖ 参见 امان [amān]（v.n. of امن），being safe and secure，security，safety，peace，tranquillity，protection，quarter，pardon，indemnity，grace，a kettle-drum。基督教礼拜中所言之“阿门”也是这个词。《李殿君》页 78，列 4，行 7–9。

波/阿（2） سَلَامةِ [salaāmti] ‖ 参见 سلامة [salāmat]（v.n. of سلم），being secure from danger，escaping from harm，salvation，safety， peace，rest，health，immunity，liberty，integrity。《李殿君》页78，列3，行10–12。

波/阿（3）قَانِتِ [qaāniti] ‖ 参见 قانت [qānit]，godly，devout，prayerful。《李殿君》页76，列1，行4–6。

该词声母小儿锦拼音中含影母。

غًا [ghan]，鞍 [an]，saddle

波/阿（1）قَرْبُوسِ [qarbuūsi] ‖ 参见قربوس [qarabūs]（in P. qarbūs），the bow or pommel of a saddle。《李殿君》页79，列1，行16–18。

波/阿（2）جُل [jull]，covering for a horse。《李殿君》页59，列5，行16–18。

该词声母小儿锦拼音中含影母。

غًّ [gha]，岸 [an]，bank

波/阿 شغير，按，此词待考。《李殿君》页41，列1，行10–12。

按，该词声母小儿锦拼音中含疑母。

غًّ [gha]，暗 [an]，dark，darkly，dim，dull

波/阿（1）قَاتِمُ [qaātimu] ‖ 参见 قاتم [qātim]，dusty，blackish。《李殿君》页43，列1，行16–18。

波/阿（2）وقب [waqaba]，（日）落，（星）落，月食，日食，《新阿汉大词典》页2306，右。《李殿君》页70，列2，行16–18。

按，该词声母小儿锦拼音中含影母。

غًا [ghan]，阉 [yan]，castrate

波/阿 طَوَاشِ [ṭawaāši] ‖ 参见 طواش [ṭawāši]，eunuch。《李殿君》页94，列4，行7。

按，该词声母小儿锦拼音中含影母。

غًا دِيًا [ghan dian]，暗点 [an dian]，scotoma，hint，suggest，drop a hint，tip，imply

波/阿 رَمْزَ [ramza] ‖ 参见 رمز [ramz]，insinuation，innuendo，double entendre，riddle，enigma，mysterious allusion。《李殿君》页 135，列 3，行 13。

按，“暗”字声母小儿锦拼音中含影母。

غًازْ [ghan z]，鞍子 [an zi]，saddle

波/阿 قَرْبُوْشِ [qarbūši] ‖ 参见 قربوش [qarabūš]，the bow or pommel of a saddle。《李殿君》页 163，列 1，行 16−18。

按，“鞍”字声母小儿锦拼音中含影母。

غًازِءِغِ [ghan ji'ingh]，安静 [an jing]，calm，quiet，peaceful

波/阿 رَسَا [rasā] ‖ 参见رسا [rasā]，tranquilization，《新阿汉大词典》页 740。《李殿君》页 53，列 4，行 4−6；同书页 134，列 1，行 1。

按，“安”字声母小儿锦拼音中含影母。

غًازِيِ غِ [ghan zingh]，安静 [an jing]，peace

波/阿 بَجبَعَ [bajbaja] ‖ 参见 بجبج [bajbaj]（用抚慰语或哼歌）哄孩子，《新阿汉大词典》页 86，左。《李殿君》页 109，列 3，行 4。

按，“安”字声母小儿锦拼音中含影母。

غًاشُوَ [ghan šua]，暗说 [an shuo]，code word，secret signal sign，countersign，drop a hint

波/阿 كِنَايَةِ [kināyati] ‖ 参见 كناية [kināyat，kināya]，a metaphor，metonymy，calling （anything） by a significant name，to speak in metaphors，or allusions，to allude to。《李殿君》页 169，列 5，行 1−3。

按，“暗”字声母小儿锦拼音中含影母。

غَشُوَ [gha šua]，暗说 [an shuo]（暗喻），metaphor

波/阿 كِنَايَةِ [kinaāyati] ‖ 参见 كناية [kināyat，kināya]，a metaphor，metonymy。《李殿君》页 28，列 4，行 10–12。

按，“暗”字声母小儿锦拼音中含影母。

غَاً فً [ghan fan]，安分 [an fen]，be law-abiding，not go beyond one's bounds，know one's place

波/阿 قَانِتِ [qāniti] ‖ 参见 قانت [qānit]，godly，devout，prayerful。《李殿君》页 162，列 6，行 10–12。

按，“安”字声母小儿锦拼音中含影母。

غَاً لَغٍ [ghan langh]，鞍笼 [an long]，a saddle

波/阿 جُلِ [julli] ‖ 参见 جُل [jull]，covering for a horse。《李殿君》页 119，列 1，行 1。

按，“鞍”字声母小儿锦拼音中含影母。

غَاً نِغٍ [ghan ningh]，安宁 [an ning]，peace

波/阿 أَمَانِ [amāni] ‖ 参见 أَمَان [amān]，peace，基督教礼拜中所言之“阿门”也是这个词。《李殿君》页 106，列 6，行 13。

按，“安”字声母小儿锦拼音中含影母。

غَ دِّيًا [gha dian]，暗点 [an dian]，scotoma，hint，suggest，drop a hint，tip，imply

波/阿 رَمْزِ [ramzi] ‖ 参见 رمز [ramz]，intimating，hinting by moving the lips，knitting the brows，lolling the tongue，waving the hand，&c.，nod，wink，hint，insinuation，innuendo。《李殿君》页 7，列 3，行 13–15。

按，“暗”字声母小儿锦拼音中含影母。

غِ دِيًا [ghin dian]，恩典 [en dian]，grace

波/阿 عتيد [‘atīd]，预备妥当的，准备就绪的，《阿汉词典》页

813，右。未查到与“恩典”有关的意义，待考。《李殿君》页 61，列 3，行 7–9。

按，“恩”字声母小儿锦拼音中含影母。

غِشَآن [ghin šan]，恩赏 [en shang]，bestow reward，award，a reward

波/阿（1）حَتْرَ [hatra] ‖ 参见 حتر [hatr]，giving little。《李殿君》页 30，列 4，行 16–18；同书页 121，列 6，行 1。

波/阿（2）عَطَاءِ [‘aṭtaā’i] ‖ 参见 عطاء [‘aṭā’]（v.n. of عطو），giving，a present，gift，donation，favour，a grant，endowment，concession，consideration。《李殿君》页 52，列 3，行 1–3。

按，“恩”字声母小儿锦拼音中含影母。آن-[-ān]在小儿锦中表示开口后鼻韵母-ang。

غِغْ [ghing]，（嗯）[恩] [en]，hum

波/阿 نغمة [naghmat]，此词在阿拉伯语中意为说话的声调，和声，韵律；这里应为نعمة [na‘mat]，意为恩惠，恩赐。《李殿君》页 52，列 4，行 13–15。

按，“嗯”字应为前鼻韵母，此处小儿锦拼为后鼻音。此词声母小儿锦拼音中含影母。

غَ لِ [gha lin]，哀怜 [ai lian]，lament

波/阿 تَضَرّعَ [taẓarru‘a] ‖ 参见 تَضَرّعَ [taẓarru‘]，lamenting。《李殿君》页 114，列 3，行 7。

按，“哀”字声母小儿锦拼音中含影母。

غَ لِوْ [gha liu]，额颅 [e lu]，a skull，forehead

波/阿 جَبِينِ [jabīni] ‖ 参见 جَبِينِ [jabīn]，the side of the forehead。《李殿君》页 117，列 6，行 10。

按，“额”字声母小儿锦拼音中含疑母。

غَ لِيَا [gha lian]，哀怜 [ai lian]，sympathy

波/阿 تَضَرُّعَ [taẓarru‘a] ‖ 参见 تضرع [taẓarru‘]（v.n. 5 of ضرع），humbling oneself，self-abasement，humility，earnest supplication，complaining，lamenting。《李殿君》页 84，列 1，行 13。

按，"哀"字声母小儿锦拼音中含影母。

غَوْ [ghau]，袄 [ao]，coat，a thick jacket

波/阿 جُبَّةْ [jubbti] ‖ 参见 جبة [jubbat]，a waistcoat or doublet with cotton quilted between the outside and lining。《李殿君》页 5，列 4，行 7–9。

按，"袄"字声母小儿锦拼音中含影母。

غَوْ [ghau]，傲 [ao]，proud

波/阿 كِبْرَ [kibra] ‖ 参见 كبر [kibr]，pomp，pride，haughtiness。《李殿君》页 20，列 2，行 16–18。

按，"傲"字声母小儿锦拼音中含疑母。

غِوْ [ghau]，呕 [ou]，vomit，sick up，spew，disgorge

波/阿 جزع [jaz‘a]，being impatient。《李殿君》页 37，列 1，行 4–6。

按，"呕"字声母小儿锦拼音中含影母。

غِوْ تُوْ [ghiu tu]，呕吐 [ou tu]，vomit，sick up，spew，disgorge，throw up

波/阿（1）جَزَعَ [jaz‘a] ‖ 参见 جَزَع [jaz‘]，being impatient。《李殿君》页 118，列 3，行 13。

波/阿（2）دَسْعِ [das‘i] ‖ 参见 دسع [das‘]（v.n.），giving，presenting，throwing up （as beasts when chewing the cud），vomiting，expelling。《李殿君》页 72，列 5，行 1–3。

波/阿（3）قَلْسِ [qalsi] ‖ 参见 قلس [qals]，vomiting at one time a small quantity。《李殿君》页 165，列 6，行 7–9。

波/阿（4） قَىْ [qa'ū] ‖ 参见 قى [qa'ī]，呕吐，《新阿汉大词典》页 1712，左。《李殿君》页 166，列 1，行 10–12。

按，"呕"字声母小儿锦拼音中含影母。

غَوْ خُوِى [ghau hui]，懊悔 [ao hui]，regret

波/阿 تُوْبَ [tauba] ‖ 参见 تُوْبَ [taub]，returning （from sin to god）。《李殿君》页 115，列 3，行 10。

按，"懊"字声母小儿锦拼音中含影母。

ف Fe

ڢِ [fi]，飞 [fei]，fly

波/阿 طَارَ [ṭaāra] ‖ 参见 طائر [ṭā’ir]，flying。《李殿君》页 83，列 5，行 4。

ڢِ [fi]，肥 [fei]，fat

波/阿 جاش，按，此词待考。《李殿君》页 72，列 2，行 13–15。

ڢِ [fi]，肺 [fei]，lung

波/阿 رِئَةِ [ri’ti] ‖ 参见 رئة [ri’at]，the lungs，《阿汉词典》页 600。《李殿君》页 94，列 3，行 16；同书页 132，列 1，行 10。

ڢِ [fi]，沸 [fei]，boil

波/阿 صَحْرَ [ṣahra] ‖ 参见 صحر [ṣahr]（v.n.），cooking。《李殿君》页 77，列 3，行 10–12。

ڢُ [fu]，佛 [fo]，Buddha，Buddhism

波/阿（1） طَاغُوْتِ [ṭaāghuūti] ‖ 参见 طاغوت [ṭāghūt]，an idol，a demon，or any object worshipped （excepting God），particularly an ancient idol at Mecca，Satan，a diviner，soothsayer，augur，a heresiarch。按，波/阿对应词源于西夏的称谓“党项”、“唐兀”。西夏人奉佛，故而才会将西夏的名称作为佛与佛教的称谓。由此可推测，回回人将佛教与西夏挂钩，应有相当古老的起源。《李殿君》页 77，列 4，行 13。

波/阿（2） نُصُبُ [nuṣubu] ‖ 参见 نصب [nuṣb，nuṣub]，a sign，military standard，an idol。《李殿君》页 77，列 1，行 4–6。

فُ [fu]，浮 [fu]，float

波/阿 سَبْحَ [sabha] ‖ 参见 سبح [sabh]（v.n.），swimming。《李殿君》页 55，列 2，行 13–15。

فُ [fu]，福 [fu]，good fortune，blessing，happiness，lucky

波/阿 دَوْلَةِ [daūlati] ‖ 参见 دولة [daulat](v.n. of دول), good turn of fortune，felicity，wealth，victory。明四夷馆本《回回馆杂字》“人事门”第 203 词“دولت（daulat），福，倒勒忒”，即此。[1] دولت（daulat）为阿拉伯语借词，意为财产，运气，好福气。元代不少回回以此词为名。泰定帝时有回回权臣名倒剌沙（daulat-i shāh），意为“国王之福”。دولت（daulat）的音译在元代有各种异写形式，如，延祐二年（1315）任南台御史的倒剌沙、元统元年（1333）任南台御史的岛剌沙和至正三年（1343）任南台经历的倒剌沙[2]，泰定元年任庆元市舶提举的到剌沙和同年任庆元路录事司达鲁花赤的倒剌沙[3]，后至元四年（1338）永州路同知岛剌沙[4]，至正六年（1346）江浙行省郎中岛剌沙[5]，累迁襄垣县达鲁花赤的于阗人倒剌沙[6]，等等。《李殿君》页 1，列 1，行 4–6。

فُ [fu]，父 [fu]，father

波/阿 وَالِدَ [faālida] ‖ 参见 والد [wālid]，a parent，a father，a mother。《李殿君》页 7，列 1，行 13–15。

فُ [fu]，（袱）[肤] [fu]，bundle

波/阿 نَجْلِ [najli] ‖ 参见 نجل [najl]，skinning（an animal）。《李殿君》页 35，列 3，行 10–12。

按，从对应阿拉伯文判断，对应汉字“袱”或为“肤”字之误。

---

〔1〕刘迎胜：《〈回回馆杂字〉与〈回回馆译语〉研究》，页 108。

〔2〕《至正金陵新志》，卷 6。

〔3〕《至正四明续志》，卷 2。

〔4〕《洪武永州府志》，卷 10。

〔5〕《万历杭州府志》，卷 9。

〔6〕《成化山西通志》，卷 8；《弘治潞州志》，卷 8。

فٌ [fun]，分 [fen]，divide，separate，dispart，part，partition，distribute，assign，coin，cent，minute

波/阿（1）قِسْمُ [qismu] ‖ 参见 قسم [qasm]，dividing，scattering，dispersing，division，partition。《李殿君》页 10，列 4，行 1–3；同书页 164，列 5，行 4–6。

波/阿（2）دَانِقِ [dāniqi] ‖ 参见 دانق [dāniq]，a kind of coin，《新阿汉大词典》页 645。《李殿君》页 41，列 3，行 4–6；同书页 128，列 2，行 7。

波/阿（3）فَرْقِ [farqi] ‖ 参见 فرق [farq]，separating，dividing，deciding judicially，separation，distinction，division。《李殿君》页 9，列 5，行 4–6。

波/阿（4）نَصِيبُ [naṣiību] ‖ 参见 نصيب[naṣīb]，a part，portion。《李殿君》页 74，列 3，行 16–18。

波/阿（5）قِيرَاطِ[qiīraāṭi] ‖ 参见 قيراط [qīrāṭ]，a weight of four grains，half a dang。《李殿君》页 44，列 2，行 10–12。

فٌ [fun]，坟 [fen]，grave，tomb

波/阿（1）طفظ [ṭafẓ]，坟墓，冢，《新阿汉大词典》页 1228，左。《李殿君》页 53，列 1，行 10–12。

波/阿（2）قَبْرَ [qabra] ‖ 参见 قبر [qabr]（v.n.），burying，a grave，tomb，sepulchre，mausoleum，monument in honour of the dead。《李殿君》页 73，列 4，行 1–3；同书页 162，列 5，行 13–15。

波/阿（3）ضَشَج [ẓaṣaj]，按，此词待考。《李殿君》页 73，列 1，行 4–6。

波/阿（4）لَحْدِ [lahdi] ‖ 参见 لحد [lahd]，preparing a place in the side of a tomb for depositing the dead。《李殿君》页 98，列 2，行 4。

فٌ [fun]，粪 [fen]，dung，excrement，feces，muckworm，ordure，shit，turd，droppings

波/阿（1） سِرْقِيْنَ [sirqiīna] ‖ 参见 سرقين [sirqīn，sarqīn]（for P. sargīn），dung，manure。《李殿君》页 9，列 1，行 4–6。

波/阿（2） خرء [khur’]，dung，excrement。《李殿君》页 74，列 5，行 16–18。

波/阿（3） قَذْرَ [qaẕra] ‖ 参见 قذر [qaẕar]（v.n.），being unclean，impure，dirty，dirt，filth，impurity。《李殿君》页 55，列 2，行 16–18；同书页 163，列 2，行 10–12。

波/阿（4） جق [jaqqa]，（鸟）排粪，《新阿汉大词典》页 286，右。《李殿君》页 40，列 5，行 10–12。

波/阿（5） رَوْثِ [rauṣi] ‖ 参见 روث [rauṣ]（v.n.），dunging （a horse），dung，ordure。《李殿君》页 74，列 1，行 16–18。

波/阿（6） فرث [farṣ]，胃里的草料，瘤胃里的剩草料。《新阿汉大词典》页 1506，左。《李殿君》页 74，列 2，行 13–15；同书页 160，列 4，行 13。

波/阿（7） خُثَّى [khuṣṣīa] ‖ 参见 خثى [khuṣṣī]，dung。《李殿君》页 90，列 4，行 13。

波/阿（8） جَدْثِ [jadṣi] ‖ 参见 جدث [jadaṣ]，a tomb。《李殿君》页 74，列 4，行 13–15。该阿拉伯语词汇对应的汉字是“坟”。“坟”与“粪”音近，疑此处对应汉字本应为“坟”。

فً [fan]，风 [feng]，wind

波/阿（1）单数：ريح [rīh]，复数：الرياح [al-rayāh] ‖ 参见 رياح [rayāh]，winds。《伯亚尼》页 3，列 2，行 20。ال为阿拉伯语名词定冠词。

波/阿（2） هَبْوَةِ [habwati] ‖ 参见 هبوة [habwat，habwa]，dust，darkness。《李殿君》页 32，列 3，行 10–12。疑原文应为 هبوبة ，扬起灰尘的强风（strong，dust-raising （wind））。

按，“风”字应为后鼻韵母，此处小儿锦拼为前鼻音。

فٌ [fun]，疯 [feng]，crazy

波/阿 مَسَّ [massa] ‖ 参见 مس [mass]，madness。《李殿君》页 32，列 5，行 16–18。

按，“疯”字应为后鼻韵母，此处小儿锦拼为前鼻音。

فَا [fa]，发 [fa]，hair

波/阿（1） الشعر[al-ša'r] ‖ 参见 شعر [ša'r], hair(of man or any animal excepting camels and sheep)。《伯亚尼》页 7，列 2，行 1；同书页 13，列 3，行 10–12。ال为阿拉伯语名词定冠词。

波/阿（2） زرفان，按，此词待考。《李殿君》页 46，列 5，行 4–6。

فًا [fan]，矾 [fan]，alum

波/阿 زَاجَ [zāja] ‖ 参见 زاج [zāj]，alum，《阿汉词典》页 529。《李殿君》页 136，列 2，行 13。

فًا [fan]，反 [fan]，in reverse，on the contrary，turn over，rebel

波/阿（1） باين，按，此词待考。《李殿君》页 46，列 2，行 13–15。

波/阿（2） نَقِيضُ [naqiīẓu] ‖ 参见 نقيض [naqīẓ]，contrary，opposite，reverse，reversed，inverted，adverse。《李殿君》页 30，列 4，行 13–15。

波/阿（3） بُغَى [bughaī] ‖ 参见 بغى [baghy，baghī]（v.n.），rebellion，insurrection，revolt。《李殿君》页 57，列 1，行 10–12。

فُ آب [fu āb]，浮水 [fu shui]，swimming

波/阿 سَجْحَ [sajha] ‖ 参见 سجح [sabh]，swimming。《李殿君》页 138，列 2，行 16。

按，此词小儿锦中的آب[āb]为波斯语表意借词，意为水。明四夷馆本《回回馆杂字》“地理门”第 47 词“آب（āb），水，阿卜”，即此。小儿锦使用者虽然书写时取波斯文原形，但仍按对应汉语意义读为“水”。

فاَ بِيَوْ [fa biau]，发表 [fa biao]，make known

波/阿 مخرجين [mkhrjīn] ‖ 参见 خرج [kharj，khurj]，revenue，tribute，tax，duty，outgo，charge，expense，cost。《伊哈雅仪》页 2，列 2，行 18。

فًا پًا [fan pan]，反叛 [fan pan]，rebel

波/阿 بُغىَ [baghya] ‖ 参见 بُغى [baghy]，revolt。《李殿君》页 111，列 6，行 10–12。

فًا جِآن [fan jan]，发长 [fa zhang]，grow，increase，rise

波/阿（1） اِنْبَاتِ [inbaāti] ‖ 参见 انبات [imbāt]（v.n. 4 of نبت），growing，causing to grow。《李殿君》页 64，列 3，行 13–15；同书页 107，列 1，行 7。

波/阿（2） نَمَاءِ [namaā'i] ‖ 参见 نماء [namā']（v.n. of نمى），growing，increasing，rising （water），rising （as the price of provisions）。《李殿君》页 15，列 3，行 1–3。

按，آن-[-ān]在小儿锦中表示开口后鼻韵母-ang。

فاَ خُوٌ [fa hun]，发昏 [fa hun]，psychopathy，daze，feel dizzy，lose one's mind

波/阿（1） دُوْخُلِ[daūkhuli] ‖ 参见دخل [dakhal]，psychopathy。《李殿君》页 130，列 2，行 13–15。

波/阿（2） دوخة [daūkhat]，（方言）头晕，眼花，晕眩，《新阿汉大词典》页 652，右。《李殿君》页 26，列 5，行 13–15。

فاَ خُوِ [fa hui]，返回 [fan hui]，return

波/阿عاد[‘ād]，回归，返回，半生，重复，恢复原状，《新阿汉大词典》页 1411，左。《伊哈雅仪》页 5，列 1，行 12。

فًا خوًا [fan huan]，返还 [fan huan]，return

波/阿 اعاد [i‘ād] ‖ 参见 اعادة [i‘ādat]，bring back。《伯亚尼》

页 4，列 3，行 1。

فًا دُوِ [fan dui]，反对 [fan dui]，object，oppose

波/阿（1） اِزَاءِ [izaā'i] ‖ 参见 ازاء [izā']，whatever is opposite to and corresponding with a thing。《李殿君》页 104，列 3，行 10。

波/阿（2） حَذَاءِ [haẕā'] ‖ 参见 حِذَاءِ [hiẕā']（v.n. 3 of حذو），being over against，facing，one thing opposite another。《李殿君》页 54，列 3，行 7–9；同书页 121，列 1，行 16。

فَا دُوُ [fa du]，法度 [fa du]，laws

波/阿 بسياسة [basyāsat] ‖ 参见 سياسة [siyāsat]，政治，政策。《伯亚尼》页 4，列 2，行 28。

فَا شِ [fa ši]，发誓 [fa shi]，swear，pledge，take an oath

波/阿 يمين，按，此词待考。《李殿君》页 61，列 5，行 13–15。

فَا شُوْ [fa šu]，罚赎 [fa shu]（赎罪，抵消所犯的罪过），redemption，atone for one's crime

波/阿 كِفَارَةِ [kifaārati] ‖ 参见 كفارة [kiffārat]，penitence，penance，atonement （by alms，fasting，&c.）。《李殿君》页 95，列 4，行 4；同书页 168，列 6，行 10–12。

فَا شِيًا [fa xian]，发现 [fa xian]，discovery

波/阿 استكشاف [astikšāf] ‖ 参见 استكشاف [istikšāf]，discovery。《伯亚尼》页 3，列 1，行 4。

فًا كْيَان [fan kian]，反僵 [fan jiang]（反叛），rebellion，contumacious

波/阿（1） العناد [al-'inād] ‖ 参见 عناد ['inād]，rebellion。《伯亚尼》页 5，列 1，行 8。ال为阿拉伯语名词定冠词。

波/阿（2） مَارِدَ [maārida] ‖ 参见 مارد [mārid]，contumacious，stubborn，rude，insolent，proud （especially applied to demons）。

《李殿君》页 15，列 3，行 13–15。

按，آن-[-ān]在小儿锦中表示开口后鼻韵母-ang。

فًا گيَانْ [fan gian]，反强 [fan qiang]，contumacious，rebellious

波/阿 سركش [sar-kaš]，contumacious，rebellious，波斯语，直译昂着头。《真境花园》页 5，列 1，行 2。

按，آن-[-ān]在小儿锦中表示开口后鼻韵母-ang。

فًا لآن [fan lan]，翻浪 [fan lang]，billow，full and swelling（sea）

波/阿 زَخْرَ [zakhra] ‖ 参见 زخر [zakhkhār]，full and swelling（sea），filling，being full （the sea）。《李殿君》页 39，列 4，行 4–6；同书页 137，列 1，行 1。

按，آن-[-ān]在小儿锦中表示开口后鼻韵母-ang。

فَا لً يًا [fa lan yan]，发蓝眼 [fa lan yan]（监视除了白色的东西），scare anything but the white appears

波/阿 زُرْقِ [zurqi] ‖ 参见 زرق [zarg]，turning towards any object （the eye），so that scare anything but the white appears。《李殿君》页 137，列 5，行 1。

فَا مٍ [fa min]，发明 [fa ming]，invention

波/阿 المعرب [al-ma'rib] ‖ 参见 معرب [ma'rib]，an Arabian horse of noble breed。《伯亚尼》页 5，列 3，行 30。

按，“明”字应为后鼻韵母，此处小儿锦拼为前鼻音。ال 为阿拉伯语名词定冠词。此处小儿锦及对应汉字与阿拉伯语对应词义不符，待考。

فُآن [fuan]，方 [fang]，place，local，district，province，region，room，space，tract，square

波/阿（1） اَقْطَارَ [aqṭaāra] ‖ 参见 اقطار [aqṭār]（pl. of quṭr），tracks（of the heavens），districts。《李殿君》页 68，列 2，

行 1–3。

波/阿（2） اعناف [a‘nāfi]，按，此词待考。《李殿君》页 35，列 4，行 1–3。

按，آن- [-ān]在小儿锦中表示开口后鼻韵母-ang。

فَآن [fan]，房 [fang]，house

波/阿（1） تعنيس [ta‘anīs]，按，此词待考。《李殿君》页 46，列 5，行 10–12。

波/阿（2） مخدع [makhdda‘]，小套屋，小房间，私室，《新阿汉大词典》页 493，右。《李殿君》页 62，列 1，行 10–12。

波/阿（3） طارِمُ [ṭaāramu] ‖ 参见 طارم [ṭāram]，a wooden building of a circular form with an arched roof，a dome，a roof，a palisade to exclude people from a garden。《李殿君》页 44，列 4，行 7–9。

按，آن- [-ān]在小儿锦中表示开口后鼻韵母-ang。

فُآن [fuan]，防 [fang]，prevent，avoid

波/阿 حِذْرَ [hiẕra] ‖ 参见 حذر [haẕar, hiẕr]，avoiding，shunning，caution，prudence。《李殿君》页 63，列 1，行 4–6。

按，آن- [-ān]在小儿锦中表示开口后鼻韵母-ang。

فُآن [fuan]，放 [fang]，discharge，lay，place，put，rest，set，set free，give out，let go，let out，let off，release

波/阿（1） وَضْعِ [waẓ‘i] ‖ 参见 وضع [waẓ‘]（v.n.），placing or laying down upon，depositing （anything with another） to keep，（a woman）laying aside（her veil），deposing（from any dignity），degrading。《李殿君》页 66，列 2，行 16–18。

波/阿（2） اِرْسَالِ [irsaāli] ‖ 参见 ارسال [irsāl]，sending。《李殿君》页 93，列 2，行 7。

按，آن- [-ān]在小儿锦中表示开口后鼻韵母-ang。

فَا نًا [fan nan]，（繁）[犯]难 [fan nan]，difficult

波/阿 تعذر [t'z̲r] ‖ 参见 تعذر [ta'az̲z̲ar]，being difficult。《满俩》页 5，行 14。

فُآن تَعَ [fuan tea]，房台 [fang tai]（台子），estrade

波/阿 صِفَّةِ [ṣiffati] ‖ 参见 صفة [ṣuffat，ṣuffa]，a dais，estrade or raised floor，a covered place for reclining on before the doors of Eastern houses or mosques。《李殿君》页 37，列 5，行 7–9。

按，آن-[-ān]在小儿锦中表示开口后鼻韵母-ang。

فُآن جِ [fuan ji]，纺织 [fang zhi]，spinning and weaving

波/阿 كَفْنِ [kafni] ‖ 参见كفن [kafn]，spinning。《李殿君》页 23，列 3，行 13–15。

فُآن جِى [fuan ji]，纺织 [fang zhi]，spin，weave

波/阿 كَفْنِ [kafni] ‖ 参见 كفن [kafn]，spinning。《李殿君》页 23，列 3，行 13–15。

按，آن-[-ān]在小儿锦中表示开口后鼻韵母-ang。

فَآن چَا [fan čā]，访查 [fang cha]，go about making inquiries，investigate

波/阿（1） فَحْصِ [fahṣi] ‖ 参见 فحص [fahṣ]，examining，investigating，inquiring into。《李殿君》页 159，列 4，行 13–15。

波/阿（2） فَتْشِ [fatši] ‖ 参见 فتش [fatš]，examining，searching，making strict inquiry。《李殿君》页 159，列 5，行 7–9。

按，آن-[-ān]在小儿锦中表示开口后鼻韵母-ang。

فَآن چِغَا [fan čigha]，访查 [fang cha]，investigate，examine

波/阿（1） فَتْشِ [fatši] ‖ 参见 فتش [fatš]（v.n.），examining，searching，making strict inquiry，digging。《李殿君》页 44，列 3，行 1–3。

波/阿（2） فَحْصِ [fahṣi] ‖ 参见فحص [fahṣ]（v.n.），examining，investigating，inquiring into。《李殿君》页 25，列 4，行 16–18。

按，آن-[-ān]在小儿锦中表示开口后鼻韵母-ang。此处“查”字小儿锦开口元音拼音中的字母غ[gh]，应理解为ع[ê]，即读为فَان چِعَا [fan čiea]。

فَانْ زْ [fan z]，房子 [fang zi]，house

波/阿 بَيْتِ [baīti] ‖ 参见 بيت [bait]，a house，temple，edifice，fabric。《李殿君》页 11，列 3，行 7–9；同书页 112，列 5，行 13。

按，آن-[-ān]在小儿锦中表示开口后鼻韵母-ang。

فَانْ فَا [fan fa]，方法 [fang fa]，way，method

波/阿 الضابط [al-ẓābaṭ] ‖ 参见ضبط [ẓabaṭa]，治国有方，治国有术，《新阿汉大词典》页 1172，右。《伯亚尼》页 7，列 2，行 6。

按，آن-[-ān]在小儿锦中表示开口后鼻韵母-ang。ال为阿拉伯语名词定冠词。

فُآن لِيَآن [fuan lian]，放良 [fang liang]，liberate a slave

波/阿 دَبَّرَ [dabbra] ‖ 参见 دبر [dubr]，end，final，last part。《李殿君》页 27，列 5，行 13–15；同书页 128，列 5，行 7。按，آن-[-ān]在小儿锦中表示开口后鼻韵母-ang。

فُآن لِيَآن [fan lian]，房梁 [fang liang]，a grider of house

波/阿 سَقْفُ [saqfu] ‖ 参见سقف [saqf]，covering in，roofing（a house），a roof，a platform。《李殿君》页 140，列 4，行 10。

按，آن-[-ān]在小儿锦中表示开口后鼻韵母-ang。

فُآن هِىَ [fuan hia]，放血 [fang xue]，bleed，exsanguinate，blood

波/阿（1） فَصْدِ [faṣdi] ‖ 参见 فصد [faṣd]（v.n.），bleeding，opening a vein，bloodletting。《李殿君》页 69，列 4，行 10–12；同书页 160，列 2，行 16–18。

波/阿（2） حِجَامَةِ [hajāmati] ‖ 参见 حِجَامَةِ [hajāmat]，to bleed，cupping，scarifying，&.，a cupping-glass。《李殿君》页 29，列 4，行 10–12；同书页 121，列 4，行 7。

按，آن-[-ān]在小儿锦中表示开口后鼻韵母-ang。

فاْ وِهَ [fan wia]，范围 [fan wei]，application range

波/阿 حوزة [hauzat，hanza]，trace，side，part，middle（of a kindom）。《伊哈雅仪》页 3，列 3，行 11。

فَا ۋغً [fa üghan]，发愿 [fa yuan]，take an oath，wish

波/阿 حَلْفُ [halfu] ‖ 参见 حلف [half]，swearing。《李殿君》页 96，列 1，行 13；同书页 123，列 5，行 10。

按，此处小儿锦拼音中的字母غ[gh]，应为ع[ê]，即应读为[fa üean]。

فِ بَآن [fi ban]，诽谤 [fei bang]，slander，defame

波/阿（1） قَسَّ [qassa] ‖ 参见 قس [qass]（v.n.），slandering，detracting，hurting with foul language。《李殿君》页 31，列 3，行 7–9。

波/阿（2） أشَا [aṣā]，诽谤，中伤，造谣，《新阿汉大词典》页 8。《李殿君》页 102，列 4，行 16。

波/阿（3）قَسَّ [qasa] ‖ 参见 قس [qass]，slandering，detracting，hurting with foul language。《李殿君》页 164，列 4，行 4–6。

波/阿（4） نَزْغِ [nazghi] ‖ 参见 نزغ [nazgh]，reproaching。《李殿君》页 97，列 1，行 7。

按，آن-[-ān]在小儿锦中表示开口后鼻韵母-ang。

فُ بِيَوْ [fu biau]，浮飘 [fu piao]，float，hover

波/阿 طَافِح [ṭaāfih] ‖ 参见 طافح [ṭāfih]，overflowing（pond），full of drink。《李殿君》页 71，列 3，行 1–3。

فِ پَآن [fi pan]，肥胖 [fei pang]，fat，corpulent

波/阿（1） غَنْدَرَ [ghandara] ‖ 参见 غندر[ghundar，ghundur]，fat，thick。《李殿君》页 158，列 4，行 13–15。

波/阿（2） فَخَامَةِ [fakhāmati] ‖ 参见 فخامة [fakhāmat]，a being thick and corpulent。《李殿君》页 159，列 6，行 13–15。

波/阿（3） جَاشِ，按，此词待考。《李殿君》页 116，列 3，行 16。

波/阿（4） سَمِينِ [samiīni] ‖ 参见 سمين [samīn]，fat，full，plump。《李殿君》页 55，列 1，行 1–3。

波/阿（5） حَظْبُ [hažbu] ‖ 参见 حظب [hažab]，being fat，being full。《李殿君》页 123，列 4，行 1。

波/阿（6） فربه [farbih] ‖ 参见 فربة [farbih]，fat，gross，corpulent，much，abundant。《真境花园》页 11，列 2，行 5。

按，آن-[-ān]在小儿锦中表示开口后鼻韵母-ang。

فِ پوآن [fi puan]，肥胖 [fei pang]，fat，corpulent

波/阿 خَشَنِ [khašani] ‖ 参见 خشن [khašin]，hard，rough，coarse，rude。《李殿君》页 126，列 1，行 10。

按，آن-[-ān]在小儿锦中表示开口后鼻韵母-ang。

فٌ پَى سْ دِ [fun pai si di]，（份）〔分〕派事〔情〕的 [fen pai shi qing de]，dividing jobs，dividing work

波/阿 قسيم [qasīm] ‖ 参见 قسيم [qasīm]，portions。《真境花园》页 2，列 1，行 6。该小儿锦拼音中无“情”字。

فُ تِوْ [fu tiu]，斧头 [fu tou]，axe，hatchet

波/阿 فَاسِ [fā'si] ‖ 参见 فأس [fa's]，a hatchet，an axe。《李殿君》页 159，列 2，行 1–3。

فُ ثِيَآن [fu ṣian]，佛像 [fo xiang]，a Buddhist image

波/阿 جِبتِ [jibti] ‖ 参见 جِبتِ [jibt]，an idol。《李殿君》页 117，

列 4，行 7。

按，آن-[-ān]在小儿锦中表示开口后鼻韵母-ang。

فَّ جُوَ [fa jua]，饭桌 [fan zhuo]，a dinning table

波/阿 سَفْرَةِ [safrati] ‖ 参见 سفرة [safrat]，a dinning table，《新阿汉大词典》页 920。《李殿君》页 140，列 2，行 7。

فٌ جَى [fun jai]，封斋 [feng zhai]，fasting

波/阿 صيام [ṣyām] ‖ 参见 صيام [ṣiyām]，abstaining from food，fasting。《满俩》页 4，行 9。

按，“封”字应为后鼻韵母，此处小儿锦拼为前鼻音。

فِ چوُ [fi ču]，废除 [fei chu]，abolishing

波/阿 الطال [alṭāl] ‖ 参见 طال [ṭāl]，making void，abolishing，rending，fruitless and abortive，refuting，proving to be false，dealing in trifles or vanities。《伊哈雅仪》页 4，列 3，行 10。

فُ خُوَ [fu huwa]，复活 [fu huo]，relive，revive

波/阿（1） بَعثِ [ba'ṣi] ‖ 参见 بَعث [bṣ's]，awakening，raising the dead，resurrection。《李殿君》页 111，列 5，行 4。

波/阿（2） زنده [zinda] ‖ 参见 زنده [zinda]，alive，living，波斯语。《真境花园》页 9，列 1，行 1。

فٌ خُوَانْ [fun huan]，凤凰 [feng huang]，a bird of eastern fable，looked upon as a bird of happy omen，prognosticating a crown to every head it overshades

波/阿 حما [humā]，按，应为 هما [humā]，a bird of eastern fable，looked upon as a bird of happy omen，prognosticating a crown to every head it overshades。《真境花园》页 12，列 2，行 2。

按，“凤”字应为后鼻韵母，此处小儿锦拼为前鼻音。آن-[-ān]在小儿锦中表示开口后鼻韵母-ang。هما [humā]为波斯神话中的不死鸟，并非中国的凤凰；凤凰在波斯语中另有一词表示，为سيمرغ [sī-murgh]。明四夷馆本《回回馆杂字》“鸟兽门”第417词“سيمرغ（sīmurgh），凤凰，洗木儿额”[1]，即此。[2]会同馆本“鸟兽门”第1243词“凤凰，洗木儿额”，译音与此同。سيمرغ（sīmurgh）乃伊朗神话中鹰头狮身比翼的神鸟。此词由 سی（意为 sī，三十）加مرغ（murgh，意为鸡鸟）[3]构成。直译为“三十鸟”。此词传入畏兀儿语中，《高昌馆译书》“鸟兽门”有“simurgha，凤凰，洗母儿哈”[4]，在混入明火原洁所编《华夷译语》中的畏兀儿语“鸟兽门”有“simurgha，凤凰，洗母儿哈”。[5]

فٌ دَعَا [fun da'a]，粪蛋 [fen dan]，dung

波/阿 ذَرْقِ [ẕarqi] ‖ 参见 ذرق [ẕarq]，a bird's dung。《李殿君》页131，列4，行13。

فُ زاد [fu zād]，复生 [fu sheng]，resurrect，revive

波/阿 حَشْرَ [hašra] ‖ 参见 حشر [hašr]，the resurrection。《李殿君》页60，列1，行13。

按，该小儿锦后半部分زاد[zād]是波斯语表意借词，小儿锦使用者虽然书写时取波斯文原形，但仍按对应汉语意义读为“生”。

فُ زن [fu zan]，妇女 [fu nü]，woman

波/阿 أُنْثَى [unṣī] ‖ 参见أُنْثَى [unṣā]，女性的，母的，雌的。《新阿汉大词典》页61，左。《李殿君》页107，列4，行7。

按，该小儿锦第二部分 زن [zan]为波斯语表意借词，意为女人，妇女。四夷馆本《回回馆杂字》“人物门”第149词“زن（zan），妻，簪”，即此。小儿锦使用者虽然书写时取波斯文原形，但仍

〔1〕巴黎本在“凤凰”两字左右侧，有无名学者分别标音 foung 与 houng，其下拉丁文释义为 phaenix sincuss（中国的不死鸟）。在汉字音译“洗木儿额”之下标音为 si mou eulh ngo。

〔2〕刘迎胜：《〈回回馆杂字〉与〈回回馆译语〉研究》，页182。

〔3〕见四夷馆本“鸟兽门”第384词“مرغ（murgh），鸡，木儿额”。

〔4〕《北京图书馆古籍善本丛刊》6，《经部》，《高昌馆译书》，页379。

〔5〕《北京图书馆古籍善本丛刊》6，《经部》，《华夷译语》，页72。

按对应汉语意义读为“女”。

فُ ژِ [fu rin]，妇人 [fu jhen]，a woman

波/阿 زَوْجَةِ [zaūjati] ‖ 参见 زوجة [zaujat，zauja]，a wife，spouse。《李殿君》页 138，列 2，行 1。

فً سًا [fun san]，分散 [fen san]，disperse，scatter，decentralize

波/阿（1）فَرْقَ [farqa] ‖ 参见فرق [farq]，separating，dividing，a part separated from the whole，a piece split off anything。《李殿君》页 160，列 6，行 7-9。

波/阿（2）بدد [baddada]，使分散，使散开，使散乱，《新阿汉大词典》页 94，右。《李殿君》页 48，列 1，行 13-15；同书页 109，列 6，行 10。

فُ سر [fu sar]，斧头 [fu tou]，ax，chopper，hatchet

波/阿（1）قُدَوم [qudaūmi] ‖ 参见 قدوم [qadūm]，a hatchet。《李殿君》页 28，列 3，行 1-3。

波/阿（2）طبر [ṭabr]，波斯语，意为战斧，月牙斧。《李殿君》页 62，列 4，行 16-18。

该小儿锦后半部分سر [sar]为波斯语表意借词，小儿锦使用者虽然书写时取波斯文原形，但仍按对应汉语意义读为“头”。

فُ سِيَآن [fu sian]，佛像 [fo xiang]，figure of Buddha

波/阿 اَوْثَانِ [aūṣāni] ‖ 参见 اَوْثَانِ [auṣān]，idols。《李殿君》页 107，列 6，行 13。

按，آن- [-ān]在小儿锦中表示开口后鼻韵母-ang。

فِ شُوْ [fi šu]，飞鼠 [fei shu]（蝙蝠），bat

波/阿 خُفّاشِ [khuffāši] ‖ 参见 خفاش [khafaš]，bat。《新阿汉大词典》页 541。《李殿君》页 74，列 3，行 13-15；同书页 126，列 6，行 16。

فُعِ بِى [fu'i bi]，封闭 [feng bi]，seal

波/阿 طَبْعَ [ṭab'a] ‖ 参见 طبع [ṭab']，making a impression with seal。《李殿君》页 100，列 4，行 10。

按，此处"封"字小儿锦后鼻韵母拼音中的字母ع['ein]应为غ[ghein]之误，其下的齐齿符应订正为齐齿鼻音符，即其拼写应订正为فُغٍ بِى [fuing bi]。

فُغٍ [fungh]，峰 [feng]，apex of the mountain and hill

波/阿 كَتْرَ [katra] ‖ 参见 كتر [katr]，a camel's hump。《李殿君》页 32，列 3，行 16–18。

فُغٍ [fungh]，丰 [feng]，abundant，plentiful

波/阿 دَثْرِ [daṣri] ‖ 参见 دثر [daṣr]，copious，abundant。《李殿君》页 62，列 4，行 1–3。

فُغٍ [fungh]，封 [feng]，envelop，seal

波/阿 خَتْمُ [khatmu] ‖ 参见 ختم [khatm]（v.n.），sealing。《李殿君》页 61，列 3，行 10–12。

فُغٍ [fungh]，风 [feng]，wind

波/阿 رِيحَ [riīha] ‖ 参见 ريح [rīh]（v.n.），being windy（the day），wind。《李殿君》页 3，列 1，行 4–6；同书页 136，列 1，行 10。

فُغٍ [fungh]，缝 [feng]，seam，sew，slot，stitch

波/阿 خِيَاطِ [khiyaāṭi] ‖ 参见 خياط [khaiyāt]，a tailor，a needle。《李殿君》页 67，列 1，行 4–6。

فُغٍ بِ [fungh bi]，封闭 [feng bi]，seal，close

波/阿（1） لَحْمُ [lahmu] ‖ 参见 لحم [lahm]，soldering。《李殿君》页 170，列 5，行 1–3。

波/阿（2） خَتَمُ [khatamu] ‖ 参见 ختم [khatm]，concluding，

finishing。《李殿君》页 125，列 4，行 7。

فُغِ زْ [fungh z]，疯子 [feng zi]，a lunatic

波/阿 جُنُونِ [junūni] ‖ 参见 جُنُون [junūn]，lunacy。《李殿君》页 119，列 5，行 13。

فُغِ سَ [fungh sa]，封塞 [feng sai]，close，shut

波/阿 رَتْقِ [ratqi] ‖ 参见 رتق [ratq]，shutting，filling，sewing up，closing。《李殿君》页 133，列 2，行 4。

فُغِ شِغِ [fungh šingh]，丰盛 [feng sheng]，abundant

波/阿 دَثْرَ [daṣra] ‖ 参见 دثر [daṣr]，copious，abundant。《李殿君》页 128，列 3，行 10。

فُغِ صِ [fungh ṣi]，风俗 [feng su]，custom

波/阿 رَسْمُ [rasmu] ‖ 参见 رسم [rasm]，a law，canon，rule，regulation，precept，habit，custom，mode，manner，usage。《李殿君》页 134，列 2，行 4。

فُغِ لِوْ [fungh liu]，风楼 [feng lou]，upper apartment，a parlour

波/阿 غَرْفَةِ [gharfati] ‖ 参见 غرفة [gharfat]，a parlour，upper apartment，room for taking meals。《李殿君》页 157，列 1，行 16–18。

فُغِ وَ [fungh wa]，蜂窝 [feng wo]，honeycomb

波/阿 كُوْرَ [kūra] ‖ 参见 كور [kūr]，a bee-hive，a hornet's nest。《李殿君》页 169，列 3，行 7–9。

فُغِ يَآن [fungh yan]，疯羊 [feng yang]，a crazy sheep

波/阿 ثُوْكاء [ṣūkā'] ‖ 参见 ثَوْلاً [ṣawlan]，（羊）晕倒，患癫痫。《新阿汉大词典》页 237，左。《李殿君》页 116，列 5，行 13。

按，آن-[-ān]在小儿锦中表示开口后鼻韵母-ang。

فقير [fqīr]，穷 [qiong]，贫 [pin]，贫穷 [pin qiong]，poor，destitute， impoverished，deficient，insufficient，needy，impoverished

波/阿（1） عَائِلِ ['aaʾili] ‖ 参见 عائل ['āʾil]，poor。《李殿君》页 85，列 2，行 7。

波/阿（2） مَسِكِينِ [masikiīni] ‖ 参见 مسكين [miskīn，maskīn]，indigent，wretched，a pauper，humble，suppliant，a poor man or woman，a beggar，miserable wretch，musky。《李殿君》页 66，列 4，行 13–15。

波/阿（3） عَوْزِ ['auzi] ‖ 参见 عوز ['awaz]，being poor，poverty。《李殿君》页 156，列 5，行 10–12。

波/阿（4） اِملَاقِ [imlaāqi] ‖ 参见 املاق [imlāq]（v.n. 4 of ملاق），being reduced to want，poverty，destitution。《李殿君》页 17，列 1，行 13–15。

按，该小儿锦为阿拉伯语表意借词，小儿锦使用者虽然书写时取阿拉伯文原形，但仍按对应汉语意义，或读为"贫"，或读为"穷"，或读为"贫穷"。明四夷馆本《回回馆杂字》"人事门"第 231 词"فقير（faqīr），贫，法革儿"[1]，即此。[2] فقير [faqīr]为阿拉伯语借词，指拥有本人和家庭一日需的人，由于疾病和缺乏手艺而陷于困境的人，穷人和托钵僧（迭里威失）；但不指赤贫。

فُ قُوِ [fu ghui]，富贵 [fu gui]，riches and honor，wealth and rank

波/阿 غَنِّيِ [ghanī] ‖ 参见 غنى [ghanī]，being rich，riches，wealth，rich，wealthy。《李殿君》页 158，列 1，行 16–18。

فٌ كِ [fun kin]，坟坑 [fen keng]，hollow digged for burying a dead person

波/阿 كور [kur] ‖ 参见 كور [kur]，ground full of hollows and unfit for cultivation，blind，killing。《真境花园》页 4，列 1，行

〔1〕巴黎本在"贫"字右侧，有无名学者标音 pin，其下拉丁文释义为 pauper（贫穷）。在汉字音译"法革儿"之上标音为 fa ko eulh。

〔2〕刘迎胜：《〈回回馆杂字〉与〈回回馆译语〉研究》，页 118。

15。

按，"坑"字应为后鼻韵母，此处小儿锦拼为前鼻音。

فً كيٍ [fen ki]，奋起 [fen qi]，rise with force and spirit

波/阿 فانتصب [fānatṣub] ‖ 参见 انتصاب [intisāb]，rising up。《伯亚尼》页 3，列 3，行 14。

فٌ لِ [fun li]，分离 [fen li]，separate，apart

波/阿 بَرْحَ [barha] ‖ 参见 برح [barh](v.n.)，affliction，distress，evil。《李殿君》页 70，列 5，行 1–3；同书页 110，列 4，行 1。

فُ لَغً [fu lghan]，腐烂 [fu lan]，corrupt

波/阿 أجْنِ [ajni] ‖ 参见 أجن [ajin]，corrupt。《李殿君》页 103，列 3，行 7。

按，此处"烂"字小儿锦前鼻韵母开口元音拼音中的字母غ[gh]，应理解为ع[ê]，即读为فُ لَعً [fu lean]。

فِ لَوْ [fi lau]，肺痨 [fei lao]，the phtisis

波/阿 سُلِ [ssuli] ‖ 参见 سل [sill，sull]，ulceration of the lungs，consumption。《李殿君》页 140，列 1，行 16。

فُ لِوْ [fu liu]，俘虏 [fu lu]，captive

波/阿 أَسِيرَ [aāsiīra] ‖ 参见 اسير [asīr]，prisoner，captive，bondman。《李殿君》页 20，列 1，行 1–3；同书页 104，列 6，行 16（此处对应汉字写作"俘掳"）。

فً لي [fin li]，分利 [fen li]，share

波/阿 ذصين [ẕaṣīb] ‖ 参见 نصيب [naṣīb]，portion。《伯亚尼》页 3，列 5，行 1。

فٌ لِيَان [fun lian]，分量 [fen liang]，weight

波/阿 قدر [qadr]，数目，数量，等级，程度，价值，价格，《新阿汉大词典》页 1592，左。《伯亚尼》页 6，列 1，行 17。

按，آن-[-ān]在小儿锦中表示开口后鼻韵母-ang。

فٌ مِ [fun min]，分明 [fen ming]，distinguish

波/阿（1）مَيَّزَ [mayyaza] ‖ 参见 ميز [maiz]，discerning，distinguishing。《李殿君》页 99，列 3，行 1。

波/阿（2）اِيصَاحَ [īṣaāha] ‖ 参见صَحَ [ṣahha]，真实，正确，证据确凿，《新阿汉大词典》页 1105。《李殿君》页 108，列 5，行 4。

按，"明"字应为后鼻韵母，此处小儿锦拼为前鼻音。

فٌ مُوْ [fun mu]，坟墓 [fen mu]，a tomb

波/阿（1）رَمْسِ [ramsi] ‖ 参见 رمس [rams]，the grave，a tomb。《李殿君》页 135，列 4，行 13。

波/阿（2）جَدثِ [jadṣi] ‖ 参见 جَدث [jadaṣ]，a tomb。《李殿君》页 117，列 6，行 16。

فً نىَ ْ [fan nei]，份额 [fen e]，portion

波/阿 ذصيب [ẕaṣīb] ‖ 参见 نصيب [naṣīb]，portion。《伯亚尼》页 3，列 4，行 1。

按，"额"字声母小儿锦拼音中含疑母。

فُوْ [fu]，斧 [fu]，axe

波/阿 فَأسِ [faāsi] ‖ 参见 فأس [fas]，cleaving，striking with a hatchet，touching or hurting on the back of the head，a hatchet，an axe。《李殿君》页 6，列 1，行 10–12。

فو [fu]，富 [fu]，wealthy，abundant

波/阿 غَنّى [ghanniī] ‖ 参见 غنى [ghannī]（v.n.），being rich，riches，wealth。《李殿君》页 1，列 2，行 1–3。

فُو [fu]，妇 [fu]，woman

波/阿（1）نِسَاء [nisaā'i] ‖ 参见نسأ [nisā']，woman，female sex。

《李殿君》页 83，列 2，行 13。

波/阿（2） مرأة [mar’at]，女人，妇人，老婆，妻子。《新阿汉大词典》页 1916，右。《李殿君》页 16，列 2，行 10–12。

波/阿（3） أُنْثَى [unṣīa] ‖ 参见 ا انثى [unṣā]，a female。《李殿君》页 100，列 2，行 7。

فُوْ [fu]，父 [fu]，father

波/阿 أَبِ [abi] ‖ 参见 اب [ab]，a father。《李殿君》页 6，列 1，行 7–9。

فُوْ خُوَ [fu hua]，复活 [fu huo]，revive

波/阿 اعاد [i‘ād] ‖ 参见 اعادة [i‘ādat]，bring back。《伯亚尼》页 4，列 3，行 1。

فُوْ خَى [fu hai]，符合 [fu he]，fit

波/阿 ينطبق [īnaṭbaq] ‖ 参见طبق [ṭibq]，依照，按照，依据，《新阿汉大词典》页 1210，左。《伯亚尼》页 6，列 2，行 28。

فُوْ ژِ [fu jhin]，否认 [fou ren]，denny

波/阿 الانكار [alānkār] ‖ 参见 انكار [inkār]，denying，disbelieving，ignoring，denial，negation，disavowal，disclaimer，refusal，disallowance，contradictor，objection，rejection。《伊哈雅仪》页 6，列 1，行 2。

فُوْ شِغِ [fu šingh]，复生 [fu sheng]，resurrect

波/阿 حَشْرَ [hašra] ‖ 参见 حشر [hašr]，the resurrection。《李殿君》页 122，列 4，行 10。

فُوْعِ [fungh]，蜂 [feng]，bee，wasp

波/阿 نَحْلِ [nahli] ‖ 参见 نحل [nahl]，bees。《李殿君》页 10，列 2，行 10–12。

按，小儿锦词末的ع[ê]应为غ[gh]之讹写。

فُوْغِ [fungh]，疯 [feng]，crazy，mad

波/阿（1）مُجْنُوْنِ [mujnuūni] ‖ 参见 مجنون [majnūn]，possessed by a demon，insane。《李殿君》页 95，列 5，行 4。

波/阿（2）جُنُوْنِ [junuūni] ‖ 参见 جنون [junūn]，insanity。《李殿君》页 91，列 2，行 4。

فُوغِ يَآن [fungh yan]，疯羊 [feng yang]，a mad goat，a mad sheep

波/阿 ثولاک [ṣūlāk]，按，此词待考。《李殿君》页 72，列 5，行 13–15。

按，آن-[-ān]在小儿锦中表示开口后鼻韵母-ang。

فُوُئِوُ [fu wu]，服务 [fu wu]，service

波/阿 خدمت [khdmt] ‖ 参见 خدمت [khadmat，khidmat]，service，employment，office，ministry。《伊哈雅仪》页 1，列 1，行 21。

فُوُ يُوِى دِ [fu yui di]，（付）[富]余[的] [fu yu]，excessive

波/阿 زائد [zā'id]，excessive，additional。《满俩》页 2，行 14。

按，对应汉字未写出“的”，今据小儿锦拼音补入。

فُوُ يوُ دُوَ يِوُى [fu yu dua yui]，浮[富]余多余 [fu yu duo yu]，additional

波/阿 فضلة [fẓlt] ‖ 参见 فضلة [faẓlat]，abundance，redundancy。《满俩》页 5，行 13。

فُ 七غِ [fu qingh]，父亲 [fu qin]，father

波/阿 اَبِ [abi] ‖ 参见 اَب [ab]，father。《李殿君》页 102，列 2，行 4。

按，“亲”字应为前鼻音，小儿锦拼为后鼻音。

فُ ؤ [fu ü]，富余 [fu yu]，margin

波/阿 فُضُولِ [fuẓuūli] ‖ 参见 فضول [faẓūl]，have more than needed，have enough and to spare exuberant，excessive，redundant。

《李殿君》页 49，列 4，行 10–12；同书页 161，列 4，行 1–3。

فِ ؤْغِ [fi üngh]，费用 [fei yong]，charge，expense，expenditure

波/阿（1） نفق [nafaqa] ‖ 参见نفقة [nafaqat]，费用，经费，消费，开销，支出。《新阿汉大词典》页 2098，左。《李殿君》页 36，列 5，行 1–3。

波/阿（2） اِنْفَاقِ [infaāqi] ‖ 参见اِنْفَاق [infāq]，spending。《李殿君》页 100，列 5，行 1；同书页 107，列 6，行 10。

فُ هِيآن خُوَا [fun hian hua]，芬香花 [fen xiang hua]，a fragrant flower

波/阿 رِيحَانَ [rīhāna] ‖ 参见 ريحان [raihān]，a blade of corn，sweet basil，any odoriferous herb。《李殿君》页 136，列 2，行 10。

按，آن-[-ān]在小儿锦中表示开口后鼻韵母-ang。

فِى [fi]，肥 [fei]，fat

波/阿 غَنْدَرَ [ghandara] ‖ 参见 غندر [ghundar，ghundur]，fat，thick。《李殿君》页 65，列 2，行 13–15。

فِى [fi]，废 [fei]，depose

波/阿 ضاع [ẓā']，毁坏，糟蹋，浪费，乱花（钱财、时间、精力等),《新阿汉大词典》页 1202，右。《李殿君》页 42，列 2，行 7–9。

فُ يَآن [fu yan]，（扶）[抚]养 [fu yang]，maintenance

波/阿 حِصَانَةِ [hiṣānati] ‖ 参见 حصانة [haṣānat]，keeping close at home。《李殿君》页 33，列 4，行 4–6；同书页 122，列 3，行 13。

按，آن-[-ān]在小儿锦中表示开口后鼻韵母-ang。

فٌ يُوًا [fun yuan]，坟院 [fen yuan]，tomb

波/阿 الترب [altrb] ‖ 参见 ترب [turb]，earth，dust，ground。《伊哈雅仪》页 5，行 19。

فى تِنْ [fi tin]，飞腾 [fei teng]，fly

波/阿 طارت [ṭārat]，按，此词待考。《伯亚尼》页 3，列 2，行 17。

按，“腾”字应为后鼻韵母，此处小儿锦拼为前鼻音。

ق Qāf

قَ [gha]，改 [gai]，correct，change，rectify

波/阿 عَفْنِ [‘afni]，按，عفن [‘afin]的基本意义是霉烂、腐烂(《阿汉词典》页 857，左)，或有臭味等(《波汉词典》页 1617，左)。未查到有“改”的意义，待考。《李殿君》页 26，列 2，行 10–12。

قْ [gh]，鸽 [ge]，pigeon，dove

波/阿（1） درشان [daršān]，按，此词待考。《李殿君》页 47，列 3，行 4–6。

波/阿（2） حَمَامَةِ [hamaāmati] ‖ 参见حمامة[hamāmat]，one dove。《李殿君》页 16，列 1，行 10–12。

قِ [ghi]，给 [gei]，present，give

波/阿 دَفْعِ [daf‘i] ‖ 参见 دفع [daf‘]（v.n.），pushing，thrusting，driving away，beating off，parrying，repelling，averting，warding off，repulse，《新阿汉大词典》页 625。《李殿君》页 10，列 2，行 79；同书页 129，列 4，行 13。

قُ [ghu]，鼓 [gu]，a drum

波/阿 دَفَّ [daffa] ‖ 参见 دف [daff]，a drum。《李殿君》页 129，列 6，行 10。

قًّ [ghan]，赶 [gan]，drive，hurry through，catch up with，happen to

波/阿 دَحَّرَ [dahhara] ‖ 参见 دحر [dahr]（v.n.），driving off，keeping back，putting to a distance。《李殿君》页 15，列 4，行 13–15。

قًّ [ghan]，干 [gan]，do，work，abel，dry，empty

波/阿（1）فَعْلِ [fa‘li] ‖ 参见فعل [fa‘l, fi‘l]，acting，doing，making，performing，an action，work，deed，operation。《李殿君》页 7，列 2，行 10–12；同书页 161，列 4，行 4–6。

波/阿（2）عَمَلِ ['amali] ‖ 参见 عمل ['amal]（v.n.），working，doing，making，operating，putting in practice。《李殿君》页 76，列 4，行 1–3。

波/阿（3）جف [jaffa]，干，干枯，干燥，干涸，《新阿汉大词典》页 284，左。《李殿君》页 79，列 3，行 4–6；同书页 118，列 3，行 16。

قِ [gh]，根 [gen]，root，base，element

波/阿（1）عَنَاصِرَ ['anaāṣira] ‖ 参见عناصر ['anāṣir]，the elements。《李殿君》页 36，列 2，行 4–6。

波/阿（2）آسَّسَ [āssasa] ‖ 参见 اسس [asas]，a foundation。《李殿君》页 81，列 2，行 3。

قِ [ghin]，更 [geng]，a unit of time （two hours） in the night，a unit of distance in maritime routes，change

波/阿 العدول [al-'udūl] ‖ 参见 عدل ['adala]，改变主意，变更意向，《新阿汉大词典》页 1297，左。《伯亚尼》页 5，列 3，行 16。

按，“更”字应为后鼻韵母，此处小儿锦拼为前鼻音。ال为阿拉伯语名词定冠词。

قِ خٌ [ghin ċun]，跟从 [gen cong]，follow

波/阿 با لتبعية [b-al-tab‘ayat] ‖ 参见تبع [taba‘]，跟踪，追随，尾随，追踪，《新阿汉大词典》页 191，左。《伯亚尼》页 6，列 3，行 12。

按，ب为阿拉伯语介词，ال为阿拉伯语名词定冠词。“从”字应为后鼻韵母，此处小儿锦拼为前鼻音。

قًا [ghan]，赶 [gan]，drive

波/阿（1） كَسْعِ [kas'i] ‖ 参见 كسع [kas'] （v.n.）, striking one upon the buttocks with hand or foot。《李殿君》页 39，列 3，行 4–6。

波/阿（2） نَدْه [nadha] ‖ 参见 نده [nadh] （v.n.）, checking （camels） by crying to （them）, also driving or collecting （them） together。《李殿君》页 39，列 2，行 1–3。

قًا [ghan]，干 [gan]，dry

波/阿（1） ريباس，按，此词待考。《李殿君》页 57，列 5，行 16–18。

波/阿（2） يابسة [yābisati] ‖ 参见ابس [abs]，不毛之地，《新阿汉大词典》页 4，左。《李殿君》页 79，列 2，行 13–15。

波/阿（3） شس [šas]，干燥，干枯，《新阿汉大词典》页 1039，右。《李殿君》页 78，列 2，行 7–9。

波/阿（4） عَشْبُ ['ašbu] ‖ 参见 عشب ['ašab]（v.n.）, being hard and dry。《李殿君》页 50，列 2，行 7–9。

قًاجِى [ghan ji]，甘蔗 [gan zhe]，the sugar cane

波/阿 رِيبَاسِ [rībāsi] ‖ 参见 ريباس [rebās]，a sour herb，sorrel，rhaponticin。《李殿君》页 136，列 5，行 7。

قًاچُوًا [ghan čuan]，干川 [gan chuan]，desert

波/阿 البطاح [al-baṭāh] ‖ 参见 بطاح [biṭāh]，洪水干涸后的大沙石河道，大干河，《新阿汉大词典》页 136，左。《伯亚尼》页 3，列 2，行 27。

按，ال[al-]为阿拉伯语名词定冠词。

قًاخًانِيًا [ghan han nian]，干旱年 [gan han nian]，a year of drouth

波/阿 الجدبأ [ajdbā'] ‖ 参见 جدب [jadb]，a severe season，a year of scarcity。《伊哈雅仪》页 3，列 3，行 4。

قًازْغَوْ [ghan zghau]，干燥 [gan zao]，dryness，desiccation

波/阿 ذَبْلٍ [zabli] ‖ 参见 ذبل [zabl]，languishing，withering（a plant）。《李殿君》页 26，列 1，行 7–9；同书页 131，列 3，行 10。

按，此处"燥"字小儿锦双元音拼音中的字母غ[gh]，应理解为ع[ê]，即读为قَا زْعَوْ [ghan zeau]。

قَال غَا [ghan laghan]，橄榄 [gan lan]，an olive

波/阿 زَيْتُوْنِ [zaītūni] ‖ 参见 زيتون [zaitūn]，an olive-tree，an olive。按，福建泉州的阿拉伯文名称即此词。《李殿君》页 138，列 6，行 4。

按，此"榄"字小儿锦前鼻韵母开口元音拼音中的字母غ[gh]，应理解为ع[ê]，即读为قَال عَا [ghan laean]。

قْ آن [ghan]，缸 [gang]，jar，a urn

波/阿 دُنًّ [dunna] ‖ 参见 دن [dunn]，a very large oblong wine vessel or cask，partly fixed in the ground。《李殿君》页 59，列 2，行 4–6；同书页 130，列 5，行 7。

按，آن-[-ān]在小儿锦中表示开口后鼻韵母-ang。

قَانْ لَيَانْ [ghan lian]，光晄[1] [guang guang]，illuminate，bright

波/阿 ونوّد [ū-naud]，或为نور [naur]，lighten。《伯亚尼》页 2，列 4，行 2。

按，آن-[-ān]在小儿锦中表示开口后鼻韵母-ang。

قْآن مٌ [ghan mun]，肛门 [gang men]，the anus

波/阿 سَرْمُ [sarmu] ‖ 参见 سرم [surm]，the intestine which communicates with the anus，the straight gut，the rectum。《李殿君》页 140，列 1，行 1。

按，آن-[-ān]在小儿锦中表示开口后鼻韵母-ang。

قَا نِيًا [ghan nian]，赶撵 [gan nian]，drive away，oust，drive out

---

〔1〕晄，《集韵》古晃切，音广，光貌。《康熙字典》，辰集上，日部六，中州古籍出版社，2006 年。此字依据小儿锦拼音可知，《伯亚尼》作者读为 liang。

波/阿(1) كَسْعَ [kas'a] ‖ 参见 كسع [kas'], striking one upon the buttocks with hand or foot。《李殿君》页 168，列 6，行 4–6。

波/阿(2) دَحَّرَ [dahhara] ‖ 参见 دحر [dahr], driving off, keeping back，putting to a distance。《李殿君》页 128，列 4，行 13。

波/阿(3) طَرْدِ [ṭardi] ‖ 参见 طرد [ṭard, ṭarad](v.n.), banishing, chasing, driving away, persecuting, driving(camels) from different quarters into one body，hunting。《李殿君》页 5，列 4，行 10–12。

قُ ءِ [ghu 'i]，故意 [gu yi]，intent，on purpose

波/阿 عَمْدِ ['amdi] ‖ 参见 عمد ['amd] (v.n.)，intending, proposing。《李殿君》页 42，列 1，行 1–3。

قِ بُ [ghin bun], 根本 [gen ben], root, base, at all, fundamentality, ultimate，ultimately

波/阿 أَصْلِ [aṣli] ‖ 参见 أَصْلِ [aṣl]，root。《李殿君》页 1，列 3，行 7–9；同书页 105，列 4，行 1。

قَ بِ [gha bi]，隔避 [ge bi]（躲避），parrying

波/阿 دَفْعَ [daf'a] ‖ 参见 دفع [daf'], pushing, thrusting, driving away，beating off，parrying，repealing，averting，warding off。《李殿君》页 129，列 2，行 13。

قُ بُوَ سْ [ghu bua si]，古波斯 [gu bo si]，ancient Persia

波/阿 پارس [pārs]，Persia。按照波斯语正字法今写作فارس [fārs]，指今法尔斯省，此拼法起源于伊斯兰化，接受阿拉伯文化之后。پارس [pārs]为波斯本族读法。《真境花园》页 3，列 2，行 1。

قَ بياً فاَنْ [ghai bian fan]，各边方 [ge bian fang]，each side

波/阿 الافاق [alāfāq] ‖ 参见 افاق [āfāq], horizons, quarters of the heavens，of the world，or universe，regions，tracts。《伊哈雅仪》页 5，列 3，行 15。

按，آن-[-ān]在小儿锦中表示开口后鼻韵母-ang。

قَ جٌ شِيُوَ ىٌ [gha jun šiua yun]，各种学（文）[问] [ge zhong xue wen]，all kinds of knowledge

波/阿 الفن [alfn] ‖ 参见 فن [fann，fan]，science，doctrine，art。《伊哈雅仪》页 5，列 3，行 13。

قَ جُوْ [gha ju]，盖着 [gai zhe]，covering

波/阿 طَبْقِ [ṭabqi] ‖ 参见 طبق [ṭabqi]，a lid，cover。《李殿君》页 81，列 2，行 1-12。

قِ جوًا [ghin juan]，更转 [geng zhuan]（更变），change

波/阿 قلبوا [qābūa] ‖ 参见 قلب [qalb]，turn。《伯亚尼》页 3，列 1，行 11。

按，"更"字应为后鼻韵母，此处小儿锦拼为前鼻音。

قِ خُوًا [ghin huan]，更换 [geng huan]，change

波/阿 بَدْلِ [badali] ‖ 参见 بَدْلِ [badal]，change。《李殿君》页 109，列 2，行 13。

按，"更"字应为后鼻韵母，此处小儿锦拼为前鼻音。

قَ خُوًا [gha huan]，改换 [gai huan]，change over to，change

波/阿 قَلْبُ [qalbu] ‖ 参见 قلب [qalb]，converting，inverting，change。《李殿君》页 165，列 2，行 4-6。

قَ داَ [gha da]，疙瘩 [ge da]，knot，tie，bond

波/阿 عقدة ['uqadat]，knot，tie，bond，a joint，node，excrescence，gland，an impediment in speech，an entanglement，complication，perplexed affairs，confused words。《伊哈雅仪》页 6，列 1，行 3。

قً دَو [ghan dau]，公道 [gong dao]，justice

波/阿 العلل [al-'alal] ‖ 参见 علل ['alal]，drinking。《伯亚尼》页 4，列 2，行 26。

按，“公”字应为后鼻韵母，此处小儿锦拼为前鼻音。ال为阿拉伯语名词定冠词。

قَ دُوًا [gha duan]，［我］割断 [ge duan]，cut，chop up，cut off，sever

波/阿（1） اجوب [a-jaub] ‖ 参见 جوب [jaub]，cut。《伯亚尼》页 4，列 1，行 8。按，此条小儿锦拼写为 غَهْ قَهْ دُوًا，而其对应汉字则为“我割断”。其中小儿锦 غَهْ 对应汉字“我”，字母غ拼写的是“我”字反切上字所属之疑母。这个字母在笔者收集的小儿锦使用例证中数量尚少，故未列入本书小儿锦字母表。这里暂舍去与“我”字对应的小儿锦 غَهْ，仅保留与“割断”对应的小儿锦（其实拼写亦与以下各例微异）。待未来有新资料时再作调整。特此说明。

波/阿（2） بَتَ [batta] ‖ 参见 بَت [batt]，cut。《李殿君》页 109，列 6，行 1。

波/阿（3） تَبلِ [tabli] ‖ 参见 تَبلِ [tabl]，destroying。《李殿君》页 113，列 5，行 4。

波/阿（4） خَتْنِ [khatni] ‖ 参见 ختن [khatn]，circumcising（a male child），对男孩切割包皮。《李殿君》页 125，列 5，行 7。

波/阿（5） خَرْمُ [kharmu] ‖ 参见 خرم [kharm]，cutting off，diminishing，withdrawing。《李殿君》页 66，列 1，行 1–3；同书页 126，列 5，行 1。

波/阿（6） مَتْرَ [matra] ‖ 参见 متر [matr]（v.n.），cutting off，amputating，throwing。《李殿君》页 34，列 1，行 1–3。

波/阿（7） قَطْعَ [qaṭ'a] ‖ 参见 قطع [qaṭ]，cutting off，amputating，breaking off。《李殿君》页 164，列 1，行 16–18。

قٌ دِيًا [ghun dian]，宫殿 [gong dian]，a palace

波/阿 ايوان [aiwān] ‖ 参见 ايوان [aiwān]，a palace，带回廊的建筑。《真境花园》页 10，列 2，行 13。

按，“宫”字应为后鼻韵母，此处小儿锦拼为前鼻音。

قِرمُوَ [ghir mau]，勾抹 [gou mo]，describe

波/阿 ماحى [māhī] ‖ 参见 ماحى [māhī]，obliterating。《伯亚尼》页 5，列 1，行 6。

按，据对应汉字，此处小儿锦似应订正为 قِو مُوَ [ghiu mau]。

قَ ز [gha z]，隔子 [ge zi]（间隔），interval，preventer

波/阿（1）بَرْزَخِ [barzakhi] ‖ 参见 برزخ [barzakh]，an interval。《李殿君》页 98，列 1，行 7。

波/阿（2） حَاجِز [haājiz] ‖ 参见 حاجز [hājiz]，preventer，hinderer。《李殿君》页 98，列 1，行 13；同书页 120，列 3，行 10。

قْ زْ [gh z]，鸽子 [ge zi]，a dove，a pigeon

波/阿 حَمَامَةِ [hamāmati] ‖ 参见 حمامة [hamāmat]，one dove。《李殿君》页 123，列 6，行 13。

قْ زْغَوْ [gh zghau]，虼蚤 [ge zao]（虱子），louse

波/阿 بُرغُوثِ [burghūṣi] ‖ 参见 بُرغُوث [barghūṣ]，a flea。《李殿君》页 110，列 4，行 4。

按，此处“蚤”字小儿锦双元音拼音中的字母غ[gh]，应理解为ع[ê]，即读为قْ زْعَوْ [gh zeau]。

قٌ زُوْ [ghun zu]，（忙的）工作 [mang de gong zuo]，work

波/阿 دركار [dar kār] ‖ 参见 دركار [dar kār]，in use，in operation，necessary，useful，in requisition，required，wanted，desired。《真境花园》页 2，列 1，行 3。

按，小儿锦拼音中无“忙的”。“工”字应为后鼻韵母，此处小儿锦拼为前鼻音。

قُ زِى [ghu z'i]，骨节 [gu jie]，condyle

波/阿 مَفْصِلِ [mafṣili] ‖ 参见 مفصل [mafṣil]，a joint，juncture，articulation，the space between the joints。《李殿君》页 47，列 4，行 1–3。

قَ زِی طٌ ئِ [gha zi ṭun ’i]，各字同（意）[义] [ge zi tong yi]（同义词），synonym

波/阿 ترادف [tarādaf]，synonym。《满俩》页 3，行 14。

قُ ژُوْ [ghu jhu]，骨肉 [gu rou]，kindred

波/阿 رَحْمُ [rahnu] ‖ 参见 رحم [ruhm]，compassion，commiseration。《李殿君》页 133，列 6，行 10。

قُ ژُوْغِ [ghu jhungh]，姑容 [gu rong]，slowly

波/阿 رُوَيْدَ [rūaīda] ‖ 参见 روید [ruwayīd]，slowly，《新阿汉大词典》页 801。《李殿君》页 136，列 3，行 4。

قِ سِ [ghi si]，跟随 [gen sui]，follow

波/阿 ققی [qafy]，a follower。《李殿君》页 36，列 5，行 13–15。

قَ شِ [gha šin]，歌声 [ge sheng]，song

波/阿 ترنم [tarannum]，sing，song。《满俩》页 4，行 1。

按，"声"字应为后鼻韵母，此处小儿锦拼为前鼻音。

قَ شِ قَ یَانْ [gha ši gha yan]，各式各样 [ge shi ge yang]，of different kinds，species，sorts，or colours，various

波/阿 گوناگون [gūn-ā-gūn]，of different kinds，species，sorts，or colours，various。《真境花园》页 7，列 1，行 9。

按，آن-[-ān]在小儿锦中表示开口后鼻韵母-ang。

قٌ شِ گِی قِوْ [ghun šia gia giu]，公式结构 [gong shi jie gou]，form structure

波/阿 صيغة [ṣīghat]，a form shape mold。《满俩》页 3，行 3。

按，"公"字应为后鼻韵母，此处小儿锦拼为前鼻音。

قِ صِ [gh ṣi]，跟随 [gen sui]，follow，go after

波/阿（1） قَفَىً [qafay] ‖ 参见 قفى [qafy]，a follower。《李殿君》页 59，列 4，行 4–6；同书页 165，列 1，行 4–6。

波/阿（2） تَبْعِ [tab‘i] ‖ 参见 تبع [taba‘], following, a follower, followers。《李殿君》页 63，列 5，行 7–9。

قصد [qaṣd],（亲）[倾？]奔 [qin ben], wish, try to do sth., intending

波/阿 يمم [yammama]，要想（做某事），意欲，[yamam]，打算，意欲，意向。《新阿汉大词典》页 2344 左–页 2345 右。《李殿君》页 60，列 5，行 1–3。

按，该小儿锦为阿拉伯语表意借词，意为打算，想要。小儿锦使用者虽然书写时取阿拉伯文原形，但仍按对应汉语意义读为"亲奔"。从 قصد [qaṣd] 的阿拉伯语原意及对应阿拉伯语 يمم [yammama] 的意义判断，对应汉字或应写为"倾奔"。

قِ صِ ي [ghin ṣi]，跟随 [gen sui]，follow，go after

波/阿（1） تَبعِ [taba‘i] ‖ 参见 تَبع [taba‘]，following。《李殿君》页 113，列 3，行 4。

波/阿（2） اقتفاء [aqtifa’] ‖ 参见 اقتفاء [iqtifā’], following, walking in the steps。《中文消经》页 2，列 1，行 20。

قْغَ [ghgha]，盖 [gai]，cover，lid

波/阿 سِتْرَ [sitra] ‖ 参见 ستر [satr],（v.n.），covering，veiling。《李殿君》页 21，列 4，行 13–15。

按，此处"盖"字小儿锦双元音拼音中的字母 غ [gh]，应理解为 ع [ê]，即读为 قَع [ghea]。

قْغَ [ghgha], 隔 [ge], separate, after an interval of, at a distance from

波/阿 دَفْعَ [daf‘a] ‖ 参见 دفع [daf‘]（v.n.），pushing，thrusting，driving away，beating off，parrying，repelling，averting，warding off，repulse。《李殿君》页 31，列 1，行 4–6。

按，此处“隔”字小儿锦双元音拼音中的字母غ[gh]，应理解为ع[ê]，即读为قْعَ[ghea]。

قْغً [ghghan]，干[gan]，dry

波/阿 صميل [ṣamiīli] ‖ 参见صمل [ṣamal]，干，干燥，《新阿汉大词典》页 1148，左。《李殿君》页 23，列 3，行 16–18。

按，此处小儿锦拼音中的字母غ[-gh]应为ع[ê]，故其正确拼法应为قْعً [ghean]。

قْغٍ [ghingh]，更 [geng]，change

波/阿 حَرَّفَ [harrafa] ‖ 参见 حرف [harf]（v.n.），changing，altering，inverting。《李殿君》页 68，列 4，行 7–9。

قُغًا [ghughan]，罐 [guan]，jar，pot

波/阿 فيدس [faidas]，大瓮，罐，《新阿汉大词典》页 1504，左。《李殿君》页 59，列 3，行 46。

按，此处“罐”字小儿锦前鼻韵母开口元音拼音中的字母غ [gh]，应理解为 ع[ê]，即读为 قُعًا [ghuean]。

قْغَ تِوْ [ghgha tiu]，盖头 [gai tou]，veil

波/阿 خِمَارَ [khimaāra] ‖ 参见 خمار [khamār]，a woman’s veil or headdress，a veil or covering in general。《李殿君》页 40，列 3，行 1–3；同书页 127，列 1，行 10。

按，此处“盖”字小儿锦双元音拼音中的字母غ[gh]，应理解为 ع[ê]，即读为قْعَ تِوْ [ghea tiu]。

قْ غٍ جُوًا [ghingh juan]，更转 [geng zhuan]（转移），transfer

波/阿 حَوَّلَ [haūal] ‖ 参见 تحويل [tahwīl]，transfer，《新阿汉大词典》页 470。《李殿君》页 124，列 6，行 7。

قْغٍ قَ [ghingh gha]，更改 [geng gai]，change，alter

波/阿（1）غَيَّرَ [ghayyara] ‖ 参见غير [ghair]，replace，change。

《李殿君》页 91，列 1，行 13。

波/阿（2）زال [zāl]，transfer，《新阿汉大词典》页 859。《李殿君》页 19，列 5，行 7–9；同书页 136，列 4，行 13。

قَ غَوْ [gha ghau]，高傲 [gao ao]，prideful

波/阿 جَأَر，按，此词待考。《李殿君》页 116，列 2，行 16。

按，此处“傲”字声母小儿锦拼音中含疑母。

قُ غِی قَ [ghuingh gha]，更改 [geng gai]，change，alter

波/阿（1）غَيَّرَ [ghayara] ‖ 参见 غير [ghair]，change，alteration。《李殿君》页 158，列 4，行 16–18。

波/阿（2）حَرَّفَ [harrafa] ‖ 参见 حرف [harf]，changing，altering，inverting。《李殿君》页 122，列 3，行 1。

按，此处小儿锦“更”字拼音قُ غِی[ghuingh]中غ 之后的元音ی [-i] 虽置于غ之后，但读音时按置于其前拼读。这种后鼻韵母拼音中的元音后置现象，笔者目前所见者主要在李殿君先生字典中。

قِ قِ [ghin ghin]，根根 [gen gen]，root，origin

波/阿（1）قِصَاصُ [qiṣāṣu] ‖ 参见 قصاص [qaṣāṣ，qiṣāṣ，quṣāṣ]，the part before or behind where the growth of the hair finishes。《李殿君》页 34，列 1，行 13–15；同书页 164，列 6，行 7–9。

波/阿（2）عرق [ʻirq]，root of a tree，origin，stock。《真境花园》页 3，列 1，行 11。

قِ قُوَ [ghin ghua]，更过 [geng guo]（改变），change

波/阿 ازالت [izālt] ‖ 参见 ازالة [izālat]，removing，causing to cease。《满俩》页 5，行 5。

按，“更”字应为后鼻韵母，此处小儿锦拼为前鼻音。

قَ كَ [gha ka]，隔开 [ge kai]，sunder

波/阿 حَائِل [hā'il]（形，名），阻碍……的，阻隔……的，隔

在当中的，障碍物，挡板，屏障，《波汉词典》页 817，右。《李殿君》页 120，列 6，行 7。

قْ كَ [gh ka]，割开 [ge kai]，cut off

波/阿 فَطْرَ [faṭra] ‖ 参见 فطر [faṭr]，splitting，cleaving。《李殿君》页 161，列 5，行 1–3。

قٌ كُ [ghun kui]，功课 [gong ke]，assignment

波/阿 وظائف [ūẑā'īf] ‖ 参见 وظائف [waẑā'if]，pensions，stipends，rations，daily allowances，agreements，constructs，duties，daily tasks。《伊哈雅仪》页 5，列 2，行 14。

按，“功”字应为后鼻韵母，此处小儿锦拼为前鼻音。

قَ كىَ [gha kia]，隔开 [ge kai]，separation

波/阿 التجوير [al-tajūīr] ‖ 参见 جار [jār]，邻居，邻人，《新阿汉大词典》页 323，右。《伯亚尼》页 6，列 2，行 26。

按，ال [al-]为阿拉伯语名词定冠词。

قِ كِياً [ghin kian]，跟前 [gen qian]，in front of

波/阿 دون بم عند [daun-bam-‘and] ‖ 参见 دون [daun]，near。《伯亚尼》页 3，列 1，行 22。

قٍ گِ [ghin gi]，根基 [gen ji]，foundation，basis

波/阿 قَوَا عِدَ [qawā‘ida] ‖ 参见 قواعد [qawā‘id]，bases，foundations。《李殿君》页 166，列 1，行 4–6。

قٌ گِه [ghun gia]，公鸡 [gong ji]，a cock

波/阿 خروس [khurus]，a cock。《真境花园》页 9，列 2，行 15。

按，“公”字应为后鼻韵母，此处小儿锦拼为前鼻音。

قٍگِی [ghin gi]，根基 [gen ji]，a foundation，base

波/阿 أسس [assasa] ‖ 参见 أسس [asas]，a foundation。《李殿君》页 104，列 2，行 16。

قْ كِٔى كِي [gha gia ki]，我揭起 [wo jie qi]，I lift sth.

波/阿 كشفت [kašaft] ‖ 参见 كشفت [kašaft]，he dissolved。《伯亚尼》页 4，列 1，行 27。

按，此处"我"字声母小儿锦拼音中含疑母。

قُكِٔيَا [ghu gia]，估价 [gu jia]，evaluate

波/阿 تَخمِينِ [takhmīni] ‖ 参见 تَخمِين [takhmīn]，estimating。《李殿君》页 113，列 1，行 16。

قْ لِىَ [gh lia]，割裂 [ge lie]，cut

波/阿 بَحرَ [bahara]，耕地，犁地，《新阿汉大词典》页 89，左。《李殿君》页 109，列 4，行 7。

قُ مِ [ghu min]，沽名 [gu ming]，fish for fame and compliment

波/阿 رِيَاءِ [rīā'i] ‖ 参见 رياء [riyā']，acting with dissimulation，hypocrisy，subterfuge，evasion，affectation。《李殿君》页 136，列 2，行 7。

按，"明"字应为后鼻韵母，此处小儿锦拼为前鼻音。

قمار [qimār]，赌 [du]，bet，gamble，wager

波/阿 مَيسِرَ [maīsira] ‖ 参见 ميسر [maisir]，the camel for which the Pagan Arabs drew lots with gaming arrows，dice，cards，or any game of hazard prohibited by the Muhammadan law。《李殿君》页 66，列 1，行 4–6。

按，此小儿锦是阿拉伯语表意借词，小儿锦使用者虽然书写时取阿拉伯文原形，但仍按对应汉语意义读为"赌"。

قُ مِغِ [ghu mingh]，沽名 [gu ming]，captation，fish for fame and compliment

波/阿 رِيَاءِ [rīā'i] ‖ 参见 رياء [riyā']，acting with dissimulation，hypocrisy，subterfuge，evasion，affectation。《李殿君》页 37，列

3，行 1–3。

قِ نَ [ghi na]，给奶 [gei nai]，sucking

波/阿 رِضَاعَ [riẓā'a] ‖ 参见 رضاع [riẓā'], sucking (the mother)。《李殿君》页 134，列 4，行 7。

قِ نُوَ [ghin nua]，更挪 [geng nuo]（挪动），shifting places，change

波/阿（1）نقل [naql]，transporting。《满俩》页 2，行 6。

波/阿（2）عدل ['adl]，recompense。《满俩》页 4，行 15。

按，"更"字应为后鼻韵母，此处小儿锦拼为前鼻音。

قَوْ [ghau]，高 [gao]，high，tall

波/阿（1）جأر，按，此词待考。《李殿君》页 63，列 3，行 7–9。

波/阿（2）رَفْعَ [raf'a] ‖ 参见 رفع [raf'] (v.n.), lifting, raising, elevating。《李殿君》页 34，列 2，行 16–18。

波/阿（3）علو ['alw]，being high。《满俩》页 3，行 11。

波/阿（4）صلهب [ṣalhab]，高个子，高大的人，《新阿汉大词典》页 1144，右。《李殿君》页 68，列 5，行 16–18。

قَوْ [ghau]，羔 [gao]，lamb，kid

波/阿 جَذْعَ [jaẕ'a] ‖ 参见 جذع [jaẕa']，the young of cattle （as a sheep）。《李殿君》页 25，列 5，行 4–6。

قِوْ [ghiu]，沟 [gou]，channel，ditch，trench

波/阿 قناء [qinaā'i]，按，此词在阿拉伯语中无"沟"的意义，应为 قناة [qanāt]，运河，渠道，水沟，《新阿汉大词典》页 1697，左。《李殿君》页 34，列 2，行 1–3。

قِوْ [ghiu]，狗 [gou]，dog，doggie，mut，mutt，pooch，purp

波/阿 كَلَبُ [kalabu] ‖ 参见 كلب [kalb]，a dog。《李殿君》页 5，列 2，行 10–12。

قِوْ [ghiu]，（姤）[诟][gou]，revile，curse，berate，abuse

波/阿 حَقَدْ [haqdi] ‖ 参见 حقد [hiqd，haqad，haqd]，wishing ill，hating，hatred，rancour。《李殿君》页 36，列 2，行 10–12。

按，此处对应汉字“姤”当为“诟”之讹误。

قُوْ [ghu]，姑 [gu]，aunt

波/阿 عَمَّةِ [‘ammati] ‖ 参见 عمة [‘ammati]，an aunt。《李殿君》页 83，列 5，行 16。

قُوْ [ghu]，骨 [gu]，bone

波/阿（1） عَظْمُ [‘aẑmu] ‖ 参见 عظم [‘aẑm]（v.n.），giving （a dog） a bone，striking the bone （of a man），a bone，a bone having flesh on it。《李殿君》页 6，列 3，行 10–12。

波/阿（2） رُفُاتِ [rufuāt] ‖ 参见 رفات [rufāt]，anything broken or pounded，残骸，《新阿汉大词典》页 760 左–页 761 右。《李殿君》页 17，列 5，行 16–18。

波/阿（3） نَخَاعِ [nakhaā‘i] ‖ 参见 نخاع [nakhā‘，nukhā‘]，spinal marrow。《李殿君》页 34，列 3，行 4–6。

قُوْ [ghu]，古 [gu]，old

波/阿 قَدِيمُ [qadiīmu] ‖ 参见 قديم [qadīm]，ancient，olden，我国西北回族格底目门宦“老教”名称的原字即此。《李殿君》页 83，列 3，行 16。

قُوْ [ghu]，鼓 [gu]，beat，drum，tambour

波/阿（1） طَنْبُورَ [ṭanbuūra] ‖ 参见 طنبور [ṭumbūr]，a kind of lute or guitar with a long neck。按，此处李殿君先生有误，此词指冬不拉、坦拨尔，乃弦乐器，非打击乐器鼓。《李殿君》页 55，列 5，行 16–18。

波/阿（2） طَبْلِ [ṭabli] ‖ 参见 طبل [ṭabl]，a drum。《李殿君》页 86，列 4，行 1。

波/阿（3） كوسى [kusī] ‖ 参见 كوس [kus]，a drum，large brass drum，a kettle-drum，which is beat in the palaces or camps of Eastern princes。《真境花园》页 4，列 1，行 2。

波/阿（4） دُفَّ [duffa] ‖ 参见 دف [daff，duff]，a drum。《李殿君》页 13，列 3，行 16–18。

قُوَ [ghua]，锅 [guo]，pot，hollowware，boiler，pan，cauldron，caldron

波/阿（1） برام [birām]，有柄瓦锅，砂锅，《新阿汉大词典》页 118，右。《李殿君》页 72，列 4，行 1–3。

波/阿（2） قُدَيْرَ [qudīra] ‖ 参见 قدير [qadīr]，cooked in a pot，a little pot or kettle。《李殿君》页 163，列 5，行 7–9。《胡赛尼》页 83，列 4，行 7。

قُوَ [ghua]，果 [guo]，fruit

波/阿 ثَمْرَةِ [ṣamrati] ‖ 参见 ثمرة [ṣamarat，ṣamara]，fruit。《李殿君》页 6，列 5，行 46。

قُوَ [ghua]，过 [guo]，cross，pass

波/阿 عَبْرَ [‘abra] ‖ 参见 عبر [‘abr]（v.n.），crossing （a river），passing，travelling，walking。《李殿君》页 68，列 2，行 4–6。

قُوٌ [ghun]，棍 [gun]，stick，wand

波/阿（1） عَصَا [‘aṣaā] ‖ 参见 عصا [‘aṣā]，a stick，a staff，cudgel，baton，bludgeon，a sceptre。《李殿君》页 8，列 4，行 7–9。

波/阿（2） مِقْيَاسِ [miqyaāsi] ‖ 参见 مقياس [miqyās]，quantity，measure，a measuring-instrument，the nilometer of Egypt，the hand of a watch or a dial，a scale，a probe for sounding a wound。《李殿君》页 61，列 2，行 10–12。

قُوّ [ghun]，功 [gong]，merit，achievements

波 / 阿مَنَاسِکَ [manaāsika] ‖ 参见 مناسك [manāsik]， the ceremonies and sacrifices prescribed in the pilgrimage to Mecca。《李殿君》页 45，列 2，行 7–9。

按，“功”字应为后鼻韵母，此处小儿锦拼为前鼻音。

قُوَا [ghua]，刮 [gua]，blow，scratch，fleece，scrape

波/阿 هَبَّ [habba] ‖ 参见 هب [habb]，blowing with violence（wind）。《李殿君》页 20，列 4，行 1–3。

قُوَا [ghua]，瓜 [gua]，melon

波 / 阿 بَطِيْخِ [baṭiīkhi] ‖ 参见 بطيخ [biṭṭīkh]， a melon， musk-melon，a pumpkin。《李殿君》页 7，列 5，行 16–18。

قُوًا [ghauan]，官 [guan]，government official，officer

波/阿（1） أَمِيْرَ [amiīra] ‖ 参见 امير [amīr]（pl. امراء[umarā’]）， a commander，governor，emperor，chief，leader，lord，prince， a person of rank or distinction，a gentleman。《李殿君》页 9，列 1，行 10–12。

波/阿（2） زعيم [za‘īm]，a officeholder。《李殿君》页 50，列 1，行 16–18；同书页 137，列 2，行 7。

波/阿（3）قلد [qallada]，委任，委派，授予职位，《新阿汉大词典》页 1674，左。《李殿君》页 25，列 5，行 16–18；同书页 165，列 3，行 7–9。

قُوًا [ghuan]，关 [guan]，close，turn off，shut，pass

波/阿（1） غَلَقِ [ghalaqi] ‖ 参见 غلق [ghalq]（v.n.），shutting， closing，bolting，or locking （a door）。《李殿君》页 9，列 3，行 10–12。

波/阿（2） حيثية [haiṣīyat]，position，locality，ubiquity。《李殿君》页 71，列 5，行 16–18。

波/阿（3） منوط [manūṭ]，与此有关，凭此而定，《新阿汉大词典》页 2140，右。《李殿君》页 69，列 3，行 4–6。按，此处对应汉字“关”应意为“有关”（related）。

波/阿（4） مِيقاتِ [miīqāti] ‖ 参见 ميقات [mīqāt]，a stated time；a place appointed for a certain time or action。《李殿君》页 79，列 1，行 4–6。按，此处对应汉字“关”应意为“关头”（juncture，moment）。

波/阿（5） لج [lujj]，谷地的一边、一侧，山间崎岖的高地，《新阿汉大词典》页 1821，右。《李殿君》页 30，列 1，行 16–18。

قُوًا [ghuan]，管 [guan]，administer，administrate，manage，run，supervise，govern，pipe，cannulation，duct，tube，esophagus，gullet

波/阿（1） وِلَايَةِ [wilaāyati] ‖ 参见 ولاية [walāyat]（v.n. of ولى），helping，assisting，governing。《李殿君》页 79，列 4，行 7–9。

波/阿（2） بُلْعُومُ [bul'uūmu] ‖ 参见 بلعوم [bul'ūm]，the gullet。《李殿君》页 71，列 4，行 7–9。

قُوًا [ghuan]，惯 [guan]，custom，be used to

波/阿（1） عَادَةِ ['aādati] ‖ 参见عادة['ādat]，custom，mode，manner，habit。《李殿君》页 64，列 3，行 16–18。

波/阿（2） داءب [dā'b] ‖ 参见دأب [da'b]，坚持不懈，持之以恒，《新阿汉大词典》页 587，右。《李殿君》页 71，列 5，行 4–6。

波/阿（3） اِيلَافِ [iīlaāfi] ‖ 参见 ايلاف [ilāf]，accustoming。《李殿君》页 87，列 2，行 7。

قُوًا [ghuan]，鹳 [guan]，stork

波/阿（1） غِرْنِيقِ[ghirniīqi] ‖ 参见غرنيق [ghurnaiq]，a black water-fowl with a long neck。《李殿君》页 81，列 2，行 4。

波/阿（2）لَقْلَقِ [laqlaqi] ‖ 参见 لقلق [laqlaq], a stork, the tongue。《李殿君》页 74，列 2，行 1-3。

قُوًا [ghuan]，罐 [guan]，jug

波/阿 كُرْزِ [kurzi]，按，应为 كراز [karrāz]，a jug，narrow-necked gugglet，a small bottle or phial，an earthen vessel without handle，或为 كوز [kauz]，a jug，decanter，drinking-cup。《李殿君》页 87，列 5，行 4。

قُوٌ آب [ghun āb]，滚水 [gun shui]，boiling water

波/阿（1）حَمِيمَ [hamīma] ‖ 参见 حميم [hamīm]，hot water。《李殿君》页 74，列 4，行 10-12；同书页 124，列 2，行 1。此词小儿锦中的 آب [āb] 为波斯语表意借词，意为水。明四夷馆本《回回馆杂字》"地理门"第 47 词"آب（āb），水，阿卜"，即此。小儿锦使用者虽然书写时取波斯文原形，但仍按对应汉语意义读为"水"。

波/阿（2）غَلَّى [ghalay] ‖ 参见 غلى [ghaly]，boiling （a pot）。《李殿君》页 158，列 4，行 7-9。

قُوًا بِ [ghuan bi]，关闭 [guan bi]，close，shut，close down，shut down

波/阿（1）غَلَقَ [ghalaqa] ‖ 参见 غلق [ghalq]，shutting，closing，bolting，or locking （a door）。《李殿君》页 158，列 2，行 7-9。

波/阿（2）برحمزد [bar-ham zad]，to shut close，to slam（a door or window）。《真境花园》页 12，列 1，行 13。波斯语，过去时第三人称单数。

قوًا بِىّ زِ [ghua bi zi]，挂牌子 [gua pai zi]，hang a sign or brand

波/阿 قلدهم，按，原文未注音标 ‖ 参见 قلّد [qallada]，给（她）戴（项链、项圈），在（肥驼或牛）颈部挂上标志（以表明作祭品用），给戴项链，给戴项圈。《新阿汉大词典》页 1674，左。《中文消经》页 2，列 1，行 1。

قُوًا جِآن [ghuan jan]，官长 [guan zhang]，officials

波/阿اَمِيرَ [amīra] ‖ 参见 اَمِير [amīr]，chief。《李殿君》页 107，列 2，行 4。

按，آن-[-ān]在小儿锦中表示开口后鼻韵母-ang。

قُوًا زْ [ghuan z]，罐子 [guan zi]，pot，jar，pitcher，jug

波/阿（1） كُوْزِ [kuzi] ‖ 参见 كوز [kauz]，a jug，decanter，drinking-cup。《李殿君》页 169，列 6，行 7–9。

波/阿（2） رِكْوَةِ [rikūati] ‖ 参见 ركوة [rakwat]，a water-vessel，a small bottle，a large basin or cistern。《李殿君》页 93，列 5，行 13；同书页 135，列 4，行 10。

波/阿（3） رَاقُودُ [raāquūdu] ‖ 参见 راقود [rāqūd]，a large oblong wine-vessel，pitched within。《李殿君》页 53，列 3，行 7–9；同书页 132，列 3，行 10。

波/阿（4） كُرَازِ [kurāzi] ‖ 参见 كراز [karrāz]，a jug，narrow-necked gugglet，a small bottle or phial，an earthen vessel without handle。《李殿君》页 43，列 5，行 13–15；同书页 167，列 3，行 13–15。

قُوا فُ [ghua fu]，寡妇 [gua fu]，a widow

波/阿 عَزْبَةِ [‘azbati] ‖ 参见 عزبة [‘azabat]，an unmarried woman。《李殿君》页 83，列 3，行 13。

قُوًاكًا [ghuan kan]，观看 [guan kan]，watch

波/阿 نظر [naẑr] ‖ 参见 نظر [naẑr]，look at。《伯亚尼》页 5，列 3，行 18。

قُواگِكِيوَ كِيوَ [ghua gi kiao kiao]，冠军绣球 [guan jun xiu qiu]，to take the champion

波/阿 لسبوُ ا فضبات [ghẓbāt al-sbū] ‖ 参见 فضبان [quẓbān]，yard；سبق [sabq]，to take the lead。《伯亚尼》页 2，列 3，行 6。

按，ال [al-]为阿拉伯语名词定冠词。

قُوَا لِ [ghuan li]，管理 [guan li]，manage

波/阿 رَقَّحَ [raqqaha] ‖ 参见 رقح [raqqah]，manage，《新阿汉大词典》页 769。《李殿君》页 135，列 5，行 1。

قوَّا لِي [ghuan li]，管理 [guan li]，manage

波/阿 مالک [mālik]，to possess。《伯亚尼》页 4，列 3，行 21。

قُوًا لِيًا [ghuan lian]，惯恋 [guan lian]（习以为常，积久成性，习惯），be used to，be in the habit of

波/阿 الالفت [al-alifat] ‖ 参见 الف [alifa]，习惯于，熟悉，《新阿汉大词典》页 48，右。《中文消经》页 3，列 2，行 14。

按，ال [al-]为阿拉伯语名词定冠词。

قُوًالِيًا [ghuan lian]，贯连 [guan lian]，link up

波/阿 أَلَفَ ‖ 参见 آلف [ālafa]，喜欢与某人结交或交往，《新阿汉大词典》页 48，右。《李殿君》页 106，列 1，行 10。

قُوَآن [ghuan]，光 [guang]，light，shine

波/阿 نُوْرَ [nuūra] ‖ 参见 نور [naur]（v.n.），shining。《李殿君》页 78，列 2，行 16–18。

按，آن-[-ān]在小儿锦中表示开口后鼻韵母-ang。

قُوَآن ءِ [ghuan 'in]，光阴 [guang yin]，times

波/阿（1） زَمَانِ [zamāni] ‖ 参见 زمان [zamān]，times，ages，波斯语。《李殿君》页 18，列 4，行 10–12；同书页 137，列 6，行 10。

波/阿（2） عَهْدِ ['ahdi] ‖ 参见عهد['ahd]，time。《李殿君》页 95，列 5，行 7。《中文消经》页 3，列 1，行 2。

波/阿（3）زَهارَةِ [zahārati] ‖ 参见 زهارة [zahārat]，times，《新阿汉大词典》页 851，左：زهرات [zaharāt]，韶华，韶光。《李殿君》页 136，列 5，行 1。

波/阿（4）دَهْرَ [dahra] ‖ 参见 دهر [dahr]，time，eternity，vicissitudes of time。《李殿君》页 130，列 4，行 16。

按，آن-[-ān]在小儿锦中表示开口后鼻韵母-ang。

قُوَانْ يِى [ghuan ’in]，光阴 [guang yin]，time

波/阿 دهر [dahr] ‖ 参见 دهر [dahr]，time，vicissitudes of time。《真境花园》页 3，列 2，行 3。

按，آن-[-ān]在小儿锦中表示开口后鼻韵母-ang。

قوَانْ دوَ [ghuan dua]，广多 [guang duo]，a lot，plenty

波/阿 الغفير [al-ghafīr] ‖ 参见 غفير [ghafīr]，many。《伯亚尼》页 2，列 2，行 22。

按，آن-[-ān]在小儿锦中表示开口后鼻韵母-ang。ال [al-]为阿拉伯语名词定冠词。

قوَانْ عِ دِ مُ [ghuan ‘in di mu]，光阴的母 [guang yin de mu]，the mother of time

波/阿 مادرايام [mādar-i aiyām]。按，مادر [mādar]为波斯语，意为母亲，乃英语 mother 的同源词；ايام [aiyām]为阿拉伯语，意为时间，日子（复数）。《真境花园》页 8，列 2，行 14。

按，آن-[-ān]在小儿锦中表示开口后鼻韵母-ang。

قُوآن لِيَآن [ghuan lian]，光亮 [guang liang]，brightness，lucency，light

波/阿（1）دنر [dannar]，brightness like gold。《李殿君》页 48，列 5，行 13−15；同书页 130，列 6，行 7。

波/阿（2）بَلْجَةِ [baljati] ‖ 参见بَلْجَة [baljat]，曙光，鱼肚白，《新阿汉大词典》页 157，左。《李殿君》页 112，列 4，行 1。

波/阿（3） زهارة [zuhaārati] ‖ 参见 زهارة [zahārat]，闪闪发光的，闪亮的，灿烂的，《新阿汉大词典》页 852，右。《李殿君》页 71，列 5，行 1–3。

按，آن-[-ān]在小儿锦中表示开口后鼻韵母-ang。

قُوَآن يِ [ghuan yin]，光阴 [guang yin]，time

波/阿 عَهْدِ [ʻahdi] ‖ 参见 عهد [ʻahd]，time，age。《李殿君》页 156，列 3，行 13–15。

按，آن-[-ān]在小儿锦中表示开口后鼻韵母-ang。

قُوًّاوًّ [ghuan wwa]，惯玩 [guan wan]（习惯），habit，be used to

波/阿（1） دَأبُ [da'bu] ‖ 参见 دأب [da'b]，striving，exerting oneself，habit，manner。《李殿君》页 128，列 6，行 1。

波/阿（2） اِيْلَافِ [īlāfi] ‖ 参见 اِيْلَافِ [īlāf]，accustoming。《李殿君》页 108，列 3，行 7。此处对应汉字写作"惯翫[1]"

قُوًّاهِ [ghuan hi]，关系 [guan xi]，relations

波/阿 حَيْثِيَّةِ [haīṣṣiīati] ‖ 参见 حيثية [haiṣīyat]，position，locality，ubiquity。《李殿君》页 124，列 6，行 10。

قُوَءٍ [ghua 'in]，光阴 [guang yin]，time

波/阿 عَصْرَ [ʻaṣra] ‖ 参见 عصر [ʻaṣr]，time。《李殿君》页 96，列 4，行 16。

按，"光"字应为后鼻韵母，此处小儿锦未标出鼻音。

قُوَئِيَ [ghua 'ia]，过夜 [guo ye]，over night

波/阿 مبيت [mabīt]，passing the night。《真境花园》页 6，列 2，行 8。

قُوَپٍ [ghua pin]，果品 [guo pin]，fruits

---

[1]《广韵》、《切韵》五换切，音玩。《说文》习厌也。《康熙字典》，未集中，羽部中四四，中州古籍出版社，2006年。

波/阿（1） ثمر [ṣamar]，fruit。《伯亚尼》页 3，列 1，行 24。

波/阿（2） فَاكِهَةِ [fākihati] ‖ 参见 فاكهة [fākihat]，fruits。《李殿君》页 59，列 3，行 1–3；同书页 159，列 1，行 7–9。

قَوْ پُوَ [ghau pua]，高坡 [gao po]，a hill，high slope

波/阿（1） رِبْوَة [ribūati] ‖ 参见 ربوة [ribwat]，a hill，rising ground，heap。《李殿君》页 94，列 5，行 13；同书页 133，列 2，行 1。

波/阿（2） شَرْفُ [šarfu] ‖ 参见 شرف [šarf]，a high place。《李殿君》页 96，列 5，行 13。

قُوَ تُ [ghua tu]，国土 [guo tu]，territory

波/阿（1） اقليم [iqlīm] ‖ 参见 اقليم [iqlīm]，a clime，climate，or country，the whole world。《真境花园》页 3，列 1，行 15。《中文消经》页 3，列 3，行 3。

波/阿（2） خطةٌ [khiṭṭatun] ‖ 参见 خطة [khiṭṭat，khiṭṭa]，a boundary or foundation-line of a house。《真境花园》页 3，列 1，行 13。

قُوِ تِوْ [ghui tiu]，龟头 [gui tou]，head of tortoise，a glans

波/阿 دَيُّوث [dayyuūṣi] ‖ 参见 ديوث [daiyūṣ]，a contented cuckold。《李殿君》页 43，列 1，行 13–15；同书页 131，列 2，行 7。

قُوَ ثِياً دِ ژِ [ghua ṣian di jhin]，过限的人 [guo xian de ren]，one who is not restricted，one who passed the deadline

波/阿 المتقال [almtqāl] ‖ 参见 متقال [mutaqāll]，one who considers as small，few，or trifling。《伊哈雅仪》页 5，列 4，行 17。

按，ال[al-]为阿拉伯语名词定冠词。

قُوَ جِ [ghua ji]，果汁 [guo zhi]，juice

波/阿 رُبُوْبِ [rubūbi] ‖ 参见 ربوب [rubūb]，extracts，syrubs。《李殿君》页 92，列 1，行 7；同书页 133，列 1，行 1。

قُوَ خْ [ghua h]，过活 [guo huo]，make a living，live

波/阿 قُوْتِ [quūti] ‖ 参见 قوت [qaut，qūt]，maintaining one's family，food sufficient to keep body and soul together。《李殿君》页 83，列 3，行 7；同书页 166，列 4，行 4–6。

قُوِ خُوِ [ghui hui]，归回 [gui hui]，go back to，return

波/阿（1）شافن，按，此词待考。《李殿君》页 33，列 5，行 7–9。

波/阿（2）باء [bā'a]，返回，归回，带回，携回，《新阿汉大词典》页 174，右。《李殿君》页 31，列 5，行 13–15；同书页 108，列 5，行 7。

波/阿（3）رَجْعَ [raj'a] ‖ 参见 رجع [raj']，bringing back，restoring，answering （a letter），repeating，returning。《李殿君》页 133，列 5，行 7。此处对应汉字"归回"意为"归还"。

波/阿（4）كُرَّةِ [kurati] ‖ 参见 كرة [karrat]，（火箭）返回（大气层），《新阿汉大词典》页 1744，左。《李殿君》页 167，列 1，行 16–18。

波/阿（5）عَادَ ['aāda] ‖ 参见 عائد ['ā'id]，who or what returns，refers to，turns towards。《李殿君》页 88，列 3，行 7。

قُوٌ دَوْ [ghun dau]，公道 [gong dao]，fair，impartial，just，reasonable

波/阿（1）عَدْلِ ['adli] ‖ 参见 عدل ['adl] （v.n.），appointing what is just，administering justice。《李殿君》页 12，列 5，行 7–9。

波/阿（2）اَنْصَافِ [anṣāfi] ‖ 参见 اَنْصَاف [inṣāf]，justice。《李殿君》页 107，列 3，行 10。

按，"公"字应为后鼻韵母，此处小儿锦拼为前鼻音。

قُوَ زْ [ghuwa z]，果子 [guo zi]，fruits

波/阿 ثَمَرَةِ [ṣamarati] ‖ 参见 ثمرة [ṣamarat，ṣamara]，fruit。《李殿君》页 116，列 5，行 10。

قوِژِ [ghui jhin]，贵人 [gui ren]，respectable person，noble

波/阿单数：فضل [fāẓil]，复数：الفضلا [al-fuẓalā] ‖ 参见 فضل [fāẓil]，accomplished persons。《伯亚尼》页 2，列 3，行 20。

按，ال[al-]为阿拉伯语名词定冠词。

قُو ژِءُغِ [ghu jh'ungh]，姑容 [gu rong]，permit，allow

波/阿 رُخْصَةِ [rukhṣati] ‖ 参见 رخصة [rukhṣat]，leave，permission to retire，facility，cheapness。《李殿君》页 78，列 4，行 10–12。

قِوْ زْغِ [ghiu zghi]，钩嘴 [gou zui]，the hooked beak

波/阿 مِنْسَرَ [minsara] ‖ 参见 منسر [mansir，minsar]，the beak of a rapacious bird （minqār being the bill of any other bird）。《李殿君》页 50，列 2，行 16–18。

按，此处"嘴"字小儿锦双元音拼音中的字母غ[gh]，应理解为ع[ê]，即读为قِوْ زْعِ [ghiu zei]。

قُوِ سِ [gui sin]，归信 [gui xin]，be safe

波/阿 آمَنَ [amana] ‖ 参见 آمَنَ [amn]，be safe。《李殿君》页 107，列 1，行 4。

قَوْ شًا [ghau šan]，高山 [gao shan]，high mountain

波/阿 شَاهِقِ [šaāhiqi] ‖ 参见 شاهق [šāhiq]，high，lofty（mountain or edifice）。《李殿君》页 78，列 3，行 13–15。

قُوُغِ [ghungh]，恭 [gong]，respect others by abasing oneself

波/阿 اِخْبَاتِ [ikhbaāti] ‖ 参见 اخبات [ikhbāt]（v.n. 4 of خبت），abasing oneself。《李殿君》页 63，列 2，行 16–18。

قُوُغِ [ghungh]，躬 [gong]，bow，bend forward

波/阿 رُكُوْعَ [rukuū'a] ‖ 参见 ركوع [rukū'] （v.n. of ركع），bowing the head in humility and reverence，also from age，or in prayer，so that the palms of the hands touch the knees。《李殿君》页 55，列 2，行 7–9。

قُوغِ [ghungh]，弓 [gong]，bow

波/阿 قَوْسِ [qausi] ‖ 参见 قوس [qaus]，a bow，arc（of a circle），curve（of an arc）。《李殿君》页 2，列 1，行 16–18。

قَوْ غَاوْ [ghau ghau]，高傲 [gao ao]，supercilious，arrogant，haughty

波/阿 كِبْرَ [kibra] ‖ 参见 كبر [kibr]，pride，haughtiness。《李殿君》页 166，列 5，行 16–18。

按，此处"傲"字声母小儿锦拼音中含疑母。

قُوغِ فٌ [ghungh fun]，宫分 [gong fen]（黄道十二宫之每一分），signs of the zodiac

波/阿 بُرُوْجِ [buruūji] ‖ 参见 بروج [burūj]，signs of the zodiac。《李殿君》页 2，列 4，行 16–18。

قُوغِ كُوَ [ghungh kua]，功课 [gong ke]，assignment

波/阿 قربة [qurbati] ‖ 参见 قربة [qurubat]，对真主的忠诚，顺从，《新阿汉大词典》页 1604，左。《李殿君》页 31，列 3，行 1–3。

قَوُغ كِ [ghaugh gi]，攻击 [gong ji]，attack，assault

波/阿 هَجْمُ [hajmu] ‖ 参见 هجم [hajm]（v.n.），breaking down，over-throwing，demolishing （a house），uprooting，exhausting（by milking）。《李殿君》页 60，列 4，行 16–18。

قُوغِ كِيَا [ghungh gia]，工价 [gong jia]（工钱），service charge

波/阿 أُجْرَةِ [ujrati]，recompense，hire，rent，wages。《李殿君》页 103，列 6，行 4。

قَوْغَوْ [ghau ghau]，高傲 [gao ao]，supercilious，arrogant，haughty

波/阿（1） فَاشِ [fāši] ‖ 参见 فاش [fāš]，proud，pride。《李殿君》页 159，列 5，行 46。

波/阿（2） زَهْوُ [zahwu] ‖ 参见 زهو [zahw]，being vain，proud，haughty，pride，vain-glory，vanity。《李殿君》页 75，列 3，行 7–9；同书页 138，列 2，行 4。

按，此处"傲"字声母小儿锦拼音中含疑母。

قٌوغٍ يَآن [ghungh yan]，公羊 [gong yang]，buck，ram，tup

波/阿（1） تَيْسِ [taīsi] ‖ 参见 تيس [tais]，a he-goat（especially one old and rank），a buck，a stag。《李殿君》页 16，列 4，行 16–18。

波/阿（2） كَبْشِ [kabši] ‖ 参见 كبش [kabš]，a ram or sheep for sacrifice。《李殿君》页 167，列 2，行 1–3。

按，آن-[-ān]在小儿锦中表示开口后鼻韵母-ang。

قَوْ فِ [ghau fi]，高飞 [gao fei]，soar，flying highly

波/阿 رَفْرَفُ [rafrafu] ‖ 参见 رفرف [raraf]，fluttering（wings），the rapid motion of the weaves。《李殿君》页 134，列 4，行 16。

قٌو ٌفٌ [ghun fun]，宫分 [gong fen]，bastion（天文术语）

波/阿 بُرُوْجِ [burūji] ‖ 参见 بُرُوْج [burūj]，bastion。《李殿君》页 110，列 6，行 7。

按，"宫"字应为后鼻韵母，此处小儿锦拼为前鼻音。

قَوْ فُو چُو [ghau fu ču]，高埠处 [gao bu chu]，a high place

波/阿 رباها，按，原文未注音标‖参见رَبْو [rabw]，小丘，小山，丘陵。《新阿汉大词典》页 706，右。《中文消经》页 3，列 2，行 3。

قَوْ فى [ghau fi]，高飞 [gao fei]，flying highly

波 / 阿 رَفْرَفُ [rafrafu] ‖ 参见 رفرف [rafraf]，fluttering（wings），the rapid motion of the waves。《李殿君》页 54，列 4，

行 4–6。

قوَ قاً ليوَ [ghu qan liau]，枯干了 [ku gan le]，dried

波/阿 نضب [nuẓb] ‖ 参见 نضب [nuẓb]，dry。《伯亚尼》页 3，列 3，行 9。

قَوْ قْغًا [ghau ghghan]，高杆 [gao gan]，a long pole，a high staff

波/阿 صلب [ṣalbu] ‖ 参见صلب [ṣallaba]，把……钉在十字架上，吊，挂，《新阿汉大词典》页 1137，右，《波汉词典》页 1531，左。《李殿君》页 60，列 1，行 7–9。

按，此处"杆"字小儿锦前鼻韵母开口元音拼音中的字母غ[gh]，应理解为ع[ê]，即读为قَوْ قَعًا [ghau ghean]。

قَوْ قُوِ [ghau ghui]，高贵 [gao gui]，dignity，nobleness，high，lofty

波/阿 سَنِّيَةِ [sanniyati] ‖ 参见 سنية [sanīyat, sanīya]，high，lofty，sublime，shining，flashing。《李殿君》页 43，列 4，行 10–12。

قَوْ قُو دِ [ghau ghui di]，高贵的 [gao gui de]，noblest

波/阿 باسق [bāsiq]，tall。《真境花园》页 1，列 2，行 13。

قَوْ قُوِى [ghau ghui]，高贵 [gao gui]，noble，high，highly privileged，elitist

波/阿 منيفة [munīft] ‖ 参见 منيف [munīf]，eminent，exalted，high lofty，sublime。《中文消经》页 2，列 2，行 13。《伊哈雅仪》页 2，列 4，行 6。

قُوٌ كُوَ [ghun kua]，功课 [gong ke]，duty

波/阿 مُسْكِ [muski] ‖ 参见 مسك [mask](v.n.)，seizing，holding fast，retaining，restraining。《李殿君》页 92，列 3，行 13。

按，波/阿释义为"封斋"，为伊斯兰教主要义务之一。"功"字应为后鼻韵母，此处小儿锦拼为前鼻音。

قُو كِى [ghu ki]，孤凄 [gu qi]，isolated

波/阿 وحشة [whšt] ‖ 参见 وحشة [wahšat]，solitude。《满俩》页 5，行 11。

قُوَ کِيُوِ [ghau kiui]，过去 [guo qu]，past

波/阿 ماضى [māẓī] ‖ 参见 ماضى [māẓī]，passing away。《满俩》页 3，行 10。

قُوِ گِ [ghui gi]，诡计 [gui ji]，crafty plot，cunning scheme，trick，ruse

波/阿 كِيْدَ [keeda] ‖ 参见 كيد [kaid]，deceiving，entrapping，plotting mischief，deceit，fraud，treachery，laying snares，stratagem。《李殿君》页 169，列 5，行 10–12。

قُوَ كُؤغِ [ghua güghi]，过去 [guo qu]，previous，elapsed，former，past，foretime，heretofore，old

波/阿 مَضَى [maẓaī] ‖ 参见 مضى [maẓā]，it is past。《李殿君》页 66，列 1，行 13–15。

按，此处"去"字小儿锦拼音中的最后一个字母غ[gh]，应理解为ع[ê]，即拼为قُوَ كُؤعِ [ghua güei]。

قُوْ كِيَا [ghu gia]，估价 [gu jia]，appraise，evaluate

波/阿 قَوَمَ [qawama] ‖ 参见 قَوَّمَ [qawwama]，定价，评价，估价，《新阿汉大词典》页 1706，左。《李殿君》页 27，列 5，行 7–9（此处对应汉字写作"估假"）；同书页 166，列 2，行 7–9。

قُوٌ كِيَا [ghun gia]，工价 [gong jia]，salary，payment，wages

波/阿（1）أُجْرَةِ [ujrati] ‖ 参见 اجرة [ujrat]，recompense，hire，rent，wages。《李殿君》页 19，列 4，行 16–18。按，此处对应汉字写作"工假"。

波/阿（2）جُعْلِ [ju'li] ‖ 参见 جعل [ju'l]，hire for doing errands，a bribe。《李殿君》页 35，列 4，行 4–6；同书页 118，列 1，行 16。

按，“工”字应为后鼻韵母，此处小儿锦拼为前鼻音。

قُوَلِ [ghuan li]，管理 [guan li]，manage

波/阿 سَعْفُ [sa‘fu] ‖ 参见 سعف [sa‘f]，furthering，finishing（anyone’s business）。《李殿君》页 140，列 4，行 4。

قُوَلِؤ [ghua liü]，过虑 [guo lü]，worry unnecessarily

波/阿 وَهْمُ [wahmu] ‖ 参见 وهم [wahm](v.n.), thinking, turning anything in one’s mind，imagining，persuading oneself，conceiving a false idea。《李殿君》页 71，列 3，行 13–15。

قُولَىْ [ghui lai]，归来 [gui lai]，return

波/阿 اعادة [i’ādat]，causing to return。《满俩》页 5，行 12。

قوَلِيوُ [ghua liu]，过虑 [guo lü]，puzzling

波/阿 ايهاما [īhāmā] ‖ 参见ايهام [īhām]，puzzling。《伯亚尼》页 5，列 3，行 20。

قُوّ ماء [ghun mā’]，滚水 [gun shui]，boiling water

波/阿 غَلَى [ghalai] ‖ 参见 غلى [ghaly]，boiling。《李殿君》页 89，列 3，行 7。

按，此小儿锦后半部分ماء [mā’]为阿拉伯语表意借词，意为水，汁，液体，流质。小儿锦使用者虽然书写时取阿拉伯文原形，但仍按对应汉语意义读为“水”。

قِوْ مُوَ [ghiu mua]，钩抹 [gou mo]，efface

波/阿 محا [mahā]，消除，删掉，勾销，《新阿汉大词典》页 1907，右。《李殿君》页 13，列 3，行 7–9。

قُوَنْ يِ [ghuan in]，光阴 [guang yin]，times

波/阿 ازمنة [āzmnt] ‖ 参见ازمنة [āzmina]，times。《满俩》页 3，行 10。

按，“光”字应为后鼻韵母，此处小儿锦拼为前鼻音。

قُوْوَا [ghua]，瓜 [gua]，melon，gourd

波/阿 خِيَارِ [khiyaāra] ‖ 参见 خيار [khiyār]，the citrul，a cucumber，the resemblance of a cucumber。《李殿君》页 45，列 2，行 13–15。

قُوُو ژِ [ghuiu jhin]，贵人 [gui ren]，respectable person，noble

波/阿单数：فضيلة [fazīlat]，复数：الفضائل [al-fazā'il] ‖ 参见 فضائل [fazā'il]，virtues；فضيلة [fazīlat]，virtue。《伯亚尼》页 4，列 3，行 4。

按，ال[al-]为阿拉伯语名词定冠词。

قُوُوغِ [ghungh]，弓 [gong]，bow，anything bow-shaped

波/阿 قَوْسِ [qausi] ‖ 参见 قوس [qaus]，a bow，arc（of a circle），curve（of an arc）。《李殿君》页 166，列 6，行 4–6。

قُوَ وى ژِ [ghua wi jhin]，过为人 [guo wei ren]，beyond somebody

波/阿 العتدين [al'tdīn] ‖ 参见 عتد ['ata，'atid]，ready for the course （a horse），strong，bully，perfectly formed。《伊哈雅仪》页 3，列 3，行 13。

قَوْ ۋْغْ [ghau ügh]，膏药 [gao yao]，plaster

波/阿 دَلُوكِ [dalūki] ‖ 参见 دلوک [dalūk]，anything with which the body is rubbed（as oil or odours）。《李殿君》页 130，列 3，行 4。

按，此处“药”字小儿锦双元音拼音中的字母غ[gh]，应理解为ع[ê]，即读为قَوْ ۋْعْ [ghau üe]。

قُوّ هِ [ghun hi]，恭喜 [gong xi]，congratulate

波/阿 طُوْبىَ [ṭuūbīa] ‖ 参见 طوبى ا [ṭūbā]，excellent。《李殿君》页 94，列 3，行 7。

按，“恭”字应为后鼻韵母，此处小儿锦拼为前鼻音。

قُوِهِيَا [ghui hia]，跪下 [gui xia]，kneel down

波/阿 جَثَا [jaṣā]，双膝下跪，双膝跪坐，踮着脚站立。《新阿汉大词典》页 247，右。《李殿君》页 58，列 1，行 1–3；同书页 117，列 1，行 13。

قُوَهِيَا [ghua hian]，过限 [guo xian]，exceed，go beyond the limit，overdo

波/阿 فَرَاطِ [faraāṭi] ‖ 参见 فراط [firāṭ]（v.n. 3 of فرط），endeavouring to get before another，outstripping another in talking。《李殿君》页 45，列 1，行 1–3；同书页 160，列 3，行 1–3。

قُوَى [ghuai]，挂 [gua]，hang，put up，suspend，hitch，call up，register，ring off

波/阿 قَلَّدَ [qallada] ‖ 参见 قلد [taqallud]（v.n. 5 of قلد），being adorned with a necklace（a woman），with a collar（an animal）。《李殿君》页 78，列 4，行 1–3。

قُوَىْ [ghuai]，拐 [guai]，turn，curve

波/阿 زَوَاءِ [zawaā'i] ‖ 参见 زَوَايا [zawāyā]，角，角落，《新阿汉大词典》页 861，左。《李殿君》页 96，列 3，行 4。

قُوَىَ [ghuai]，怪 [guai]，blame，strange

波/阿 عَتْبُ ['atbu] ‖ 参见 عتب ['atb]，chiding，责备，谴责，非难，['atab]，令人讨厌的事，缺点，缺陷，不足。《新阿汉大词典》页 1281，右。《李殿君》页 21，列 1，行 16–18。

قُوِى [ghui]，归 [gui]，go back to，return

波/阿（1） كرة [kurati] ‖ 参见كَرَّة [karrat]，（火箭）返回（大气层），《新阿汉大词典》页 1744，左。《李殿君》页 48，列 2，行 10–12。

波/阿（2） رَجْعِ [raj'i] ‖ 参见 رجع [raj']（v.n.），bringing back，

restoring，answering（a letter），repeating，returning。《李殿君》页 13，列 2，行 1–3。

قُوِی [ghui]，贵 [gui]，dignity，nobleness，expensive，precious，valuable，costly

波/阿（1）شَرِيفُ [šariīfu] ‖ 参见 شريفة [šarīfat，šarīfa]，noble，eminent，holy，illustrious。《李殿君》页 20，列 5，行 16–18。

波/阿（2）عَزَّ [ʻazza] ‖ 参见 عز [ʻizz]，being great，excellent，precious，glorious。《李殿君》页 4，列 2，行 10–12。

قُوَیْ [ghuai]，国 [guo]，country，nation，national，state

波/阿 أَقْلِيْمُ [aqliīmu] ‖ 参见 اقليم [iqlīm]，a clime，climate，or country。《李殿君》页 10，列 4，行 13–15。

قِوْ یٌ [ghiu yun]，够用 [gou yong]，enough，sufficient，adequate

波/阿 قوت [qaut，qūt]，maintaining（one's family），sustenance。《中文消经》页 2，列 2，行 11。

按，"用"字应为后鼻韵母，此处小儿锦拼为前鼻音。

قُوٌ يَآن [ghun yan]，公羊 [gong yang]，a ram

波/阿 تَيسِ [tais] ‖ 参见 تَيسِ [tais]，a he-goat。《李殿君》页 115，列 4，行 13。

按，"公"字应为后鼻韵母，此处小儿锦拼为前鼻音。آن-[-ān] 在小儿锦中表示开口后鼻韵母-ang。

قُوِی سِ [ghui sin]，归信 [gui xin]，convert

波/阿 آمَنَ [āmana] ‖ 参见 آمن [amn]，peace，tranquility。《李殿君》页 100，列 1，行 1。

قُوَیْ كِيَا [ghuwa gia]，国家 [guo jia]，state

波/阿 أَقْلِيمىُ [aqliīmiyu] ‖ 参见 اقليم [iqlīm]，a clime，climate，or country。《李殿君》页 106，列 6，行 1。

قُوَىْ گـِوْ [ghuai giü]，拐角 [guai jiao]，corner

波/阿（1） كنجى [kanjī]，a corner，nook。《真境花园》页 5，列 1，行 9。

波/阿（2） نشيمن [nišīman] ‖ 参见 نشيمن [nišīman]，a seat，chair，mansion。《真境花园》页 5，列 1，行 6。

按，此处对应波斯语词汇并无"拐角"意义，疑误。

قُوَىْ كِوْغْ [ghuai giügh]，拐角 [guai jiao]，a corner

波/阿 زَوَاءِ [zaūā'i] ‖ 参见 زوايا [zawāyā]，corners，angles。《李殿君》页 137，列 6，行 16。

按，此处"角"字小儿锦双元音拼音中的字母غ[gh]，应理解为ع[ê]，即读为قُوَىْ كِوْعْ [ghuai giüe]。

قُوَىْ كِيُوَ [ghuai giua]，拐角 [guai jiao]，angle

波/阿 زواية [zūāīt] ‖ 参见 زواية [zāwiyat]，corner，angle。《伊哈雅仪》页 5，列 1，行 13–14。

قُوَ يُوًا [ghua yuan]，果园 [guo yuan]，an inclosed garden

波/阿 حديقه [hadīqat] ‖ 参见 حديقة [hadīqat]，an inclosed garden。《真境花园》页 10，列 2，行 1。

قىَ ْبيِ [ghia bi]，隔蔽 [ge bi]，keep apart

波/阿 مذافعتى[meẕāftī]，按，此词待考。《伯亚尼》页 3，列 3，行 6。

قىُ بيًا فَان [ghiau bian fan]，各边方 [ge bian fang]，every side

波/阿 الارجاع [al-irjā'] ‖ 参见 ارجاع [irjā']，returning。《伯亚尼》页 4，列 1，行 13。

按，آن-[-ān]在小儿锦中表示开口后鼻韵母-ang。ال[al-]为阿拉伯语名词定冠词。此词对应阿拉伯文与小儿锦及对应汉字意义不合，待考。

قِي تَا ءِ لِ [ghi ta ’i lin]，［给他？］引领 [yin ling]，guide

波/阿 هداه [hadāh] ‖ 参见 هداه [hidā’]，sending or bringing the bride to the bridegroom house。《伯亚尼》页 2，列 1，行 12。

按，对应汉字“引领”实际上只对应于小儿锦的后半部分，其前半部分疑为“给他”的拼音，待考。

قيح [qaih]，脓 [nong]，purulence，pus

波/阿 فَصِيصُ [faṣiīṣu] ‖ 参见 فصيص [faṣīṣ]（v.n. of فصّ），being purulent，running（a wound）。《李殿君》页 65，列 5，行 10–12。

按，该小儿锦为阿拉伯语表意借词，小儿锦使用者虽然书写时取阿拉伯文原形，但仍按对应汉语意义读为“脓”。

قَىْ زْ [ghai z]，隔子 [ge zi]

波/阿 بَرَّخِ [barrakhi]，按，应为 برزخ [barzakh]，an interval。《李殿君》页 110，列 2，行 4–6。

قَىَ شِيَا [ghia šia]，阁下 [ge xia]，his/her excellency

波/阿 حضرت [haẓrat] ‖ 参见 حضرة [haẓrat]，similar to majesty，陛下，殿下，阁下。《伯亚尼》页 4，列 2，行 19。

قُيُوْ [ghu yu]，古有 [gu you]，have existed since ancient times

波/阿 قَدِيمُ [qadīmu] ‖ 参见 قديم [qadīm]，ancient，olden，archaic，former。

按，我国西北回族门宦中的老教“格底目”的名称即此词。《李殿君》页 163，列 6，行 7–9。

قيوُ ظوُ [ghiu ẑu]，贵（旗）［族］[gui qi]，nobility

波/阿 الاشراف [al-ašrāf] ‖ 参见 اشراف [ašrāf]，شرف [šaraf] 的复数，意为光荣，荣誉，高贵，尊贵，出身高贵，门第显赫，《新阿汉大词典》页 1032 左–页 1033 右。《伯亚尼》页 6，列

1，行 6。

按，对应汉字“贵旗”应订正为“贵族”。ال[al-]为阿拉伯语名词定冠词。

ك Kāf

كَ [ka]，开 [kai]，open

波/阿（1） فَلْقِ [falqi] ‖ 参见 فلق [falq]，splitting，separating into parts，breaking forth （dawn）。《李殿君》页 36，列 2，行 16–18。

波/阿（2） فَرْجِ [farji] ‖ 参见 فرج [farj]（v.n.），splitting，separating，opening a gate。《李殿君》页 15，列 1，行 10–12。

波/阿（3） فَكِ [faki] ‖ 参见 فك [fakk] （in P. also fak，v.n.），unloosing。《李殿君》页 27，列 5，行 4–6。

波/阿（4） بَعْجَ [ba'ja] ‖ 参见 بعج [ba'j]，cutting open （the belly with a knife）。《李殿君》页 38，列 4，行 7–9。

كَ [ka]，客 [ke]，customer，guest，visitor

波/阿（1） قَافِلَةِ [qāfilati] ‖ 参见 قافلة [qāfilat, qāfila], a caravan, body of travellers，a travelling party returned from a journey。《李殿君》页 31，列 4，行 1–3。

波/阿（2） ضَيْفِ [ẓaīfi] ‖ 参见 ضيف [ẓaif]（v.n.），becoming a guest，a guest，stranger，foreigner。《李殿君》页 15，列 5，行 10–12。

كِ [ki]，旗 [qi]，flag，banner，standard

波/阿 سَنْجَقِ [sanjaqi] ‖ 参见 سنجق [sanjaq]，a flag，banner。《李殿君》页 23，列 2，行 1–3。

كَّ [ka]，看 [kan]，look，look at，see，watch，glom，behold

波/阿（1） بَصْرَ [baṣra] ‖ 参见 بصر [baṣar]（v.n.），seeing，

discerning，sight，vision，the eye。《李殿君》页 5，列 1，行 16–18。

波/阿（2） نَظْرُ [naẑru] ‖ 参见 نظر [naẑar]（v.n.），looking at，beholding，seeing，gazing upon，viewing，turning the eyes or the mind towards，scanning，attending to。《李殿君》页 20，列 3，行 10–12。

波/阿（3） رَآى [raāy] ‖ 参见 رائى [ra'y]（in P. rāy，v.n.），seeing。《李殿君》页 21，列 5，行 7–9。

كِ [kin]，恳 [ken]，working hard

波/阿 شمور [šammūra] ‖ 参见 شمر [šammara]，努力干，认真做，勤奋，《新阿汉大词典》页 1069，右。《李殿君》页 67，列 2，行 16–18。

كًا [kan]，看 [kan]，watch，look，see，take care of

波/阿（1） رِعَايَةِ [ri'aāyati] ‖ 参见 رعاية [ri'āyat]，to observe。《李殿君》页 88，列 3，行 7。

波/阿（2） وِقَايَةِ [wiqaāyati] ‖ 参见 وقاية [wiqāyat]（v.n. of وقى），taking care of，preserving，keeping（one's person or garments）clean，custody，guardianship，precaution。《李殿君》页 59，列 5，行 10–12。

كِيًاخُ [kian hu]，卷住 [juan zhu]，fold

波/阿 إِدْرَاج [idrāj] ‖ 参见 إِدْرَاج [idrāj]，folding（a letter）。《李殿君》页 104，列 1，行 1。

按，对照对应汉字，此处小儿锦拼写应订正为 كِيًاجُ [kian ju]。

كًا شِوْ [kan šiu]，看守 [kan shou]，guardian

波/阿（1） حافظة [hāfẑt] ‖ 参见 حافظ [hāfiẑ]，keeper，guardian。《满俩》页 5，行 17。

波/阿（2） پاس [pās] ‖ 参见 پاس [pās]，a watch of the day or night，a part（of anything），guard watch。《真境花园》页 3，列

2，行 7；同书页 13，列 1，行 12。

گَا كِيًا [kan gian]，看见 [kan jian]，see

波/阿 رَآى [rāī] ‖ 参见 راى [ra'y]，seeing。《李殿君》页 132，列 5，行 13。

كْآن [kan]，糠 [kang]，chaff，bran，pollard

波/阿 عَصْفِ ['aṣfi] ‖ 参见 عصف ['aṣf]，a blade of corn，corn in the blade，straw after the grain has been thrashed out。《李殿君》页 43，列 1，行 4–6。

按，آن-[-ān]在小儿锦中表示开口后鼻韵母-ang。

كْآن [kan]，（抗）［亢］[kang]，high

波/阿 نَشْزِ [našzi] ‖ 参见 نشز [našz]（v.n.），ascending，sitting，standing on a high place；a high place。《李殿君》页 44，列 2，行 1–3。

按，根据阿语意思可知，此汉语“抗”当为“亢”（意为高）之误，两字发音相同。آن-[-ān]在小儿锦中表示开口后鼻韵母-ang。

كْآن [kan]，炕 [kang]，thirsty

波/阿 عَطْشِ ['atši] ‖ 参见 عطش ['aṭš]，being thirsty。《李殿君》页 93，列 4，行 13。

按，آن-[-ān]在小儿锦中表示开口后鼻韵母-ang。

كْ آن [kan]，（渴）［炕］[ke]，thirsty

波/阿 ظَمْئِ [žami'] ‖ 参见 ظمئ [žami']，thirsty。《李殿君》页 79，列 1，行 13–15。

按，آن-[-ān]在小儿锦中表示开口后鼻韵母-ang。此处小儿锦与汉字“渴”读音不合。汉字似应为“炕”。

كَآن پِى [kan pi]，糠皮 [kang pi]，husk chaff

波/阿 تِيْنِ [tiīni] ‖ 参见 تين [tīn]，a fig。《李殿君》页 83，列

5，行 1。

按，آن-[-ān]在小儿锦中表示开口后鼻韵母-ang。

كْآن خًا [kan han]，亢旱 [kang han]，severe drought

波/阿 قَحْطِ [qahṭi] ‖ 参见 قحط [qahṭ]，drought，dearth，failure of the crops。《李殿君》页 163，列 1，行 4–6。

按，آن-[-ān]在小儿锦中表示开口后鼻韵母-ang。

كْاَوْ ڃِوآن [kau ċiuan]，靠床 [kao chuang]，a bed for people recline

波/阿 متكأ [muttaka‘]，a day-bed，couch，sofa，cushion，or anything upon which people recline。《李殿君》页 28，列 5，行 7–9。

按，آن-[-ān]在小儿锦中表示开口后鼻韵母-ang。。这是中亚非常流行的一种家具，木制，形似榻，通常置于家门外葡萄架下，供人靠坐饮茶。

كْـءُوِى [k'ui]，亏 [kui]，lost

波/阿 رَهْقِ [rahqi] ‖ 参见 رهق [rahaq]，indulging in a lawless deed。《李殿君》页 93，列 2，行 10。

كٍ بٌ [kin bun]，亲奔 [qin ben]（愿望），wish

波/阿（1） قصد [qaṣd]，desire inclination。《满俩》页 4，行 1。

波/阿（2） فحاولت [fehāūlat] ‖ 参见 حاولت [hāūlat]，try to do sth.。《伯亚尼》页 5，列 2，行 1。

波/阿（3） تصدى [taṣaddī]，coming before，opposing。《伊哈雅仪》页 4，列 3，行 9。

按，此处对应汉字“亲奔”或应写为“倾奔”。

كبر [kibr, kibr, kubr]，高傲 [gao ao]，骄傲 [jiao ao]，superiority，supercilious，arrogant，pride

波/阿（1） فاش [fāš]，proud，pride。《李殿君》页 48，列 2，

行 16–18。此处对应汉字为“高傲”。

波/阿（2） مزى [mazzā]，赞扬，表扬，夸奖，看中，《新阿汉大词典》页 1930，左。《李殿君》页 64，列 5，行 7–9。此处对应汉字为“骄傲”。

按，该小儿锦为阿拉伯语表意借词，小儿锦使用者虽然书写时取阿拉伯文原形，但仍按对应汉语意义读为“高傲”或“骄傲”。

كبير شُوْ [kabīr šu]，大树 [da shu]，big tree

波/阿 خَابُورَ [khaābuūra] ‖ 参见 خابور [khābūr]，a sort of plant。《李殿君》页 39，列 1，行 13–15。

按，该小儿锦前半部分 كبير [kabīr]为阿拉伯语表意借词，小儿锦使用者虽然书写时取阿拉伯文原形，但仍按对应汉语意义读为“大”。

كبير كس [kabīr kas]，大人 [da ren]，great person

波/阿 هُمَامِ[humaāmi] ‖ 参见 همام [humām]，a great king，a hero，magnanimous prince，liberal，magnificent man。《李殿君》页 51，列 4，行 10–12。

按，该小儿锦为阿拉伯语与波斯语合成表意借词。其前半部分 كبير [kabīr]是阿拉伯语，译言“大”；其后半部分 كس [kas]为波斯语，意为“人”。明会同馆本《回回馆杂字》“人物门”第 1370 词“人，克思”，已故日本学者本田实信还原为 كس [kas]，即此。[1] 小儿锦使用者虽然书写时取阿拉伯文和波斯文原形，但仍按对应汉语意义读为“大人”。

كبيرِ لَيآن [kabīr lian]，大亮 [da liang]，very bright

波/阿 سَفْرَ [safra] ‖ 参见 سفر [safr]（v.n.），breaking forth（light）。《李殿君》页 30，列 1，行 1–3。

按，该小儿锦前半部分 كبير [kabīr]为阿拉伯语表意借词，小

〔1〕刘迎胜：《〈回回馆杂字〉与〈回回馆译语〉研究》，页 465。

儿锦使用者虽然书写时取阿拉伯文原形，但仍按对应汉语意义读为“大”。آن-[-ān]在小儿锦中表示开口后鼻韵母-ang。

كِ تِ دِ [ki ti di]，奇特[的] [qi te]，strange

波/阿 عجيب ['jīb] ‖ 参见 عجيب ['ajūb]，wonderful，strange，surprising，astonishing，rare，unique。《伊哈雅仪》页 4，列 3，行 12。

按，小儿锦对应的汉文应是“奇特的”。

كْ تُوَ [k tua]，可托 [ke tuo]（可以信任），reliable

波/阿 آمِينِ [āmiīni] ‖ 参见 امين [amīn]，faithful。《李殿君》页 97，列 3，行 1。

كُ چُوْ [ku ču]，苦处 [ku chu]，suffering，hardships，difficulty

波/阿（1） عِنَاءِ ['inā'i] ‖ 参见 عناء ['anā']（v.n. of عنى），being detained （a captive），being fatigued，fatigue，weariness，care，trouble，affliction，distress。《李殿君》页 46，列 1，行 13−15。

波/阿（2） مشاق [mašāqa]，afflictions，inconveniences，hardships。按，其单数形式为مشقة。《伊哈雅仪》页 5，列 2，行 4。

كِ حوَا [kin hua]，倾化 [qing hua]（熔化），a melting

波/阿 سبكتعا [sabktā] ‖ 参见 سبک [sabk]，a melting。《伯亚尼》页 2，列 2，行 17。

按，“倾”字应为后鼻韵母，此处小儿锦拼为前鼻音。

كْ خْ غِوْ [k ċghiu]，咳嗽 [ke sou]，cough

波/阿（1） أُحْأَحَ [uhauha] ‖ 参见أَح [ah]，咳嗽或疼痛者发出的声音，《新阿汉大词典》页 14，右。《李殿君》页 103，列 4，行 7。

波/阿（2） قَحْبُ [qahbu] ‖ 参见 قحب [qahb]，cough，aged，taken with a fit of cough。《李殿君》页 39，列 3，行 1−3。

波/阿（3） سُعَالِ [su'aāli] ‖ 参见 سعال [su'āl]，cough。《李殿

君》页 82，列 1，行 7。

按，此处“嗽”字小儿锦双元音拼音中的字母غ[gh]，应理解为ع[ê]，即读为كْخْعِوْ[k ċeiu]。

كْخْغَوْ [k ċghau]，虼蚤 [ge zao]，flea

波/阿 بُرْغُوثِ [burghuūṣi] ‖ 参见برغوث [barghūṣ]，a flea。《李殿君》页 16，列 5，行 7–9。

按，此处“蚤”字小儿锦双元音拼音中的字母غ[gh]，应理解为ع[ê]，即读为كْخْعِوْ [k ċeiu]。

كٍدِ [kin di]，轻的 [qing de]，light

波/阿 خفيف [khafīf] ‖ 参见 خفيف [khafīf]，light。《满俩》页 5，行 7。

按，“轻”字应为后鼻韵母，此处小儿锦拼为前鼻音。

كْذَغِوْ [k ẕghiu]，咳嗽 [ke sou]，cough

波/阿 قَحْبُ [qahbu] ‖ 参见 قحب [qahb]，cough，taken with a fit of cough。《李殿君》页 163，列 6，行 1–3。

按，这里小儿锦“嗽”字拼音中表示双元音的字母غ[gh]应理解为ع[ê]，即读为كْذْعِوْ [k ẕeiu]。

كْذْغِوْ [k ĉghiu]，咳嗽 [ke sou]，cough

波/阿 أُحَاحَ [uhauha] ‖ 参见 اح [ahh]（v.n.），cough，repeating often ah ah in cough。《李殿君》页 61，列 4，行 4–6。

按，这里小儿锦“嗽”字拼音中表示双元音的字母غ[gh]应理解为ع[ê]，即读为كْذْعِوْ [k ĉeiu]。

كراهة [karāhat]，憎恶 [zeng wu]，hate，abhor，abominate，loathe，resent，abhor

波/阿 عَظَرَ [‘aẑra] ‖ 参见 عظر [‘aẑar]（v.n.），loathing，abhorring，filling a leathern bottle。《李殿君》页 65，列 4，行 10–12。

按，该小儿锦为阿拉伯语表意借词，小儿锦使用者虽然书写时取阿拉伯文原形，但仍按对应汉语意义读为“憎恶”。

كس [kas]，人 [ren]，human，man，person，people，human being

波/阿（1） رَجُلِ [rajuli] ‖ 参见 رجل [rajl]，a man，《新阿汉大词典》页 717。《李殿君》页 6，列 1，行 1–3。

波/阿（2） رَهْطِ [rahṭi] ‖ 参见 رهط [rahṭ]，a number of men（without women） below ten or from three to ten。《李殿君》页 76，列 4，行 13–15。

波/阿（3） آدَمِ [ādami] ‖ 参见 آدم [ādam]，adam，the father of the human race。《李殿君》页 86，列 2，行 4。

波/阿（4） أنامِ [ānāmi] ‖ 参见 آنام [ānām]，human。《李殿君》页 90，列 2，行 13。

按，该小儿锦كس [kas]为波斯语表意借词，意为人。明会同馆本《回回馆杂字》“人物门”第 1370 词“人，克思”，已故日本学者本田实信拟为كس [kas]，即此。[1] 小儿锦使用者虽然书写时取波斯文原形，但仍按对应汉语意义读为“人”。

كَ سِ [ka si]，可喜 [ke xi]，happiness

波/阿 خنک [khunuk] ‖ 参见 خنک [khunuk]，happy，happiness。《真境花园》页 4，列 1，行 12。

كٍ سَا [kin sā]，倾洒 [qing sa]，sprinkle，spray，spill，shed

波/阿 بث [baṡṡ] ‖ 参见 بث [baṡṡ]，disseminating news，divulging a secret，scattering dust。《中文消经》页 2，列 1，行 14。

按，“倾”字应为后鼻韵母，此处小儿锦拼为前鼻音。

كسى [kasī]，人 [ren]，man，person，hand，folk，human being，people

波/阿（1） نَاسِ [naāsi] ‖ 参见 ناس [nās]，men，mankind，human

〔1〕刘迎胜：《〈回回馆杂字〉与〈回回馆译语〉研究》，页 465。

beings。《李殿君》页 73，列 1，行 1–3。

波/阿（2） اِنْسَانِ [insaān] ‖ 参见 انسان [insān]， man， mankind，human being，mortal。《李殿君》页 73，列 2，行 16–18。

按，该小儿锦为波斯语表意借词，由波斯语كس [kas]“人”+表示不定（undefined，泛指）意义的ی[-ī]构成，字面意义为“某人”。小儿锦使用者虽然书写时取波斯文原形，但仍按对应汉语意义读为“人”。

كَ شِآن [ka šian]，客商 [ke shang]，travelling trader，travelling merchant

波/阿 قَافِلَةِ [qāfilati] ‖ 参见 قافلة [qāfilat，qāfila]，a caravan，body of travellers，a travelling party returned from a journey。《李殿君》页 162，列 3，行 10–12。

按，آن-[-ān]在小儿锦中表示开口后鼻韵母-ang。

كْ طُوَ [k ṭuwa]，可（讬）[托] [ke tuo]，reliable

波/阿أَمِينَ [amīna] ‖ 参见أَمِين [amīn]，faithful。《李殿君》页 107，列 3，行 4。

كْغًا [kghan]，坎 [kan]，bank，ridge

波/阿 عَتْبَةِ ['atbati] ‖ 参见 عتبة ['atabat，'ataba]，a gate，a port，the threshold，the lintel of a door，the round of a ladder。《李殿君》页 38，列 1，行 16–18。

按，这里小儿锦“坎”字拼音中表示开口元音的字母غ[gh]应理解为ع[ê]，即读为كْعًا [kean]。

كْغَوْ [kghau]，靠 [kao]，depend on，rely on

波/阿 سند [sind] ‖ 参见 سند [sind]，warrant，reliance，trust。《李殿君》页 26，列 3，行 4–6。

按，此处“靠”字小儿锦双元音拼音中的字母غ[gh]，应理解为ع[ê]，即读为كْعَوْ [keau]。

كُ فُآن [ku fuan]，库房 [ku fang]，storeroom

波/阿 كَنْزَ [kanra] ‖ 参见 كنز [kanz]，(v.n.)，treasuring，storing，hoarding，laying up，putting anything into a case or repository，store，treasure。《李殿君》页 41，列 2，行 16–18。

按，آن-[-ān]在小儿锦中表示开口后鼻韵母-ang。

كْ كَآن [k kan]，渴炕 [ke kang]，thirst

波/阿 غَلِيلِ [ghaliīli] ‖ 参见 غليل [ghalīl]，thirst，the pangs of thirst。《李殿君》页 25，列 2，行 10–12；同书页 158，列 6，行 7–9。

按，آن-[-ān]在小儿锦中表示开口后鼻韵母-ang。

كَ كس [ka kas]，客人 [ke ren]，guest

波/阿 ضَيْفِ [ẓaīifi] ‖ 参见 ضيف [ẓaif]，becoming a guest。《李殿君》页 88，列 1，行 1。

按，该小儿锦后半部分كس[kas]为波斯语表意借词，意为人，小儿锦使用者虽然书写时取波斯文原形，但仍按对应汉语意义读为“人”。

كَ كَيْ [ka kai]，开开 [kai kai]，open

波/阿 فَتْحَ [fatha] ‖ 参见 فتح [fath]，opening (a door)。《李殿君》页 13，列 5，行 13–15。

كِ كِءِوْ [ki gi'ü]，器具 [qi ju]，utensil，implement，appliance，tackle，ware

波/阿 مَاعُونَ [maā'uūna] ‖ 参见 ماعون [mā'ūn]，any kind of household utensils，as kettles，pots，hatchets，or anything of similar necessary use。《李殿君》页 74，列 1，行 1–3。

كَ كِيَ [ka gia]，开戒 [kai jie]，break one's fast

波/阿 حَلَّ [halla] ‖ 参见 حل [hall，hal]（v.n.），untying，

unloosing, having passed the days of probation，即今通译之“开斋”。《李殿君》页 28，列 3，行 7–9。

كَ كِيًا [kan gian]，看见 [kan jian]，see

波/阿 بَصر [baṣar]，see。《李殿君》页 110，列 4，行 16。

كُ لُ [kun lun]，昆仑 [kun lun]，a great mountain symbolizes wonderland

波/阿 فُلكِ [fulki] ‖ 参见 فلك [fuluk]（pl. of falak），heaven, sky, firmament, a hill or tumulus of sand on a plain, celestial spheres or orbits。《李殿君》页 11，列 4，行 4–6。

كَ لِيًا نِ [ka lian ni]，可怜你 [ke lian ni]，an interjection of pity

波/阿 ويک [ūīk] ‖ 参见 ويک [wīk]，bravo! fy! Out upon! oh!（an interjection of pity）。《伊哈雅仪》页 4，列 2，行 10。

كِ لِيوُ [ki liu]，急流 [ji liu]，rapid currency

波/阿 هرْعَ [hra‘] ‖ 参见 هرع [hra‘]，a rapid stream。《李殿君》页 81，列 5，行 7。

كناه [kunāh]（应为گناه [gunāh]），罪 [zui]，sin，blame，crime，fault

波/阿 ذَنْبِ [ẕanbi] ‖ 参见 ذنب [ẕanb]，a crime，sin，fault。《李殿君》页 20，列 4，行 13–15；同书页 24，列 2，行 10–12。

按，该小儿锦كناه[kunāh]为波斯语表意借词，意为罪过，过错。按波斯文正法，此词应写为گناه [gunāh]。明四夷馆本《回回馆杂字》“人事门”第 284 词 “گناه（gunāh），罪，古纳黑”[1]，即此。[2] 在笔者所接触的《回回馆杂字》各本中，除北图回杂本之外，其余诸本此词波斯文皆写作كناه [kunāh]，其起首辅音گ [g-]之上三

〔1〕巴黎本在“罪”字右侧，有无名学者标音 tsoui，其下拉丁文释义为 peccatum（罪恶的，过错）。在汉字音译“古纳黑”之下标音为 kou na he。

〔2〕刘迎胜：《〈回回馆杂字〉与〈回回馆译语〉研究》，页 137。

点缺失，可见回回人将此词写为كناه [kunāh]由来已久。小儿锦使用者虽然书写时取波斯文原形，但仍按对应汉语意义读为“罪”。

كِنيًاژِ [kin nian jhin]，青年人 [qing nian ren]，youth

波/阿 حديث [hdīṣ] ‖ 参见 حديث [hadīṣ]，newly，newly made，tradition。《伊哈雅仪》页 2，列 4，行 4。

كِوْ [kiu]，口 [kou]，mouth，stoma，stomata，gob，jaws，ora，orifice，ostium，meatus

波/阿（1） فَمُ [famu] ‖ 参见 فم [fam，fim，fum]，the mouth。《李殿君》页 8，列 2，行 10–12；同书页 161，列 3，行 13–15。

波/阿（2） فوك [fūk]，按，此词意为 a vetch，a bean，即野豌豆，豌豆。未查到与该小儿锦及对应汉字相应的意义。应为فوق [fūq]，嘴，口，口腔，《新阿汉大词典》页 1566，右。《满俩》页 5，行 10。

波/阿（3） دحان [dahān]，按，应为 دهان [dahān]，the mouth，波斯语。《真境花园》页 5，列 2，行 12。

波/阿（4） معدة [ma‘idat]，胃，《新阿汉大词典》页 1950，左。《李殿君》页 35，列 4，行 7–9。

波/阿（5） لُعَابُ [lu‘aābu] ‖ 参见 لعاب [lu‘āb]，saliva，口中流出的涎水，口水，唾液，《新阿汉大词典》页 1845，右。《李殿君》页 92，列 5，行 4。对照对应阿拉伯文，疑该小儿锦脱“水”字。

كُوْ [ku]，哭 [ku]，cry

波/阿 نرب，按，此词在波斯语与阿拉伯语中均未查到，待考。《李殿君》页 34，列 5，行 4–6。

كُوْ [ku]，苦 [ku]，bitter，miserable，painful，hard，hardship，suffer from，suffering

波/阿（1） خنطل [khanṭal]，灾难，祸患，《新阿汉大词典》

页 570，右。《李殿君》页 77，列 5，行 4–6。

波/阿（2）تَجَشّمٌ [tajaššmun] ‖ 参见 جشم [jašm], labouring hard。《李殿君》页 64，列 2，行 7–9。

波/阿（3）نُصُبُ [nuṣubu] ‖ 参见 نصب [naṣab], grief, trouble, affliction, sadness; [nuṣb, nuṣub], sickness, disease。《李殿君》页 17，列 2，行 13–15。

كُوٌ [kun]，捆 [kun]，a bunch of

波/阿 حُزْمَةِ [huzmati] ‖ 参见 حزمة [huzmat], a bundle, a truss。《李殿君》页 90，列 5，行 16。

كُوٌ [kun]，困[kun]，distressed, stranded, tired, weary, fatigued, sleepy

波/阿 حَسْرَ [hasra] ‖ 参见 حسر [hasr], wearying, tiring, vexing。《李殿君》页 66，列 5，行 10–12。

كُوَا [kua]，夸 [kua]，praise, boast, exaggerate, overstate

波/阿 مَدْحِ [madhi] ‖ 参见 مدح [madh]（v.n.）, praising, praise, encomium, commendation, approbation, applause。《李殿君》页 7，列 3，行 16–18。

كُوًا [kuan]，宽 [kuan]，broad, wide

波/阿（1）عرض [‘arrẓa]，加宽，放宽，《新阿汉大词典》页 1312，右。《李殿君》页 56，列 1，行 10–12。

波/阿（2）سَمْحَةِ[samhati] ‖ 参见 سمحة [samhat, samha], beneficent, liberal。《李殿君》页 23，列 1，行 16–18。

波/阿（3）مِسَاحَةِ [misaāhati] ‖ 参见 مساحة [misāhat], measuring the ground。《李殿君》页 99，列 3，行 4。

波/阿（4）رغد [raghd, raghad], being easy and comfortable（life）, case, comfort of life, affluence。《李殿君》页 58，列 1，行 16–18。

كِوْ آب [kiu āb]，口水 [kou shui]，saliva，sputa

波/阿（1） لُعَابُ [lu‘abu] ‖ 参见 لعاب [lu‘āb]，spittle，saliva，dribble；snot。《李殿君》页 170，列 5，行 10–12。

波/阿（2） رِيقِ [rīqi] ‖ 参见 ريق [raiq]，shinning on the ground like water，and appearing to flow vapours。《李殿君》页 136，列 4，行 7。

按，该小儿锦后半部分آب为波斯语表意借词，意为水。明四夷馆本《回回馆杂字》"地理门"第 47 词"آب（āb），水，阿卜"，即此。小儿锦使用者虽然书写时取波斯文原形آب（āb），但仍按对应汉语意义读为"水"。

كُوًا خٌ [kuan hun]，宽宏 [kuan hong]，magnanimity

波/阿 رَغْدِ [raghdi] ‖ 参见 رغد [raghd，raghad]，being easy and comfortable（life），case，comfort of life，affluence。《李殿君》页 134，列 3，行 13。

按，"宏"字应为后鼻韵母，此处小儿锦拼为前鼻音。

كُوًا دَا [kuan da]，宽大 [kuan da]，roomy，spacious，wide，lenient，magnanimous

波/阿（1） لُجَّ [luja] ‖ 参见 لج [lujj]，plenty，especially a great body of water，the bottom of the sea。《李殿君》页 169，列 6，行 16–18。

波/阿（2） رَحْبُ [rahbu] ‖ 参见 رحب [rahb]，wide。《李殿君》页 133，列 4，行 10。

كُوَاْ زغًا [kuwa zghan]，夸赞 [kua zan]，praise

波/阿 ثَنَاءِ [ṣanā’i] ‖ 参见 ثَنَاً [ṣanā’]，praise。《李殿君》页 116，列 6，行 10。

按，此处小儿锦"赞"字拼音中表示开口元音的字母غ[gh]应理解为ع[ê]，即读为كُوَا زعًا [kua zean]。

كُوَآن [kuan]，狂 [kuang]，crazy，mad，violent

波/阿（1） عطل [‘aṭal]，无钱，无礼貌，《新阿汉大词典》页1349，左。《李殿君》页 43，列 5，行 4–6。

波/阿（2）مَرْحَ [marha] ‖ 参见 مرح [marah]，excessive joy，boisterous mirth，forwardness。《李殿君》页 56，列 2，行 4–6。

波/阿（3） بَطْرَ [baṭra] ‖ 参见 بطر [baṭar]（v.n.），exulting，being insolent with joy，petulance，being thunder-struck，lost in amazement。《李殿君》页 43，列 4，行 1–3。

按，آن-[-ān]在小儿锦中表示开口后鼻韵母-ang。

كُوَان [kuan]，矿 [kuang]，mine

波/阿 مَعْدِنِ [ma‘dini] ‖ 参见 معدن [ma‘din，ma‘dan]，a mine，quarry。《李殿君》页 44，列 4，行 1–3。

按，آن-[-ān]在小儿锦中表示开口后鼻韵母-ang。

كُوَآن جَا [kuan ja]，狂诈 [kuang zha]，petulance

波/阿 بَطرَ [baṭra] ‖ 参见 بَطرَ [baṭr]，petulance。《李殿君》页110，列 5，行 1。

按，آن-[-ān]在小儿锦中表示开口后鼻韵母-ang。

كَوْ بُوِى [kau bui]，靠背 [kao bei]，back （of a chair）

波/阿 سند [sind] ‖ 参见 سند [sind]，warrant，reliance，trust。《中文消经》页 2，列 2，行 21。

كِوْ تِوْ [kiu tiu]，（叩）［磕］头[kou tou]，bowing

波/阿 سَجْدَ [sajda] ‖ 参见 سجد [sujjad]，worshippers。《李殿君》页 139，列 4，行 4。

كُوٌ جُوْغِ [kun jungh]，空中 [kong zhong]，in the air

波/阿 هَوَاءِ [hawaā’i] ‖ 参见 هوائى [hawā’ī]，airy，windy。《李殿君》页 3，列 5，行 1–3。

按，“空”字应为后鼻韵母，此处小儿锦拼为前鼻音。

كُوْچُوْ [ku ču]，苦楚 [ku chu]，sadness

波/阿 تَجَسُّمُ [tajaṣmu] ‖ 参见جَسَّمَ [jaṣṣama]，终生禁拘，关禁到死，使成为靶子，使成为攻击对象，《新阿汉大词典》页 246，左。《李殿君》页 113，列 2，行 10–12。

كُوٌخَ [kun ha]，恐吓 [kong he]，threaten

波/阿 تَرْهِيبُ [tarhību] ‖ 参见 تَرْهِيبْ [tarhīb]，striking with terror。《李殿君》页 114，列 1，行 4。

按，“恐”字应为后鼻韵母，此处小儿锦拼为前鼻音。

كِوْ خُوًا [kiu huan]，口唤 [kou huan]，permission

波/阿 أُذنِ [uzani] ‖ 参见اذن [izn]，允许，允诺，命令，《波汉词典》页 82，右。《李殿君》页 104，列 4，行 4。

كِوْ دَ [kiu da]，口袋 [kou dai]，pocket，placket

波/阿 عِدْلِ [‘idli] ‖ 参见 عدل [‘idl]，what a beast of burden carries on one side，[‘adal]（v.n.），equalizing the two packages of a horse，&c.。《李殿君》页 43，列 3，行 13–15。

كُوٌ زِءِغْ [kun z’ingh]，空静 [kong jing]，empty，loneness

波/阿 خَاوِيِ [khāwiyī] ‖ 参见 خاوية [khāwiyat]，empty，《新阿汉大词典》页 578。《李殿君》页 125，列 5，行 1。

按，“空”字应为后鼻韵母，此处小儿锦拼为前鼻音。

كَوْ شًَ [kau šan]，口唇 [kou chun]，lips

波/阿单数：شفة [šifat]，复数：شفاه [šifāh] ‖ 参见 شفة [šifat]，a lip。《伯亚尼》页 5，列 2，行 13。

كُوِ صِ [kui ṣin]，亏损 [kui sun]，loss，deficit，general debility

波/阿 فَصْخِ [faṣkhi] ‖ 参见 فصخ [faṣkh]，suffering loss。《李殿君》页 160，列 1，行 16–18。

كوُغٍ [kungh]，空 [kong]，empty，hollow，for nothing，vacancy

波/阿（1） خِاْوَةِ [khiāwati] ‖ 参见 خاوية [khāwiyat]，empty，fallen down（house），desert（country）。《李殿君》页 18，列 1，行 4–6。

波/阿（2）خاوِى [khaāwiī] ‖ 参见 خاوية [khāwiyat]，empty。《李殿君》页 95，列 4，行 1。

كُوْغٍ زِءِغٍ [kungh zi'ingh]，空静 [kong jing]，loneness，empty

波/阿 خِلْوَةِ [khilūati] ‖ 参见 خلوة [khilwat]，loneness。《李殿君》页 127，列 5，行 7。

كُوغٍ 七 ڨْغٍ [kungh qügh]，空[孔]雀 [kong que]，peacock

波/阿 طَاوُسِ [ṭaāuūsi] ‖ 参见 طاوس [ṭāus]，a peacock。《李殿君》页 94，列 1，行 7。

按，此处“雀”字小儿锦双元音拼音中的字母غ[gh]，应理解为ع[ê]，即读为كُوغٍ 七 ڨْغٍ[kungh qüe]。

كوُ فَانْ [ku fan]，库房 [ku fang]，storeroom

波/阿单数：كنز [kanz]，复数：كنوز [kunūz] ‖ 参见كنز [kanz]，storing，كنوز [kunūz]，treasures。《伯亚尼》页 4，列 1，行 31。

按，آن-[-ān]在小儿锦中表示开口后鼻韵母-ang。

كُوٌ كِیُوْغَا [kun giügha]，困倦 [kun juan]，tire

波/阿 حَسرَ [hasra] ‖ 参见 حسر [hasr]，wearing，tiring，vexing。《李殿君》页 122，列 1，行 10。

按，此“倦”字小儿锦前鼻韵母拼音中的字母غ[gh]，应理解为ع[ê]，其上之开口符应为双开口符，表示开口鼻音，即读为 كُوٌ كِیُوْعًا [kun giüean]。

كُوِ لًا [kui lan]，溃烂 [kui lan]，canker

波/阿 زَلْعَ [zal'a] ‖ 参见 زلع [zal']，being corrupted，in a bad

state （a wound），having chapped feet or hands，a crack or cheap on the hands or feet。《李殿君》页 137，列 2，行 10。

كُوْلُغٍ [ku lungh]，窟窿 [ku long]，hole，hollow

波/阿 ثَقْبُ [ṣaqbu] ‖ 参见ثقب [ṣaqb]，a hole。《李殿君》页 91，列 5，行 1。

كُوْلِوّ [ku lun]，窟窿 [ku long]，hole，hollow

波/阿 خَرْقَةِ [kharqati] ‖ 参见 خرقة [khirqat，khirqa]，a patch，rag，a garment made of shreds and patches。《李殿君》页 13，列 4，行 16–18。

按，"窿"字应为后鼻韵母，此处小儿锦拼为前鼻音。对应阿拉伯语词汇 خرقة 的意思是补丁，与窟窿的概念有关系。

كُوْلُوَغٍ [ku luangh]，窟窿 [ku long]，a hole

波/阿（1）خَرْقَةِ [kharqati] ‖ 参见 خرقة[khirqat，khirqa]，a patch，rag，a garment made of shreds and patches。《李殿君》页 126，列 3，行 1。

波/阿（2） ثُقْبِ [ṣuqbi] ‖ 参见ثقب [ṣaqaba]，穿孔，凿孔，钻眼，《新阿汉大词典》页 224，左。《李殿君》页 116，列 3，行 7。

كُوّ لِيَوْ [kun liau]，孔（隙）［漏？］[kong xi]，hole，small opening

波/阿 شَرْجِ [šarji] ‖ 参见 شرج [šarj]（v.n.），laying bricks one upon another，a place where water flows from high stony grounds into a plain。《李殿君》页 75，列 4，行 16–18。

按，"孔"字应为后鼻韵母，此处小儿锦拼为前鼻音。小儿锦所拼的第二个字与汉字"隙"读音不合，或为"漏"字。

كُوَى [kuai]，夸 [kua]，boast，exaggerate，overstate

波/阿 ثَنَاِ [ṣanaā'i] ‖ 参见 ثنا [ṣanā']，salutation，congratulation，a wishing joy，a returning of thanks，praise，eulogium，commendation， applause。《李殿君》页 20，列 1，行 4–6。

كُوَى [kuai]，块 [kuai]，block，mass，piece，patch

波/阿（1） خَرْقَةِ [kharqati] ‖ 参见 خرقة [khirqat，khirqa]，a patch，rag，a garment made of shreds and patches。《李殿君》页 15，列 3，行 10–12。

波/阿（2） لُمْعَةِ [lum'ati] ‖ 参见 لمعة [lum'at]，a crowd，a congregation，part of a plant beginning to wither and getting white，any part of the body remaining dry during ablution。《李殿君》页 38，列 5，行 10–12。

كُوَىْ [kuai]，快 [kuai]，quick

波/阿 وجد [wajd]，快乐，高兴，愉快，《新阿汉大词典》页 2240，左。《李殿君》页 76，列 3，行 7–9。

按，对照对应阿拉伯文，可知此处小儿锦与对应汉字之"快"应为"快意"、"拍手称快"之"快"。

كُوِى [kui]，亏 [kui]，unjust，treat unfairly，lose，have a deficit，be short of，be deficient，lack

波/阿（1） ظَالِمُ [ẑaālimu] ‖ 参见 ظالم [ẑālim]，a tyrant，an oppressor，unjust，barbarous，cruel，《新阿汉大词典》页 1269，右：压迫，欺压，欺负，虐待，对……不义。《李殿君》页 13，列 5，行 4–6。

波/阿（2） جُوْرَ [jawra] ‖ 参见 جور [jawr]，暴虐，压迫，虐待，不义，《新阿汉大词典》页 322，左。《李殿君》页 10，列 5，行 10–12。

كَوِى [kaui]，愧 [kui]，ashamed

波/阿 خَجْلِ [khajli] ‖ 参见 خجل [khajal]（v.n.），being modest，bashful，ashamed。《李殿君》页 20，列 3，行 16–18。

كُوَیْ زْ [kuai z]，块子 [kuai zi]，a chunk piece，lump，block

波/阿（1） جُذَةِ [juẕati] ‖ 参见 جُذَّة [juẕẕat]，截，段，块，部分，《新阿汉大词典》页 258，右。《李殿君》页 118，列 3，行 4。

波/阿（2） كَسْفُ [kasfu] ‖ 参见 كسف [kasf]，cutting into pieces（cloth）。《李殿君》页 168，列 1，行 7–9。

كُوَیْ كُوَیْ [kuai kuai]，块块 [kuai kuai]，block，piece

波/阿 كَسْفُ [kasfu] ‖ 参见 كسف [kasf]（v.n.），cutting into pieces（cloth）。《李殿君》页 48，列 4，行 10–12。

كُوَیْ كِیًا [kuai gian]，快剑 [kuai jian]，a sharp sword

波/阿 قصيب [qaṣīb] ‖ 参见قصب [qaṣaba]，割断，切断，割开，切开，屠夫把羊割成块，《新阿汉大词典》页 1636，左。《李殿君》页 65，列 3，行 7–9。

كِوْغِكِ [kiüng gi]，军器 [jun qi]，weaponry

波/阿 حِذَرْ [haẕar]，按，此词待考。《李殿君》页 121，列 2，行 16。

按，“军”字应为前鼻韵母，此处小儿锦拼为后鼻音。

كِه بِ [kie bin]，骑兵 [qi bing]，horse-men

波/阿 سواران [suwārān] ‖ 参见 سواران [suwārān]，horse-men。按，该词由波斯语سوار [suwār]（意为骑士）复数后缀ان[-ān]构成。《真境花园》页 12，列 1，行 7。

按，“兵”字应为后鼻韵母，此处小儿锦拼为前鼻音。

كِه شِ [kie šin]，起身 [qi shen]，get up，get out of bed，leave，set out，get off

波/阿（1） رحلو [rahlu] ‖ 参见 رحل [rahl]，departing，traveling。《中文消经》页 3，列 3，行 18。

波/阿（2） رحلت [rihlat] ‖ 参见 رحلة [rihlat]，travelling，

departing, migrating。《真境花园》页 4，列 1，行 3。

كِه قَىْ [kie qai]，膝盖 [xi gai]，the knee

波/阿 زانوی[zānū-ī] ‖ 参见 زانوی [zānū-ī]，the knee。《真境花园》页 5，列 1，行 14。

كِه كـِه [kien kie]，亲戚 [qin qi]，relatives

波 / 阿 متعلقان [muta‘alliqāt] ‖ 参见 متعلقان [muta‘alliqāt]，children，family。《真境花园》页 5，列 2，行 6。

按，此处"亲"字小儿锦拼音中的字母ه虽然置于词末，即置于齐齿鼻音符之后，但拼读时仍在鼻音之前。

کَی [kai]，开 [kai]，open，split

波/阿（1） فَطْرَ [faṭra] ‖ 参见 فطر [faṭr]，splitting，cleaving。《李殿君》页 27，列 1，行 4–6。

波/阿（2） حل [hall] ‖ 参见 حل [hall, hal], untying, unloosing。《中文消经》页 2，列 3，行 7。

波/阿（3）فَتْقِ [fatqi] ‖ 参见 فتق [fatq](v.n.), breaking, splitting。《李殿君》页 48，列 2，行 13–15。

كِيًا بِيًا [kian bian]，前边 [qian bian]，prior part

波/阿 قدم [qdm] ‖ 参见 قدم [qadm]，being prior in point of time，place or degree。《满俩》页 4，列，行 4。

كِيًا جِ [kian jin]，（虑）[虔]诚 [lü cheng]，modest

波/阿 ورع [ūr'] ‖ 参见 ورع [wari'], timid, scrupulous, one who fears God; [war', wara'], being modest, pious, chaste, and temperate。《伊哈雅仪》页 3，列 3，行 20。

按，"诚"字应为后鼻韵母，此处小儿锦拼为前鼻音；其声母应为清辅音，这里拼为浊辅音。

كِيًا زْ [kian z]，钳子 [qian zi]，pincers，pliers，tongs

波/阿 كُماشِ [kumāši] ‖ 参见كماش [kamāš]，a vessel for smuggling wine。《李殿君》页 168，列 6，行 16–18。

كِياً سَوْ [kian sau]，前哨 [qian shao]，outpost

波/阿 مقدم [mqhdm] ‖ 参见 مقدم [muqaddam]，placed before，preferred，antecedent，prior，preceding，a leader，chief，commander，the advanced guard，the major proposition of a syllogism。《伊哈雅仪》页 4，列 2，行 9。

كِيًا كِيَو يُوِى لِيَو [kian kiau yui liau]，恰巧遇了 [qia qiao yu le]，run into

波/阿 اتفق [tafaq] ‖ 参见 اتفاق [itifāq]，事变，偶然性，命运，《波汉词典》页 61，右。《伯亚尼》页 6，列 2，行 11。

كِيَانْ [kian]，墙 [qiang]，wall

波/阿 جدار [jidār]，a wall。《满俩》页 3，行 7。

按，آن-[-ān]在小儿锦中表示开口后鼻韵母-ang。

كِيَان شِ [kian šin]，强胜 [qiang sheng]，strong，powerful

波/阿 العزيز [al-a‘zīz] ‖ 参见 عزيز [‘azīz]，强壮的，有力的，强大的，伟大的，高贵的，《新阿汉大词典》页 622 右下–左上。《伯亚尼》页 5，列 1，行 20。

按，آن-[-ān]在小儿锦中表示开口后鼻韵母-ang。“胜”字应为后鼻韵母，此处小儿锦拼为前鼻音。ال为阿拉伯语名词定冠词。

كِيآن قَاءَ [kian gha’i]，枪杆 [qiang gan]，the barrel of a gun，gun，arms

波/阿 باسنة [bāsinat]，或为باسنة [bā-sinnat]，持双刃斧。با [bā-]，波斯语介词，意为同……一起，以……，持……；سنة [sinnat]，阿拉伯语意为双刃斧。《新阿汉大词典》页 970，右。或考虑 باسلاح [bā-silāh]，possessed of arms。《中文消经》页 3，列 1，行 22。

按，آن-[-ān]在小儿锦中表示开口后鼻韵母-ang；“杆”字应为前鼻韵母，此处小儿锦未标鼻音。

كِيَاَ يَاَ [kian yan]，前言 [qian yan]，preface

波/阿 مقدمة [muqaddamat，muqaddma]，preface （to a book）。《伊哈雅仪》页 2，列 1，行 1。

كِيَاَ يَاَ [kian yan]，前言 [qian yan]，speak in front of some one

波/阿 خطبة [khtbt] ‖ 参见 خطبة [khuṭbat，khuṭba]，a speech，harangue，address，a sermon，especially that preached in the mosques on a Friday。经常用语称为呼图白。《伊哈雅仪》页 2，列 2，行 17。

كِي تَوْ [ki tau]，（祈）[乞]讨 [qi tao]，someone begging

波/阿 پسلونى [paslūnī]，或为 پسكوچه [pas-kūča]，a dervish，此词待进一步研究。《伯亚尼》页 2，列 3，行 11。

كِيَ چَانْ [kia čan]，校场 [jiao chang]，competition area

波/阿 مفمار [mafmār] ‖ 参见 مفار [mahār]，making a foray，进军。《伯亚尼》页 2，列 2，行 7。

按，آن-[-ān]在小儿锦中表示开口后鼻韵母-ang。

كَىْ خُوَا [kai hua]，开化 [kai hua]，civilized

波/阿 هَضْمُ [haẓmu] ‖ 参见هضم [haẓm]，breaking，digesting。《李殿君》页 91，列 5，行 13。

كِي دَو [kin dau]，倾倒 [qing dao]，overflow

波/阿 افاض [ifāẓ] ‖ 参见 افاضت [ifāẓat]，overflow。《伯亚尼》页 4，列 2，行 24。

按，“倾”字应为后鼻韵母，此处小儿锦拼为前鼻音。

كُى شِوْ [kuni šiu]，空手 [kong shou]，nothing in hands

波/阿 تهى دست [tahī-dast] ‖ 参见تهى دست [tahī-dast，tihī-dast]，

nothing in hands。《真境花园》页 4，列 2，行 3。

按，“空”字应为后鼻韵母，此处小儿锦拼为前鼻音。

كَى شِى [kai ši]，开始 [kai shi]，begin

波/阿 بالبداية [bālabdāyat] ‖ 参见 بداءة [badā’at]，开始，开端，起初，《新阿汉大词典》页 101，右。《伯亚尼》页 5，列 3，行 2。

كِ ىِ غ شِ [kingh ši]，轻视 [qing shi]，despise

波/阿 تَحقيرَ [tahqīra] ‖ 参见 تَحْقِير [tahqīr]，neglect。《李殿君》页 113，列 2，行 13。

كَى غَىْ [kai ghai]，可爱 [ke ai]，lovely

波/阿 خرم [khurram] ‖ 参见 خرم [khurram，khuram]，cheerful，glad，delightful。《真境花园》页 6，列 2，行 9。

按，此处“爱”字声母小儿锦拼音中含影母。

كِي قًا [ki ghan]，旗杆 [qi gan]，flagpole

波/阿单数： راية [rāyat]，复数： رايات [rāyāt] ‖ 参见 رايات [rāyāt]，banners，راية [rāyat]，flag。《伯亚尼》页 5，列 1，行 13。

كِى قَوْ [kin ghau]，清高 [qing gao]，aloof from politics and material pursuits

波/阿 السنية [al-snīyt] ‖ 参见 سنية [sanīyat，sanīya]，high，lofty，sublime，shining，flashing。《中文消经》页 2，列 3，行 9。

按，“清”字应为后鼻韵母，此处小儿锦拼为前鼻音。

كِى مِ [ki min]，器皿 [qi min]，household utensils，containers esp. for use in the house

波/阿 وعايْن [wi‘āin] ‖ 参见 وعاء [wi‘ā’，wu‘ā’]，case，capsule。《中文消经》页 2，列 3，行 21。

كِي مِ [ki min]，启明 [qi ming]，shining

波/阿 يروق [īrūq] ‖ 参见 بروق [burūq]，shining。《伯亚尼》

页 5，列 2，行 21。

按，“明”字应为后鼻韵母，此处小儿锦拼为前鼻音。

كِی مِیَوْ [ki miau]，奇妙 [qi miao]，sth. wonderful

波/阿 الاعجاز [al-a‘jāz] ‖ 参见 اعجز [a‘jaz]，措辞绝妙，措辞异常漂亮，《新阿汉大词典》页 1289，右。《伯亚尼》页 6，列 1，行 23。

按，ال[al-]为阿拉伯语名词定冠词。

كِی وٌ [ki wun]，奇文 [qi wen]，queer writing

波/阿 نظم [nažžam]，作诗，写诗。《新阿汉大词典》页 2078，右。《伯亚尼》页 6，列 1，行 24。

كِي وِى [ki wi]，替位 [ti wei]，conspirator

波/阿 حليفة [hulaifa] ‖ 参见 حليف [halīf]，a conspirator。《伯亚尼》页 4，列 3，行 34。

كَیْ كَ [kai ka]，开开 [kai kai]，open，turn on，be on

波/阿 فَتَحَ [fataha] ‖ 参见 فتح [fath]，opening（a door），to open a door，open（gate）。《李殿君》页 159，列 4，行 7–9。

كِیَ كَانْ [kia kan]，渴亢 [ke kang]，thirsty

波/阿 ظما [žamā] ‖ 参见 ظما [žamā]，being very thirsty。《伯亚尼》页 3，列 3，行 10。

按，آن-[-ān]在小儿锦中表示开口后鼻韵母-ang。

كِیگِى [ki gi]，奇迹 [qi ji]，miracle

波/阿 معجر [ma'jar]，按，此词未查到奇迹的意义，待考。《伯亚尼》页 6，列 1，行 27。

كِی گِیَی [kin gia]，清洁 [qing jie]，cleaning

波/阿 الاطهار [al-aṭhār] ‖ 参见 طهر [ṭahura]，清洁，洁净，《新阿汉大词典》页 1248，右。《伯亚尼》页 6，列 1，行 9。

按，“清”字应为后鼻韵母，此处小儿锦拼为前鼻音。ال[al-]为阿拉伯语名词定冠词。

كِيًوالِي [kiuan li]，全力 [quan li]，power

波/阿 القوى [al-qwī] ‖ 参见 قوى [qawa]，power。《伯亚尼》页 3，列 4，行 5。

按，ال[al-]为阿拉伯语名词定冠词。

كِيًوا ؤى كٍِ طً [kiuan üi gin ṭan]，全（才）[艺？域？]精通 [quan cai jing tong]，eminent and novelty

波/阿 والبدعة [wa al-bid‘at] ‖ 参见 بدعة [bid‘at]，novelty。《伯亚尼》页 2，列 5，行 7。

按，“精”与“通”均应为后鼻韵母，此处小儿锦拼为前鼻音。小儿锦并未拼出“才”字，可能表示的是“艺”或“域”字。و [wa]为阿拉伯语连词，意为“和”；ال[al-]为阿拉伯语名词定冠词。

كِيُوًا ى ژٍ [kiuan i jhin]，全才[艺？]人 [quan cai ren]，versatile person

波/阿 الكمالات [al-kamālāt] ‖ 参见 كمالات [kamālāt]，perfections。《伯亚尼》页 4，列 3，行 6。

按，ال [al-]为阿拉伯语名词定冠词。小儿锦并未拼出“才”字，可能表示“全艺人”的概念。

كِيُو تِيًا [kiu tian]，秋天 [qiu tian]，autumn，fall

波/阿 خريف [kharīf] ‖ 参见 خريف [kharīf]，autumn，harvest，the autumnal rains。《真境花园》页 7，列 2，行 11。

كِيُو ثِيَانْ [kiu ṣian]，去向 [qu xiang]，towards

波/阿 توجه [tūjh] ‖ 参见 توجة [tawajjuh]，turning towards or proceeding towards。《伊哈雅仪》页 4，列 4，行 9。

按，آن-[-ān]在小儿锦中表示开口后鼻韵母-ang。

كِيُوَ شِيَا [kiua xia]，（阙）[阁]下 [que xia]，his excellency

波/阿 حضرت [hazṛat] ‖ 参见 حضرة [hazṛat]，similar to majesty。《伯亚尼》页 4，列 2，行 19。

كِيُوَ لِيَوْ [kiua liao]，去了 [qu le]，went

波/阿 ذهب [ẕihab]，（he） went。《伯亚尼》页 3，列 2，行 15。

كِيُوِ ىِ كِّى [kiuwi yi gi]，取益济 [qu yi ji]，benefit from

波/阿 انتفاع [intifā'']，享受，取利，收益，得到好处，赢利，《波汉词典》页 170，右。《伯亚尼》页 6，列 3，行 31。

كِيُو ىٍ ىٍ [kiu yin yin]，求阴影 [qiu yin ying]，longing for or sitting in the shade

波/阿 الاستظلال [al-istiẑlāl]，longing for or sitting in the shade。《伯亚尼》页 5，列 2，行 7。

按，“影”字应为后鼻韵母，此处小儿锦拼为前鼻音。ال为阿拉伯语名词定冠词。

گ Gāf

گِ [gi]，鸡 [ji]，hen，cock，chicken

波/阿（1）نُعامَةِ [nu'āmati] ‖ 参见 نعامة [nu'āmat]，one ostrich，鸵鸟。《李殿君》页 90，列 3，行 10。

波/阿（2）قَطَّاةِ [qaṭṭaāti] ‖ 参见 قطاة [qaṭāt]，one bird of the qatā species，沙鸡。《李殿君》页 42，列 3，行 10–12。

گِ [gi]，饥 [ji]，be hungry

波/阿 قَتِينِ [qatiīni] ‖ 参见 قتين [qatīn]，（man or woman） who has little food，one who eats but little。《李殿君》页 34，列 4，行 13–15。

گِ [gi]，机 [ji]（机灵），clever

波/阿（1） حِكْمَةِ [hikmati] ‖ 参见 حكمة [hikmat]，wisdom。《李殿君》页 92，列 2，行 13。

波/阿（2） نكتة [nukta]，笑话，诙谐，《波汉词典》页 2445，左。《李殿君》页 70，列 3，行 16–18。

گِ [gi]，基 [ji]，ground，radicle，foundation

波/阿 قَوَاعِدَ [qawaā'ida] ‖ 参见 قواعد [qawā'id]（pl. of qā'idat），bases，foundations。《李殿君》页 42，列 4，行 13–15。

گِ [gi]，吉 [ji]，lucky，auspicious

波/阿 تَيَمُّنِ [tayammuni] ‖ 参见 تيمن [tayammun]，being blessed or fortunate，success，invoking a blessing，benediction。《李殿君》页 34，列 2，行 13–15。

كِ [gi]，计 [ji]，plan，count，meter

波/阿 مَكْرَ [makra] ‖ 参见 مكر [makr]（v.n.），plotting，deceiving，fraud，plot，machination，trick，artifice，duplicity，malice，malignity，pretext，pretence。《李殿君》页 60，列 2，行 13–15。

كِ [gi]，骑 [qi]，ride，ride on

波/阿 وفد [vaffada]，（以使节的身份）来到，《阿汉词典》页 1472，左。《李殿君》页 70，列 2，行 13–15。

كِ [gi]，（祺）[棋] [qi]，chess

波/阿 شَطْرَنْجَ [šaṭranja] ‖ 参见 شطرنج [šaṭranj，šiṭranj]，chess。《李殿君》页 35，列 2，行 4–6。

按，根据对应波斯文可知，对应汉字的"祺"当为"棋"之误。四夷馆本《回回馆杂字》"器用门"第 482 词"شطرنج（šaṭranj），棋，舍忒蓝知"，即此词。شطرنج [šaṭranj]源于梵文，又读作 šiṭranj。[1]

كِ [gi]，旗 [qi]，flag

波/阿 عَلَمِ['alami] ‖ 参见 علم ['alam]，旗，《汉波辞典》页 829，左。《李殿君》页 74，列 4，行 1–3。

按，四夷馆本《回回馆杂字》"器用门"第 485 词"علم（'alam，正），旗，阿蓝"，会同馆本"器用门"第 1285 词"旗，阿蓝"，译音与此同。四夷馆本增续杂字"器用门"第 872 词"علمهاء（'alam-ha'），旗帜，阿蓝哈依"即为此词之波斯语复数形式。علم['alam]为阿拉伯语借词，意为旗帜，标记，杰出人物。[2]

كِ [gi]，祈 [qi]（祈祷，祈求），pray，hope，wish

波/阿 حَاجَةِ [haājati] ‖ 参见 حاجة [hājat]，hope，wish。《李殿

〔1〕刘迎胜：《〈回回馆杂字〉与〈回回馆译语〉研究》，页 208。
〔2〕刘迎胜：《〈回回馆杂字〉与〈回回馆译语〉研究》，页 209。

君》页 34，列 1，行 16–18。

كِ [gi]，气 [qi]，air，gas，vapour

波/阿（1） عفن [‘afin]，霉烂，《阿汉词典》页 857，左；有臭味，《波汉词典》页 1617，左。《李殿君》页 70，列 5，行 16–18。

波/阿（2） سِرَابُ [siraābu] ‖ 参见 سراب [sarāb]，a vapour resembling the sea at a distance，海市蜃景，《阿汉词典》页 857，左。《李殿君》页 60，列 5，行 16–18。

波/阿（3） نَشْقِ [našqi] ‖ 参见 نشق [našq]，smelling（anything fragrant），odour，perfume。《李殿君》页 3，列 2，行 1–3。

波/阿（4） رَمْقِ [ramqi] ‖ 参见 رمق [ramq]，the last breath。《李殿君》页 90，列 5，行 10。

波/阿（5） رِيحَ [rīha] ‖ 参见 ريح [rīh]，odour，windy，气味，呼吸。《李殿君》页 91，列 4，行 1。

كِوِى [gi wi]，气味 [qi wei]，odour

波/阿 رِيحَ [rīha] ‖ 参见 ريح [rīh]，odour。《李殿君》页 136，列 6，行 7。

按，对应波/阿，可对照上面“气”波/阿（5）。

كِ [gi]，泣 [qi]，weep，sob

波/阿 نَحِيبُ [nahiību] ‖ 参见 نحيب [nahīb]，weeping excessively，crying aloud，wailing，shrieking。《李殿君》页 40，列 3，行 16–18。

كٍ [gin]，巾 [jin]，towel，scarf，kerchief，headpiece，neckcloth，neckerchief，shawl

波/阿 قَفْدِ [qafdi] ‖ 参见 قفد [qafada]，缠头巾，《新阿汉大词典》页 1666，左。《李殿君》页 66，列 2，行 7–9。

كٍ [gin]，筋 [jin]，tendon，nerve，ligament

波/阿 عَصْبُ [‘aṣbu] ‖ 参见 عصب [‘aṣab]（v.n.），having large

tendons （flesh），a tendon，nerve，ligament。《李殿君》页 41，列 2，行 1–3。

كِ‍ء [g'i]，鸡 [ji]，chicken

波/阿（1） دَجّاجَةِ [dajjaājati] ‖ 参见 دجاجة [dajājat]，a hen。《李殿君》页 91，列 3，行 10。

波/阿（2） دِيكِ [diīki] ‖ 参见 ديك [dīk]，a cock，a hen。《李殿君》页 19，列 3，行 4–6。

此词小儿锦又写为 كْ [gi]，كِى [gi]。

كِ‍ء [g'i]，吉 [ji]，auspicious，dexter，lucky，propitious

波/阿 تَحَيَّةِ [tahhyati] ‖ 参见 تحية [tahīyat]（v.n. 2 of حى），saluting，greeting，salutation，compliment，congratulation，prayer，benediction。《李殿君》页 70，列 1，行 16–18。

كِ‍ء [gi]，计 [ji]，plan，count

波/阿 كَيْدَ [kaīda] ‖ 参见 كيد [kaid]（v.n.），deceiving，laying snares，entrapping。《李殿君》页 60，列 4，行 13–15。

كِ ء [gi]，期 [qi]，a period of time

波/阿（1） مَدَّةِ [maddati] ‖ 参见 مدة [muddat]，a space of time，a season，end，limit，term。《李殿君》页 19，列 5，行 16–18。

波/阿（2） عِدَّةِ [iddati] ‖ 参见 عدة [idat]，the time of probation for a divorced woman，离婚妇女的遗嘱查验期。《李殿君》页 88，列 2，行 13。

كِ ء [gi 'i]，记忆 [ji yi]，anamnesis，memory，mind，recall，recollection，remembrance

波/阿 ذَكَّرَ [z̲akkara] ‖ 参见 ذكر [z̲ikr]，remembrance，commemoration，mention。《李殿君》页 67，列 3，行 1–3；同书页 131，列 6，行 16。

كِءِ پِيًا [gi'i pian]，欺骗 [qi pian]，fraud，deceive，cheat，hoax，impose，take in，trick

波/阿（1）دَلْسِ [dalsi] ‖ 参见 دلس [dalas]，deceit，fraud，fallacy。《李殿君》页 1，列 1，行 1；同书页 58，列 1，行 13–15。

波/阿（2）علاک [‘alāk]。按，此词如读作[‘alāk]，在阿拉伯语中意为咀嚼物，吃的东西；如读作[‘allāk]，则意为卖乳香的人，空谈者。《新阿汉大词典》页 1380，左。未查到有欺骗的意义，待考。《李殿君》页 75，列 5，行 7–9。

كِءِ جُوْ [g'i ju]，居住 [ju zhu]，dwell，reside in

波/阿 وکد [wakada]，住下，居住，定居，《新阿汉大词典》页 2317，右。《李殿君》页 54，列 4，行 10–12。

گِءِ دً [gi'i da]，鸡蛋 [ji dan]，egg

波/阿فَرْخِ[farkhi] ‖ 参见فرخ[farkh]，the young of any bird or beast。《李殿君》页 160，列 1，行 4–6。

كِءِ دَوْ [g'i dau]，倾倒 [qing dao]，dumpage，rave about

波/阿 حثی [haṣā]，（土堆）倒塌，塌方，坍落，《新阿汉大词典》页 344，右。《李殿君》页 64，列 1，行 1–3。

按，“倾”字应为后鼻韵母，此处小儿锦未标示鼻音。

كِءِ زْغَوْ [g'i zghau]，起造 [qi zao]，begin to produce，begin to build

波/阿 بَدٰاءِ [badā'i] ‖ 参见 بداء [badā']，appearing，beginning。《李殿君》页 96，列 2，行 10。

按，此处“造”字小儿锦双元音拼音中的字母غ[gh]，应理解为ع[ê]，即读为كِءِ زْعَوْ [g'i zeau]。

كِءِ زن [g'i zan]，继女 [ji nü]，step-daughter

波/阿 رَبِيبَةِ [rabiībati] ‖ 参见 ربيبة [rabībat]，step-daughter。《李殿君》页 93，列 4，行 10。

按，该小儿锦第二部分زن [zan]为波斯语借词，意为女人，妇女。四夷馆本《回回馆杂字》“人物门”第149词“زن（zan），妻，簪”，即此词。小儿锦使用者虽然书写时取波斯文原形，但仍按对应汉语意义读为“女”。

كِءِغً [g’ighan]，碱 [jian]，alkali

波/阿 اِشْنَانِ [išnaāni] ‖ 参见 آشنان [ušnān，išnān]，the herb alkali，and the ashes which are made from it，with which they wash clothes and the hands after eating。《李殿君》页63，列5，行16–18。

按，此处“碱”字小儿锦前鼻韵母开口元音拼音中的字母غ[gh]，应理解为ع[ê]，即读为كِءِعً [g’iean]。

كِءِغٍ [g’ingh]，金 [jin]，gold

波/阿 دَغْدَارَ [daghdāra] ‖ 参见دخدار [dakhadār]，gold，《新阿汉大词典》页598。《李殿君》页129，列5，行10。

按，“金”字应为前鼻音，此处小儿锦拼为后鼻音。

كِءِغٍ [gi’ingh]，矜 [jin]，restraint

波/阿 غَشْ [ghaša] ‖ 参见 غش [ghaš]，fainting。《李殿君》页81，列5，行16。

按，“矜”字应为前鼻音，此处小儿锦拼为后鼻音。

كِءِغٍ [g’ingh]，惊 [jing]，be frightened，shock，surprise

波/阿（1）شارد [šārd] ‖ 参见 شرد [šarada]，吓跑，惊逃，《新阿汉大词典》页1026，左；并见 شارد [šārid]，逃亡的，逃走的，同书页1027，右。《李殿君》页24，列3，行16–18。

波/阿（2）هَوْلِ [hauli] ‖ 参见 هول [haul]（v.n.），terrifying，striking with horror，fright，terror，anything terrible attacking one。《李殿君》页24，列5，行10–12。

كِءِغٍ [g’ingh]，井 [jing]，well

波/阿 بِئْرَ [b'ira] ‖ 参见 بئر [bi'r]，a well，a pit。《李殿君》页 13，列 2，行 10–12。

كِءِغ [g'ingh]，镜 [jing]，mirror

波/阿 مِرْآةِ [mirāti] ‖ 参见 مرآة [mir'āt]，a looking-glass，mirror。《李殿君》页 40，列 2，行 10–12。

كِءِغ [g'ingh]，轻 [qing]，gently，light，not important，despise，contempt

波/阿（1） خَفِيفَ [khafiīfa] ‖ 参见 خفيف [khafīf]，light（of weight），undignified，immoral，weak in understanding，nimble，agile，dexterous，lightly sounded。《李殿君》页 9，列 1，行 1–3；同书页 127，列 3，行 1–3。

波/阿（2） تَحْقِيرَ [tahqiīra] ‖ 参见 تحقير [tahqīr]（v.n. 2 of حقر），despising，contemning，treating with contempt，scorn，disdain，neglect。《李殿君》页 61，列 5，行 10–12。

كِءِغ [g'ingh]，倾 [qing]，full，recently，pour out

波/阿（1） فَاضَ [faāẓa] ‖ 参见 فاض [faāẓa]，full。《李殿君》页 97，列 2，行 4。

波/阿（2） دَحْرَجِ [dahraji] ‖ 参见 دحرج [dahruj]，being turned or revolved，turning，revolving。《李殿君》页 62，列 3，行 4–6。

波/阿（3） سَفْك [safk] ‖ 参见 سفک [safk]，sheding，pouring out。《李殿君》页 97，列 5，行 10。

كِءِغ پِيَوْ [gi'ingh piau]，轻飘 [qing piao]，flippancy

波/阿 خَجْفُ [khajfu] ‖ 参见 خجف [khajf]，flippancy。《李殿君》页 125，列 2，行 10。

كِءِغ تَوْ [k'ingh tau]，惊逃 [jing tao]，flee with shock

波/阿 نَدَّ [nadda] ‖ 参见 ند [nadd]，fleeing，running away，

scampering off。《李殿君》页 32，列 3，行 7–9。

كِءِغِ تُوٌ [gighi tun]，筋胴 [jin dong]（血管），veins that stand out

波/阿 عُرُوقِ [‘uruūqi] ‖ 参见 عروق [‘urūq]（pl. of ‘irq），veins，roots，origins。《李殿君》页 3，列 4，行 16–18。

按，“胴”字应为后鼻韵母，此处小儿锦拼为前鼻音。

كِءِغِ دَوْ [gi’ingh dau]，倾倒 [qing dao]，topple，pour out

波/阿（1）حَثَى [haṣā]，（土堆）倒塌，塌方，坍落。《新阿汉大词典》页 344，右。《李殿君》页 121，列 6，行 4。

波/阿（2）ثَجَاجَ [ṣajjāja] ‖ 参见 ثَجَاجَ [ṣujjāj]，rain falling in torrents。《李殿君》页 116，列 5，行 1。

波/阿（3）دَحْرَجَ [dahraja] ‖ 参见 دحرج [dahraja]，make something roll，《新阿汉大词典》页 595。《李殿君》页 128，列 5，行 13。

波/阿（4）صَبَّ [ṣabba] ‖ 参见 صب [ṣabb]，pouring out。《李殿君》页 98，列 4，行 1。

كِءِغِ زْ [g’ingh z]，裙子 [qun zi]，skirt，underdress

波/阿 قرطهان [qarṭhan]，按，此词未查到，待考。《李殿君》页 29，列 1，行 1–3。

按，“裙”字应为前鼻韵母，此处小儿锦拼为后鼻音。

كِءِغِ شِ [g’ingh ši]，轻视 [qing shi]，despise，look down on

波/阿 اِهَانَةِ [ihaānati] ‖ 参见 اهانة [ihānat]（v.n. 4 of هون），despising，disdain，contempt，insult，affront。《李殿君》页 44，列 1，行 7–9。

按，“轻”字应为后鼻韵母，此处小儿锦未标示鼻音。

گـِءِغِ فٌ [gi’ingh fun]，禽粪 [qin fen]，the dung of birds，droppings of birds

波/阿（1） خَرْءِ [khar'i] ‖ 参见 خرء [khur'], dung, excrement。《李殿君》页 125，列 2，行 13。

波/阿（2） جَقِ [jaqi] ‖ 参见 جَق [jaqqa],（鸟）排粪,《新阿汉大词典》页 286，右。《李殿君》页 118，列 6，行 16。

按，“禽”字应为前鼻音，此处小儿锦拼为后鼻音。

كِءِغَوْ [g'ighau]，郊 [jiao]，suburb

波/阿 جَبَّانَةِ [jabbaānati] ‖ 参见 جبانة [jabbānat], a desert, level ground。《李殿君》页 63，列 4，行 7–9。

按，此处“郊”字小儿锦双元音拼音中的字母غ[gh]，应理解为ع[ê]，即读为كِءِعَوْ [g'ieau]。

كِءِغَوْ [g'ighau]，穷 [qiong]，end

波/阿 دُبُرَ [dubura] ‖ 参见 دبر [dubr], end, final, last part。《李殿君》页 86，列 5，行 17。

按，“穷”字小儿锦拼音中之后的元音و虽置于غ之后，但读音时按置于其前拼读，但该小儿锦未标示鼻音。

گـِءِ غِى [gi'i ghi]，饥饿 [ji e], be hungry, starve, famish

波/阿 قَتِينَ [qatīna] ‖ 参见 قتين [qatīn]（a man or woman）who has little food, one who eats but little。《李殿君》页 163，列 5，行 1–3。

按，“饿”字小儿锦拼音中غ之后的元音ى虽置于غ之后，但读音时按置于其前拼读。其声母拼音含疑母。

كِءِ فَآن [g'i fan]，寄放 [ji fang], put in place

波/阿 وَدِعَ [wadi'a] ‖ 参见 ودع [wad'], depositing。《李殿君》页 83，列 4，行 4。

按，آن-[-ān]在小儿锦中表示开口后鼻韵母-ang。

گـِءِ كُوغِ [gi'i kungh]，惧恐 [ju kong], fear, dread, be afraid of

波/阿 فَزْعَ [faz'a] ‖ 参见 فزع [faz', fiz', faza'], fearing, flying in terror, terrified, frightened, afraid。《李殿君》页 160，列 5，行 10–12。

كٍِ كِءِغِ [gii qiingh]，吉庆 [ji qing]，happiness

波/阿 سَعَادَةِ [isa'ādati] ‖ 参见 سعادة [sa'ādat]，happiness。《李殿君》页 140，列 1，行 4。

كِءِوْ [g'iü]，举 [ju]，lift，raise，elect

波/阿 شرک [širki]，或为شرق [šaraqa]，（太阳）升起，（椰枣树）长高，《新阿汉大词典》页 1033，左。《李殿君》页 43，列 3，行 10–12。

كِءِوْ [g'iü]，惧 [ju]，fear，dread

波/阿 فَزْعَ [faz'a] ‖ 参见 فزع [faz', fiz', faza']（v.n.）, fearing, flying in terror。《李殿君》页 42，列 1，行 10–12。

كِءِوْغِ [g'iüghi]，裙 [qun]，skirt

波/阿 سَرَاوِيلِ [saraāwiīli] ‖ 参见 سراويل [sarāwīl]，breeches，trousers，drawers。《李殿君》页 74，列 2，行 10–12。

按，"裙"字应为前鼻音，此处小儿锦拼为后鼻音。

كِ ثِيَوْ [gi ṣiau]，讥笑 [ji xiao]，bemock

波/阿 سَخْرَ [sakhra] ‖ 参见 سخر [sakhr]，ridiculing。《李殿君》页 139，列 2，行 10。

كٍِ تُوٌ [gin tun]，筋筒 [jin tong]（血管），vein

波/阿 وَدْجِ [wadji] ‖ 参见 ودج [wadaj]，the jugular vein of a horse，马匹颈部血管。《李殿君》页 49，列 3，行 1–3。

按，"筒"字应为后鼻韵母，此处小儿锦拼为前鼻音。

كِ جِ [gi ji]，旗帜 [qi zhi]，a flag，banner，oriflamme

波/阿（1） لِوَاءِ [liwaā'i] ‖ 参见لواء [liwā']，a standard，flag，

ensign，banner，colours。《李殿君》页 4，列 1，行 7–9。

波/阿（2） رَآيَةِ [rāīati] ‖ 参见 راية [rāyat]，a standard，flag。《李殿君》页 132，列 6，行 13。

گِجِ [gin ji]，禁止 [jin zhi]，forbid，prohibit

波/阿（1） نَهِى [nahiī] ‖ 参见 نهى [nahy]，forbidding。《李殿君》页 88，列 4，行 10。

波/阿（2） رَدْعِ [rad'i] ‖ 参见 ردع [rad']，prohibiting。《李殿君》页 95，列 3，行 7。

波/阿（3） زَجْرَ [zajra] ‖ 参见 زجر [zajr]，forbidden；[zajr，zajar]，hindering，prohibiting，driving，urging on，《新阿汉大词典》页 817。《李殿君》页 18，列 3，行 13–15；同书页 136，列 4，行 16。

گِجِ [gin jin]，竞争 [jing zheng]，compete with

波/阿 يتنافس [yatanāfas] ‖ 参见 تنافس [tanāfasa]，互相竞争，竞赛，比赛，《新阿汉大词典》页 2093，左。《伊哈雅仪》页 2，列 3，行 11。

按，"竞"与"争"均应为后鼻韵母，此处小儿锦拼为前鼻音。

گِچَا [gin ča]，警察 [jing cha]，police

波/阿 بوليس [būlīs]，此词借自英语 police。《李殿君》页 53，列 5，行 13–15。

按，"警"字应为后鼻韵母，此处小儿锦拼为前鼻音。

گِچِغِ [gi čingh]，骑程 [ji cheng]，one riding

波/阿 رَاكِبُ [raākibu] ‖ 参见 راكب [rākib]，one riding （in Arabic mostly on a camel，in Persian on a horse），a rider。《李殿君》页 19，列 5，行 1–3；同书页 132，列 4，行 10。

گِچُوْ [gi ču]，起初 [qi chu]，beginning

波/阿 بَدَاء [badā'i] ‖ 参见 بَدَاء [badā'], 开始,《阿汉词典》页70左–页71右。《李殿君》页109, 列4, 行10。

كِخ [gin hi], 惊骇 [jing hai], fright, horrify, scared

波/阿（1）تَفْخِيمُ [tafhīmu] ‖ 参见 تفخيم [tafkhīm], 敬重, 称誉。《李殿君》页46, 列4, 行10–12; 同书页114, 列4, 行13。

波/阿（2）نَذِيرَ [naẕiīra] ‖ 参见 نذير [naẕīr], commination, dehortation, advice accompanied with a threat, terrified。《李殿君》页54, 列5, 行7–9。

按,"惊"字应为后鼻韵母, 此处小儿锦拼为前鼻音。

كِخ [gin hi],（警）[惊] 骇 [jing hai], deter, fright, horrify

波/阿 تَرْهِيبُ [tarhiību] ‖ 参见 ترهيب [tarhīb]（v.n. 2 of رهب）, striking with terror, deterring。《李殿君》页57, 列5, 行7–9。

按,"警"字应为后鼻韵母, 此处小儿锦拼为前鼻音。

كِخُوِى [gi hui], 机会 [ji hui], chance, opportunity, occasion, odds

波/阿 فَرْصَةِ [farṣati] ‖ 参见 فرصة [furṣat], occasion, opportunity, convenience。《李殿君》页69, 列4, 行16–18。

كِخُوْنغ [giu ċungh], 久存 [jiu cun], permanently

波/阿 بقى [baqiya], 存在, 永存, 仍旧……,《新阿汉大词典》页151, 左。《李殿君》页111, 列6, 行13–15。

按,"存"字应为前鼻音, 此处小儿锦拼为后鼻音。

كِدرم [gin diram], 金钱 [jin qian], a gold coin

波/阿 دِيْنَارَ [dīnāra] ‖ 参见 دينار [dīnār], a coin, a gold coin, a dinar, a ducat。《李殿君》页131, 列6, 行4。

按, 该词小儿锦后半部分درم [diram]为阿拉伯语表意借词, 四夷馆本增续《回回馆杂字》"珍宝门"中有"درم（diram）, 银钱，得蓝”，即此。[1] 小儿锦使用者虽然书写时取阿拉伯文原形，但仍按对应汉语意义读为“钱”。

گِدِى [gin di]，（近）［禁］地 [jin di]，a sacred place，forbidden place

波/阿 حَرِيمَ [harīma] ‖ 参见 حريم [harīm]，a sacred place，the sacred enclosure of Mecca。《李殿君》页 122，列 5，行 4；同书页 89，列 3，行 1。

گِزْ [gi zi]，鸡子 [ji zi]，a cock，a hen

波/阿 دِيْكِ [dīki] ‖ 参见 ديک [dīk]，a cock，a hen。《李殿君》页 131，列 2，行 4。

گِزْ [gin z]，金子 [jin zi]，gold

波/阿 ذِهْبُ [zihbu] ‖ 参见 ذهب [zahab]，gold。《李殿君》页 132，列 4，行 4。

گِزن [gi z（a）n]，继女 [ji nü]，a step-daughter

波/阿 رَبِيبَةِ [rabībati] ‖ 参见 ربية [rabībat]，a step-daughter。《李殿君》页 133，列 3，行 1。

按，该词小儿锦第二部分زن[zan]为波斯语，意为女人，妇女。四夷馆本《回回馆杂字》“人物门”第 149 词“زن （zan），妻，簪”，即此词。小儿锦使用者虽然书写时取波斯文原形，但仍按对应汉语意义读为“女”。

گِ شِ [gin šin]，精身 [jing shen]（光着身子），naked

波/阿 تجريد [tajrīd]，denuding，celibacy，刮毛，去毛，剥去，扒下，脱光，剥光衣服，《新阿汉大词典》页 263，左。《满俩》页 2，行 15；《伯亚尼》页 6，列 2，行 26。

按，“精”字应为后鼻韵母，此处小儿锦拼为前鼻音。

گِشِيُو [gina šiu]，精修 [jing xiu]（精通），be good at，practice

〔1〕刘迎胜：《〈回回馆杂字〉与〈回回馆译语〉研究》，页 367。

波/阿（1） تهذيب [tahẕīb]，purifying。《伯亚尼》页 6，列 2，行 16。

波/阿（2） تفقيحى [tifqīhī]，疑其三母[1]原形应为 فقه [faqaha]，意为比他有学问，比他学识渊博，通晓伊斯兰教法，《新阿汉大词典》页 1548，左。《伯亚尼》页 6，列 2，行 33。

按，“精”字应为后鼻韵母，此处小儿锦拼为前鼻音。

كِصُوْ [gi ṣun]，起送 [qi song]，send

波/阿（1） جَهَزَ [jahhaza] ‖ 参见 جهز [jahhaz]，准备，预备，《阿汉词典》页 219，右。《李殿君》页 120，列 5，行 4。

波/阿（2） جِهَازَ，按，应为 جهاز [jahāz]，行装，旅行用品，《阿汉词典》页 219，右。《李殿君》页 120，列 3，行 4。

按，“送”字应为后鼻韵母，此处小儿锦拼为前鼻音。

گِغ [gingh]，庆 [qing]，celebrate，celebration

波/阿 سَعَادَةِ [sa‘aādati] ‖ 参见 سعادة [sa‘ādat]（v.n. of سعد），being happy，blessed，felicity，happiness，good fortune，prosperity。《李殿君》页 18，列 4，行 1–3。

كِغْ [gi gh]，饥饿 [ji e]，hungry

波/阿（1）ضَرِيسَ [ẓariīsa] ‖ 参见 ضريس [ẓarīs]，very hungry。《李殿君》页 87，列 5，行 7。

波/阿（2） خَمْصَةِ [khamṣati] ‖ 参见 خمصة [khamṣat]，hunger。《李殿君》页 127，列 4，行 10。《新阿汉大词典》页 565。

波/阿（3） جُوعْ [jū‘]，hunger。《李殿君》页 120，列 5，行 1。

按，“饿”字小儿锦拼音字母غ[gh]，表示的应为疑母。

كِغِ چُ [gingh ču]，倾出 [qing chu]（倒出），pour out

波/阿 سَفْكِ [safki] ‖ 参见 سفک [safk]，shedding，pouring out。

〔1〕阿拉伯语的动词以三个或四个辅音字母为基本组成部分，添加不同的字母，改变元音配置，便构成与该动词有联系的派生词。

《李殿君》页 140，列 5，行 7。

كِقْ [gi gh]，几个 [ji ge]，several

波/阿 بَضعِ [biẓ‘i] ‖ 参见 بضع [biẓ‘]，small number。《李殿君》页 110，列 2，行 1。

كِقِوْ [gi ghiu]，嫉妒 [ji du]，envy

波/阿 حَقْدَ [haqda] ‖ 参见 حقد [haqd]，wishing ill，hating。《李殿君》页 123，列 4，行 5。

گِقِوْ [gi ghiu]，嫉妬 [ji gou]，envy and frame up

波/阿 غَلِّ [ghali] ‖ 参见 غل [ghall]，envy，hatred，malice。《李殿君》页 158，列 3，行 4–6。

كٍِقوَانْ [gin ghuan]，精光 [jing guang]，with nothing left

波/阿 نجردن，按，此词待考。《伊哈雅仪》页 4，列 2，行 13。

按，“精”字应为后鼻韵母，此处小儿锦拼为前鼻音。آن-[-ān] 在小儿锦中表示开口后鼻韵母-ang。

گَ گِه دِ [gai gan di]，洁净的 [jie jing de]，pure，clean

波/阿 نظيفه [naẑīfa] ‖ 参见 نظيف [naẑīf]，pure，clean。《真境花园》页 11，列 1，行 15。

按，“净”字应为后鼻韵母，此处小儿锦拼为前鼻音。

كِكِيِ غ [gi qingh]，吉庆 [ji qing]，happy。

波/阿（1）بَرْكَةِ [barkati] ‖ 参见بركه [barakat]，a blessing。《李殿君》页 110，列 4，行 7。

波/阿（2）تَحِيَّةِ [tahhiyati] ‖ 参见 تَحِيَّةِ [tahhiyat]，greeting。《李殿君》页 113，列 4，行 13。

كِكِيَوْ [gi giau]，计较 [ji jiao]，care for，dispute，fuss about，plan，haggle over every ounce

波/阿 وَرْعَ [war‘a] ‖ 参见 ورع [war‘，wara‘]（v.n.），being

timid，cautious，refraining from anything doubtful （in religious points），being scrupulous and apprehensive of doing wrong。《李殿君》页 68，列 4，行 16–18。

گِ لِ غِوْ [gi lighiu]，极流 [ji liu]（急流），quick flowing

波/阿 ثَعٌ [ṣa‘an] ‖ 参见 ثع [ṣa‘]，flowing plentifully。《李殿君》页 116，列 4，行 1。

按，此词小儿锦中的字母غ[gh]，应理解为ع[ê]，即读为 گِ لِ عِوْ [gi lieiu]。

گِ لُوغِ [gi lungh]，鸡笼 [ji long]，coop，hencoop

波/阿 مفيص [muffaīṣ]，疑拼写有误，或为قفيص [quffaīṣ] ‖ 参见قفص [qafṣ]，a bird's cage。《李殿君》页 75，列 3，行 13–15。

گِلِيَنْ [gin lian]，斤（量）［两］[jin liang]，worth

波/阿 قدرا [qdrā] ‖ 参见قدر [qudr]，quantity，price，worth，value。《伊哈雅仪》页 2，列 3，行 9。

按，"量"字应为后鼻韵母，此处小儿锦拼为前鼻音。

گِلِيُوْ [gi liu]，（极）［急］流 [ji liu]，flowing plentifully

波/阿 ثَجَّ [ṣajja] ‖ 参见 ثج [ṣajj]（v.n.），pouring out，flowing plentifully。《李殿君》页 75，列 1，行 7–9。

گِمِ [gi mi]，机（蜜）［密］[ji mi]，secret

波/阿 باس [bās]，按，此词待考。《伯亚尼》页 2，列 3，行 5。

گِمِع [gi mien]，器皿 [qi min]，utensil，implement，appliance，tackle，ware，vessel

波/阿（1） ظَرْفُ[ẑarfu] ‖ 参见 ظرف [ẑarf]，a vessel，vase，receptacle of any kind。《李殿君》页 74，列 3，行 1–3。

波/阿（2） وِعَاءِ [wi‘aā’i] ‖ 参见 وعاء [wi‘a]，a sheath，case，pool。《李殿君》页 84，列 5，行 1。

كِمِي [gi mi]，机密 [ji mi]，secret

波/阿 سِرًّ [sirra] ‖ 参见 سر [sirr]，secret，a mystery。《李殿君》页 20，列 1，行 7–9。

كِنَ [gi na]，给奶 [gei nai]，breast-feed，suckle，nurse

波/阿 رناع [rinā‘]，按，此词待考。《李殿君》页 71，列 1，行 13–15。

كُوْ څْ غَوْ [gu ċghau]，苦草 [ku cao]，bitter grass

波/阿 حَمْضِ [hammẓi] ‖ 参见 حمض [hamẓ]，being acid，feeding on a salt，bitter plant；a salt，acid，bitter plant，sorrel。《李殿君》页 123，列 2，行 16。

按，此处"草"字小儿锦双元音拼音中的字母غ[gh]，应理解为ع[ê]，即读为كُوْ څْ عَوْ [gu ċeau]。

كُوِعًا [giuean]，圈 [juan]（牲口圈），a cancha，a stable

波/阿 بَهْوُ [bahwu] ‖ 参见 بهو [bahw]，a house or tent projecting in front of the rest，and detached，a large stable for cattle，a wide extended country，the cavity of the breast，the womb。《李殿君》页 25，列 1，行 4–6。

گوَ نِيَ [gua nia]，嚼啮 [jiao nie]（上下牙齿磨碎食物），masticate，chew，munch

波/阿 كَزْمُ [kazmu] ‖ 参见 كزم [kazm]，breaking with the front teeth，and extracting the contents to eat them。《李殿君》页 168，列 5，行 1–3。

كِيُ [giyu]，锯 [ju]，saw

波/阿 مُنْشَارِ [minšaāri] ‖ 参见 منشار [minšār]，a saw，a hand-saw。《李殿君》页 6，列 5，行 7–9。

كِوُء [giü'i]，惧[ju]，dread，fear

波/阿 وَجْسِ [wajsi] ‖ 参见 وجس [wajs]，palpitation，terror（arising from any sound）。《李殿君》页 23，列 1，行 4–6。

كِوْ ءِ [giü 'i]，举意 [ju yi]（意愿，立下意愿），wish

波/阿 وطن [waṭan]，按，此词未查到举意的意义，待考。《李殿君》页 37，列 1，行 7–9。

كِوْءِ قُوْغِ [giü'i ghungh]，鞠躬 [ju gong]，make a bow

波/阿 رُكُوْعَ [rukuū'a] ‖ 参见 ركوع [rukuū']，bowing the head in humility and reverence。《李殿君》页 135，列 5，行 10。

كِوْجُوْ [gü ju]，居住 [ju zhu]，live

波/阿 اَلَّمْ，按，此词待考。《李殿君》页 106，列 4，行 10。

كِوْ جُوْ [giyu ju]，聚着 [ju zhe]，gather，assemble

波/阿 جَمْعِ [jam'i] ‖ 参见 جمع [jam']，collecting，assembling，bringing together，an assemblage，congregation，gathering。《李殿君》页 9，列 4，行 4–6。

كِوْ غًا [giü ghan]，（拘）[枸]橼 [ju yuan]，citron

波/阿 اُتْرُجّ [utruuj] ‖ 参见 اُتْرُج [utruj]，an orange，枸橼，香橼（柑橘类）。《李殿君》页 102，列 5，行 13。

按，此词小儿锦中的字母غ[gh]，应为ع[ê]，正确拼法应为كِوْ عًا [giüean]。

كِوْغ [giügh]，脚 [jiao]，the foot

波/阿 رِجْلِ [rijli] ‖ 参见 رجل [rijil]，the foot。《李殿君》页 133，列 2，行 10。

按，此词小儿锦中的字母غ[gh]，应为ع[ê]，正确拼法应为كِوْع [giüe]。

كِوْ وْغًا [giü üghan]，枸橼 [gou yuan]，a citron （tree）

波/阿 اترج [utruj]，枸橼，香橼（柑橘类）。《李殿君》页 33，列 3，行 7–9。

按，此词小儿锦中的字母غ[gh]，应为ع[ê]，正确拼法应为 كِوْ وْعًا [giü üean]。

كِوْ غًا [giüghan]，卷 [juan]，fold，roll，reel in，roll，wapped，wrap

波/阿（1） كَشْطِ [kašṭi] ‖ 参见 كشط [kašṭ]，taking off a cover。《李殿君》页 87，列 1，行 4。

波/阿（2） طوى [ṭawī]，卷起的东西，折叠的东西，《新阿汉大词典》页 1258，右。《李殿君》页 59，列 2，行 1–3。

波/阿（3） كَوَرَّ [kauarra] ‖ 参见كور [kaur]（v.n.），wrapping（the turban-sash）round the head in a spiral form，绕，圈，缠，《新阿汉大词典》页 1796，左。《李殿君》页 22，列 4，行 7–9。

波/阿（4） اِدرَاجِ [idraāji] ‖ 参见 ادراج [idrāj]（v.n. 4 of درج），folding （a letter）。《李殿君》页 24，列 4，行 1–3。

波/阿（5）كوى，按，此词在阿拉伯语中意为烘、烤、烙，《阿汉词典》页 1147，右；在波斯语中意为地区，城镇，《波汉词典》页 1940，左。未查到与小儿锦及对应汉字相应的意义，待考。《李殿君》页 4，列 2，行 7–9。

此词小儿锦中的字母غ[gh]，应为ع[ê]，正确拼法应为كِوْعًا [giüean]。

كِوْ غًا [giüghan]，圈 [quan]，circle，ring，loop，group

波/阿（1） دَائِرَةِ [da'irati] ‖ 参见 دائرة [dā'irat]，a circle，circumference，circuit，periphery，compass，orbit，cycle，a camp，a tambourine，a monastery。《李殿君》页 79，列 5，行 4–6。

波/阿（2） كور [kuwra]，绕，圈，缠，《新阿汉大词典》页 1796，左。《李殿君》页 24，列 5，行 4–6。

此词小儿锦中的字母غ[gh]，应为ع[ê]，正确拼法应为كِوْعًا [giüean]。

كِۆغًا [giüghan]，劝 [quan]，advice

波/阿 ذِكْرَى [zizraī] ‖ 参见 ذكرى[zizrā]，advice。《李殿君》页87，列 3，行 4。

按，此词小儿锦中的字母غ[gh]，应为ع[ê]，正确拼法应为كِۆعًا[giüean]。

گِۆغًا جُ [giüghan ju]，卷着 [juan zhe]，roll up，coil，curl，furl

波/阿 لَفِّ [lafi] ‖ 参见 لف [laff], involving, wrapping, folding。《李殿君》页 170，列 3，行 13–15。

按，此处“卷”字小儿锦双元音拼音中的字母غ[gh]，应理解为ع[ê]，即读为گِۆعًا جُ [giüean ju]。

كِۆغَا ژُوْ [giügha jhu]，卷入 [juan ru]，insert

波/阿 اِدْغَامُ [idghāmu] ‖ 参见 اِدغَامُ [idghām]，塞入，插进，合并，《新阿汉大词典》页 623，右。《李殿君》页 104，列 3，行 1。

按，此处“卷”字小儿锦前鼻韵母拼音中的字母غ[gh]，应理解为ع[ê]，即读为كِۆعَا ژُوْ [giüea jhu]。

كِۆغًا كِۆغً [giüghan kiüghan]，圈圈 [quan quan]，circle

波/阿 دَائِةِ [dā'īti]，按，此词待考。《李殿君》页 128，列 1，行 4。

按，此词小儿锦中的字母 غ[gh]，应理解为ع[ê]，即读 كِۆعًا كِۆعً [giüean kiüean]。

گِۆغًا گِ [giüghan gi]，卷起 [juan qi]，roll up，coil，curl，furl

波/阿 كَشْطِ [kašṭi] ‖ 参见 كشط [kašṭ]，taking off（a cover or horse- cloth）; lifting a curtain。《李殿君》页 168，列 6，行 7–9。

按，此处“卷”字小儿锦双元音拼音中的字母غ[gh]，应理解为ع[ê]，即读为گِۆعًا گِ [giüean gi]。

كِۆغٍ زْ [güngh z]，裙子 [qun zi]，a petticoat

波/阿 سَرِاوِيلِ [sanriāīūli] ‖ 参见سراويل [sarāwīl]，breeches，trousers，drawers。《李殿君》页 139，列 2，行 16。

按，"裙"字应为前鼻音，此处小儿锦拼为后鼻音。

گـِوْغْ گـِ [giüghn gi]，卷起 [juan qi]，roll up，coil，curl，furl

波/阿 كَوْرَ [kaura] ‖ 参见 كور [kaur]，wrapping（the turban-sash）round the head in a spiral form。《李殿君》页 169，列 4，行 7–9。

按，此处"卷"字小儿锦前鼻韵母开口元音拼音中的字母غ[gh]，应理解为ع[ê]，即读为گـِوْغْ گـِ [giüen gi]。

كِوْغٍ كِ [giüngh gi]，军器 [jun qi]，weapons

波/阿 سِلَاحَ [silāha] ‖ 参见 سلاح [silāh]，arms（especially sword，mace，and stringless bow，armour，accoutrement）。《李殿君》页 8，列 3，行 7–9；同书页 140，列 2，行 16。

按，"军"字应为前鼻音，此处小儿锦拼为后鼻音。

كِ وْكَ [gi giü]，起去 [qi qu]（离去），get out of

波/阿 نَفِى [nafiī] ‖ 参见 نفى [nafī]，driving away。《李殿君》页 82，列 3，行 13。

كِوْ كٍ [giü gin]，拘禁 [ju jin]，take into custody

波/阿 حَبْسِ [habs] ‖ 参见حبس [habs]，jail。《李殿君》页 120，列 6，行 16；同书页 97，列 4，行 4。

گـِوْىَ تِوْ [giüa tiu]，镢头 [jue tou]，a short wooden stake，wooden pin，peg

波/阿 قُدُوْمَ [qudūma] ‖ 参见 قدوم [qadūm]，a hatchet。《李殿君》页 163，列 3，行 7–9。

گِه ثِيُو [gien ṣiu]，清秀 [qing xiu]，purifying

波/阿 تحذيب [tahẕīb] ‖ 参见 تهذيب [tahẕīb]，purifying。《真境

花园》页 10，列 1，行 14。

按，“清”字应为后鼻韵母，此处小儿锦拼为前鼻音。“清”字小儿锦齐齿双鼻音音标之后的元音ہ[-a-]虽然在拼写时置于齐齿双鼻音符之后，但拼读时应按置于其前拼读。

گِہ دِی [gien di]，禁地 [jin di]，places to where common people are forbidden go

波/阿 حصانفا [hiṣānafā] ‖ 参见 حصار [hiṣār]，besieging，a fortified town，a fort，castle，a strong fortification，a castle having walls like iron，a fort hard to take。《中文消经》页 3，列 1，行 27。

按，“禁”字小儿锦齐齿双鼻音音标之后的元音ہ[-a-]虽然在拼写时置于齐齿双鼻音符之后，但拼读时应按置于其前拼读。

گِہ قُوَ کِیُ چُ دِ [gien ghua kiu ču di]，经过（风吹雨打）[苦处]的 [jing guo feng chui yu da de]，a man having experiences

波/阿 واقعه دیده [wāqi'a-dīda] ‖ 参见 واقعة ديدة [wāqi'a-dīda]，a man of experience。

按，此词由阿拉伯文واقعه [wāqi'a]（意为事件，变故）+波斯语 دیده [dīda]（意为已看见，过去分词）构成。《真境花园》页 13，列 1，行 9。原本对应汉字还有“受过苦的，见过灾难”。该小儿锦“经”字拼音齐齿双鼻音音标之后的元音ہ[-a-]虽然在拼写时置于齐齿双鼻音符之后，但拼读时按置于其前拼读。与小儿锦对应的汉字应为“经过苦处的”。

گِہ کِہ [gia kia]，吉庆 [ji qing]，fortunate

波/阿 حمایون [humāyūn] ‖ 参见 همایون [humāyūn]，blessed，sacred，fortunate。《真境花园》页 8，列 2，行 3。

按，“庆”字应为后鼻韵母，此处小儿锦未标示鼻音。

گِہ یَا [gian yan]，禁言 [jin yan]，to be silent

波/阿 دمفروبستن [dam fru bastan]，to retain the breath，to be

silent。按，此词由波斯语名词 دم [dam]（意为呼吸，生命）+ 波斯语副词 فرو [fru]（意为向下）+波斯语动词不定式 بستن [bastan]（意为关闭，锁住）构成。《真境花园》页 6，列 1，行 3。

按，“禁”字小儿锦齐齿双鼻音音标之后的元音ه[-a-]虽然在拼写时置于齐齿双鼻音符之后，但拼读时应按置于其前拼读。

كِ هِيًا [gi hian]，期限 [qi xian]，term，time，time limit，deadline

波/阿 اَجَلِ [ajali] ‖ 参见 اجل [ajal]（v.n.），delaying，an appointed time。《李殿君》页 22，列 3，行 13−15；同书页 103，列 2，行 7。

كِي [gi]，鸡 [ji]，chicken，hen，cock

波/阿 مِرْعَةِ [mir‘at] ‖ 参见 مرعة [mur‘at，mura‘at]，an Asiatic woodcock。《李殿君》页 40，列 2，行 4−6。

كِي [gi]，饥 [ji]，be hungry，famine，starve

波/阿 خَمْصَةِ [khamṣati] ‖ 参见 خمص [khamṣ]（v.n.），emaciating （hunger）。《李殿君》页 70，列 2，行 4−6。

كِي [gi]，基 [ji]，base，foundation

波/阿 مَادِّيَةِ [maāddīyati] ‖ 参见 مادية [māddīyat，māddīya]，material，natural，constitutional，the material world。《李殿君》页 40，列 5，行 16−18。

كِي [gi]，几 [ji]，a few，several，how many

波/阿 بُضْعِ [buẓ‘i] ‖ 参见 بضع [baẓ‘]（v.n.），a few，several，how many，cutting in pieces，cutting off a part，a part of the night，small number （from three to nine）。《李殿君》页 60，列 1，行 16−18。

كِي [gi]，纪 [ji]，record

波/阿 سِمْسَارِ [simsaāri] ‖ 参见 سمسار [simsār]，旧货商。《李

殿君》页 88，列 1，行 4。

كِيَ [gia]，街 [jie]，street

波/阿 معباء，按，此词待考。《李殿君》页 47，列 5，行 16–18。

كِي [gi]，欺 [qi]，bait，bully，rag，tease，deceive

波/阿 تصبى ，按，此词待考。《李殿君》页 77，列 4，行 7–9。

كِي [gi]，骑 [qi]，cavalry，ride，ride on，sit，a beast to be ride

波/阿 مُطيَّةِ [muṭyyati] ‖ 参见 مطية [maṭīyat]，a beast of burden。《李殿君》页 74，列 1，行 4–6。

كِي [gi]，旗 [qi]，flag

波/阿 رايةِ [raāyati] ‖ 参见 راية [rāyat]，a standard，flag，a short spear。《李殿君》页 74，列 3，行 4–6。

كِي [gi]，器 [qi]，implement，utensil，ware

波/阿 حذر [haẕar]，按，此词待考。《李殿君》页 77，列 1，行 10–12。

كِي [gi]，气 [qi]，gas，air，odour

波/阿 فَتْقِ [fatqi] ‖ 参见 فتق [fatq]，rendering （musk） more fragrant by an admixture of other odour。《李殿君》页 40，列 4，行 13–15。

كِيَ [gia]，茄 [qie]，eggplant

波/阿 بَاذَنْجَانِ [baāẕanjaāni]，按，应为 بادنجان [bādinjān]，the eggplant or brinjaul。《李殿君》页 47，列 2，行 13–15。

按，此处对应波斯文 اذنجان 当是 بادنجان 之误。

كٍِ ىَ [gin ai]，情爱 [qing ai]，love，like

波/阿 اعجب [a'jb] ‖ 参见 اعجاب [i'jāb]，causing surprise，giving pleasure，being pleased，infatuation。《伊哈雅仪》页 4，列 4，行

12。

按，“情”字应为后鼻韵母，此处小儿锦拼为前鼻音。

كِيَا [gia]，家 [jia]，home，family，a master，a great scholar，a specialist in certain field

波/阿（1）单数：وطن [waṭan]，复数：الاوطان [al-waṭān] ‖ 参见 اوطان [auṭān]，homes。《伯亚尼》页 4，列 1，行 3。ال 为阿拉伯语名词定冠词。

波/阿（2） مَنْزِلِ [manzili] ‖ 参见 منزل [manzil]（v.n. of نزل），a caravanserai，inn，or place for the accommodation of travellers，a house，hotel，lodging，mansion，habitation，dwelling。《李殿君》页 4，列 2，行 13–15。

波/阿（3） عِيَالِ [‘iyaāli] ‖ 参见 عيال [‘iyāl]，family，children，domestics，a wife。《李殿君》页 16，列 3，行 16–18。

گِيَا [gia]，价 [jia]，price，value

波/阿（1） دِيَةِ [diyati] ‖ 参见 دية [diyat]（v.n. of ودى），paying a mulct or compensation for manslaughter，mulct，fine，damages（construed with būdan，khwāstan，dādan，&c.）。《李殿君》页 77，列 4，行 13–15。

波/阿（2） تَخْمِينِ [takhmiīni] ‖ 参见 تخمين [takhmīn]（v.n. 2 of خمن），conjecturing，guessing，estimating，judging，guess，appraisement，valuation。《李殿君》页 77，列 1，行 16–18。

كِيًا [gian]，坚 [jian]，hard，strong，firmly，solid

波/阿（1） وَثْقِ [waṣqi] ‖ 参见 وثق [waṣq]，confidence，trusting in。《李殿君》页 61，列 1，行 16–18。

按，此处对应阿拉伯文的意义为坚信，与该小儿锦及对应汉文有差异。

波/阿（2） صُلْبُ [ṣulbu] ‖ 参见 صلب [ṣulb]，hard，strong，

robust，strength，power，back-bone。《李殿君》页 20，列 2，行 7–9。

波/阿（3） صَلَابَةِ [ṣalaābati] ‖ 参见 صلابة [ṣalābat]（v.n. of صلب），being hard，strong，robust，firmness，hardness，stiffness，rigidity，severity，rigour。《李殿君》页 56，列 5，行 4–6。

波/阿（4） رسغ [rašghi] ‖ 参见 رسغ [rusugh，rusgh]，阿拉伯语，指手腕，脚踝，与“坚”的概念无关，是否与“坚”同音之“肩关节”有关，待考。《李殿君》页 60，列 4，行 7–9。

波/阿（5） حجم [hajimu]，在阿拉伯语中指戴笼头套，阻止等，没有“坚”的意义，疑对应汉字为鞯（鞍垫）。《李殿君》页 52，列 2，行 4–6。

波/阿（6） مَشِيدَ [mašiīda] ‖ 参见 مشيد [mašīd，mušaiyad]，firm，solid，strengthened。《李殿君》页 56，列 3，行 10–12。

波/阿（7）مَتْنِ [matni] ‖ 参见 متن [matn]，a man strong in the back，a hard piece of ground。《李殿君》页 59，列 2，行 13–15。

كِيًا [gian]，肩 [jian]，shoulder

波/阿（1） كَتْفُ [katfu] ‖ 参见 كتف [kitf，katif]，the shoulder，the shoulder-plate。《李殿君》页 57，列 4，行 7–9。

波/阿（2） مُنْكَبُ [munkanu] ‖ 参见 منكب [mankib]，the shoulder。《李殿君》页 59，列 3，行 10–12。

كِيًا [gian]，间 [jian]，among，between

波/阿（1） اثنان [aṣnāl]，阿拉伯语，两个。《李殿君》页 63，列 2，行 13–15。

波/阿（2） مَرْكَزِ [markazi] ‖ 参见 مركز [markaz，markiz]，a centre，centre of a circle，a place of residence。《李殿君》页 61，列 2，行 13–15。

波/阿（3） وَسْطِ [wasṭi] ‖ 参见 وسط [wasṭ]（v.n.），sitting amongst many people，penetrating into the middle of a crowd。《李

殿君》页 78，列 5，行 10–12。

كِيًا [gian]，监 [jian]，inspect，prison，supervise，watch

波/阿 سِجْنِ [sijni] ‖ 参见 سجن [sajn]（v.n. of سجن），imprisoning，keeping back；سجن [sijn]，a prison，dungeon，durance。《李殿君》页 18，列 3，行 10–12。

كِيًا [gian]，碱 [jian]，alkali

波/阿（1） حَرْضِ [harẓi] ‖ 参见 حرض [huruẓ]，the herb alkali。《李殿君》页 7，列 2，行 7–9；同书页 122，列 2，行 1，《新阿汉大词典》页 372。

波/阿（2） اِشْنَانِ [išanāni] ‖ 参见 اِشْنَانِ [ušnān]，alkali。《李殿君》页 105，列 2，行 1。

كِيًا [gian]，茧 [jian]，cocoon，chrysalis

波/阿（1） شرنقة [šuranqat] ‖ 参见 شرنقة [šarnaqat]，茧，《新阿汉大词典》页 1037，右。《李殿君》页 54，列 2，行 10–12。

波/阿（2） فيلجة，阿拉伯文与波斯文中均无此词，应为 صلجة [ṣullajat]之误写，释见本词条对应波/阿（3）。《李殿君》页 23，列 4，行 13–15。

波/阿（3） صلجة [ṣullajat]，茧，蚕茧，《新阿汉大词典》页 1138，左。《李殿君》页 58，列 5，行 16–18。

كِيًا [gian]，剑 [jian]，sword，blade，falchion，glaive，glave

波/阿（1） سَيْفِ [saīfi] ‖ 参见 سيف [saif]（v.n.），striking with a sword，a sword，scimitar，sabre，&c.，the hair of a horse's tail，the sword-fish。《李殿君》页 7，列 5，行 10–12。

波/阿（2） خَنْجَرَ [khanjara] ‖ 参见 خنجر [khanjar，khanjir]，a dagger，poniard，hanger，a sword。《李殿君》页 39，列 2，行 13–15。

گـيَا [gian]，健 [jian]，health

波/阿 عَافِّيَةِ [‘aāffiyati] ‖ 参见 عافية [‘āfiyat]，health。《李殿君》页 18，列 3，行 16–18。

كَيَا [gian]，见 [jian]，see，look

波/阿 عَصْر [‘aṣr] ‖ 参见 عصر [‘aṣr]，perceiving，discovering。《李殿君》页 36，列 3，行 16–18。

كَيَا [gian]，铅 [qian]，lead，the plumbum

波/阿（1） أَسْرَفُ [asarfu] ‖ 参见 أَسْرَف [usruf]，lead。《李殿君》页 67，列 1，行 10–12；同书页 104，列 1，行 16。

波/阿（2） سَكْبُ [sakbu] ‖ 参见 سَكب [sakab]，铜，铅，《新阿汉大词典》页 930，左。波斯语中另有 سرب [sarb]，亦指铅。《李殿君》页 87，列 4，行 7；同书页 140，列 1，行 13。

波/阿（3） آنَكِ [ānaki] ‖ 参见 آنَكِ [ānuk]，lead。《李殿君》页 99，列 1，行 4；同书页 107，列 2，行 13。

كَيَا [gian]，谦 [qian]，modest

波/阿 تَوَاضِعَ [tawaāẓi‘a] ‖ 参见 تواضع [tawāẓu‘]（v.n. 6 of وضع), humbling，abasing oneself，humility，submission，attention，courtesy，civility。《李殿君》页 76，列 3，行 4–6。

كَيَا [gian]，钳 [qian]，clamp，grip，nip，pincers，pliers，restrain，tongs

波/阿 كَمَاشِ [kamaāši]，按，应为 كَماشة [kammāšat]，钳子，铗子，《新阿汉大词典》页 1785，右。《李殿君》页 4，列 1，行 10–12。

كَيَا [gian]，欠 [qian]，owe

波/阿 بَخْسِ [bakhsi] ‖ 参见 بخس [bakhs]，withholding what is due。《李殿君》页 101，列 2，行 4。

كِيَا [gia]，（押）[甲] [ya]，give as security，detain，escort，pawn，pledge，signature

波/阿 ظفر [ẑafar]，（指甲）抠，抓，扎，把……指甲弄断。音点变换后还可表示其他与指甲有关的概念。《李殿君》页 69，列 1，行 10–12。

按，对照对应阿拉伯文，此处对应汉字“押”应为“甲”之误，指“指甲”。

كِيَا ءِ [gia 'i]，加意 [jia yi]（增加意义），adding meaning

波/阿 مُبَالَغ [mubaālagha] ‖ 参见 مبالغ [mubālagh]，exaggerated。《李殿君》页 95，列 4，行 16–18。

كِٕيَا [gin yan]，谨言 [jin yan]，speak carefully

波/阿（1）صَمْتِ [ṣamti] ‖ 参见 صمت [ṣamt]，silence，speechlessness，taciturnity。《李殿君》页 45，列 5，行 7–9。

波/阿（2） سَكَتَ [sakata] ‖ 参见 سكت [sakt]（v.n.），keeping silence；subsiding （of anger）。《李殿君》页 16，列 3，行 7–9；同书页 140，列 2，行 13。

波/阿（3）نثال，按，此词待考。《李殿君》页 35，列 3，行 7–9。

波/阿（4） بكَتَّ [bakatta]，按，此词未查到与小儿锦对应的意义，待考。《李殿君》页 37，列 1，行 1–3；同书页 111，列 1，行 16。

كِيَا بُآن [gian buan]，肩膀 [jian bang]，shoulder

波/阿 كَتْفُ [katfu] ‖ 参见 كتف [kitf，katif.]，the shoulder，the shoulder-plate，wide- shouldered，being broad-shouldered。《李殿君》页 167，列 3，行 4–6。

按，آن-[-ān]在小儿锦中表示开口后鼻韵母-ang。

كِيَا تَوْ [gian tau]，剑套 [jian tao]，scabbard

波/阿 غَمْدِ [ghamdi] ‖ 参见 غمد [ghimd], a sheath, scabbard, cover, case, a pod, husk, shell。《李殿君》页 65，列 5，行 1–3。

كِيًاً ثِيُو [gian ṣiu]，谦虚 [qian xu]，humility

波/阿 متواضط [mtẓūāṭ] ‖ 参见 متواضع [mutawāẓi'], submissive, obedient, humble, respectful, affable, complimentary, complaisant。《伊哈雅仪》页 5，列 4，行 18。

كِيًا ثِيُوًا زِى يُو [gian ṣiuan zi yu]，拣选自由 [jian xuan zi you], choose freely

波/阿 اختيار [ikhtiyār], choosing, selecting。《满俩》页 4，行 10。

كِيًا جُوْ [gian ju]，卷［住］[juan], roll, reel in, wrap, coil, convolve

波/阿（1） اِدْغَامُ [idghaāmu] ‖ 参见 ادغام [idghām]（v.n. 4 of دغم）, inserting one letter into another, doubling it by tashdīd, coalescence，并入，联合，统一，《波汉词典》页 81，右。《李殿君》页 3，列 2，行 16–18。该处对应汉字虽然只写出“卷”字，但对照小儿锦，应漏写“住”字。

波/阿（2） لَفِّ [laffi] ‖ 参见 لف [laff], involving, wrapping, folding, joining, adding one thing to another, assembling, collecting。《李殿君》页 5，列 1，行 13–15。

كِيًاً جِي [gian ji]，坚志 [jian zhi], firmly

波/阿 عزامهم [azāmham], their purposes。《伯亚尼》页 3，列 1，行 3。

كِيًاچِي [gian čin]，坚持 [jian chi], persistence

波/阿 التشبث [al-tašabbuṣ] ‖ 参见 تشبث [tašabbuṣ], seizing and holding firmly。《伯亚尼》页 5，列 2，行 3。

按，ال[al-]为阿拉伯语名词定冠词。

كِيا خَغ [gia ċgha]，家财 [jia cai]，family wealth，family estate

波/阿 تُرَاثِ [turaāṣi] ‖ 参见 تراث [turāṣ]，heritage。《李殿君》页 94，列 3，行 1；同书页 113，列 5，行 16。

按，此“财”字小儿锦开口元音拼音中的字母غ[gh]，应理解为ع[ê]，即读为كِيا خَع [gia ċea]。

كَرِيَا درم [gia diram]，价钱 [jia qian]，price

波/阿 ثَمَنِ [ṣamni] ‖ 参见 ثمن [ṣaman]，price。《李殿君》页 116，列 3，行 10。

按，该小儿锦后半部分درم [diram] 为阿拉伯语表意借词。四夷馆本增续《回回馆杂字》“珍宝门”中有“درم（diram），银钱，得蓝”，即此。[1] 小儿锦使用者虽然在书写时取阿拉伯文原形，但仍按对应汉语意义读为“钱”。

كِيَا زَوْ [gia zau]，假造 [jia zao]，making a display of art，studying to make a fair appearance，fabrication，falsification

波/阿 تصنع [taṣannu‘] ‖ 参见 تصنع [taṣannu‘], making a display of art, studying to make a fair appearance, fabrication, falsification。《真境花园》页 8，列 2，行 11。

كَرِيَا ژُ [gia jhu]，加入 [jia ru]，join in

波/阿 اندماج [andmākh]，融合在一起，加入，《波汉词典》页 175，右。《伊哈雅仪》页 2，列 4，行 2。

كَيَاشِيَا [gia šia]，家下 [jia xia]，family

波/阿 وعلى الى [ū līalī] ‖ 参见 على ا [‘alā]，按，此词待考。《伯亚尼》页 2，列 5，行 5。

كَيًا صِ [gian ṣin]，减损 [jian sun]，derogation，detract from

波/阿 نَقْصِ [naqsi] ‖ 参见 نقص [naqs]，diminishing，wastage，

〔1〕刘迎胜：《〈回回馆杂字〉与〈回回馆译语〉研究》，页 367。

diminution，decrease。《李殿君》页 2，列 1，行 13–15。

كِيًا صِ [gian ṣin]，欠损 [qian sun]，damage

波/阿 بَخسِ [bakhsi] ‖ 参见 بَخس [bakhs]，decay。《李殿君》页 109，列 6，行 7。

كِيًا صِيًا [gian ṣian]，检选 [jian xuan]，check，choose，select，collect

波/阿（1） نجق，按，此词未查到，疑有误。阿拉伯语中另有نجع [naja‘]，意为喂奶，见《新阿汉大词典》页 2015，左，可供参考。《李殿君》页 69，列 3，行 13–15。

波/阿（2） تَلخِيصُ [talkhiṣu] ‖ 参见 تَلخِيصُ [talkhiṣ]，making public。《李殿君》页 115，列 2，行 1。

波/阿（3） أَثَرَ [aṣar] ‖ 参见 أَثِرَ [aṣira]，选择，择取做，《新阿汉大词典》页 9，左。《李殿君》页 103，列 3，行 1。

كِيًا غْ غِ [gian ghng]，坚硬 [jian ying]，hard

波/阿 حَجمُ [hajmu] ‖ 参见 حَجمُ [hajm]，thickness。《李殿君》页 121，列 2，行 10。

按，此处“硬”字小儿锦拼音含疑母。

كِيًا فِ [gia fi]，咖啡 [ka fei]，coffee

波/阿 فيستقِ，按，此词待考。《李殿君》页 38，列 4，行 4–6。

كِيًا قُ [gian ghu]，坚固 [jian gu]，firmness

波/阿 رَسْخَ [raskha] ‖ 参见 رسخ [rasakha]，firmness，《新阿汉大词典》页 735。《李殿君》页 134，列 4，行 1；同书页 134，列 4，行 1。

كِيًا قُوْ [gian ghu]，坚固 [jian gu]，firmness，solidity，steel，stoutness

波/阿 شدد [šaddada]，增强，加强，加固，《新阿汉大词典》页 1019，左。《李殿君》页 65，列 4，行 4–6。

كِيًا قُوًا [gia ghuan]，价官 [jia guan]，price

波/阿 ثَمَنِ [ṣamani] ‖ 参见 ثمن [ṣamn]，price。《李殿君》页 91，列 3，行 1。

按，小儿锦与其对应汉字“价官”或与普通话“官价”相当。

كِيًا قُوًا [gian ghuan]，监官 [jian guan]，office in charge of inspect

波/阿 خِزَانَةِ [khizaānati] ‖ 参见 خزانة [khizānat，khizāna]，a treasury，treasure，magazine，granary，repository，public revenue，office of treasurer，the chamber of a gun。《李殿君》页 43，列 1，行 1–3；同书页 126，列 4，行 4。

كِيًا قُوًا [gian ghua]，牵挂 [qian gua]，miss，care，take care of，worry

波/阿 تَعَلُّقِ [ta‘alluqi] ‖ 参见 تعلق [ta‘alluq]，concern，reference，regard；consideration。《李殿君》页 20，列 1，行 13–15；同书页 114，列 3，行 10。

كِيًا قُو شِ ميًا دِ [gian qua ši mian di]，见过世面的 [jian guo shi mian de]，experienced

波/阿 كارديده [kār-dīda]，experienced，a veteran，波斯语。《真境花园》页 11，列 2，行 15。

كِيًا قُوغِ [gian ghungh]，谦恭 [qian gong]，polite modest and courteous

波/阿 اِخْباتِ [ikhbāti] ‖ 参见 اِخْبات [ikhbāt]，enjoying quiet and peace。《李殿君》页 103，列 4，行 10。

كِيَاكِوِى [gia giui]，家具 [jia ju]，furniture

波/阿 آلَةِ [ālati] ‖ 参见 آلَةِ [ālat]，utensil。《李殿君》页 106，列 2，行 7。

كِيَاكِوْ [gia giyu]，家具 [jia ju]，fitment，furnishings，furniture

波/阿 آلَةِ [ālati] ‖ 参见 آلة [ālat，āla]，an instrument，utensil， tool，apparatus，tackle，rigging。《李殿君》页 4，列 5，行 13–15。

گِیاگـِۋغِ [gia giüghi]，家（俱）［具］[jia ju]，furniture

波/阿 قُمَاشِ [qumāši] ‖ 参见 قماش [qimāš]，household furniture。《李殿君》页 165，列 4，行 13–15。

按，此处“俱”字小儿锦韵母拼音中的字母غ[gh]，应理解为ع[ê]，即读为گِیاگـِۋعِ [gia giüei]。

گِیَا لِي [gia li]，忈[1]理 [jia（？）li]，有理的？

波/阿 ابالغ [abālgh] ‖ 参见 بلغ [balgh，bilgh]，口齿伶俐的，善辩的，有口才的，雄辩的，到顶的，到头的，《新阿汉大词典》页 161，右下–左上。《伯亚尼》页 6，列 3，行 4。

گِیَا ئِی [gian yi]，建议 [jian yi]，propose，suggest

波/阿 مقترحهم [muqturahhum] ‖ 参见 مقترح [muqturah]，提议，建议，倡议，《新阿汉大词典》页 1607，右。《伯亚尼》页 3，列 3，行 17。

گِیاَلِیوَ [gian liua]，简略 [jian lüe]，briefly

波/阿 الاقتصار [al-āqutṣār] ‖ 参见 اقتصار [iqtiṣār]，abbreviation。《伯亚尼》页 2，列 4，行 9。

按，ال[al-]为阿拉伯语名词定冠词。

گِیَآن [gian]，姜 [jiang]，ginger

波/阿 زَنْجَبِيلِ [zanjabiīli] ‖ 参见 زنجبيل [zanjabīl]，ginger。《李殿君》页 17，列 3，行 4–6；同书页 137，列 2，行 16。

按，آن-[-ān]在小儿锦中表示开口后鼻韵母-ang。

گِیَآن [gian]，缰 [jiang]，halter，rein

波/阿 عِنَانِ [‘inaāni] ‖ 参见 عنان [‘inān]，a rein，a bridle。《李殿君》页 63，列 2，行 1–3。

[1] 笔者在《康熙字典》中未查到此字，待考。

按，آن-[-ān]在小儿锦中表示开口后鼻韵母-ang。

كِيَان [gian]，讲 [jiang]，say，speak

波/阿 نرظير [narẑīr]，按，此词待考。《李殿君》页 49，列 4，行 13–15。

按，آن-[-ān]在小儿锦中表示开口后鼻韵母-ang。

كِيَان [gian]，强 [qiang]，force，strong

波/阿（1） تَكْلِيفُ [takliīfu] ‖ 参见 تكليف [taklīf]，imposing。《李殿君》页 96，列 3，行 10。

波/阿（2） لزن [lazan]，pressing upon one another （people in a narrow spot，or round a watering-place）。《李殿君》页 35，列 5，行 4–6。

按，آن-[-ān]在小儿锦中表示开口后鼻韵母-ang。

كِيَانْ [gian]，讲 [jiang]，giving lessons，present a speech

波/阿 تدريس [tadrīs]，teaching from books，instruction by reading，lecturing。《伊哈雅仪》页 4，列 4，行 8。

按，此处小儿锦中并无“课”字拼音。آن-[-ān]在小儿锦中表示开口后鼻韵母-ang。

كِيَا نَا [gian nan]，艰难 [jian nan]，hardship，rough

波/阿 قذم [qaẕam]，按，此词待考。《李殿君》页 67，列 4，行 4–6。

كِيَان بِيًا [gian bian]，江边 [jiang bian]，river bank

波/阿 وَجين [wajīni] ‖ 参见 وجين [wajīn]，bank of a river。《李殿君》页 28，列 4，行 16–18。

按，آن-[-ān]在小儿锦中表示开口后鼻韵母-ang。

كِيَان پُغَ [gian pugha]，强迫 [qiang po]，force，compel

波/阿（1） لَزْنِ [lazni] ‖ 参见 لزن [lazan]，pressing upon one

another（people in a narrow spot，or round a watering-place）。《李殿君》页 170，列 3，行 7–9。

波/阿（2） جَبارَ [jabbāra] ‖ 参见 جَبار [jabbār]，powerful。《李殿君》页 117，列 1，行 7。

按，آن-[-ān]在小儿锦中表示开口后鼻韵母-ang。此处“迫”字小儿锦拼音中的字母غ[gh]，应理解为ع[ê]，即读为كِيَان پِعَ [gian puea]。

كِيَان خُوَا [gian hua]，讲话 [jiang hua]，an oration

波/阿 المنطق [al-manṭiq] ‖ 参见 منطق [manṭiq]（v.n. of نطق），speaking，pronouncing，articulating，an oration，eloquence。《伯亚尼》页 5，列 3，行 29。

按，آن-[-ān]在小儿锦中表示开口后鼻韵母-ang。ال为阿拉伯语名词定冠词。

كِيَان شِ [gian šin]，缰绳 [jiang sheng]，reins

波/阿（1） لعنان，按，应为 العنان [al-‘anān]。عنان[‘anān]为阿拉伯语，意为马笼头，缰绳。ال[al-]为阿拉伯语名词定冠词。《伯亚尼》页 3，列 3，行 18。

波/阿（2） خِطَامُ [khiṭaāmu] ‖ 参见 خطام [khiṭām]，a halter，string，a bridle。《李殿君》页 24，列 3，行 1–3。

按，آن-[-ān]在小儿锦中表示开口后鼻韵母-ang。“绳”字应为后鼻韵母，此处小儿锦拼为前鼻音。

كِيَان شِغِ [gian šingh]，缰绳 [jiang sheng]，halter

波/阿（1） خَطَامُ [khaṭāmu] ‖ 参见 خطام [khiṭām]，a halter，string，a bridle。《李殿君》页 126，列 4，行 13。

波/阿（2） زُمَامِ [zumāmi] ‖ 参见 زمام [zimām]，a halter fastened to the ring of camel’s noose，a rein，a bridle。《李殿君》页 137，列 5，行 10。

波/阿（3） عِنَانِ ['ināni] ‖ 参见 عنان ['inān]，a rein，a bridle。《李殿君》页 156，列 5，行 13。

按，آن-[-ān]在小儿锦中表示开口后鼻韵母-ang。

كِيَآن لُ [gian lun]，讲论 [jiang lun]，argument，discuss，comment and appraise

波/阿（1） بَحثِ [bahṣi] ‖ 参见 بَحثِ [bahṣ]，investigating，examining，controversy，debate，dispute，contest，argument，question，altercation，wrangling。《李殿君》页 3，列 1，行 13–15；同书页 109，列 1，行 7。

波/阿（2） درس [dars]，reading a book，studying，a lecture，lesson，exercise。《伊哈雅仪》页 4，列 4，行 10。

按，آن-[-ān]在小儿锦中表示开口后鼻韵母-ang。

كِيَآنْ لِىُ [gian liun]，讲论 [jiang lun]，talk about

波/阿 الابحاث [al-abhāṣ] ‖ 参见 بَحثِ [bahṣ]，investigating，examining，controversy，debate，dispute，contest，argument，question，altercation，wrangling。《伯亚尼》页 6，列 2，行 31。

按，آن- [-ān]在小儿锦中表示开口后鼻韵母-ang。ال [al-]为阿拉伯语名词定冠词。

كِيَآنْ يَا نَ [gian yan]，讲演 [jiang yan]，speech，presentation，talk

波/阿 منابر [manābir] ‖ 参见 منابر [manābir]，pulpit。《真境花园》页 6，列 1，行 14。

按，آن- [-ān]在小儿锦中表示开口后鼻韵母-ang。

كِيَا ؤ [gian ü]，监狱 [jian yu]，a prison

波/阿 سِجْنِ [sijni] ‖ 参见 سجن [sijn]，a prison，dungeon。《李殿君》页 139，列 1，行 10。

كِ يَا هِيَا [gia hia]，家下 [jia xia]，family，offspring，wife and children

波/阿（1）عَتْرَةِ ['atrati] ‖ 参见 عترة ['itrat], a progeny, family, near relations。《李殿君》页 34，列 5，行 1–3。

波/阿（2）آلِ [āli] ‖ 参见 آل [āl]，offspring，progeny。《李殿君》页 91，列 3，行 13；同书页 106，列 5，行 4。

波/阿（3）عِيَالِ ['iyāli] ‖ 参见 عيال ['iyāl]，family，children，domestics，a wife。《李殿君》页 156，列 1，行 16–18。

كِيَا هِيَا [gian hia]，谦下 [qian xia]（谦虚卑下），humble，modest

波/阿（1）دَخْرَ [dakhra] ‖ 参见 دخر [dukhr], littleness, vileness。《李殿君》页 98，列 5，行 13。

波/阿（2）تَوَاضِحَ [tawāẓu'a] ‖ 参见 تَوَاضِحَ [tawāẓu'], humbling。《李殿君》页 115，列 2，行 10。

كِيَا هِيَآن [gia hian]，家乡 [jia xiang]，hometown

波/阿 وَطْنِ [waṭni] ‖ 参见 وطن [waṭn，waṭan]，a country，dwelling，residence，abode，wherever one lives，native country，home。《李殿君》页 42，列 4，行 10–12。

按，آن-[-ān]在小儿锦中表示开口后鼻韵母-ang。

كِيَا هِى يَوْ [gian hiau]，剑鞘 [jian qiao]，scabbard，sheath

波/阿 غَمْدِ [ghamdi] ‖ 参见غمد[ghamd，ghimd]，sheathing （a sword），a sheath，scabbard。《李殿君》页 158，列 3，行 10–12。

كِيَا يُوَ [gia yua]，贱虐 [jian nue]，miserable wretch，contemptible wretch

波/阿 الهانة [al-hānt] ‖ 参见 هانع [hāni']，humble，submissive。《中文消经》页 3，列 3，行 8。

كِيُ دْغ [giu ĉgha]，韭菜 [jiu cai]，leek

波/阿 كَرَّاثِ [karraāṣi] ‖ 参见 كراث [kurrāṣ，karrāṣ]，a leek。《李殿君》页 77，列 5，行 7–9。

按，此处“菜”字小儿锦开口元音拼音中的字母غ[gh]，应理解为ع[ê]，即读为كِيُ دْعَ [giu ĉea]。

كِيَ ج [gia ji]，戒指 [jie zhi]，a ring

波/阿 خَاتَمَ [khātama] ‖ 参见 خاتم [khātam]，a seal，a seal-ring，a signet。《李殿君》页 124，列 2，行 16。

كِيَ چِغِ [gia čingh]，结成 [jie cheng]，join together

波/阿 عَقْدَةِ [‘aqdati] ‖ 参见 عقدة [‘uqdat]，knot，tie，bond，a joint，node。《李殿君》页 41，列 4，行 4–6。

كِي خِو ، قٌ فُ [gi hui，qun fu]，机会，工夫 [ji hui，gong fu]，opportunity，chance

波/阿 فرصة [farṣat] ‖ 参见 فرصة [furṣat]，occasion，opportunity，convenience，leisure，rest，ease，relief，respite，reprieve，recovery，coincidence，advantage，a time，turn。《中文消经》页 2，列 3，行 25。

按，“工”字应为后鼻韵母，此处小儿锦拼为前鼻音。

گِي خُوِى [gi hui]，机会 [ji hui]，chance，opportunity

波/阿 فَرْضَةِ [farẓati] ‖ 参见 فُرْضَة [furẓat]，chance，opportunity。《李殿君》页 160，列 2，行 7–9。

گِي دُوَ [gin dua]，惊躲 [jing duo]，startled

波/阿 منافرة [mnāfrt] ‖ 参见 منافر [manāfir]，abhorring。《满俩》页 5，行 11。

按，“惊”字应为后鼻韵母，此处小儿锦拼为前鼻音。

كِيَ دُ سًا [gia du san]，解毒散 [jie du san]（解药），antidote

波/阿 تِرِيَاقِ [tirayāqi] ‖ 参见 ترياق [tiryāq]，theriac。《李殿君》页 114，列 2，行 4。

كِيَ زْ [gia z]，茄（枝）〔子〕[qie zhi]（茄子），eggplant

波/阿 بَاذْنجَانِ [bāẕanjāni]，按，应为بادنجان[bādinjān]，the eggplant or brinjaul。此处对应波斯文当为بادنجان之误。《李殿君》页 108，列 6，行 10。

كِيَ زِءِغْ [gia z'ingh]，洁净 [jie jing]，clean

波/阿（1）تَنظِيفُ [tanẑīfu] ‖ 参见 تَ نْظِيفُ [tanẑīf]，cleaning。《李殿君》页 115，列 4，行 7。

波/阿（2）زَكّىَ [zakkīa] ‖ 参见 زكى [zakī]，pure，virtuous，just，pious，chaste。《李殿君》页 137，列 5，行 7。

كِيَ زِغْ [gia zingh]，洁净 [jie jing]，clean

波/阿（1）اِتِقَاىِ [itiqaā ī，ataqaāī] ‖ 参见اتقاء [ittiqā']，虔诚，避免，节制，《波汉词典》页 63，左。《李殿君》页 102，列 1，行 16–18。

波/阿（2）طَيِّبُ [ṭayyibu] ‖ 参见 طيب [ṭīb]，being good and lawful，deliciousness。《李殿君》页 83，列 1，行 1。

波/阿（3）زَكِيىَ [zakiīya]，make clean。《李殿君》页 87，列 1，行 7。

كِي شَ [gi ša]，（施舍）［给施］[shi she]，give alms

波/阿 سمحت [samhet] ‖ 参见 سمح [samh]，being liberal。《伯亚尼》页 2，列 2，行 3。

按，对应汉文写作"施舍"，对照小儿锦应为"给施"。

كِيَ شوُ [gia šu]，结束 [jie shu]，ending

波/阿（1）النهاية [al-nahāyat] ‖ 参见 نهاية [nahāyat]，end。《伯亚尼》页 5，列 3，行 3。ال为阿拉伯语名词定冠词。

波/阿（2）يخرج，按，خرج [kharaja]在阿拉伯语中意为"出来"，未查到有"结束"的意义，待考。《伊哈雅仪》页 2，列 2，行 10。

كِيَ شُوَ [gia šua]，解说 [jie shuo]，explicate

波/阿 تخريج [takhrīji]，bringing out，educing，instructing in learning and politeness。《伊哈雅仪》页 2，列 3，行 4。

كِيٍ غِ چَا [gingh ča]，警察 [jing cha]，police

波/阿 بُوْلِيسِ [buwlīsi]，按，此词为来自英语的借词。《李殿君》页 112，列 3，行 10。

كِيٍ غِ شِ [gingh ši]，轻视 [qing shi]，look down up on

波/阿 اِهَانَةِ [ihānati] ‖ 参见 اِهَانَةِ [ihānat]，insult。《李殿君》页 108，列 5，行 1。

كِي فَانْ [gi fan]，寄放 [ji fang]，deposit

波/阿 اوديت [āvdīt]，按，此词未查到。阿拉伯语中另有اودع[awda'a]，委托保管（某物），寄托，寄存，将……存放于某处，《新阿汉大词典》页 2255，左。《伯亚尼》页 2，列 1，行 23。

按，آن-[-ān]在小儿锦中表示开口后鼻韵母-ang。

گِي قَانْ ظُوَا [gin ghan zuan]，金刚钻 [jin gang zuan]，diamond

波/阿 الماس [almās]，a diamond，glass。《真境花园》页 3，列 2，行 10。

按，آن-[-ān]在小儿锦中表示开口后鼻韵母-ang。

كِيَ قُوَ [gia ghua]，结果 [jie guo]，result

波/阿 عَاقِبَةِ ['aāqibati] ‖ 参见 عاقبة ['āqibat]，conclusion。《李殿君》页 98，列 1，行 1。

گِيَ گِ [gia gi]，揭起 [jie qi]（揭露），expose，uncover，reveal，open，disclose，take off

波/阿（1）كَشْفُ [kašfu] ‖ 参见 كشف [kašf]，opening，revealing，exposing to shame，disclosure，revelation，to disclose a secret；[kišaf]，being uncovered，disclosed，disclosure，exposure，detection。

《李殿君》页 21，列 3，行 13–15；同书页 168，列 1，行 10–12。《伯亚尼》页 2，列 4，行 14（此处对应阿拉伯文误写作 كشو [kišū]）。

波/阿（2） استكشاف [astikšāf] ‖ 参见 استكشاف [istikšāf]，discovery。《伯亚尼》页 3，列 3，行 4。

گِى كِى [gin kin]，近亲 [jin qin]，relatives

波/阿 قريب [qarīb] ‖ 参见 قريب [qarīb]，a relation，kinsman。《满俩》页 5，行 8。

گِي كِي [gi kin]，事情 [shi qing]，affair

波/阿 شان [šān] ‖ 参见 شأن [ša'n]，affair。《伯亚尼》页 3，列 4，行 4。

按，"情"字应为后鼻韵母，此处小儿锦拼为前鼻音。

گِىَ لِىٌ [gia liun]，结论 [jie lun]，conclusion

波/阿 حاصل [hāṣil]，the outcome，result。《满俩》页 4，行 2。

گِي مِ [gi mi]，机（蜜）[密][ji mi]，secret

波/阿（1） حبيات [hibiyāt] ‖ 参见 خبى [khabi']，hidden。《伯亚尼》页 3，列 1，行 6。

波/阿（2） اسرار [asrār] ‖ 参见 سر [sarr]，secret。按，اسرار [asrār] 为其复数。《伯亚尼》页 3，列 1，行 8。

كِىٌ مُوِ [giun mui]，俊美 [jun mei]，handsome，pretty

波/阿 جَمَالِ [jamaāli] ‖ 参见 جمال [jamāl]（v.n. of جمل），being fair，comely，becoming，elegance，beauty，grace（of body or mind）。《李殿君》页 22，列 4，行 10–11。

كِىَ مُوْ [gia mu]，揭墓 [jie mu]（挖坟），excavating a grave

波/阿 نَبَّاشِ [nabbaāši] ‖ 参见 نباش [nabbāš]，a digger，especially of graves，a plunderer of the dead，stripper of grave-clothes。《李殿君》页 68，列 5，行 1–3。

ڭِى مِوًفَا [gia min wan fa]，解明文法 [jie ming wen fa]（阐明），declare

波/阿 التبيان [al-tibyān] ‖ 参见 تبيان [tibyān]，a declaration。《伯亚尼》页 2，列 2，行 3。

按，ال[al-]为阿拉伯语名词定冠词。"明"字应为后鼻韵母，此处小儿锦拼为前鼻音。

ڭِى مَيو ْ دِ [gi miau di]，奇妙的 [qi miao de]，sth. fantastic

波/阿 البديع [al-badī]。《伯亚尼》页 6，列 1，行 15。

按，ال[al-]为阿拉伯语名词定冠词。

ڭِيَوْ [giau]，交 [jiao]，hand over，submit，deliver，give，pay

波/阿（1）فوض [fawwaẓa]，授权处理，给予全权处理，《新阿汉大词典》页 1564，左。《李殿君》页 68，列 2，行 13−15。

波/阿（2）نَقْدِ [naqdi] ‖ 参见 نقد [naqd]，prompt payment。《李殿君》页 34，列 2，行 10−12。

波/阿（3）سلط [sallaṭ]，授权，给予权力，《新阿汉大词典》页 941，右。《李殿君》页 38，列 4，行 1−3。

ڭِيَوْ [giau]，胶 [jiao]，glue，pastern

波/阿 صَمْغِ [ṣamgha] ‖ 参见 صمغ [ṣamgh]，gum of the tree。《李殿君》页 26，列 2，行 13−15。

ڭِيُوْ [giu]，郊 [jiao]，suburb

波/阿 تيِهِ [tiīha] ‖ 参见 تيه [tīh]，a desert，a deserted country，pride，haughtiness，vain boasting。《李殿君》页 26，列 4，行 1−3。

ڭِيَو [giau]，教 [jiao]，teach，religion

波/阿 دَعَا [da'aā] ‖ 参见 دعا [du'ā]，invocation，prayer，音译都阿，意为祈祷。《李殿君》页 95，列 2，行 10。

ڭِيَوْ [giau]，轿 [jiao]，sedan chair，palanquin

波/阿 دج [dajja]，行走，步履艰难。阿拉伯语中另有داج [dāj]，跟随朝觐者的脚工，侍从。《新阿汉大词典》页 593 左–页 594 右。《李殿君》页 45，列 2，行 1–3。

كِيَوْ [giau]，叫 [jiao]，yell

波/阿 قَلْخ [qalkh] ‖ 参见 قلخ [qalkh](v.n.), braying in the throat (a stallion camel)。《李殿君》页 86，列 3，行 17。

كِيُوْ [giu]，舅 [jiu]，mother's brother

波/阿 خَالِ [khaāli] ‖ 参见 خال [khāl]，a maternal uncle，mother's brother。《李殿君》页 1，列 3，行 4–6。

كِيُوْ [giu]，鸠 [jiu]，a turtledove，cooer

波/阿（1）فَاخَتَةِ [faākhatati] ‖ 参见 فاختة [fākhta]，a ring-dove。《李殿君》页 84，列 3，行 17。

波/阿（2）قلقل [qulqul]，按，此词在阿拉伯语中意为迅速的，敏捷人，在波斯语中指鸟唧唧的叫声。未查到有明确指"斑鸠"这种鸟的意义。《李殿君》页 37，列 3，行 4–6。

كِيَو [giua]，拘 [ju]，careful，detain

波/阿 الاقتصار [al-āqutṣār] ‖ 参见 اقتصار [iqtiṣār]，abbreviation。《伯亚尼》页 2，列 3，行 9。

按，对应汉字与对应阿拉伯文意义不一致，待考。ال为阿拉伯语名词定冠词。

كِيَوْ [giau]，敲 [qiao]，knock

波/阿 دَقَّ [daqqa] ‖ 参见 دق [daqq]，pounding。《李殿君》页 86，列 2，行 13。

كِيَوْ [giau]，桥 [qiao]，bridge

波/阿 جَسْرَ [jasra] ‖ 参见 جسر [jasr]，a bridge。《李殿君》页 85，列 2，行 4。

كِيُوْ [giu]，求 [qi]，demand

波/阿 آعتَرّ [ā'attra] ‖ 参见اعتراء [i'tirā]，seeking。《李殿君》页 84，列 1，行 17。

كِيُوْ [gi yu]，己友 [ji you]，my friend

波/阿 اَخْدَانِ [akhdaāni] ‖ 参见 اخدان [akhdān]（pl. of khidn），friends，lovers，beloved objects。《李殿君》页 77，列 3，行 7–9；同书页 103，列 2，行 13。

كِيُوًا تِي [giuan ti]，卷起 [juan qi]，roll up

波/阿 اطوء，按，原文未注音标 ‖ 参见طوى [ṭawaī]，卷起，折叠，《新阿汉大词典》页 1257，右。《伯亚尼》页 3，列 1，行 21。

按，将普通话声母 q-读为 t-者，多半操甘肃临夏口音。

كِيُو بَى [giu bia]，丢（蔽）[撇] [diu bi]（丢弃），abandon

波/阿 ترامى [tarāmī] ‖ 参见 ترامى [tarāmī]，darting，throwing at one another stones or arrows，投掷。《伯亚尼》页 3，列 3，行 31。

كِيَوْ تًا ثِيَانْ تًا [giau tan ṣian tan]，交谈相谈 [jiao tan xiang tan]，conversation

波/阿محاوراتهم[mhawrathm] ‖ 参见محاورات[muhāwarat]，holding a dialogue，conversation。《满俩》页 2，行 14。

按，آن-[-ān]在小儿锦中表示开口后鼻韵母-ang。

كِيُو تمام [giu tamām]，求全 [qiu quan]，try to complete sth.

波/阿 اِسْعَافُ [is'āfu] ‖ 参见 اِسْعَافْ [is'āf]，promoting or finishing any business。《李殿君》页 104，列 3，行 16。

按，该小儿锦第二部分تمام [tamām]为阿拉伯语表意借词，意为全部的，全体的，完美的。小儿锦使用者虽然书写时取阿拉伯文原形，但仍按对应汉语意义读为“全”。

كِيَوْ تِيَوْ [giau tiau]，教条 [jiao tiao]，creed，doctrine，dogma，doxy

波/阿 مِلَّةِ [millati] ‖ 参见 ملة [millat]，religion，faith，creed。《李殿君》页 36，列 1，行 13–15。

كِيَوْ جِ [giau jin]，校正 [jiao zheng]，correction

波/阿（1） التصحيح [al-taṣḥīh] ‖ 参见 تصحيح [taṣḥīh]，mending，correcting，making sound，verifying，illustrating，correction，emendation，verification，attestation。《伊哈雅仪》页 2，列 2，行 8。ال[al-]为阿拉伯语名词定冠词。

波/阿（2） تصحيحه [taṣḥīha]，释见本词条波/阿（1）。《伊哈雅仪》页 2，列 4，行 11。

按，“正”字应为后鼻韵母，此处小儿锦拼为前鼻音。

كِيُوْجُوْ [giu ju]，久住 [jiu zhu]，reside somewhere for a long time

波/阿 مُقِيَمُ [muqiīamu] ‖ 参见 مقيم [muqīm]，a dweller，resident，inhabitant。《李殿君》页 4，列 4，行 15–18。

كِيَوْ چِآن [guau čian]，（教）[校]场 [jiao chang]，an open field for military exercises

波/阿 مَيْدَانِ [maīdaāni] ‖ 参见 ميدان [maidān，mīdān]，an open field without buildings，an extensive plain，any place for exercises or walking，an arena，parade ground，a field of battle。《李殿君》页 13，列 1，行 7–9。《伊哈雅仪》页 2，列 3，行 16；同书页 4，列 1，行 10。《中文消经》页 3，列 2，行 4。

按，آن-[-ān]在小儿锦中表示开口后鼻韵母-ang。

كِيَوْ چُوْ [giau ču]，窍数 [qiao shu]，apertures

波/阿 عِضْوَ [‘aẓwa] ‖ 参见 عضو [‘aẓw]，生殖器官，《新阿汉

大词典》页 1347，右。《李殿君》页 10，列 4，行 4–6。

كِيَوْ خْ [giau h]，交合 [jiao he]，a sexual intercourse，mate with

波/阿（1） وَطْي [waṭī] ‖ 参见 وطى [waṭī]，coitus。《李殿君》页 91，列 1，行 1。

波/阿（2） جَامَعَ [jaāma'a] ‖ 参见 جامع [jāmi']，joins，collection。《李殿君》页 96，列 3，行 7；同书页 117，列 6，行 1。

كِيَوْ خُوَا [giau hua]，狡猾 [jiao hua]，foxery，duplicity

波/阿 عفرية ['afriyat]，邪恶的，坏的，恶劣的，不要脸的，小人，龌龊人，《新阿汉大词典》页 1355，右。《李殿君》页 30，列 5，行 13–15。

كِيَوْ خُوًا [giau huan]，交还 [jiao huan]，return back，give sth. back

波/阿（1） اِدَاءِ [idaā'i] ‖ 参见اِدَى [adā]，偿付，付清（债务）。《李殿君》页 103，列 3，行 16。

波/阿（2） تادية [tādiyat]，释见波/阿（1）。《伯亚尼》页 6，列 3，行 20。

كِيَوْ دَا [giau da]，敲打 [qiao da]，knock

波/阿 دَقَّ [daqqa] ‖ 参见 دق [daqq]，bruising，pounding small，braying （in a mortar）。《李殿君》页 129，列 6，行 13。

كِيُوْ دَا [giu da]，（打鼓）[敲打] [da gu]，beat a drum

波/阿 نقر [naqara]，打，敲，击，《新阿汉大词典》页 2103，左。《李殿君》页 75，列 4，行 4–6。

按，对照小儿锦，此处对应的第二个汉字“鼓”应为“敲”，且两字前后颠倒。

كِيَوْ دَوْ [giau dau]，教（道）[导] [jiao dao]，teach

波/阿 علم ['alama] ‖ 参见 علم ['allama]，教，传授，教育，教导，《新阿汉大词典》页 1382，右。《李殿君》页 2，列 5，行

1-3。《伯亚尼》页 5，列 3，行 23。

كِيُو دوُ [giu du]，救度 [jiu du]，help

波/阿 غوث [ghauṣ]，help。《伯亚尼》页 5，列 2，行 20。

كِيُو زِ [giu zi]，句子 [ju zi]，sentence

波/阿 الفاظ [alfāẑ]，words，vocables，articulate sounds，terms，technical terms。《伊哈雅仪》页 2，列 2，行 14。

كِيا سِ [gian sin]，欠损 [qian sun]，deficit

波/阿 خبس [khabasa]，剥夺其权力，抢夺其财产，《新阿汉大词典》页 482，左。《李殿君》页 34，列 5，行 7-9。

كِيُوْ خغَ [giu ċagha]，（韮）[韭]菜 [jiu cai]，fragrant-flowered garlic，（Chinese）chives

波/阿 كُرَاثِ [kurāṣi] ‖ 参见 كراث [karāṣ]，a leek。《李殿君》页 167，列 2，行 13-15。

按，此“菜”字小儿锦开口元音拼音中的字母غ[gh]，应理解为ع[ê]，即读为كِيُوْ خعَ [giu ċaea]。

كِيَوْ فُ [giau fu]，交付 [jiao fu]，deliver，submit，pay，turn over，hand over，deliver，consign

波/阿（1）سَلَّمَ [sallama] ‖ 参见 سلم [salam]（v.n.），submitting，surrender，submission，money paid in advance。《李殿君》页 56，列 3，行 7-9。

波/阿（2） فوض [fawwaẓa]，授权处理，给予全权处理，《新阿汉大词典》页 1564，左。《李殿君》页 78，列 5，行 7-9。

كِيُوْ فُ [giau fu]，舅父 [jiu fu]，uncle，mother's brother

波/阿 خَالِ [khāli] ‖ 参见 خال [khāl]，a maternal uncle，mother's brother。《李殿君》页 124，列 6，行 16。

كِيُو كِْ [giu gi]，求祈 [qiu qi]，entreat

波/阿（1） حَاجَةِ [hājati] ‖ 参见 حَاجَةِ [hājat]，hope。《李殿君》页 120，列 2，行 10。

波/阿（2） اِعْتَرَ [i'attara] ‖ 参见 عتر ['atara]，（为祭神）宰牲，《新阿汉大词典》页 1282，右。《李殿君》页 105，列 4，行 7。

كِيَوْ ژِ وُ نِنْ [giao jhin wu nin]，叫人无能 [jiao ren wu neng]，incompetent，incapable，clueless

波/阿 اعجاره [ajāre] ‖ 参见 اعجز [a'jaz]，无能为力，做不到，使无能为力的，《新阿汉大词典》页 1289，右。《伯亚尼》页 2，列 2，行 5。

按，"能"字应为后鼻韵母，此处小儿锦拼为前鼻音。

كِيُوِ گِی [giui gi]，聚集 [ju ji]，gather

波/阿 جامع [jāma']，together。《满俩》页 3，行 12。

كِيَوْ لُغِ [giu lungh]，蛟龙 [jiao long]，dragon

波/阿 تِمسَاحَ [timsāha] ‖ 参见 تِمسَاحَ [timsāh]，a crocodile。《李殿君》页 115，列 4，行 4。

كِيَو لُوغِ [giau lungh]，蛟龙 [jiao long]，dragon

波/阿 تِمْسَاحَ [timsaāha] ‖ 参见 تمساح [timsāh]，a crocodile。《李殿君》页 8，列 3，行 13–15。

كِیَ وْ لِيَآن [giau lian]，桥梁 [qiao liang]，bridges

波/阿 جَسَد [jasad]，a bridge。《李殿君》页 118，列 6，行 13。

按，آن-[-ān]在小儿锦中表示开口后鼻韵母-ang。

كِيَوْ مٌ [giau mun]，教门 [jiao men]（宗教，信仰）

波/阿 دِيْنِ [diīni] ‖ 参见 دين [dīn]，faith，religion，the Muhammadan faith。《李殿君》页 10，列 1，行 13–15；同书页 131，列 4，行 4。

كِيَوْ مِ [giau min]，教名 [jiao ming]，religious name

波/阿 سَمِّىَ [sammya] ‖ 参见 سمى [samī]，of the same name。《李殿君》页 86，列 5，行 13。

按，“名”字应为后鼻韵母，此处小儿锦拼为前鼻音。

كِيُوٗ مُوِى [giuin mui]，俊美 [jun mei]，elegant

波/阿 جميل [jmīl] ‖ 参见 جميل [jamīl]，beautiful，elegant，good，fair，becoming。《伊哈雅仪》页 2，列 3，行 19。

كِيَوْنِ [giau ni]，胶泥 [jiao ni]，clay

波/阿 لَزْبُ [lazbu] ‖ 参见 لَذِبَ [laẕiba]，粘着，粘贴，粘附，《新阿汉大词典》页 1833，左。《李殿君》页 170，列 6，行 3–5。

كِيَوْ وَآن [giau wan]，交往 [jiao wang]，communication，contact

波/阿 عامل [ʻāmala]，交往，交易，交际，做买卖，《新阿汉大词典》页 1395，右。《李殿君》页 39，列 4，行 16–18。

按，آن-[-ān]在小儿锦中表示开口后鼻韵母-ang。

كِيَو هِءِ غِ [giau hi’ingh]，教训 [jiao xun]，chide，lesson

波/阿 تَعْزِيرَ [taʻziīra] ‖ 参见 تعزير [taʻzīr]（v.n. 2 of عزر），reproving，censuring，beating，inflicting stripes below the full number appointed by law，punishment。《李殿君》页 114，列 1，行 10。

按，“训”字应为前鼻韵母，此处小儿锦拼为后鼻音。

كِيَوْ هِؤغِ [giau hiüngh]，教训 [jiao xun]，lesson，exhortation

波/阿 تَعْزِيرَ [taʻziīra] ‖ 参见 تعزير [taʻzīr]（v.n. 2 of عزر），reproving，censuring，beating，inflicting stripes below the full number appointed by law，punishment。《李殿君》页 68，列 4，行 10–12。

按，“训”字应为前鼻韵母，此处小儿锦拼为后鼻音。

كَيَه [gia]，节 [jie]，joint，node，knot

波/阿复数：فقر [fiqar]，单数：فقرة [fiqrat] ‖ 参见 فقرة [fiqrat]，a vertebra，骨节。《伯亚尼》页 2，列 2，行 14。

كَيَه ءٌ [gia 'un]，节文 [jie wen]（章节），sections

波/阿 فقى ه [feqīh]，按，应为فقر ه[fiqrat]，the rhymed cadence of an Arabic oration。《伯亚尼》页 2，列 3，行 14。

كِيَ ىُ [gia yu]，解忧 [jie you]，relieve sorrows，relieve worries

波/阿 سلى [sallaī] ‖ 参见 سلا [sallā]，使忘记，安慰，解愁，消愁，消除痛苦，《新阿汉大词典》页 950，右。《李殿君》页 26，列 3，行 13–15。

گٍ ىَ ىَ [gin ya ya]，金叶叶 [jin ye ye]（金叶子），golden leaves

波/阿 كاغذزر [kāghaẕ-i zar] ‖ 参见 كاغذزر [kāghaẕi zar]，gilt paper，gold leaf，any paper in which gold-beaters envelope gold and silver leaf，波斯语，直译为“金纸”。《真境花园》页 2，列 2，行 15。

كَيًا كوَى [gian kuai]，剑快 [jian kuai]（快速），quick

波/阿 يرهق [yarahaq] ‖ 参见 رهق [rahiqa]，急忙，赶忙，匆忙，《新阿汉大词典》页 794，右。《伯亚尼》页 5，列 2，行 27。

ل Lām

لَ [la]，来 [lai]，come

波/阿（1） جاء [jā’]，来到，来临，《新阿汉大词典》页 329，左。《李殿君》页 21，列 3，行 16–18；同书页 116，列 1，行 16。

波/阿（2）هَلُمَّ [halluma] ‖ 参见 هلم [hilamm]，come on。《李殿君》页 97，列 4，行 1。

波/阿（3） وَرْدِ [wardi] ‖ 参见 ورد [wird]，approach，access（to water）。《李殿君》页 49，列 1，行 10–12。

波/阿（4） أَتَى [atā]，来，来到，来临，《新阿汉大词典》页 8，左，页 329，左（جاء [jā’]的同义词）。《李殿君》页 102，列 3，行 16。

波/阿（5） هَاتَ [haāta] ‖ 参见 هات [hāt]，grant，let it be so，هيت [hīt]，请过来，《新阿汉大词典》页 2220，左。《李殿君》页 99，列 2，行 10。

لِ [li]，离 [li]，leave

波/阿 شَحْطِ [šahṭi] ‖ 参见 شحط [šahṭ]，being far，distant，absent。《李殿君》页 58，列 2，行 4–6。

لِ [li]，狸 [li]，racoon dog，fox

波/阿 سَمْسَمُ [samsamu] ‖ 参见 سمسم [samsam]，a fox。《李殿君》页 53，列 1，行 4–6。

لِ [li]，礼 [li]，polite，rite

波/阿（1） أَدَبُ [adabu] ‖ 参见 ادب [adab]（v.n.），being courteous，polite。《李殿君》页 12，列 1，行 10–12。

波/阿（2） وَجْهَ [wajha] ‖ 参见 وجه [wajh]，mode，manner，honour，authority，veneration，respect，dignity，nobility，greatness，high rank。《李殿君》页 19，列 4，行 7–9。

لِ [li]，李 [li]，plum

波/阿 اِجَاصِ [ijaāṣi] ‖ 参见 اجاص [ijjāṣ]，a plum，an apricot，a pear。《李殿君》页 12，列 5，行 10–12。

لِ [li]，利 [li]，profit，benefit

波/阿 رِبْحَ [ribha] ‖ 参见 ربح [ribh，rabah]，gaining，profit in trade，usury。《李殿君》页 8，列 2，行 16–18。

لِوْ [liü]，驴 [lü]，a donkey

波/阿 حِمَارَ [hilāra] ‖ 参见 حمار [himār]，a donkey。《李殿君》页 123，列 5，行 13。

لً [lan]，篮 [lan]，basket，basketry

波/阿 قفولة [qufūlati]，按，قفول [qufūl]在阿拉伯语中意为锁，疑此处对应汉字应为“拦”。《李殿君》页 74，列 4，行 7–9。

لًّ [la]，烂 [lan]，rotten，corrupted

波/阿 آجْنِ [ājni] ‖ 参见 آجن [ājin]，corrupted。《李殿君》页 100，列 4，行 1。

لٍ [lin]，临 [lin]，just before，be about to，face，overlook，arrive，near

波/阿（1） اطل [aṭl]，胁腹，侧，《新阿汉大词典》页 40，左。《李殿君》页 66，列 1，行 16–18。

波/阿（2） لَدْنِ [ladni] ‖ 参见 لدن [ladun，ladan，ladin]，to，with，nigh，near，at。《李殿君》页 41，列 1，行 4–6。

波/阿（3） فطم [faṭm]，按，此词在阿拉伯语中主要意义为断奶，如何与该小儿锦及对应汉字意义协调，待考。《李殿君》

页 41，列 5，行 4–6。

لِ [lin]，林 [lin]，forest

波/阿 آيْكِ [aīki] ‖ 参见 ايک [aik]，a forest。《李殿君》页 99，列 5，行 10。

لِ [lin]，领 [ling]，leader，lead，collar

波/阿（1） قَادَ [qaāda] ‖ 参见 قادة [qādat，qāda]，leaders，captains。《李殿君》页 24，列 3，行 10–12。

波/阿（2） قلفة，此词在阿拉伯语中意为包皮，未查到与“领”有关的意义。《李殿君》页 33，列 3，行 16–18。

按，“领”字应为后鼻韵母，此处小儿锦拼为前鼻音。

لِ [lin]，铃 [ling]，ring

波/阿（1） جَلاَجِلِ [jalaājili] ‖ 参见 جلاجل [jalājil]，bells。《李殿君》页 85，列 5，行 10。

波/阿（2） جِرْسِ [jirsi] ‖ 参见 جرس [jaras]，a bell appended to the neck of a camel，&c.，[jars]（v.n.），emitting a low sound，humming，speaking，chanting，part of the night，（also jirs）a soft sound，a clash，echo。《李殿君》页 63，列 2，行 10–12。

按，“铃”字应为后鼻韵母，此处小儿锦拼为前鼻音。

لِ [li]，灵 [ling]，clever，effective，agility，sprite

波/阿 دالوع，按，此词待考。《李殿君》页 51，列 5，行 10–12。

按，“灵”字应为后鼻韵母，此处小儿锦未标示鼻音。

لِ [lin]，令 [ling]，order

波/阿 نَكَالِ [nakāli] ‖ 参见 نكال [nakāl]，exemplary punishment，chastisement，a public and ignominious exposure。《李殿君》页 69，列 5，行 16–18。

按，“令”字应为后鼻韵母，此处小儿锦拼为前鼻音。

لًا [lan]，篮 [lan]，basket

波/阿 بدارة，按，此词待考。《李殿君》页 54，列 2，行 13–15。

لُ آب [lu āb]，露水 [lu shui]，dew

波/阿 طَلّ [ṭalli] ‖ 参见 طل [ṭall]（v.n.），（dew） slightly moistening （the ground），drizzle，dew，mist。《李殿君》页 12，列 5，行 1–3。

按，该小儿锦的第二部分آب[āb]为波斯语表意借词，意为水。明四夷馆本《回回馆杂字》"地理门" 第 47 词 "آب（āb），水，阿卜"，即此。小儿锦使用者虽然书写时取波斯文原形，但仍按对应汉语意义读为 "水"。

لًا سًا [lan san]，烂散 [lan san]，dispersed

波/阿 پريشان [parīšān] ‖ 参见 پريشان [parīšān]，dispersed，scattered，dishevelled。《真境花园》页 5，列 1，行 8。

لآن [lan]，螂 [lang]，cockroach，mantis

波/阿 صَرْصَرَ [ṣarṣara] ‖ 参见 صرصر [ṣarṣar]，a cricket。《李殿君》页 17，列 5，行 10–12。

按，آن-[-ān]在小儿锦中表示开口后鼻韵母-ang。

لآن [lan]，狼 [lang]，wolf

波/阿（1） طِبْسِ [ṭibsi] ‖ 参见 طبس [ṭibs]，a wolf。《李殿君》页 68，列 1，行 4–6。

波/阿（2） ذِئْبُ [ẕi'bu] ‖ 参见 ذئب [ẕi'b，ẕīb]，a wolf。《李殿君》页 11，列 3，行 10–12。

波/阿（3） ذِءيبُ [ẕi'ību] ‖ 参见 ذئب [ẕi'b]，a wolf。《李殿君》页 132，列 2，行 3。

波/阿（4） عَسَاس ['asaāsi] ‖ 参见 عساس ['isās]，a wolf。《李殿君》页 100，列 3，行 16。

按，آن-[-ān]在小儿锦中表示开口后鼻韵母-ang。

لَآن [lan]，浪 [lang]，wave，unrestrained，dissolute

波/阿（1）ونج（或وفج），按，此词待考。《李殿君》页 35，列 1，行 4−6。

波/阿（2） نجح [nujh]，happening fortunately，having one's wishes accomplished，being easy，expeditiously transacted。《中文消经》页 2，列 3，行 1。

按，آن-[-ān]在小儿锦中表示开口后鼻韵母-ang。

لِآن [lian]，量 [liang]，quantity

波/阿 مِقدَارَ [miqdaāra] ‖ 参见 مقدار [miqdār]，quantity，space，measure，dimension，proportion，rate，amount。《李殿君》页 54，列 3，行 10−12。

按，آن-[-ān]在小儿锦中表示开口后鼻韵母-ang。

لَآن فِ [lan fi]，浪费 [lang fei]，waste

波/阿 بَذَرَ [bazra] ‖ 参见 بَذَرْ [bazr]，scatter。《李殿君》页 109，列 6，行 13。

按，آن-[-ān]在小儿锦中表示开口后鼻韵母-ang。

لًا ۋ [lan ü]，蓝玉 [lan yu]，sapphire

波/阿 فِيرُوْزَخِ [fīrūzakhi] ‖ 参见 فيروزج [fīrūzaj]，a turquoise-stone。《李殿君》页 162，列 2，行 4−6。

لَءِغ [la'ingh]，冷 [leng]，cold

波/阿 بَرْدِ [bardi] ‖ 参见 برد [bard]（v.n.），becoming or making cold，striking cold，applying cool antimony to the eye，filing，cold，chilliness。《李殿君》页 13，列 2，行 4−6。

لِءِغ [l'ingh]，领 [ling]，lead，collar

波/阿 قبول [qabūl]，接受，领受，招收，同意，赞成，《新阿汉大词典》页 1581，右。《李殿君》页 24，列 4，行 7−9。

لِ بِيًا [li bian]，里边 [li bian]，inside

波/阿 بَاطِنِ [bāṭini] ‖ 参见 بَاطِنِ [bāṭin]，interior。《李殿君》页 108，列 4，行 16。

لِ ڃِ [lin ji]，邻居 [lin ju]，a neighbor

波/阿 جِيرَانِ [jīrāni] ‖ 参见 جِيرَانِ [jīrān]，neighbors。《李殿君》页 120，列 2，行 7。

按，拼写“居”字的小儿锦字母ڃ笔者目前只收集到个别例子，暂转写为[j]，未列入字母表。

لِ ثِ [li ṣi]，利息 [li xi]，interest

波/阿 رِبْحَ [rabha] ‖ 参见 ربح [ribh，rabah]，gaining，profit in trade。《李殿君》页 132，列 3，行 16。

لِ ثِيُوْ [lin ṣiu]，领袖 [ling xiu]，leader，chief，head

波/阿（1）قِدْوَةِ [qidwati] ‖ 参见 قدوة [qadwat，qidwat，qidwa]，an example，exemplar，pattern，model，any person or thing imitated，a leader，chief，a man of renown，a trodden road。《李殿君》页 78，列 5，行 13−15；同书页 163，列 2，行 7−9。《中文消经》页 2，列 2，行 17。

波/阿（2）قلب [qalb]，heart，mind，soul，understanding，intellect。《伊哈雅仪》页 5，列 2，行 6。

按，“领”字应为后鼻韵母，此处小儿锦拼为前鼻音。

لٌ جُوًا [lun juan]，轮转 [lun zhuan]，a wheel

波/阿 دَوْلَبِ [daūlabi] ‖ 参见 دولاب [daulāb]，a water-wheel。《李殿君》页 130，列 4，行 13。

لَ جِى [la ji]，（胢[1]脂）［劣质］[lie zhi]，of poor quality，of low quality，inferior

---

〔1〕《康熙字典》未收此词。

波/阿 خلاف [khilāf] ‖ 参见 خلف [khalaf]，变坏，变质，腐朽，腐坏，《新阿汉大词典》页 552，右。《李殿君》页 35，列 5，行 7–9。

لُ چُوَانْ [lun čuan]，龙床 [long chuang]，a royal bed

波/阿 تخت [takht] ‖ 参见 تخت [takht]，a bed，a royal throne，any place raised above the ground for sleeping，sitting，or reclining。《真境花园》页 11，列 1，行 2。

按，“龙”字应为后鼻韵母，此处小儿锦拼为前鼻音。آن-[-ān] 在小儿锦中表示开口后鼻韵母-ang。

لِ خَ [li ha]，厉害 [li hai]，fearfulness

波/阿 شَدِيدَ [šadiīda] ‖ 参见شديد [šadīd]，strong，vehement，violent，intense，vigorous，difficult，arduous，heavy，grave，heinous。《李殿君》页 73，列 3，行 7–9。

لِ دِ [lin din]，临近 [lin jin]，approach

波/阿 دنا [danā]，接近，走近，将近，临近，靠近，《新阿汉大词典》页 646，右。《伯亚尼》页 4，列 2，行 5。

按，将普通话声母 j-，q-读为 d-，t-者，多半操甘肃临夏口音。

لِ دِ [li di]，犁地 [li di]，plough

波/阿 اِثَارَةِ [iṣaārati] ‖ 参见 اثارة [iṣārat]，plough。《李殿君》页 102，列 6，行 16。

لِ دَآن [lin dan]，铃铛 [ling dang]，a small bell

波/阿 جُرْسِ [jars] ‖ 参见 جُرس [jaras]，a bell appended to the neck of a camel。《李殿君》页 118，列 6，行 7。

按，“铃”字应为后鼻韵母，此处小儿锦拼为前鼻音。آن-[-ān] 在小儿锦中表示开口后鼻韵母-ang。

لَ دُوَ [lan dua]，懒惰 [lan duo]，lazy

波/阿 كَسْلِ [kasli] ‖ 参见 كسل [kisl，kasal，kasil]，sluggish，

laziness，indolence，lazy，languid。《李殿君》页 168，列 2，行 7–9。

لُ دِوْ [lu diu]，（菉）[绿]豆 [lü dou]，mung bean

波/阿 عَدْسِ [‘adsi] ‖ 参见 عدس [‘adas]，a lentil。《李殿君》页 12，列 4，行 10–12。

لُ دِوْ [lu diu]，笼头 [long tou]，bridle

波/阿 لُجَامِ [lujaāmi] ‖ 参见 لجام [lijām]（from P. لگام ligām），a bridle，reins，a mark burnt upon cattle，a menstruous cloth。《李殿君》页 79，列 5，行 13–15。

لِ زْ [li z]，栗子 [li zi]，chestnut

波/阿 لَوْزِ [laūzi] ‖ 参见 لوز [lauz]，an almond，a kind of sweetmeat。《李殿君》页 12，列 3，行 7–9。

لِ زْ [li z]，李子 [li zi]，a plum

波/阿 اِجَاصِ [ijāṣi] ‖ 参见 اِجّاص [ijjāṣ]，a plum。《李殿君》页 103，列 4，行 4。

لِ ژٌ [li jhun]，利润 [li run]，profit

波/阿 عادة [‘ādt] ‖ 参见 عادة [‘āidat，‘āda]，return，produce，profit。《伊哈雅仪》页 2，列 4，行 15。

لِ شِ ْ [lin ši]，领受 [ling shou]，accept，grasp，comprehend，understand

波/阿 استعداد [isti‘dād] ‖ 参见 استعداد [isti‘dād]（v.n. 10 of عدّ），preparing，making preparation，getting ready for，skill，aptness，aptitude，merit，means，mental powers，talent，parts。《中文消经》页 2，列 3，行 3。

按，“领”字应为后鼻韵母，此处小儿锦拼为前鼻音。

لِ شُوْ [li šū]，里数 [li shu]，miles，distance

波/阿 فُرْسَخِ [fursakhi] ‖ 参见 فرسخ [farsakh]，a parasang，a league, about 18000 feet in length。《李殿君》页 38, 列 3, 行 13–15；同书页 160，列 5，行 4–6。

لِ شىء [li šā']，礼物 [li wu]，gift

波/阿 هَدِيَةِ [hadiyati] ‖ 参见 هدية [hadīyat]（in P. also hadiya，hadya），a present，especially one offered to superiors，an animal offered in sacrifice at Mecca，an offering on the altar，a bride。《李殿君》页 69，列 1，行 7–9。

按，该小儿锦第二部分شىء[šā']为阿拉语表意借词，其对应的汉语意思为事，物，东西。小儿锦使用者虽然书写时取阿拉伯文原形，但仍按对应汉语意义读为“物”。

لِ شِيُو [lin šiu]，领袖 [ling xiu]，leader

波/阿 صناديد [ṣanādīd] ‖ 参见 صناديد [ṣanādīd]，kings。《伯亚尼》页 4，列 3，行 29。

按，“领”字应为后鼻韵母，此处小儿锦拼为前鼻音。

لَغَ [lagha]，癞 [lai]，leprosy， favus of scalp

波/阿 جِذَامِ [jizaāmi] ‖ 参见جذام [juẕām]，the leprosy。《李殿君》页 42，列 2，行 4 – 6。

按，此处“癞”字小儿锦双元音拼音中的字母غ[gh]，应理解为ع[ê]，即读为لَعَ [laea]。

لَغَ [lagha]，勒 [lei]，rein， tie sth. tight

波/阿 خَنْقِ [khanqi] ‖ 参见خنق [khanq](v.n.)，strangling。《李殿君》页 21，列 3，行 4 – 6。

按，此处“勒”字小儿锦双元音拼音中的字母غ[gh]，应理解为ع[ê]，即读为لَعَ [laea]。

لَغِ [laghi]，雷 [lei]，thunder

波/阿رَعْدَ [ra'da] ‖ 参见رعد [ra'd](v.n.)，thundering，thunder。《李殿君》页 10，列 1，行 10－12。

按，此处“雷”字小儿锦双元音拼音中的字母غ[gh]，应理解为ع[ê]，即读为لَع [laei]。

لَغِ [laghi]，泪 [lei]，tear

波/阿دَمْعِ [dam'i] ‖ 参见دمع [dam'](v.n.)，weeping，a tear。《李殿君》页 18，列 2，行 10－12。

按，此处“泪”字小儿锦双元音拼音中的字母غ[gh]，应理解为ع[ê]，即读为لَع [laei]。

لَغِ [langh]，冷 [leng]，cold，frosty，unfrequented，sarcastic

波/阿（1）صَرْدِ [ṣardi] ‖ 参见 صرد [ṣarad]，being soon sensible of cold。《李殿君》页 77，列 2，行 10–12。

波/阿（2）بَرْدِ [bardi] ‖ 参见 بَرْدِ [bard]，being cold。《李殿君》页 110，列 5，行 1。

لِغِ [lingh]，陵 [ling]，mausoleum

波/阿 نيم [niīma] ‖ 参见 نوم [nūm]，睡。此词意义与该小儿锦及对应汉字有异，待考。《李殿君》页 32，列 2，行 7–9。

لَغَا [lagha]，辣 [la]，hot，peppery

波/阿 حَرَافَةِ [hara ā fti] ‖ 参见 حرافة [har ā fat]，sharpness of taste。《李殿君》页 4，列 2，行 16–18。

按，此处“辣”字小儿锦开口元音拼音中的字母غ[gh]，应理解为 ع[ê]，即读为لَعَا [laea]。

لَغَا [lagha]，（朒）[1]［烛］[zhu]，insects

波/阿 شَمْعِ [šam'] ‖ 参见شمْع [šam']，蜡，蜡烛。《新阿汉大词典》页 1072，右。《李殿君》页 4，列 1，行 16–18。

[1]《篇海类编》子余切，音沮，虫也。《康熙字典》，未集下，肉部十，中州古籍出版社，2006 年。

按，此处小儿锦开口元音拼音中的字母غ[gh]，应理解为ع[ê]，即读为لَعَا [laea]，其对应汉字实际上是“烛”，该小儿锦拼的是“蜡”字。

لَغَاً [laghan]，拦 [lan]，bar，block，hinder，hold back，cut off

波/阿 اِعْرَاضِ [i'rsāẓi] ‖ 参见 اعراض [i'rāẓ]（v.n. 4 of عرض），avoiding，opposing。《李殿君》页 67，列 2，行 7–9。

按，此处小儿锦开口元音拼音中的字母غ[gh]，应理解为ع[ê]，即读为 لَعَا [laean]。

لَغَاً [lghan]，篮 [lan]，basket，basketry

波/阿（1） مْشِاَةِ [mšiāti]，即 مشاة [miš'āt]，篮，筐，《新阿汉大词典》页 1002，右。《李殿君》页 18，列 1，行 16–18。

波/阿（2） مْنِجَفْ [mnijafu]，即 منجف [minjaf]，草袋提篮，器皿，《新阿汉大词典》页 2016，左。《李殿君》页 47，列 3，行 10–12。

按，此处小儿锦开口元音拼音中的字母غ[gh]，应理解为ع[ê]，即读为لَعَا [laean]。

لَغَاً [laghan]，揽[榄] [lan]，oliver

波/阿 زَيْتُوْنِ [zaītuūni] ‖ 参见 زيتون [zaitun]，an oliver。《李殿君》页 87，列 1，行 10。

按，此处小儿锦开口元音拼音中的字母غ[gh]，应理解为 ع[ê]，即读为 لَعَا [laean]。

لَغَاً [laghan]，懒 [lan]，lazy

波/阿 كَسْلِ [kasli] ‖ 参见 كسل [kasal]（v.n.），being torpid，sluggish，laziness，indolence，cowardice，sickness。《李殿君》页 14，列 2，行 13。

按，此处小儿锦开口元音拼音中的字母غ[gh]，应理解为ع[ê]，即读为لَعَا [laean]。

لَغًا [lghan]，烂 [lan]，sodden，mashed，rotten，messy，worn out，corrupted，soft

波/阿（1） كظ [kaẑ]，挤满，《新阿汉大词典》页 1763，左。《李殿君》页 75，列 1，行 16−18。按，此词意义与该小儿锦及对应汉字有异，待考。

波/阿（2） زَلْع [zal'a] ‖ 参见 زَلْع [zal'a]，being corrupted。《李殿君》页 81，列 4，行 1。

按，此处小儿锦开口元音拼音中的字母غ[gh]，应理解为ع[ê]，即读为لَعًا [laean]。

لَ غًا دَآن [laghan dan]，拦挡 [lan dang]，stop，decline

波/阿 اِعْراضُ [i'rāẓu] ‖ 参见 اِعْراضُ [i'rāẓ]，decline。《李殿君》页 105，列 1，行 10。

按，此处小儿锦开口元音拼音中的字母 غ[gh]，应理解为ع[ê]，即读为لَعًا[laean]。آن-[-ān]在小儿锦中表示开口后鼻韵母-ang。

لَغَا زْ [lgha z]，辣子 [la zi]，cayenne pepper，chili，hot pepper，peppery

波/阿 فُلْفُلِ [fulfuli] ‖ 参见 فلفل [filfil，fulful]，pepper（胡椒），long pepper，red pepper，capsicum，round pepper。《李殿君》页 13，列 5，行 1−3；同书页 161，列 4，行 10−12。

按，此处“辣”字小儿锦开口元音拼音中的字母غ[gh]，应理解为ع[ê]，即读为لَعَا زْ [leaz]。

لَغًا زْ [lghan z]，篮子 [lan zi]，baskets

波/阿 بَدَالَةِ，按，此词待考。《李殿君》页 109，列 5，行 10。

按，此处“篮”字小儿锦前鼻韵母开口元音拼音中的字母غ[gh]，应理解为ع[ê]，即读为لَعًا زْ [lean z]。

لَ غًا زْ [laghan z]，篮子 [lan zi]，skep，basket

波/阿 حَقِيرَةِ [haqīrati]，按，此词在阿拉伯文中无篮子的意义，

或为 حقية [haqqīyat]，a holding，tenure，share。《李殿君》页 123，列 1，行 7。

按，此处“篮”字小儿锦开口元音拼音中的字母غ[gh]，应理解为ع[ê]，即读为 لَ عَانْ [laean z]。

لَغَ جِغ [lagha jingh]，癞症 [lai zheng]，favus on the head

波/阿 جِذَام [jizāmu] ‖ 参见 جِذَام [juzām]，the leprosy。《李殿君》页 118，列 2，行 4。

按，此处“癞”字小儿锦开口元音拼音中的字母غ[gh]，应理解为ع[ê]，即读为لَع جِغ [laea jingh]。

لَغِ شِغ [laghi šingh]，雷声 [lei sheng]，thunder

波/阿 رَعْدِ [ra'di] ‖ 参见 رعد [ra'd]，thunder，or its presiding angel，thundering。《李殿君》页 134，列 4，行 10。

按，此处“雷”字小儿锦开口元音拼音中的字母غ[gh]，应理解为ع[ê]，即读为لَعِ شِغ [laei šingh]。

لَغآن فِ [lghan fi]，浪费 [lang fei]，waste，squander

波/阿 بَذَّرَ [bazzara] ‖ 参见 بذر [bazr]，squandering money。《李殿君》页 23，列 1，行 13–15。

按，此处“浪”字小儿锦拼音中的字母غ[gh]，应理解为ع[ê]，即读为لَعآن فِ[lean fi]。آن-[-ān]在小儿锦中表示开口后鼻韵母-ang。

لَغَا مُوِى [lgha mui]，腊梅 [la mei]，calyx canthus

波/阿 قطلب [quṭlab]，按，此词待考。《李殿君》页 64，列 5，行 1–3。

按，此处“腊”字小儿锦开口元音拼音中的字母غ[gh]，应理解为 ع[ê]，即读为لَعَا مُوِى[lea mui]。

لِ ْ فً [len fan]，冷风 [leng feng]，cold wind

波/阿 بصر [baṣar] ‖ 参见 بصر [baṣar]，vision。《伯亚尼》页

3，列 3，行 22。

按，“冷”字和“风”字均应为后鼻韵母，此处小儿锦拼为前鼻音。此词小儿锦及对应汉字与对应阿拉伯文意义有明显差别，待考。

لِ كِ [lin gin]，临近 [lin jin]，close to，near，draw on，approach

波/阿（1） قُرِيبُ [quriību] ‖ 参见 قريب [qarīb]，near，in point of time，place，or connection。《李殿君》页 13，列 1，行 1–3；同书页 164，列 1，行 4–6。

波/阿（2） وطى [waṭī]，拜访，访问，登门拜访，《新阿汉大词典》页 2292，右。《李殿君》页 79，列 3，行 1–3。

波/阿（3） شارف [šāraf]，接近，将近，《新阿汉大词典》页 1032，左。《李殿君》页 43，列 4，行 16–18。

波/阿（4） كَرُبَ [karuba] ‖ 参见 كرب [karb，kurb]，near，thereabout。《李殿君》页 167，列 5，行 13–15。

波/阿（5） حنا [hanā]，按，此词待考。《李殿君》页 25，列 1，行 1–3。

波/阿（6） لَدْنِ [ladni] ‖ 参见 لدن [ladun，ladan，ladin]，near，nigh。《李殿君》页 170，列 4，行 4–6。

لِ كِءِغ [lin g'ingh]，临近 [lin jin]，near，approach

波/阿 كَرُبَ [karuba] ‖ 参见 كرب [kurb]，near，thereabout。《李殿君》页 34，列 4，行 16–18。

按，“近”字应为前鼻韵母，此处小儿锦拼为后鼻音。

لِ كِءِوْ [li g'iü]，离去 [li qu]，leave

波/阿 دَحْقِ [dahqi] ‖ 参见 دحق [dahq]，driving to a distance。《李殿君》页 87，列 3，行 1。

لِكِـِغ [lin gingh]，临近 [lin jin]，near，approach

波/阿 اَزْفُ [azfu] ‖ 参见 اَزْفْ [azaf]，approach。《李殿君》

页 104，列 4，行 10。

按，“近”字应为前鼻韵母，此处小儿锦拼为后鼻音。

لِ كِوْءِ [lin giü'i]，邻居 [lin ju]，neighbor

波/阿 جِيرَانَ [jiīraāna] ‖ 参见 جيران [jīrān]（pl. of jār），neighbours。《李殿君》页 68，列 4，行 4–6。

لِ كِوْءِ [li giü'i]，离去 [li qu]，leave

波/阿 دَحْقِ [dahqi] ‖ 参见 دحق [dahq]，driving to a distance。《李殿君》页 128，列 6，行 13。

لِ كِي [lin gin]，临近 [lin jin]，near，approach

波/阿（1） تقريب [tqrīb] ‖ 参见 تقريب [taqrīb]，approaching。《满俩》页 6，行 1。

波/阿（2） اَطَلَ [aṭala] ‖ 参见اطل [aṭl]，胁腹，侧，《新阿汉大词典》页 40，左。《李殿君》页 105，列 3，行 4。

لِ لِيَآن [li lian]，力量 [li liang]，power，strength，force

波/阿（1） قُوَةِ [quwati] ‖ 参见 قوى [qawīy]，strength，vigor，powerful，vigorous，阿拉伯语。《李殿君》页 83，列 1，行 7；同书页 166，列 3，行 4–6。

波/阿（2） نيروى [nīruī] ‖ 参见 نيروى [nīruī，nīrūī]，power，波斯语。《真境花园》页 13，列 1，行 1。

按，آن-[-ān]在小儿锦中表示开口后鼻韵母-ang。

لِ مَوْ [li mau]，狸猫 [li mao]，a cat

波/阿 زُبَادِ [zubādi] ‖ 参见 زباد [zabād]，civet，the perfume of the civet cat。《李殿君》页 136，列 6，行 13。

لِ مَوْ [lin mau]，翎毛 [ling mao]，a feather

波/阿 رِيشِ [rīši] ‖ 参见 ريش [rīš]，the feather of a bird，plumage。《李殿君》页 136，列 3，行 10。

按，“翎”字应为后鼻韵母，此处小儿锦拼为前鼻音。

لِنْ دٌ [lian dun]，冷冻 [leng dong]，making cold

波/阿 برد [bard] ‖ 参见 برد [bard]，becoming or making cold，striking，cold，chilliness。《真境花园》页 6，列 1，行 10。

按，“冷”与“冻”均应为后鼻韵母，此处小儿锦拼为前鼻音。

لَ نِيًا [la nian]，来年 [lai nian]，next year

波/阿 قَابِلِ [qābili] ‖ 参见 قابل [qābil]，following，next year。《李殿君》页 90，列 1，行 1；同书页 162，列 2，行 7–9。

لَوْ [lau]，老 [lao]，aged，old

波/阿（1） عَجُوْز [‘ajuūz] ‖ 参见 عجوز [‘ajūz]，an old woman（applied to many things in a metaphorical or ironical sense which will be easily gathered from the context）。《李殿君》页 5，列 1，行 10–12。

波/阿（2） شَيْخ [šaīkha] ‖ 参见 شيخ [šaikh]，old age。《李殿君》页 5，列 4，行 1–3。

لَوْ [lau]，劳 [lao]，work，doing a favor

波/阿 ئل，按，此词待考。《李殿君》页 48，列 2，行 1–3。

لَوْ [lau]，痨 [lao]，phtisis

波/阿 سُلّ [sulli] ‖ 参见 سل [sill （in P. sil），sull]，ulceration of the lungs。《李殿君》页 26，列 1，行 16–18。

لُوَ [lua]，烙 [lao]，brand，iron，bake in a pan

波/阿 كَوى [kaoya] ‖ 参见 كَوى [kauya]，烧伤，《阿汉词典》页 1147。《李殿君》页 83，列 3，行 10；同书页 169，列 1，行 10–12。

لِوْ [liu]，楼 [lou]，floor，a storied building

波/阿（1） غرفة [ghurfat]，室，房间，屋子，《新阿汉大词典》页 1446，左。《李殿君》页 49，列 2，行 16–18。

波/阿（2） مِنْبَرَ [minbara] ‖ 参见 منبر [miṃbar]，a pulpit，a high chair，reading-desk，a shelf，a counter。《李殿君》页 37，列 2，行 7–9。

波/阿（3） بُرُوجَ [buruūja] ‖ 参见 بروج [burūj]（pl. of burj），towers，bastions，signs of the zodiac。《李殿君》页 77，列 3，行 4–6。

波/阿（4） دهليز [dihlīz]，走廊，长廊，《新阿汉大词典》页 649，右。《李殿君》页 37，列 1，行 10–12。

لِوْ [liu]，搂 [lou]，hug，embrace，cuddle，hold up

波/阿 عانق [ʻānaqa]，拥抱，抱紧，搂抱，《新阿汉大词典》页 1404，左。《李殿君》页 13，列 2，行 13–15。

لوٌ [lun]，陋 [lou]，shallow，ugly

波/阿 وَحِشِ [waihiši] ‖ 参见 وحش [wahš]，desert，desolate。《李殿君》页 28，列 3，行 16–18。

لِوْ [liu]，炉 [lu]，furnace，kiln，stove，oven

波/阿 تَنَوُرَ [tanaūura] ‖ 参见 تنور [tanūr]，an oven。《李殿君》页 73，列 2，行 13–15。

لُوُ [lu]，路 [lu]，road，way

波/阿（1） سَبِيلِ [sabiīli] ‖ 参见 سبيل [sabīl]，road。《李殿君》页 90，列 2，行 4。

波/阿（2） نَمْطِ [namṭi] ‖ 参见 نمط [namṭ]，way，manner。《李殿君》页 91，列 2，行 13。

波/阿（3） مَرَاغَمَ [maraāghamu]，按，应为مراغم [murāgham]，道路，出路，逃跑，《新阿汉大词典》页 759，左。《李殿君》页 77，列 2，行 1–3。

波/阿（4） بِلاطِ [bilāṭi] ‖ 参见 بلاط [balāṭ]，a smooth pavement of stones。《李殿君》页 99，列 1，行 16。

波/阿（5）ويرة，按，此词待考。《李殿君》页 28，列 1，行 16–18。

لُو [lu]，鹭 [lu]，aigret

波/阿 بلشون [balušūn]，苍鹭，《新阿汉大词典》页 159，左。《李殿君》页 47，列 2，行 4–6。

لُوَ [lua]，逻 [luo]，to patrol

波/阿 قراقول [qarā qūl]，在波斯语中此词指土库曼卡拉库尔羔羊皮，但此意义与该小儿锦及对应汉字意义不合。قول[qūl]在突厥语中指军队，团队，纵队，当源自蒙古语“廓勒”[qol]，قرا[qarā]应即突厥/蒙古语中之 qara，译言黑。质言之，قراقول [qarā qūl]应为突厥语，直译为“黑色的军队”。《李殿君》页 47，列 1，行 4–6。

لُوَ [lua]，罗 [luo]，lay in order one upon another

波/阿（1）ضَبْرَ [ẓabra] ‖ 参见 ضبر [ẓabr]，laying（stones，books，or papers）in order one upon another，a multitude rushing upon the enemy's ranks。《李殿君》页 28，列 2，行 1–3。

波/阿（2）زاب [zāb]，pile up，《新阿汉大词典》页 812：摞起。按，此处对应汉字“罗”应为“摞”之讹。《李殿君》页 75，列 5，行 10–12。

لُوَ [lua]，螺 [luo]，spiral shell

波/阿 قوقع [qawqa‘]，贝壳，《新阿汉大词典》页 1704，左。《李殿君》页 26，列 3，行 16–18。

لُوَ [lua]，落 [luo]，fall，drop，set，go down

波/阿（1）الافول [al-ufūl] ‖ 参见 افول [ufūl]，setting of the stars，the sun。《中文消经》页 3，列 3，行 5。ال[al-]为阿拉伯语名词定冠词。

波/阿（2） افل [afal]，（星）下落，没落，《新阿汉大词典》页 42，右。《李殿君》页 72，列 2，行 1–3。

لُوًا [luan]，乱 [luan]，chaos，in disorder，random，delirium，in confusion，promiscuity，turmoil

波/阿（1） هَذْرَ [hazra] ‖ 参见 هذر [hazar]，delirium，insanity。《李殿君》页 25，列 2，行 7–9。

波/阿（2） خربط [kharbaṭ]，此词在波斯语中意为笨伯，丑角，《波汉词典》页 899，右，与该小儿锦及对应汉字意义不合。或为阿拉伯文خربة[kharbaṭ]，意为灾难，祸患，《新阿汉大词典》页 496，左。《李殿君》页 53，列 1，行 16–18。

波/阿（3） شماطة [šamāṭat]，（方）吵闹，混乱，骚动，《新阿汉大词典》页 1071，左。《李殿君》页 75，列 3，行 4–6。

لَوْ ءٍ [lau 'in]，老鹰 [lao ying]，eagles

波/阿（1） قَطَامِى [qaṭāmī] ‖ 参见 قطامى [qaṭāmī，quṭāmī]，a kind of hawk（especially when darting his eye upon his prey），flesh of a hawk。《李殿君》页 28，列 3，行 4–6；同书页 164，列 3，行 13–15。

波/阿（2） حُدَاْءَةِ [huda'ati] ‖ 参见 حداة [hida'at]，a sparrow-hawk。《李殿君》页 121，列 3，行 10。

按，"鹰"字应为后鼻韵母，此处小儿锦拼为前鼻音。

لُوَ بُوَ [lua bua]，落（泊）［魄］[luo po]，be in dire straits，be down and out

波/阿 الزبول [al-zubūl] ‖ 参见 زبول [zubūl]，withering。《中文消经》页 3，列 3，行 9。

按，ال [al-]为阿拉伯语名词定冠词。

لِوْ تِى [liu ti]，楼梯 [lou ti]，stairs

波/阿 مَرْقِى [marqiī] ‖ 参见 مرقاة [marqāt]，a staircase。《李

殿君》页 92，列 5，行 13。

لَوْ چُ [lau ču]，老鼠 [lao shu]，a mouse

波/阿 موش [mūš]，a mouse。《真境花园》页 10，列 2，行 4。

لِوْ خُوْ [liu hu]，漏壶 [lou hu]，hourglass

波/阿 بِنَنَامُ，按，应为بنكام [bankām]，意为沙漏计时器，《新阿汉大词典》页 167，右。《李殿君》页 112，列 4，行 7。

لُوْ دِ [lu di]，绿［的］[lü]，green

波/阿 خويد [khawīd] ‖ 参见 خويد [khawīd，khiwīd，khwaid]，green corn，wheat or barley not yet in ear，绿色的庄稼。《真境花园》页 4，列 2，行 7。

按，该小儿锦对应汉字虽然只写了“绿”，但实际上拼写的是汉语“绿的”。

لُوْ دِوْ [lu diu]，六斗 [liu dou]，sixty litres

波/阿 وَسْقِ [wasqi] ‖ 参见 وسق [wasq，wisq，wasaq]，a load of corn weigh 60 ṣā‘。《李殿君》页 41，列 1，行 7–9。

لُوٌ دَوْ [lun dau]，路道 [lu dao]，road

波/阿 مُخْتَرِقِ [mukhtariqi] ‖ 参见 مخترق [mukhtaraq]，the time or place of passing，a ship’s course，a place whence or whither the wind blows。《李殿君》页 95，列 3，行 1。

لُو دَوْ فَانْ فَا [lu dau fan fa]，路道，方法 [lu dao fang fa]，way

波/阿 وتيرة [wtīrt] ‖ 参见 وتيرة [watīrat]，way。《满俩》页 5，行 8。

按，آن-[-ān]在小儿锦中表示开口后鼻韵母-ang。

لُوَ زْ [luwa z]，骡子 [luo zi]，a mule

波/阿 بَغلِ [baghli] ‖ 参见 بغل [baghl]，a mule。《李殿君》页 11，列 4，行 16–18；同书页 111，列 5，行 10。

لُوْ زْغَوْ [lu zghau]，绿枣 [lü zao]，green date，green jujube

波/阿 بَسْرَ [basra] ‖ 参见 بسر [busr]，unripe dates full grown and beginning to ripen，anything fresh，new and tender，young。《李殿君》页 45，列 3，行 13–15；同书页 110，列 4，行 13。

按，此处“枣”字小儿锦双元音拼音中的字母غ[gh]，应理解为ع[ê]，即读为لُوْ زْعَوْ [lu zeau]。

لُوِسِ [lui xin]，内心 [nei xin]，heart

波/阿 الضمير [al-ẓamīr] ‖ 参见 ضمير [ẓamīr]，heart。《伯亚尼》页 5，列 3，行 31。

按，部分小儿锦使用者所操方言中有声母 n-、l-不分现象。ال [al-]为阿拉伯语名词定冠词。

لَوْ شُ [lau šu]，老鼠 [lao shu]，mouse，rat

波/阿 فَارَةِ [fārati] ‖ 参见 فأرة [fa‘rat]，mouse，rat。《李殿君》页 159，列 3，行 4–6。

لُوُشِ [lu ši]，路石 [lu shi]（拦路石），trouble

波/阿 بِلَاءِ [balā'i] ‖ 参见 بلاء [balā']，患难，艰难，困苦，《新阿汉大词典》页 164，左，《波汉词典》页 309，左。《李殿君》页 112，列 2，行 1。

لُو شِ [lu ši]，类似 [lei si]，liking

波/阿 نظائر [nẑā'r] ‖ 参见 نظائر [naẑā'ir]，like，similar。《满俩》页 5，行 12。

لُو شُوِ جُو [lu šui ju]，露水珠 [lu shui zhu]，dew

波/阿 نم [nam]，dew。《真境花园》页 6，列 2，行 1。

لَو طُوَ [lau ṭua]，骆驼 [luo tuo]，camel

波/阿（1） فَنِيق [fanīqa] ‖ 参见 فنيق [fanīq]，a camel。《李殿君》页 161，列 2，行 16–18。

波/阿（2）كِدْنَةِ [kidnati] ‖ 参见 كدنة [kidnat，kidna]，the hump of a camel，驼峰。《李殿君》页 167，列 5，行 10–12。

波/阿（3）جَامِلِ [jāmili] ‖ 参见 جَامِلِ [jāmil]，a troop of camels with their owners and keepers，驼队。《李殿君》页 117，列 1，行 4。

波/阿（4）اِبِلِ [ibli] ‖ 参见 اِبِلِ [ibl]，camels。《李殿君》页 102，列 1，行–10。

لُوُغِ [lungh]，笼 [long]，cage

波/阿 قَفُصَةِ [qafuṣati] ‖ 参见 قفص [qafuṣ]，confining。《李殿君》页 95，列 5，行 10。

لَوْغِ تَوِ [laungh tiu]，笼头 [long tou]，headstall，halter

波/阿 لُجَامِ [lujāmi] ‖ 参见 لجامْ [lijām]，a bridle，reins。《李殿君》页 170，列 1，行 1–3。

لُوغِ زْ [lungh z]，聋子 [long zhi]，a deaf person

波/阿 طَرْشِ [ṭarši] ‖ 参见 طرش [ṭarš]，a slight deafness。《李殿君》页 85，列 4，行 10。

لُوُغِ زْ [lungh z]，笼子 [long zi]，a large box or chest

波/阿 قَفْصِ [qafṣi] ‖ 参见 قفص [qafṣ]，a bird's cage。《李殿君》页 165，列 4，行 1–3。

لُوُغِيَاهِيَآن [lungh yan xian]，龙涎香 [long xian xiang]，ambergris

波/阿 عَنْبَرَ ['anbara] ‖ 参见 عنبر ['anbar]，ambergris，a rich perfume，saffron。《李殿君》页 156，列 1，行 4–6。

按，آن-[-ān]在小儿锦中表示开口后鼻韵母-ang。

لِوْفَآن [liu fan]，楼房 [lou fang]，a storied building

波/阿（1）سَطحَ [saṭha] ‖ 参见 سطح [saṭh]，a flat roof，platform，terrace，the upper part。《李殿君》页 6，列 1，行 13–15；

同书页 140，列 5，行 1。

波/阿（2） بُرُوْجِ [burūji] ‖ 参见 بروج [burūj]，towers。《李殿君》页 110，列 1，行 10。

按，آن-[-ān]在小儿锦中表示开口后鼻韵母-ang。

لُوْ كِيُوْ [lu kiu]，掠去 [lüe qu]，loot

波/阿 سلب [slb] ‖ 参见 سلب [salb]，seizing by force。《满俩》页 3，行 3。

لُوَ كِ [lua gi]，（罗）[摞]起 [luo qi]，pile up

波/阿（1） رَكْمُ [rakmu] ‖ 参见 ركم [rakm]，heaping，piling up，accumulating。《李殿君》页 93，列 3，行 7–9；同书页 135，列 2，行 10–12。按，此两处对应汉字写为“罗起”。

波/阿（2） زَابَ [zāba] ‖ 参见 زاب [zāb]，pile up，《新阿汉大词典》页 812。《李殿君》页 136，列 6，行 10。此处对应汉字写为“摞起”。

لُوَ كِ ثِيُوَ [lua gi ṣiua]，逻辑学 [luo ji xue]，logic

波/阿 النطق [alnṭq] ‖ 参见 نطق [nuṭq，nuṭaq]，speaking，pronouncing，articulation，a word，speech，pronunciation。《伊哈雅仪》页 4，列 3，行 5。

لِوْ لِوْ [liu liu]，楼楼 [lou lou]，building

波/阿 صوموعة，疑为صومعة [ṣawma‘at]，修道院，尼庵，山尖，山头，山峰，圆锥顶形建筑物，《新阿汉大词典》页 1163，左。《李殿君》页 35，列 4，行 16–18。

لِوْ مٌ [liu mun]，楼门 [lou men]，the gate of a storied building

波/阿 دِهْلِيزَ [dihlīza] ‖ 参见 دهليز [dihlīz]，a vestibule，place between two gates，or between the outer gate and the house，走廊，长廊，《新阿汉大词典》页 649，右。《李殿君》页 131，列 2，行 1。

لِوْ نَانْ گِی مِ [liu nan gi mi]，内囊机密 [nei nang ji mi]，secret，classified，confidential

波/阿 اسرارهم [asrārham] ‖ 参见 اسرار [asrār]，secrets，mysteries，confidential concerns。《中文消经》页 2，列 2，行 3。

按，此处小儿锦将“内”字声母拼为 l-，说明部分小儿锦使用者所操方言有 l-与 n-不分现象。آن-[-ān]在小儿锦中表示开口后鼻韵母-ang。

لَوْ نِيًا ژِ [lau nian jhin]，年大的人 [nian da de ren]（《真境花园》），老年人[lao nian ren]（《伊哈雅仪》），a very old man

波/阿（1）پیرکهن [pīr-kuhan]，a very old man。《真境花园》页 9，列 1，行 8。波斯文پیرکهن [pīr-kuhan]的第一部分 پیر [pīr]，意为老，老者，在《明实录》中来自中亚的使臣头衔常有“皮儿”两字，即此。此字在小儿锦中亦用作表意借词。其第二部分کهن [kuhan]，译言“老的”，“旧的”。

波/阿（2）قديم [qadīm]，ancient，olden，archaic，former，without beginning or end。我国西北回族门宦中的老教“格底目”，即此字。《伊哈雅仪》页 2，列 3，行 21。

该小儿锦拼写的是“老年人”，在《伊哈雅仪》中与对应汉字完全相应，但《真境花园》对应汉字写为“年大的人”。”

لَ وِی [la wi]，辣味 [la wei]，spicy

波/阿 حَرَافَةِ [harāfati] ‖ 参见 حَرَافَة [harāfat]，sharpness of taste。《李殿君》页 121，列 5，行 16。

لِوی نَانْ [lui nan]，内囊 [nei nang]（内在，秘密），inside，secret

波/阿 اسرار [asrār] ‖ 参见 اسرار [asrār]（pl. of sirr），secrets，mysteries，confidential concerns。《中文消经》页 2，列 3，行 6。

按，“内”字拼为لوى [lui]显示部分小儿锦使用者所操口语中有齿音 n-与 l-的现象。آن-[-ān]在小儿锦中表示开口后鼻韵母-ang。

لِوْءِ [liü'i]，驴 [lü]，ass，donkey

波/阿 حِمَارِ [himaāri] ‖ 参见 حمار [himār]，a male ass，a donkey。《李殿君》页 12，列 2，行 7–9。

لِوْغِ يَاهِي يَآن [liüingh yan hian]，龙（延）[涎] 香 [long yan xiang]，ambergris

波/阿 أَبْلِيمِى [ablīmīu]，按，此词待考。《李殿君》页 102，列 3，行 10。

按，آن-[-ān]在小儿锦中表示开口后鼻韵母-ang。

لِ هِءِغِ [li h'ingh]，立行 [li xing]，stand

波/阿 اقام [aqaāma] ‖ 参见 قام [qām]，起立，站起，《新阿汉大词典》页 1706，右。《李殿君》页 47，列 5，行 1–3。

لِ هِي يِ غِ [li hingh]，立行 [li xing]，stand still

波/阿 أَقَامُ [iqāmu] ‖ 参见 أَقَامَة [iqāmat]，stand still，《新阿汉大词典》页 1708，右。《李殿君》页 106，列 2，行 1。

لِوْ七آن [liu qian]，掳抢 [lu qiang]，rob of

波/阿 سَبِّى [sabbīa] ‖ 参见 سبى [saby]，making a captive，taking prisoner，captive （a woman）。《李殿君》页 139，列 1，行 4。

按，آن-[-ān]在小儿锦中表示开口后鼻韵母-ang。

لِى [li]，礼 [li]，ceremony，manners，polite

波/阿（1） مُرْوَةِ [murwati] ‖ 参见 مروة [murūwat]，politeness。《李殿君》页 52，列 4，行 1–3。

波/阿（2） ملة [millat]，教义，信条，礼仪，仪式，典礼，《新阿汉大词典》页 1971，右。《李殿君》页 33，列 2，行 16–18。

لِى [li]，李 [li]，luggage

波/阿 ثَقْلِ [ṣaqli] ‖ 参见 ثقل [ṣaql]，luggage of travellers。《李殿君》页 90，列 4，行 7。

لِى [li]，里 [li]，inside

波/阿 بَاطِنِ [baaṭini] ‖ 参见 باطن [bāṭin]，interior。《李殿君》页 52，列 2，行 1–3。

لِ يِ [li yi]，礼仪 [li yi]，politeness

波/阿 أَدَبُ [adabu] ‖ 参见 أدب [adab]，politeness。《李殿君》页 103，列 5，行 16。

لِيًا [lian]，连 [lian]，link，connect

波/阿（1） الف [alifa]，喜欢和……交往，对……亲近，《新阿汉大词典》页 48，右。《李殿君》页 60，列 5，行 10–12。

波/阿（2） وِلَاءِ [wilaā'i] ‖ 参见 ولاء [walā']，kindred，relationship，assistance，authority，power，nearness。《李殿君》页 65，列 2，行 16–18。

لِيًا [lian]，莲 [lian]，lotus

波/阿 بَشْنِينِ [bašniīni] ‖ 参见 بشنين [bašnīn]，the Egyptian lotus。《李殿君》页 84，列 5，行 10。

لِيًا [lian]，脸 [lian]，face

波/阿 وَجْهِ [wajhi] ‖ 参见 وجه [wajh]，face，visage，aspect，countenance，effigy，presence，appearance，shape，semblance，surface，the side（of anything）。《李殿君》页 12，列 1，行 16–18。

لِيًا [lian]，链 [lian]，chain

波/阿 سَلَالَةِ [salaālati] ‖ 参见 سلالة [sulālat]，whatever is extracted from anything。《李殿君》页 82，列 2，行 13。

لِيًا جَاوْ [lian jau]，脸罩 [lian zhao]，mask

波/阿（1） بُرقَعَ [burqa'a] ‖ 参见 بُرقَع [burqa']，a lady's veil。《李殿君》页 110，列 1，行 7。

波/阿（2） اللثام [al-liṣām] ‖ 参见 لثام [liṣām]，a veil or a fillet bound over the mouth to disguise the face or to keep out the dust。《伯亚尼》页 4，列 1，行 29。ال为阿拉伯语名词定冠词。

波/阿（3） استازها [astāzhā]，按，此词待考。《伯亚尼》页 6，列 1，行 25。

لِيًا خُوَا [lian huwa]，莲花 [lian hua]，lotus flower

波/阿 بَشنينِ [bašnīni] ‖ 参见 بَشِنين [bušnīn]，the Egyptian lotus。《李殿君》页 110，列 2，行 16。

لِيًا زْ [lian z]，链子 [lian zi]，chain

波/阿（1） آغُلَالِ [āghulaāli] ‖ 参见 اغلال [aghlāl]，yokes or chains for the neck。《李殿君》页 85，列 3，行 7；同书页 105，列 2，行 13。

波/阿（2） سَلَالَةِ [salālati] ‖ 参见سلالة [sulālat]，世系，家系，家谱，血统，王朝，《新阿汉大词典》页 947，右。《李殿君》页 140，列 3，行 16。

لِيًا سِ [lian si]，练习 [lian xi]，exercise，practice，training

波/阿 مارس [māras]，开业，进行，从事……工作，实行，使命（职权等），《新阿汉大词典》页 1921，右。《李殿君》页 51，列 3，行 13–15。

لِيًا سِ [lian si]，联系 [lian xi]，link

波/阿 نسبة [nisbat]，relation connection。《满俩》页 3，行 13。

لِيَآن [lian]，梁 [liang]，girder

波/阿 سُقْفُ [suqfu] ‖ 参见 سقف [saqf]，（v.n.），covering in，roofing（a house），a roof，a platform，the sky。《李殿君》页 11，列 4，行 7–9。

按，آن-[-ān]在小儿锦中表示开口后鼻韵母-ang。

لِيَآن [lian]，量 [liang]，measure

波/阿 كَيْلِ [kaili] ‖ 参见 [kail]（v.n.） measuring（grain），measuring out，weigh，computing or measuring one thing by another，a measure of grain，also of other dry goods and liquids。《李殿君》页 2，列 2，行 16–18；同书页 169，列 1，行 13–15。

按，آن-[-ān]在小儿锦中表示开口后鼻韵母-ang。

لِيَآن [lian]，良 [liang]，good，fine

波/阿 حَرَّةِ [harrati] ‖ 参见 حرة [hurrat]，noble （woman），a fine milch camel。《李殿君》页 44，列 2，行 7–9。

按，آن-[-ān]在小儿锦中表示开口后鼻韵母-ang。

لِيَآن [lian]，凉 [liang]，cold，cool，discouraged，disappointed

波/阿 قَرَّ [qarra] ‖ 参见 قر [qurr]，cold，coldness；[qarr]，being affected by cold。《李殿君》页 51，列 2，行 1–3；同书页 163，列 1，行 13–15。

按，آن-[-ān]在小儿锦中表示开口后鼻韵母-ang。

لِيَآن [lian]，亮 [liang]，bright

波/阿 بلجة [baljat]，曙光，鱼肚白。《李殿君》页 62，列 3，行 10–12。

按，آن-[-ān]在小儿锦中表示开口后鼻韵母-ang。

لِيَآن [lian]，谅 [liang]，forgive

波/阿 صَفْحَ [ṣafha] ‖ 参见 صفح [ṣafh]（v.n.），pardoning，forgiving。《李殿君》页 65，列 2，行 4–6。

按，آن-[-ān]在小儿锦中表示开口后鼻韵母-ang。

لِيَآن تِغ [lian tingh]，凉亭 [liang ting]，pavilion，summer house，kiosk

波/阿 كُشْكِ [kuški] ‖ 参见 كشک [kušk]，an upper chamber，gallery，or balcony on the top of a house。《李殿君》页 168，列 2，

行 10–12。

按，آن-[-ān]在小儿锦中表示开口后鼻韵母-ang。

لِيَآن ژِ [lian jhin]，良人 [liang ren]，good person

波/阿 حَرَة [harrat] ‖ 参见 حَرَة [harrat]，noble （woman）。《李殿君》页 121，列 6，行 16。

按，آن-[-ān]在小儿锦中表示开口后鼻韵母-ang。

لِيَآن كِيًا بَانْ [lian gian ban]，两肩膀 [liang jian bang]，two shoulders

波/阿 كتغ [kitgh] ‖ 参见 كتف [kitf，katif，kataf]，the shoulder，the shoulder-plate，being broad-shouldered，breadth of shoulder。《中文消经》页 2，列 3，行 18。

按，آن-[-ān]在小儿锦中表示开口后鼻韵母-ang。

لِى بِيَوْ [li biau]，立标 [li biao]，erect a post

波/阿 نصب [nṣb] ‖ 参见 نصب [naṣb]，erecting。《满俩》页 2，列 2，行 11。

لِى ثِيَان [li ṣian]，离乡 [li xiang]，to leave one's hometown

波/阿 الاغتراب [al-ightrāb] ‖ 参见اغترب [ightrab]，远离故乡，远离祖国，移居海外，《新阿汉大词典》页 1440，右。《中文消经》页 3，列 2，行 25。

按，آن-[-ān]在小儿锦中表示开口后鼻韵母-ang。ال[al-]为阿拉伯语名词定冠词。

لَىْ جُ [lai ju]，勒住 [lei zhu]，strangling

波/阿 خَنْق [khanqi] ‖ 参见 خنق [khanq]，strangling。《李殿君》页 127，列 6，行 13。

لَىْ جِ [lai ji]，（脷指）［劣质］[lie zhi]，of poor quality，of low quality，inferior

波/阿 خِلَافُ [khilāfu] ‖ 参见خلف [khalaf]，变坏，变质，腐朽，

腐坏，《新阿汉大词典》页 552，右。《李殿君》页 127，列 6，行 1。

لِیّ جوًا [liun juan]，轮转 [lun zhuan]，rotate，cycle

波/阿 دولاب [daulāb] ‖ 参见 دولاب [daulāb，dūlāb]（for the following），a water-wheel，a wheel，especially for raising water to overflow fields，a machine in the walls。《中文消经》页 1，列 1，行 9。

لیٔ چُو [li ču]，（益）[利]处 [yi chu]，benefit

波/阿 نفعا [nafʿā]，有益，有用，有效，《新阿汉大词典》页 2097，右。《伯亚尼》页 6，列 2，行 14。

按，该小儿锦拼写的应是“利处”。

لِی دِی [li di]，犁地 [li di]，plough

波/阿 اِثَارَةِ [iṣaārati] ‖ 参见 اثارة [iṣārat]，plough。《李殿君》页 99，列 4，行 10。

لیِٔ شِیَانْ [li xian]，理想 [li xiang]，try to do sth.

波/阿 فحاولت [fihāūlat] ‖ 参见 حاولت [hāūlat]，try to do sth.。《伯亚尼》页 5，列 2，行 1。

按，آن-[-ān]在小儿锦中表示开口后鼻韵母-ang。ف为阿拉伯语连词。

لِیَ کَ [lia ka]，裂开 [lie kai]，split，dehisce，fission，rend，sever，spall

波/阿（1） فَتْقَ [fatqa] ‖ 参见 فتق [fatq]，breaking，splitting，breach of friendship or peace，quarrel，rupture。《李殿君》页 159，列 1，行 10–12。

波/阿（2） شَقِّ [šaqqi] ‖ 参见 شق [šaqq]（v.n.），splitting，tearing，cutting（a tooth），remaining open（the eye of a corpse），being separate from one’s people，a fissure，crack，crevice。《李

殿君》页 15，列 5，行 13–15。

لی کی [li ki]，立起 [li qi]，stand up

波/阿 ناصب [nāṣib] ‖ 参见 ناصب [nāṣib]，one who erects。《伯亚尼》页 5，列 1，行 12。

لِیکِّیَ ژِ [li gia jhin]，理解人 [li jie ren]，understanding

波/阿 الفطنة [al-fiṭnat] ‖ 参见 فطنة [fiṭnat]，understanding。《伯亚尼》页 3，列 3，行 26。

按，ال[al-]为阿拉伯语名词定冠词。

لِیَیَکْیُوَ [lia giua]，略（捷）[节] [lüe jie]，简洁，shortly，briefly，to the point

波/阿 اختصار，原文未注音标 ‖ 参见 اختصار [ikhtiṣār]，述要，简略，扼要，缩短，节略。《新阿汉大词典》页 523，左。《伯亚尼》页 6，列 3，行 5。

لَیکُیوَ [lia giao]，略（绝）[节] [lüe jue]，简略，shortly， briefly

波/阿 اختصاره，原文未注音标 ‖ 参见 اختصار [ikhtiṣār]，释见"略（捷）[节]"条。《伯亚尼》页 2，列 2，行 8。

لِیٌ لِیُو [liun liu]，轮流 [lun liu]，in turn

波/阿 تداولة [tdāwlwt] ‖ 参见 تداول [tadāwul]，handing from one to another。《满俩》页 5，行 3。

لِیٌ لِیُو کِیٌ تِی [liun liu giu ti]，轮流交替 [lun liu jiao ti]，by turn

波/阿 مناوبة [mnāwbt] ‖ 参见 مناوبة [munāwabat]，doing by turn。《满俩》页 5，行 3。

لِیً مِ [li min]，易明 [yi ming]（简明），simple

波/阿 الابانة [al-abānat] ‖ 参见 إبانة [ibānat](v.n. 4 of بين)，making clear，known，manifest，clearness，distinctness in speaking。《伯亚尼》页 6，列 3，行 33。

按，“明”字应为后鼻韵母，此处小儿锦拼为前鼻音。ال[al-]为阿拉伯语名词定冠词。

لِيَوْ [liau]，撩 [liao]，nicely

波/阿 شَمَرَ [šamara] ‖ 参见 شمر [šamr]（v.n.），walking with nicety，circumspection，or with a haughty air。《李殿君》页 26，列 2，行 1–3。

لِيُوْ [liu]，流 [liu]，flow，stream，current，stream of water，class

波/阿（1） بَجْسِ [bajsi] ‖ 参见 بجس [bajs]，flowing。《李殿君》页 97，列 2，行 10。

波/阿（2） فَجَرَ [fajara] ‖ 参见 فجر [fajr]，a flowing （water）。《李殿君》页 92，列 1，行 4。

波/阿（3） ذَرْفُ [ẕarfu] ‖ 参见 ذرف [ẕarf]（v.n.），shedding tears，flowing（tears or water，&c.）。《李殿君》页 34，列 2，行 4–6。

波/阿（4） سَال [sāla]，flow，flowing，《新阿汉大词典》页 998，右。《李殿君》页 4，列 5，行 4–6；同书页 138，列 3，行 13。

波/阿（5） مَائِع [maāʼiʻi] ‖ 参见 مائع [māʼiʻ]，melted，fluid，liquor。《李殿君》页 4，列 2，行 1–3。

لِى وَ [li wa]，礼物 [li wu]，present

波/阿 تحفة [tuhfat，tuhafat]，a gift ，present。《真境花园》页 2，列 2，行 4。

لِيُوْ چُوْ [liu ču]，流出 [liu chu]，flow out

波/阿 رَذْمُ [raẕmu] ‖ 参见 رذم [raẕm]（v.n.），flowing，overflowing （any vessel），being full to the brim。《李殿君》页 54，列 3，行 1–3；同书页 133，列 4，行 16–18。

لِيُوْ شُوْ [liu šu]，柳树 [liu shu]，willow

波/阿（1） صَفْصَافُ [ṣafṣaāfu] ‖ 参见 صفصاف [ṣafṣāf]，a willow，

osier。《李殿君》页 25，列 4，行 4–6。

波/阿（2） لينة [līnt] ‖ 参见 لينة [līna]，a kind of palm。《真境花园》页 3，列 1，行 10。

波/阿（3） خلاف [khalāf]，a willow。《伯亚尼》页 3，列 2，行 17。

لِيَوْ كِيَ [liau gia]，了解 [liao jie]，understand，know

波/阿 افعام [af'ām]，filling。《伊哈雅仪》页 2，列 1，行 6。

按，此词意义与该小儿锦及对应汉字有别，待考。

لِيُوْ لَغِ [liu laghi]，流泪 [liu lei]，weep

波/阿 ذَرْفُ [ẕarfu] ‖ 参见 ذرف [ẕarf]，shedding tears。《李殿君》页 131，列 3，行 13。

按，此处小儿锦“泪”字拼音中表示双元音的字母غ[gh]应理解为ع[ê]，即读为لِيُوْ لَعِ [liu laei]。

لِيُوْ لِيَوْ [liu liau]，流了 [liu le]，flow

波/阿 سالت [sālat] ‖ 参见 سال [sāla]，flow，flowing，《新阿汉大词典》页 998，右。《伯亚尼》页 3，列 2，行 21。

م Mīm

مَ [ma]，埋 [mai]，bury

波/阿 دَسَّ [dassa] ‖ 参见 دس [dass]（v.n.），hiding （one thing under another）。《李殿君》页 52，列 1，行 10–12。

مً [man]，满 [man]，full，fill，expire

波/阿（1） نسف [nasafa]，装满，满盈，《新阿汉大词典》页 2047，左。《李殿君》页 50，列 3，行 16–18。

波/阿（2） دقر [daqira]，（草木）繁茂，《新阿汉大词典》页 628，左。《李殿君》页 50，列 1，行 10–12。

波/阿（3） دلخ [dalikha]，满溢，盛满，《新阿汉大词典》页 633，左。《李殿君》页 50，列 2，行 1–3。

مَّ [ma]，慢 [man]，slow，late

波/阿（1） فَرْطِ [farṭi] ‖ 参见 فرط [farṭ]，being sprinkled late with the male flowers when the pods are ready to burst （the female palm）。《李殿君》页 41，列 3，行 10–12。

波/阿（2） فسطاط [fusṭāṭ]，a tent made of goats' hair，a big tent，a circumvallation of tents。按，此处对应汉字应为“幔”。《李殿君》页 53，列 5，行 16–18。

按，该小儿锦拼音未标出鼻音。

مَّ [ma]，幔 [man]，curtain

波/阿 حِجَابُ [hijaābu] ‖ 参见 حجاب [hijāb]，veiling，curtain。《李殿君》页 93，列 2，行 1。该小儿锦拼音未标出鼻音。

مٌّ [mun]，门 [men]，a door

波/阿 بَابُ [bābu] ‖ 参见 باب [bāb]，a door。《李殿君》页 108，列 6，行 7。

مِ [min]，明 [ming]，bright

波/阿 ايصاح [iīṣaāha] ‖ 参见 صَحَّ [ṣahha]，真实，正确，证据确凿，《新阿汉大词典》页 1105。《李殿君》页 61，列 4，行 7–9。

按，"明"字应为后鼻韵母，此处小儿锦拼为前鼻音。

مِ [min]，命 [ming]，order，command

波/阿 أَمْرَ [amra] ‖ 参见 امر [amir]，one who commands，orders，rules，[amr]，order，command。《李殿君》页 61，列 1，行 10–12。

按，"命"字应为后鼻韵母，此处小儿锦拼为前鼻音。

مَا [ma]，蚂 [ma]，ant

波/阿 نَمْلِ [namli] ‖ 参见 نمل [naml]，an ant。《李殿君》页 13，列 1，行 10–12。

مَا [ma]，马 [ma]，a horse

波/阿 أُسپ [usp] ‖ 参见 اسپ [asp]，a horse，波斯语。《真境花园》页 11，列 2，行 6。

مَآ [ma]，骂 [ma]，abuse，condemn，let fly at，scold，curse，swear，damn

波/阿 شَتَمَ [šatama] ‖ 参见 شتم [šatm]（v.n.），treating contumeliously，vilifying，contumely，abuse，upbraiding，reproach。《李殿君》页 73，列 2，行 4–6。

مًا [man]，满 [man]，full，fill，completely

波/阿（1） حَسْبُ [hasbu] ‖ 参见 حسب [hasb]，a sufficiency。《李殿君》页 97，列 1，行 16。

波/阿（2） زَعْبُ [za'bu] ‖ 参见 زعب [za'b]，filling（a vessel）。

《李殿君》页 54，列 1，行 16–18。

波/阿（3） سَدْمُ [sadmu] ‖ 参见 سدم [sadm]，the full moon。《李殿君》页 82，列 3，行 10–。

波/阿（4） زَفْتِ [zafti] ‖ 参见 زفت [zaft]，full。《李殿君》页 38，列 2，行 10–12。

波/阿（5） عمر [ʻamr]，living long。《李殿君》页 74，列 5，行 10–12。

波/阿（6） دِهَاقِ [dihaāqi] ‖ 参见 دهاق [dihāq]，full。《李殿君》页 87，列 2，行 1。

مَاءِ [ma ʼi]，蚂蚁 [ma yi]，ant

波/阿 ذُرَّ [ẕurra] ‖ 参见 ذر [ẕar]，a small ant （of which a hundred are equal to a barley–horn）。《李殿君》页 131，列 4，行 10。

مَابِ [ma bin]，马兵 [ma bing]，cavalryman，cavalry

波/阿（1） فرسان [fursān] ‖ 参见 فرسان [fursān]，horsemen。《中文消经》页 3，列 2，行 5。

波/阿（2） حارس [hārs] ‖ 参见 حارس [hāris]，a keeper，a governor，defender，watchman，a sentinel，guard。《伊哈雅仪》页 4，列 1，行 9。

按，“兵”字应为后鼻韵母，此处小儿锦拼为前鼻音。

مَاجِاَن [man jian]，幔帐 [man zhang]，curtain，screen，canopy，mosquito net

波/阿（1） سَجْفُ[sajfu] ‖ 参见 سجف [sajf]（v.n.），letting fall a curtain before a tent-door，being dark （night），a tent，a veil，curtain。《李殿君》页 68，列 3，行 7–9；同书页 139，列 6，行 4。

波/阿（2） فَسْطَاطِ [fasṭāṭi] ‖ 参见 فسطاط [fusṭāṭ]，a tent made of goats' hair，a big tent，a circumvallation of tents。《李殿君》页

160，列 2，行 13–15。

波/阿（3） استاره [istārah]，a canopy。《伯亚尼》页 2，列 3，行 16。

按，آن-[-ān]在小儿锦中表示开口后鼻韵母-ang。

مَا خَوْ [ma hau]，马号 [ma hao]（号角），a trumpet

波/阿 بَوقِ [baūqi] ‖ 参见 بوق [būq]，a trumpet。《李殿君》页 112，列 1，行 10。

مًا زِوْ [man ziü]，满足 [man zu]，satisfy

波/阿 حَسْبُ [hasbu] ‖ 参见 حسب [hasb]，a sufficiency，enough。《李殿君》页 122，列 6，行 7。

مًاغٍ [mangh]，门 [men]，door

波/阿 سَرْمُ [sarmu] ‖ 参见 سرم [surm]，肛门。《李殿君》页 88，列 2，行 4。

按，“门”字应为前鼻音，此处小儿锦拼为后鼻音。

مَا فٌ [ma fun]，马粪 [ma fen]，horse dung

波/阿 رَوْثِ [raūṣi] ‖ 参见 روث [rauṣ]，dunging（a horse），dungs，ordure。《李殿君》页 136，列 4，行 1。

مًا قُوًا [man ghuan]，满罐 [man guan]，full of a can （pot，jar）

波/阿 نِصَابُ [naṣaābu]，按，未查到نصاب[niṣāb]有满罐的意义，待考。《李殿君》页 92，列 1，行 13。

مًا مُوِى [man mui]，瞒昧 [man mei]（隐瞒），disguise，conceal

波/阿（1） اختان[akhtān] ‖ 参见 ختن [khatana]，欺骗，哄骗，《新阿汉大词典》页 487，右。《李殿君》页 40，列 1，行 7–9；同书页 103，列 6，行 10–12。

波/阿（2） خِيَانَةِ [khnīāati] ‖ 参见 خيانة [khiyānt]，deceiving，fraud，perfidy，treachery。《李殿君》页 127，列 6，行 16。

مَآن [man]，忙 [mang]，busy，hasten，hurry

波/阿（1）شَغْلِ [šaghli] ‖ 参见 شغل [šaghl，šughl]，work，occupation，employment，business，study，diversion，amusement，pastime，office（m.c.）。《李殿君》页 22，列 2，行 13–15。

波/阿（2）جمح [jamaha]，迅速，急速，《新阿汉大词典》页 296，左。《李殿君》页 50，列 1，行 13–15。

波/阿（3）عَجْلِ [ʻajli] ‖ 参见 عجل [ʻajil，ʻajul]，quick，speedy，nimble；[ʻajal]（v.n.），making haste，haste，expedition，despatch。《李殿君》页 16，列 3，行 4–6。

波/阿（4）حَفْدِ [hafdi] ‖ 参见 حفد [hafd]（v.n.），making haste（in any work），serving with alacrity。《李殿君》页 39，列 4，行 7–9。

波/阿（5）حَذْرِ [hadra] ‖ 参见 حدر [hadr]（v.n.），making haste。《李殿君》页 8，列 1，行 16–18。

波/阿（6）سَعَى [saʻay] ‖ 参见 سعى [saʻy]（v.n.），purposing，endeavour，purpose，design，attempt，exertion，effort，walking，running，gaining。《李殿君》页 8，列 2，行 16–18。

波/阿（7）حَتْكِ [hatki] ‖ 参见حتک[hataka]，迈小步快走，迈碎步疾行。《新阿汉大词典》页 341，左。《李殿君》页 49，列 2，行 13–15。

波/阿（8）وَشْكِ [waški] ‖ 参见 وشك [wašk，wušk]（v.n.），being expeditious（business），proceeding rapidly，despatch（of business），celerity，expedition。《李殿君》页 23，列 4，行 7–9。

波/阿（9）اِهرَاع [ihraāʻ] ‖ 参见 اهراع [ihrāʻ]，travelling fast。《李殿君》页 92，列 4，行 7。

波/阿（10）فَوْرَ [faura] ‖ 参见 فور [faur]，haste。《李殿君》页 96，列 4，行 7。

按，آن-[-ān]在小儿锦中表示开口后鼻韵母-ang。

مَآن [man]，蟒 [mang]，boa，python

波/阿 أَفْعَى [afʻaī] ‖ 参见 أَفْعى [afʻā]，basilisk。《李殿君》页 8，列 4，行 13–15。按，آن-[-ān]在小儿锦中表示开口后鼻韵母-ang。

مَآنْ دَوْ [man dau]，忙到 [mang dao]，busy

波/阿 متبادر [mtbādr] ‖ 参见 متبادر [mutabādir]，one who makes haste and endeavor to get the start。《满俩》页 4，行 1。

按，آن-[-ān]在小儿锦中表示开口后鼻韵母-ang。

مُآن شَ [muan ša]，蟒蛇 [mang she]，boa

波/阿 أفعى [afʻya] ‖ 参见 أفعى [afʻa]，basilisk。《李殿君》页 105，列 2，行 16。

按，آن-[-ān]在小儿锦中表示开口后鼻韵母-ang。

مَآن هِ ءِ غِ [man hi'ingh]，忙行 [mang xing]，hurry

波/阿 حَفْدِ [hafdi] ‖ 参见 حفد [hafd]，making haste （in any work），serving with alacrity。《李殿君》页 122，列 6，行 1。

按，آن-[-ān]在小儿锦中表示开口后鼻韵母-ang。

ماه [māh]，月 [yue]，moon，month

波/阿 قَمَرَ [qamara] ‖ 参见 قمر [qamar]，the moon（especially from the third day to the end of the month）。《李殿君》页 73，列 2，行 7–9。

按，该小儿锦为波斯语表意借词，意为月亮，月份。小儿锦使用者虽然书写时取波斯文原形，但仍按对应汉语意义读为"月"。

ماه گِءِغِ [māh g'ingh]，月经 [yue jing]，menses，menstruation

波/阿（1） طَمْثِ [ṭamṣi] ‖ 参见 طمث [ṭamṣ，ṭimṣ]，being menstruous。《李殿君》页 45，列 5，行 1–3。

波/阿（2） حَيْضُ [haīẓu] ‖ 参见 حيض [haiẓ]，to be menstrual。

《李殿君》页 87，列 3，行 1。

该小儿锦前半部分ماه [māh]为波斯语表意借词，意为月亮，月份。小儿锦使用者虽然书写时取波斯文原形，但仍按对应汉语意义读为“月”。

ماه شِ [māh ši]，月（蚀）[食] [yue shi]，eclipse，lunar eclipse

波/阿 خُسُوْفُ [khusuūfu] ‖ 参见 خسوف [khusūf]，undergoing an eclipse（the moon），being sunk（or lying concealed）underground。《李殿君》页 71，列 4，行 16-18。该小儿锦前半部分ماه[māh]为波斯语表意借词，意为月亮，月份。小儿锦使用者虽然书写时取波斯文原形，但仍按对应汉语意义读为“月”。

ماه لِيَآن [māh lian]，月亮 [yue liang]，the moon

波/阿 قَمَرَ [qamara] ‖ 参见 قمر [qamar]，the moon，the moon of the sorcerer。《李殿君》页 165，列 5，行 13-15。

按，آن-[-ān]在小儿锦中表示开口后鼻韵母-ang。该小儿锦前半部分ماه [māh]为波斯语表意借词，意为月亮，月份。小儿锦使用者虽然书写时取波斯文原形，但仍按对应汉语意义读为“月”。

ماه ماه [māh māh]，月月 [yue yue]，monthly，each month，every month

波/阿 هِلَالِ [hilaāli] ‖ 参见 هلال [hilāl]（v.n. 3 of هَلَّ），agreeing（with one） by the month，or from month to month，or new moon to new moon，the new moon，also the moon on the wane。《李殿君》页 64，列 1，行 13-15。

按，该小儿锦由两个相同的波斯语词汇ماه [māh]连用组成。ماه 为波斯语表意借词，意为月亮，月份。小儿锦使用者虽然书写时取波斯文原形，但仍按对应汉语意义读为“月”。

مًا یَ دِ شیوْ خیَ ضِیَ [man yi di šiu hai ćai]，满意（的）[地]受（渴）[喝]彩 [man yi de shou ke cai]，get comfortable praise

波/阿 مستحسن [musthsan] ‖ 参见 مستحسن [musthsan]，one who regards as fair and good。《伯亚尼》页 3，列 1，行 26。

ماً يوُاً [man yuan]，埋怨 [man yuan]，complain about

波/阿 عذل ['azl] ‖ 参见 عاذل ['āzil]，one who reproves and blames，a railer。《伊哈雅仪》页 5，列 4，行 18。

ماً يوُاً دِ ژِ [man yuan di jhin]，埋怨的人 [man yuan de ren]，one who complains

波/阿 العاذل [al-'āzl] ‖ 参见 عاذل ['āzil]，one who reproves and blames，a railer。《伊哈雅仪》页 5，列 4，行 16。

按，ال[al-]为阿拉伯语名词定冠词。

مٌ بِ [mun bi]，蒙蔽 [meng bi]，cheat，trick，becloud

波/阿 اِبهَامُ [ibhaāmu] ‖ 参见 ابهام [ibhām]，ambiguity，doubt。《李殿君》页 94，列 4，行 16；同书页 102，列 6，行 10。

按，"蒙"字应为后鼻韵母，此处小儿锦拼为前鼻音。

مٌ بِى [mun bi]，蒙蔽 [meng bi]，cheat，trick，becloud

波/阿 شُجَاعَة [šujaā'at] ‖ 参见 شجاعة [šajā'at]，being bold，courageous，magnanimous，intrepidity，valour，fortitude。《李殿君》页 1，列 4，行 10–12。

按，"蒙"字应为后鼻韵母，此处小儿锦拼为前鼻音。

مِ تِيًا [min tian]，明天 [ming tian]，tomorrow，the near future

波/阿（1）غَدَا [ghadā] ‖ 参见غداة [ghadāt]，morning；غدو [ghadw]，the morrow，غد [ghad]，morrow。《李殿君》页 95，列 1，行 13；同书页 157，列 1，行 10–12。

波/阿（2）بكر [bakara]，清早到来，大早来到，《新阿汉大词典》页 153，左。《李殿君》页 34，列 3，行 13–15。此处对应汉字写为"明日"，但小儿锦拼写的是"明天"。

按，“明”字应为后鼻韵母，此处小儿锦拼为前鼻音。

مِ ثِيًا [min ṣian]，明显 [ming xian]，apparently

波/阿 متجلّى [mutajallī] ‖ 参见 متجلى [mutajallī]，illuminated，splendid，displayed。《真境花园》页 8，列 2，行 5。

按，“明”字应为后鼻韵母，此处小儿锦拼为前鼻音。

مِ جِغ [min jingh]，明证 [ming zheng]，clear evidence

波/阿 بُرْهَانِ [burhaāni] ‖ 参见 برهان [burhān]，proof。《李殿君》页 88，列 5，行 1；同书，页 110，列 2，行 10。

按，“明”字应为后鼻韵母，此处小儿锦拼为前鼻音。

مَ چُوٌ [ma čun]，麦虫 [mai chong]，worms live in wheat

波/阿 سُوْسِ [suūsi] ‖ 参见 سوس [sūs]，moth，weevil，tick，or other similar worms。《李殿君》页 69，列 5，行 1–3。

按，“虫”字应为后鼻韵母，此处小儿锦拼为前鼻音。

مٌ دِ [mun din]，门顶 [men ding]，head of a door or a gate

波/阿 طاق [ṭāq]，a window，balcony，an arched。《真境花园》页 10，列 2，行 12。

按，“顶”字应为后鼻韵母，此处小儿锦拼为前鼻音。

مِ دُوًا [min duan]，明断 [ming duan]，pass fair judgment，judge fairly

波/阿（1）نَصَّ [naṣṣa] ‖ 参见 نص [naṣṣ]（v.n.），examining an evidence，demonstration，proof。《李殿君》页 27，列 4，行 16–18。

波/阿（2）صَرَّحَ [ṣarraha] ‖ 参见 صرح [ṣarh]（v.n.），speaking openly。《李殿君》页 22，列 3，行 1–3。

按，“明”字应为后鼻韵母，此处小儿锦拼为前鼻音。

مُ زِيَآن [mu zian]，木匠 [mu jiang]，a carpenter

波/阿 نَجَّارِ [najjaāri] ‖ 参见 نجار [najjār]，a carpenter。《李殿君》

页 17，列 1，行 1–3。按，آن-[-ān]在小儿锦中表示开口后鼻韵母 -ang。

مٌ ژُو [mun jhu]，猛入 [meng ru]（把力气集中地使出来），push ahead vigorously

波/阿 افخام [afkhām]。按，فخم在阿拉伯语中的基本意义为光辉，伟大，尊敬等。未查到与该小儿锦及对应汉字相应的意义，待考。《中文消经》页 3，列 1，行 24。

按，"猛"字应为后鼻韵母，此处小儿锦拼为前鼻音。

مٍ سِغ [min singh]，明星 [ming xing]，stars

波/阿（1） ثَاقِبُ [ṣāqibu] ‖ 参见 ثَاقِبُ [ṣāqib]，brilliant。《李殿君》页 115，列 3，行 16。

波/阿（2） دَرِّىَ [darrasī] ‖ 参见 درى [darrī]，a sparking star glittering like a gem。《李殿君》页 129，列 4，行 7。

按，"明"字应为后鼻韵母，此处小儿锦拼为前鼻音。

مٍ شِ [min shi]，名词 [ming ci]，noun

波/阿 اسم [asm] ‖ 参见 اسم [ism]，noun。按，此词在阿拉伯语中意为名称，在语法术语中指名词。《满俩》页 2，行 17。

按，"名"字应为后鼻韵母，此处小儿锦拼为前鼻音。

مٍ شٍ [min šin]，名声 [ming sheng]，reputation

波/阿 صيت [ṣīt]，fame，good reputation。《真境花园》页 2，列 2，行 9。

按，"名"字和"声"字均应为后鼻韵母，此处小儿锦拼为前鼻音。

مٍ شُوَ [min šua]，明说 [ming shuo]，speaking openly and clearly

波/阿 صرح [ṣarh]，speaking openly。《满俩》页 3，行 1–2。

按，"明"字应为后鼻韵母，此处小儿锦拼为前鼻音。

مع [ma'，ma'a]，同 [tong]，same，with

波/阿 مُصَاحَبَ [muṣaāhaba] ‖ 参见 مصاحب [muṣāhib]，a companion，associate，friend。《李殿君》页 66，列 2，行 4–6。

按，该小儿锦是阿拉伯语表意借词，小儿锦使用者虽然书写时取阿拉伯文原形，但仍按对应汉语意义读为"同"。

مَغَ [magha]，埋 [mai]，bury

波/阿 رَكْزِ [rakzi] ‖ 参见 ركز [rakz]（v.n.），sticking（a spear，&c.）into the ground。《李殿君》页 31，列 5，行 4–6。

按，该小儿锦中表示双元音的字母غ[gh]，应理解为ع[ê]，即读为مَع [maea]。

مَ غَ [magha]，卖 [mai]，sell

波/阿 بَاعَ [bā']，卖，出卖，贩卖，出售，《新阿汉大词典》页 185，右。《李殿君》页 108，列 5，行 16。

按，该小儿锦开口元音拼音中的字母غ[gh]，应理解为ع[ê]，即读为مَ عَ [maea]。

مِغِ [mingh]，明 [ming]，bright，clear

波/阿 نعت [na'at]，叙述，描写，《新阿汉大词典》页 2080，右。《李殿君》页 32，列 5，行 10–12。

按，此处小儿锦与对应汉字的意义应为"说明"。

مَغَا [magha]，麻 [ma]，tingle，hemp，pocked，rough

波/阿 مجذرر，应为 مجدر [mujaddar]，患天花的，麻脸的，麻子，《波汉词典》页 2119，左。《李殿君》页 4，列 5，行 16–18。

按，该小儿锦开口元音拼音中的字母غ[gh]，应理解为ع[ê]，即读为مَعَا [maea]。

مَ غَا [magha]，马 [ma]，horses

波/阿 خَيْلِ [khaīli] ‖ 参见 خيل [khail]，horses。《李殿君》页

128，列 3，行 1。

按，该小儿锦开口元音拼音中的字母غ[gh]，应理解为ع[ê]，即读为مَعَا [maea]。

مَغًا جِآن [maghan jian]，幔帐 [man zhang]，curtain

波/阿 حِجَابُ [hijābu] ‖ 参见 حِجَاب [hijāb]，curtain。《李殿君》页 121，列 3，行 7。

按，此“幔”字小儿锦前鼻韵母拼音中的字母غ[gh]，应理解为ع[ê]，即读为مَعًا جِآن [maean jian]。آن- [-ān]在小儿锦中表示开口后鼻韵母–ang。

مَغًا مُوِ [maghan mui]，瞒昧 [man mei]，hide the truth from，deceive

波/阿 خِيَانَةِ [khiyaānti] ‖ 参见 خيانة [khiyānat]（v.n. of خون），deceiving，fraud，perfidy，treachery。《李殿君》页 73，列 3，行 13–15。

按，此“瞒”字小儿锦前鼻韵母拼音中的字母غ[gh]，应理解为ع[ê]，即读为مَعًا مُوِ [maean mui]。

مِغٍ ءِ [mingh ’i]，梦遗 [meng yi]，wet dream

波/阿 حَلْمُ [hallmu] ‖ 参见 حلم [hulm，hulum]，dreaming in sleep，dream，nocturnal pollution。《李殿君》页 123，列 3，行 13。

مُغٍ زِءِغٍ [mungh zi’ingh]，猛进 [meng jin]，come into suddenly

波/阿（1）دَرْءِ [dar’i] ‖ 参见 درء [dar’]，driving away，repelling。《李殿君》页 129，列 1，行 4。

波/阿（2）درى [darī] ‖ 参见 درء [dar’]，driving away，repelling。《李殿君》页 48，列 1，行 7–9。

按，“进”字应为前鼻韵母，此处小儿锦拼为后鼻音。

مُغَوْ [mughau]，帽 [mao]，hat

波/阿 بُرْنُسِ [burnusi] ‖ 参见 برنس [burnus]，a kind of high-crowned cap。《李殿君》页 98，列 2，行 7。

按，该小儿锦中表示双元音的字母غ[gh]，应理解为ع[ê]，即读为مُعَوْ [mueaw]。

مَ فُ [ma fu]，埋伏 [mai fu]，hiding

波/阿 رَكْزِ [rakzi] ‖ 参见 ركز [rakz]，embedding，《阿汉词典》页 486。《李殿君》页 135，列 3，行 7。

مٌ گَا [mun kan]，门槛 [men kan]，doorsill

波/阿 آستان [āsitān] ‖ 参见 آستان [āsitān]，the place where the shoes or slippers are pulled off。《真境花园》页 3，列 2，行 5。

مٍ كَيَا [min gia]，命价 [ming jia]，mulct

波/阿 دِيَةِ [dīati] ‖ 参见 دية [diyat]，paying a mulct or compensation for manslaughter，mulct，fine，damages。《李殿君》页 131，列 1，行 4。

按，"命"字应为后鼻韵母，此处小儿锦拼为前鼻音。

مٍ لٍْ [min lin]，命令 [ming ling]，order

波/阿 أَمرَ [amra] ‖ 参见 أَمرْ [amr]，命令，号令，《新阿汉大词典》页 53，右。《李殿君》页 106，列 6，行 16。

按，"命"字和"令"字均应为后鼻韵母，此处小儿锦拼为前鼻音。

مِ لَغَا [mi lghan]，糜烂 [mi lan]，effeminate，decadent

波/阿 كَظًّ [kaẑẑa] ‖ 参见 كظ [kaẑẑ]，oppressing，indisposing （too much meat）。《李殿君》页 168，列 3，行 10−12。

按，此"烂"字小儿锦开口元音拼音中的字母غ[gh]，应理解为ع[ê]，即读为مِ لَعَا [mi lean]。

مِ لُوْ [mi lu]，迷路 [mi lu]，get lost

波/阿 ضل，或为خلل [khalal]，thrown into confusion，待考。

《李殿君》页 59，列 5，行 7–9。

مِ لوُ دِ ْ تَا [min lu din ta]，明路灯塔 [ming lu deng ta]，a lighthouse

波/阿 منار [manār]，a lighthouse。《伯亚尼》页 5，列 1，行 10。

按，“明”与“灯”均应为后鼻韵母，此处小儿锦拼为前鼻音。

مُ مَا [mu ma]，母马 [mu ma]，a mare

波/阿 رَمْكَةِ [ramkati] ‖ 参见 رمكة [ramakat，ramaka]，a breading mare，a jade。《李殿君》页 135，列 1，行 16。

مَ مَى [ma mai]，买卖 [mai mai]，buy and sell，business，trade，merchandise

波/阿 تِجَارَةِ [tijaārati] ‖ 参见 تجارة [tijārat]（v.n. of تجر），trading，traffic，trade，commerce，merchandize。《李殿君》页 15，列 1，行 1–3；同书页 113，列 6，行 7。

مَوْ [mau]，猫 [mao]，cat

波/阿（1）زُبَادِ [zubaādi] ‖ 参见 زباد [zabād]，civet，the perfume of the civet cat。《李殿君》页 29，列 3，行 4–6。

波/阿（2）گربحر [gurbhr]，或为 گربة [gurba]，a cat。《真境花园》页 10，列 1，行 4。

波/阿（3）هِرَّةِ [hirrati] ‖ 参见 هرة [hirrat，hirra]，a she-cat。《李殿君》页 3，列 1，行 7–9。

مَوْ [mau]，茅 [mao]，grass

波/阿 كَنِيفُ [kaniīfu] ‖ 参见 كنيف [kanīf]，a place for washing the face and hands，a lavatory。《李殿君》页 29，列 1，行 4–6。

按，此处小儿锦与对应汉字“茅”指茅房，厕所。

مَوْ [mau]，毛 [mao]，hair，feather，wool

波/阿（1）رِيش [rīš]，胡须。《李殿君》页 68，列 4，行 13–15。

波/阿（2） لَبْدِ [labdi] ‖ 参见 لبد [libd]，felt（-cloth），any kind of carpeting，or saddle-cloths made of it，coarse covering made of wool or hair。《李殿君》页 38，列 2，行 1–3。

مَوْ [mau]，茂 [mao]，flourish

波/阿 ظَفْرَ [ẑafra] ‖ 参见 ظفر [ẑafar]，triumph，victory。《李殿君》页 98，列 3，行 10。

مَوْ [mau]，帽 [mao]，hat，cap

波/阿（1） بُرْطَلِ [burṭali] ‖ 参见 برطله [barṭalah]，a cap worn under the turban。《李殿君》页 98，列 5，行 10。

波/阿（2） عَمَامَةِ [‘amaāmati] ‖ 参见 عمامة [‘imāmat，‘imāma]，a turban，a head-dress worn by judges，a tiara，crown，a helmet，or a cap worn under it。《李殿君》页 35，列 5，行 16–18。

مُوَ [mua]，摸 [mo]，touch gently，efface

波/阿 مَحْقِ [mahqi] ‖ 参见 محق [mahq]（v.n.），abolishing，making void，cancelling，effacing，obliterating。《李殿君》页 60，列 4，行 1–3。

مُوَ [mua]，磨 [mo]，abrade，burnish，grind，mill，milling，strop，whet，a grinder

波/阿（1） سَنَّ [sanna] ‖ 参见 تسن [sann]，polishing，furbishing，cleansing。《李殿君》页 72，列 5，行 4–6。

波/阿（2） زميض，应为رميض [ramīẓ]，磨利的矛头，磨尖的枪头，《新阿汉大词典》页 785，左。《李殿君》页 75，列 1，行 10–12；同书页 137，列 6，行 13（该处对应阿拉伯文写为زَمِيصِ[zamīṣi]）。

波/阿（3） رحى [rahai]，a grinder，《新阿汉大词典》页 722。《李殿君》页 47，列 2，行 1–3；同书页 133，列 2，行 13。

مُوَ [mua]，抹 [mo]，plaster

波/阿（1） مالج [mālaj]，（泥瓦匠的）抹子，《新阿汉大词典》页 1963，右。《李殿君》页 47，列 4，行 1–3。

波/阿（2） ضَمْخِ [ẓamkhi] ‖ 参见 ضمخ [ẓamkh]（v.n.），anointing（the body） profusely。《李殿君》页 28，列 3，行 4–6。

مُوْ [mu]，母 [mu]，mother，female

波/阿 أُمِّ [ummi] ‖ 参见 ام [umm]，mother。《李殿君》页 6，列 2，行 7–9。

مُوْ [mu]，木 [mu]，timber，tree，wood，wooden

波/阿（1） آبُنُوسِ [ābunuūsi] ‖ 参见 آبنوس [ābnūs]，ebony，黑檀，乌木。《李殿君》页 64，列 1，行 10–12。

波/阿（2） خَشْبُ[khašbu] ‖ 参见 خسب [khašb]，wood。《李殿君》页 92，列 4，行 1。

مُوْ [mu]，某 [mou]，someone or something

波/阿 فُلَانِ [fulaāni] ‖ 参见 فلان [fulān]，a designation of any undefined person。《李殿君》页 91，列 5，行 16。

مُوِ آب [mui āb]，墨水 [mo shui]，ink

波/阿 حَبْرَ [habra] ‖ 参见 حبر [hibr]，ink。《李殿君》页 47，列 1，行 7–9。

按，该小儿锦后半部分آب [āb]为波斯语表意借词，译言水。明四夷馆本《回回馆杂字》“地理门”第 47 词“آب（āb），水，阿卜”，即此。小儿锦使用者虽然书写时取波斯文原形，但仍按对应汉语意义读为“水”。

مَوْ بُوْ [mau bu]，毛布 [mao bu]，a towel

波/阿 جُوخِ [jūkhi] ‖ 参见 جُوخ [jūkh]，呢绒布，《新阿汉大词典》页 321，右。《李殿君》页 119，列 4，行 16。

مُوبِيَوَ [mu biau]，目标 [mu biao]，target

波/阿 مطلب [maṭlab]，intention，purpose，proposition，wish，desire，pursuit，motive。《伊哈雅仪》页 3，列 1，行 21。

مُوْتَّ [mu ta]，木炭 [mu tan]，charcoal

波/阿 فَحْمُ [fahmu] ‖ 参见 فحم [fahm，faham]，charcoal。《李殿君》页 159，列 5，行 13−15。

مُوَتِ جِ [mua tin ji]，没停止 [mei ting zhi]，do not stop

波/阿لاوقف [lāwqf] ‖ 参见لاوقف [lāwaqf]，non stoping，staying，halting，waiting。《伊哈雅仪》页 3，列 1，行 20。

按，"停"字应为后鼻韵母，此处小儿锦拼为前鼻音。

مَوْ ثِياً [mau ṣian]，毛线 [mao xian]，a piece of wool

波/阿 الصوف [alṣūf] ‖ 参见 صوف [ṣūf]，wool，a fleece，goat's hair，camelot，the cross threads of gold lace，a kind of silk stuff，a piece of wool；[swif]，wooly。此即明清时代之锁伏，速伏，锁弗等，见明会同馆本《回回馆杂字》"衣服门"第 1505 词。《伊哈雅仪》页 3，列 4，行 6。

按，ال [al-]为阿拉伯语名词定冠词。

مَوْ چُوٌ [mau čun]，毛虫 [mao chong]，caterpillar，cutworm

波/阿 طرطر [ṭurṭur]，毛虫，青虫（蝴蝶、蛾等的幼虫），《新阿汉大词典》页 1219，右。《李殿君》页 63，列 3，行 13−15。

按，"虫"字应为后鼻韵母，此处小儿锦拼为前鼻音。

مَوْ چُوغِ [mau čungh]，毛虫 [mao chong]，a caterpillar

波/阿 دَسَّاسَةِ [dassāsati] ‖ 参见 دساسة [dassāsat]，a caterpillar，《新阿汉大词典》页 614。《李殿君》页 129，列 6，行 7。

مُوَ خْغَا [mua ċgha]，摩擦 [mo ca]，rub，friction，attrition

波/阿（1） طمث [ṭamaṣ]，摸，摩，触，《新阿汉大词典》页

1241，左。《李殿君》页 23，列 5，行 13。

波/阿（2） مَسَّ [massa] ‖ 参见 مس [mass]，touch，sense of touch。《李殿君》页 31，列 1，行 7–9。

波/阿（3） لَمْسِ [lamsi] ‖ 参见 لمس [lams]，touching，handling。《李殿君》页 170，列 6，行 16–18。

按，此"擦"字小儿锦开口元音拼音中的字母 غ[gh]，应理解为ع[ê]，即读为مُوَ ځْعَا[mua ċea]。

مُوَ ځْغَا [mua ċgha]，摩搓 [mo cuo]，rub，touch

波/阿 لَمْسِ [lamsi] ‖ 参见 لمس [lams]（v.n.），touching，handling，feeling，lying with，the sense of feeling or touch。《李殿君》页 2，列 4，行 10–12。

按，此"搓"字小儿锦开口元音拼音中的字母غ[gh]，应理解为ع[ê]，即读为مُوَ ځْعَا [mua ċea]。

مُو دِ [mu di]，目的 [mu di]，purpose，aim

波/阿（1）قصد [qaṣd]，intention，will。《满俩》页 2，行 16。

波/阿（2） المقاصد [al-maqāṣad] ‖ 参见 مقاصد [maqāṣid]，aims，desire。《伯亚尼》页 6，列 3，行 19。ال为阿拉伯语名词定冠词。

波/阿（3） مقاصدهم [mqāṣdham] ‖ 参见 مقاصد [maqāsid]，aims，desire。《满俩》页 2，行 1–4。按，هم为阿拉伯语语法后缀，意为他们，他们的。

波/阿（4） غرض [ghrẓ] ‖ 参见 غرض [ghuruẓ]，longing，desiring（pl. of ghurzat）。《满俩》页 4，行 5。

مُو دِ ي يوًا [mu di i yuan]，目的，意愿 [mu di yi yuan]，will，aim

波/阿 القسود [al-qsūd]，按，应为 قصد [qaṣd]，intending，proposing to oneself。《伊哈雅仪》页 2，列 2，行 16。

مِوُ دَو [miu dau]，美（得）［德］[mei de]，virtue

波/阿单数：فضيلة[faẓīlat]，复数：الفضائل [al-faẓā'il] ‖ 参见 فضيلة [faẓīlat]，virtue，فضائل [faẓā'il]，virtues。《伯亚尼》页 4，列 3，行 4。

按，ال [al-]为阿拉伯语名词定冠词。

مَوْز [mau z]，帽子 [mao zi]，cap，hat

波/阿（1） طربوش [ṭarbūš]，（埃及方言）土耳其帽，红毡帽（无边带黑穗），《新阿汉大词典》页 1215，左。《李殿君》页 16，列 3，行 13–15。

波/阿（2） برُطلِ [buruṭuli] ‖ 参见 برطله [barṭalah]，a cap worn under the turban。《李殿君》页 110，列 3，行 4。

波/阿（3） بُرنُسِ[burnusi] ‖ 参见 برنس [barnas]，a kind of high-crowned cap。《李殿君》页 110，列 5，行 7。

مَوْزِءِغ [mau z'ingh]，茅井 [mao jing]（茅坑），sewer

波/阿 بَالُوعَةِ [baāluū'ati] ‖ 参见 بالوعت [bālū'at]，a hole or sink in the middle of houses in the East，into which they sweep the filth，and in which rain-water falls，sewer。《李殿君》页 17，列 5，行 13–15。

مَوْزِيِغ [mau zingh]，茅井 [mao jing]，sewer

波/阿 بَالُوْعَةِ [bālū'ati] ‖ 参见 بالوعت [bālū'at]，sewer。《李殿君》页 109，列 1，行 1。

مُوژ [miu jhin]，美人 [mei ren]，a beauty

波/阿 شاحد [šāhid] ‖ 参见 شاهد [šāhid]，a beautiful woman。《真境花园》页 6，列 2，行 5。

مُوْژ [mu jhin]，某人 [mou ren]，somebody

波/阿 فَلَانِ [fulāni] ‖ 参见 فلان [fulān]，a designation of any unknown or undefined person，he，that man，such a one，such a certain。《李殿君》页 161，列 1，行 10–12。

مُوسِ [miu sin]，眉心 [mei xin]，between the eyebrows

波/阿 جُبهَةِ [jabhati] ‖ 参见 جُبهَة [jabhat]，forehead。《李殿君》页 117，列 5，行 10。

مُوَشِ [mua ši]，每时 [mei shi]，every time

波/阿 هردم [har-dam]，every time，every moment。《真境花园》页 3，列 2，行 13。

مَوْشِغِ [mau šingh]，茂盛 [mao sheng]，flourish

波/阿 دَرَّ [darra] ‖ 参见 در [darr]，plenty，abundance。《李殿君》页 129，列 6，行 1。

مُوُشِو [muiu šiu]，墨水 [mo shui]，ink

波/阿 حِبرَ [hibra] ‖ 参见 حِبر [hibr]，ink。《李殿君》页 120，列 5，行 16。

مَوْطِوْ [mau ṭiu]，矛头 [mao tou]，spear

波/阿 سنان [sinān]，spear-head。《满俩》页 2，行 3。

مَوْطِوْءِ [mau ṭiu 'in]，猫头鹰 [mao tou ying]，owl

波/阿 البوم [āl-būm] ‖ 参见 بوم [būm]，an owl。《中文消经》页 3，列 2，行 27。

按，"鹰"字应为后鼻韵母，此处小儿锦拼为前鼻音。ال[al-]为阿拉伯语名词定冠词。

مُوْغَ [mugha]，埋 [mai]，bury

波/阿 وارى [waāraī] ‖ 参见 تورا [tawarrā]，被埋入土中，被塌方掩埋，《新阿汉大词典》页 2260，右。《李殿君》页 23，列 2，行 4–6。

按，该小儿锦中表示双元音的字母غ[gh]，应理解为ع[ê]，即读为 مُوْعَ [muwea]。

مُوْغٍ [mungh]，猛 [meng]，suddenly，with a rush

波/阿（1） هَجْمُ [hajmu] ‖ 参见 هجم [hajm]（v.n.），breaking down, over-throwing, demolishing(a house), up-rooting, exhausting（by milking），a cup，capacious bowl or goblet。《李殿君》页 37，列 2，行 4–6。

波/阿（2） عَنْوَةِ ['anwati] ‖ 参见عنوة['anwat]，force，compulsion。《李殿君》页 85，列 1，行 16。

مُوغٍ [mungh]，梦 [meng]，dream

波/阿 حُلْمُ [hulmu] ‖ 参见 حلم [hulm，hulum]（v.n.），dreaming in sleep，seeing in sleep，dream。《李殿君》页 24，列 3，行 7–9。

مَوْ فُآن [mau fuan]，茅房 [mao fang]，latrine

波/阿 كَنِيفُ [kanīfu] ‖ 参见 كنيف [kanīf]，a privy，a lavatory。《李殿君》页 169，列 2，行 4–6。

按，آن-[-ān]在小儿锦中表示开口后鼻韵母-ang。

مُوْ فُآن [mu fuan]，木房 [mu fang]，a wood house

波/阿 خَصَّ [khaṣṣa] ‖ 参见 خص [khuṣṣ]，a house of reeds，a tavern。《李殿君》页 126，列 2，行 10。

按，آن-[-ān]在小儿锦中表示开口后鼻韵母-ang。

مُوَ فُآن [mua fan]，牧放 [mu fang]，depasture，domestic animals，put out to pasture，graze，livestock farming，herd

波/阿（1） رَعىَ [ra'īa] ‖ 参见 رعى [ra'i]，pasturing，feeding（as cattle），tending flocks，guarding feeding（as cattle），pasture，forage。《李殿君》页 20，列 4，行 10–12；同书页 134，列 6，行 10。

波/阿（2） سَائِمَةِ [sā'īmati] ‖ 参见سائمة[sā'imat，sā'ima]，camels，goats，and the like，which subsist during the greater part of the year upon pasture，pasturing by themselves，domestic animals，《新阿

汉大词典》页 990。《李殿君》页 15，列 5，行 3；同书页 138，列 4，行 7。

波/阿（3） رَتْعَ [rat'a] ‖ 参见 رتع [rat']，roving in wide，rich pastures（sheep）。《李殿君》页 94，列 1，行 13；同书页 133，列 1，行 4。

按，آن-[-ān]在小儿锦中表示开口后鼻韵母-ang。

مُوْ قُوّ [mu ghun]，木棍 [mu gun]，a stick

波/阿 خَشْبُ [khašbu] ‖ 参见 خشب [khašab]，wood，timber。《李殿君》页 126，列 5，行 7。

مُوَ قُوآن [muwa ghuan]，磨光 [mo guang]，polish，burnish

波/阿 جَثْمُ [jaṣmu] ‖ 参见 جَثْمْ [jaṣm]，reclining on the breast。按，未查到此词有磨光的意义，待考。《李殿君》页 117，列 2，行 13；同书页 53，列 3，行 1–3。

按，آن-[-ān]在小儿锦中表示开口后鼻韵母-ang。

مُوَ قُوِى [mua ghui]，魔鬼 [mo gui]，demon，devil

波/阿 شَيْطَانِ [šaīṭāni] ‖ 参见 شيطان [šaiṭān]，Satan，the devil，a demon，deuce，按，即撒旦。《李殿君》页 14，列 5，行 1–3。

مُو گِی دِ گِیَو شِن [mu gi di giau šin]，母鸡的叫声 [mu ji de jiao sheng]，clucking

波/阿 قوقاة [quqā'at]，clucking。《满俩》页 4，行 6。

按，"声"字应为后鼻韵母，此处小儿锦拼为前鼻音。

مُوِ لِ دِ [mui li di]，美丽［的］[mei li]，beautiful，lovely

波/阿 رعنا [ra'nā] ‖ 参见 رعناء [ra'nā']，beautiful，lovely。《真境花园》页 10，列 1，行 15。

مُوَ لآن [mua lan]，沫浪 [mo lang]，water bubbles in wave

波/阿 زَبْدَ [zabda] ‖ 参见 زبد [zabd]，churning，foaming （the

mouth)。《李殿君》页 136，列 1，行 16。

按，آن-[-ān]在小儿锦中表示开口后鼻韵母-ang。

مُوْ مَا [mu ma]，母马 [mu ma]，mare

波/阿 رَمْكَةِ [ramkati] ‖ 参见 رمكة [ramakat，ramaka]，a breeding mare，a jade。《李殿君》页 52，列 4，行 10－12。

مُوَ ماً ظُوْ [mua man ẑu]，没满足 [mei man zu]，do not meet the demand

波/阿 ماقنع [māqani']，be not satisfied，contented。《伊哈雅仪》页 3，列 1，行 19。

مُوِ مَوْ [mui mau]，眉毛 [mei mao]，eyebrows

波/阿 حَاجِبُ [hājibu] ‖ 参见 حَاجِبْ [hājib]，the eyebrow。《李殿君》页 120，列 1，行 10。

مُوِ مَوْ [mui mau]，美貌 [mei mao]，beautiful，a beauty

波/阿 خوب روى [khūb-rūy]，lovely-faced。《真境花园》页 11，列 1，行 11。

مُوَ مُوَ [mua mua]，馍馍 [mo mo]，steamed bread，steamed bun

波/阿（1） خَبْزَ [habza] ‖ 参见 خبز [khabz]，bread，baking，giving bread to eat，阿拉伯语。《李殿君》页 5，列 4，行 4－6；同书页 125，列 4，行 4。

波/阿（2） نَانى [nānī] ‖ 参见 نانى [nānī]，bread，a loaf，波斯语，一个馕。《真境花园》页 2，列 1，行 4。

مُوِ مَوْ دِ [mui mau di]，（俊）美[貌]的 [jun mei de]，fair-faced

波/阿 وسيم [wasīm]，beautiful，handsome，elegant，comely。《真境花园》页 2，列 1，行 9。

按，该小儿锦所拼的实际上是“美貌的”。

مؤنث [mu'annaṣ]，妇人 [fu ren]，women，female

波/阿 زَوْجَةِ [zaujati] ‖ 参见 زوجة [zaujat，zauja]，a wife，spouse。《李殿君》页 10，列 5，行 13–15。该小儿锦为阿拉伯语表意借词。若转写为[mu'annaṣ]，在用为语法术语时，意为阴性的，又指女人气的男子；若转写为[mu'anaṣ]，则指生女孩的妇女。小儿锦使用者虽然书写时取阿拉伯文原形，但仍按对应汉语意义读为“妇人”。

مُو نِيوْ [mu niau]，啄木鸟 [zhuo mu niao]，pecker，peckerwood

波/阿 هُدْهُدَ [hudhuda] ‖ 参见 هدهد [hudhud]，any bird that calls out much。《李殿君》页 35，列 1，行 7–9。

按，该小儿锦拼出的是“啄木鸟”的后两个字“木鸟”。

مُوْوَ [mua]，抹 [mo]，plaster，smear

波/阿 مَسْحَ [masha] ‖ 参见 مسح [mash]（v.n.），wiping，handling，stroking，rubbing，anointing。《李殿君》页 16，列 5，行 10–12。

مُوْ وًا [mu wan]，木碗 [mu wan]，a wooden bowl

波/阿 قَصْعَةِ [qaṣ'ati] ‖ 参见 قصعة [qaṣ'at]，a dish，plate，saucer，a box，a casket。《李殿君》页 164，列 4，行 10–12。

مُوِى [mui]，眉 [mei]，eyebrow，the top margin of a page

波/阿 حَاجِبُ [haājibu] ‖ 参见 حاجب [hājib]，the eye-brow。《李殿君》页 7，列 2，行 4–6。

مُوِى [mui]，梅 [mei]，plum

波/阿 بُرْقُوْقِ [burquūqi] ‖ 参见 برقوق [barqūq]，a yellow plum。《李殿君》页 83，列 1，行 4。

مُوِى [mui]，美 [mei]，pretty，beautiful

波/阿 لَذَّةِ [lazzati] ‖ 参见 لذة [lazzat]，relish，savour。《李殿君》页 83，列 2，行 1。

مُوِى [mui], 昧 [mei](昧着良心), ungrateful, unthankful, rebellious against God or man, avaricious

波/阿 كَنُوُدَ [kanuūda] ‖ 参见 كنود [kanūd], ungrateful, unthankful, rebellious against God or man, avaricious。《李殿君》页 70，列 2，行 1–3。

مِوُى خَوْ [miui hau]，美好 [mei hao]，doing anything good

波/阿 اجاد [ajād] ‖ 参见 اجادة [ijādat]，saying or doing anything good，proclaiming anything good。《伊哈雅仪》页 4，列 3，行 11。

مُوِى سِ [mui sin]，眉心 [mei xin]

波/阿 جبعة，按，阿拉伯语与波斯语中均无此词，待考。《李殿君》页 79，列 4，行 10–12。

مِوُى مِيَوْ [miui miau]，美妙 [mei miao]，sweetness。

波/阿 غراء [ghrā'] ‖ 参见 غراء [gharrā']，white，bright，splendid，illustrations。《伊哈雅仪》页 5，列 4，行 2。

مُو يُو دَىْ [mau yu dai]，没有得 [mei you de]，win no thing

波/阿 لم اظفر [lam-aẑafar]。此词第一部分لم[lam]为阿拉伯语否定虚词，第二部分اظفر[aẑfar]意为使战胜，使克敌制胜，《新阿汉大词典》页 1266，右。《伯亚尼》页 6，列 3，行 11。

按，此处对应汉字中的“得”或意为得手，得到。

مُوْ 七غِ [mu qingh]，母亲 [mu qin]，mother

波/阿 أُم [ummi] ‖ 参见 أُم [umm]，mother。《李殿君》页 106，列 3，行 13。

按，“亲”字应为前鼻韵母，此处小儿锦拼为后鼻音。

مِ هِيًا [min hian], 明显 [ming xian], clear, obvious, evident, distinct, make plain

波/阿（1） تَاجِ [tāj]，阿拉伯语，意为王冠。未查到有明显的意义，待考。《李殿君》页 113，列 3，行 1。

波/阿（2） عَنَّ ['anna] ‖ 参见 عن ['ann]，designedly，on purpose，appearing before the eyes，presenting itself。《李殿君》页 156，列 2，行 1–3。

波/阿（3） تَجَلى [tajallīa] ‖ 参见 تَجَلّي [tajallī]，make plain。《李殿君》页 113，列 3，行 10。

波/阿（4） جَهرَ [jahra] ‖ 参见 جَهر [jahr]，revealing。《李殿君》页 120，列 4，行 4。

波/阿（5） بَرَزَ [barraza] ‖ 参见 بَرَزَ [barz]，respectable。《李殿君》页 110，列 6，行 1。

波/阿（6） اَبَانَ [abāna] ‖ 参见 اِبَانَة [ibānat]（v.n. 4 of بين），making clear，known，manifest，clearness，distinctness in speaking。《李殿君》页 102，列 3，行 4。

波/阿（7） بَقَلِ [baqli] ‖ 参见بَقَل [baqala]，出现，呈现，《新阿汉大词典》页 151，右。《李殿君》页 111，列 5，行 13。

按，“明”字应为后鼻韵母，此处小儿锦拼为前鼻音。

مَى [mai]，卖 [mai]，sale，sell

波/阿 باع [bā']，卖，出卖，贩卖，出售，《新阿汉大词典》页 185，右。《李殿君》页 21，列 2，行 13–15。

مَىْ [mai]，麦 [mai]，wheat

波/阿 حِنْطَةِ [hinṭati] ‖ 参见 حنطة [hinṭat]，wheat。《李殿君》页 14，列 3，行 16–18。

مِى [mi]，米 [mi]，rice，meter

波/阿 اَرَزِّ [arazzi] ‖ 参见 ارز [araz，uruz，urz]，rice。《李殿君》页 12，列 4，行 7–9。

مِى [mi]，蜜 [mi]，honey，sweet

波/阿 عَسْلِ ['asli] ‖ 参见 عسل ['asl]，dressing （meat） with

honey，giving，providing with honey。《李殿君》页 11，列 1，行 1–3。

مِيًا [mian]，面 [mian]，flour，paste，noodle，face

波/阿（1） دَقِيقِ [daqiīqi] ‖ 参见 دقيق [daqīq]，flour。《李殿君》页 3，列 4，行 13–15。

波/阿（2） كريب [karīb]，案板，面板，《新阿汉大词典》页 1742，右。《李殿君》页 43，列 4，行 13–15；同书页 129，列 6，行 16。

波/阿（3） ملاى，按，此词待考。《李殿君》页 33，列 4，行 1–3。

波/阿（4） جاه [jāh]，地位，体面，面子，《新阿汉大词典》页 328，左。《李殿君》页 38，列 5，行 16–18。

波/阿（5） صَفْحَةِ [ṣafhati] ‖ 参见 صفحة [ṣafhat，safha]，a face，side，page，expanse，surface，breadth，a tract，border，quarter，broad side of a sword。《李殿君》页 71，列 3，行 1618。

波/阿（6） عَجِيْنِ [ʻajiīni] ‖ 参见 عجين [ʻajīn]，flour and water，paste，dough。《李殿君》页 4，列 2，行 4–6。

مِ يًا [min yan]，明言 [ming yan]，speaking clearly

波/阿 البيان [al-biyān] ‖ 参见 بيان [biyān]，explanation。《伯亚尼》页 2，列 1，行 2。

按，“明”字应为后鼻韵母，此处小儿锦拼为前鼻音。ال[al-]为阿拉伯语名词定冠词。

مِيًا باران [mian bārān]，绵雨 [mian yu]，much rain

波/阿 دَجْنِ [dajni] ‖ 参见 دجن [dajn]（v.n.），being dark，cloudy（day），much rain。《李殿君》页 62，列 5，行 1–3。

按，该小儿锦后半部分باران [bārān]为波斯语表意借词，意为雨水。小儿锦使用者虽然书写时取波斯文原形，但仍按对应汉语意义读为“雨”。

مِيًا بُو [mian bu]，棉布 [mian bu]，cottony cloth

波/阿 كُرْسُوْفُ [kursuūfu] ‖ 参见 كرسوف [kursūf]，cotton put into an ink-stand。《李殿君》页 15，列 3，行 7–9；同书页 167，列 5，行 16–18。

مِيًا پِ [mian pi]，面皮 [mian pi]，face，the outward skin

波/阿 بْشِرَةِ [bširati] ‖ 参见 بشرة [bašarat]，the skin，cuticle，or outward skin。《李殿君》页 11，列 3，行 13–15；同书页 110，列 1，行 16。

مِيًا خُوَا [mian hua]，棉花 [mian hua]，cotton

波/阿 قُطْنِ [quṭni] ‖ 参见 قطن [quṭn，quṭun，quṭṭan，quṭunn]，cotton，a cotton-field。《李殿君》页 4，列 1，行 13–15；同书页 164，列 4，行 16–18。

مِيًا غَوْ [mian ghau]，棉袄 [mian ao]，wadded jacket

波/阿 حَشْمْ [hašm] ‖ 参见 حشم [hašm]，quilting，stuffing （a pillow，cushion，or bed），also whatever they are stuffed with。《李殿君》页 122，列 6，行 10。

按，“袄”字小儿锦拼音中含影母。

مِيًا فٌ [mian fun]，面分 [mian fen]，dignity，prestige

波/阿（1） جَاهْ [jāha] ‖ 参见 جَاه [jāh]，地位，体面，面子，《新阿汉大词典》页 328，左。《李殿君》页 117，列 4，行 4。

波/阿（2） الجاة [al-jāt]，应为الجاه [al-jāh]。جاه [jāh]，place，rank，office，dignity，grandeur，magnificence，honour，reputation。《伊哈雅仪》页 5，列 1，行 2。ال[al-]为阿拉伯语名词定冠词。

مِيًاكِنيآن [mian ginian]，勉强 [mian qiang]，be forced to do sth.

波/阿 تَكْلِيفُ [taklīfu] ‖ 参见 تَكْلِيف [taklīf]，imposing。《李殿

君》页 114，列 4，行 16。

按，“强”字小儿锦拼音中的鼻音字母ن [-n-]多余，应校正为 مِيَاگِيَان [mian gian]。آن- [-ān]在小儿锦中表示开口后鼻韵母-ang。

مِيَا مِيَا [mian mian]，面面 [mian mian]，every side，surface

波/阿（1）صحائف [ṣahā'if] ‖ 参见 صحائف [ṣahā'if]，pages。《伯亚尼》页 4，列 3，行 13。

波/阿（2）بسيط [basīṭ] ‖ 参见 بسيط [basīṭ]，surface，elementary。《真境花园》页 2，列 2，行 10。

ميان نيًا [mīyān nian]，中年 [zhong nian]，middle age，midlife，the autumn of one's life

波/阿 كَهْلِ [kahli] ‖ 参见 كهل [kahl]，of full age，i.e. from 30 to 50，a man beginning to turn grey and of venerable bearing，a full-grown，flourishing plant。《李殿君》页 5，列 5，行 7–9。按，该小儿锦拼写的第一个字ميان [mīyān]来自波斯语，为表意借词，意为中间。明四夷馆本《回回馆杂字》“方隅门”（第 640 词）“ميان [mīyān]，中，米呀恩”，会同馆本《回回馆杂字》“身体门”（第 1485 词）及“通门门”（第 1626 词）“中，米洋”即此。小儿锦使用者虽然书写时取波斯文原形，但仍按汉语对应意义读为“中”。

مِيَا ۋ [mian ü]，绵雨 [mian yu]，rainy

波/阿 دَجْنِ [dajni] ‖ 参见 دجن [dajn]，being dark，cloudy（day），much rain。《李殿君》页 128，列 3，行 13。

مِيًا ىُ [mian yua]，面容 [mian rong]，face

波/阿（1） وجة [wijat] ‖ 参见 وجه [wajh]，面，脸，面孔，《新阿汉大词典》页 2244，左。《伯亚尼》页 4，列 2，行 11。

波/阿（2） وجوه [ūjūh]，上述وجه [wajh]的复数，阿拉伯语。《伯亚尼》页 6，列 1，行 21。

按，“容”字应为后鼻韵母，此处小儿锦未拼出鼻音。

مَیْ جُ بَوْ دِ [mai ju bau di]，卖珠宝的 [mai zhu bao de]，a jewelry and treasure dealer

波/阿 جوهرفروش [jauhar-furūš]，a dealer in precious stones，a vendor of jewels。按，جوهر [jauhar]，波斯语，意为珠宝；فروش [farūš]，波斯语，译言售卖。《真境花园》页 5，列 3，行 14。

مِيَوْ خُوَا [miau khua]，描画 [miao hua]，drawing

波/阿（1）رَقْمُ [raqmu] ‖ 参见 رقم [raqm]，notion，writing，written character，cypher，description，arithmetic，a writing，a sign，a figure。《李殿君》页 135，列 2，行 4。

波/阿（2）رَسْمُ [rasmu] ‖ 参见 رسم [rasm]，marking out，drawing，writing。《李殿君》页 134，列 3，行 4。

مِيَوْ خْ [miau ċ]，妙慈 [miao ci]，gentle，kind，ingenious，clever，subtle

波/阿 لَطِيْفُ [lattīfu] ‖ 参见 لطيف [laṭīf]，elegant，graceful，lovely，pleasant，gentle，benign，kind，courteous，having an occult or mysterious meaning（speech），knowing what is occult，hidden，mysterious，one of the names of God。《李殿君》页 8，列 5，行 7–9；同书页 170，列 4，行 10–12。

مِيوّ شِ [miu ši]，妙事 [miao shi]，good thing

波/阿 لطائف [laṭā'if]，jests，jokes，facetiæ，bon mots，delicate girls。《中文消经》页 2，列 1，行 1。

مِیَ وْ شٍ [miau šin]，妙神 [miao shen]，gods，fairy

波/阿 جِنِ [janni] ‖ 参见 جِنِ [jann]，an angel。《李殿君》页 119，列 1，行 10。

مٍ يوم [min yaum]，明日 [ming ri]，tomorrow

波/阿 بكر，按，应为 بُكْرَة [bukrat]，清晨，拂晓，一早，《新阿汉大词典》页 154，右。《李殿君》页 111，列 3，行 16。

按，此小儿锦第二部分يوم [yaum]为阿拉伯语表意借词，意为天，日，小儿锦使用者虽然书写时取波斯文原形，但仍按对应汉语意义读为“日”。“明”字应为后鼻韵母，此处小儿锦拼为前鼻音。

ن Nūn

نَ [na]，奶 [nai]，milk，breasts

波/阿（1） لِبْنِ [libni] ‖ 参见 لبن [laban]（v.n.），having plenty of milk in the udder（ewe），milk，soured milk，[labin]，fond of，or drinking，giving milk to drink。《李殿君》页 27，列 1，行 1–3；同书，页 169，列 3，行 16–18。

波/阿（2） ضرع [ẓara'a]，吮奶，《新阿汉大词典》页 1185，右。《李殿君》页 27，列 3，行 4–6。

波/阿（3） ثَدى [ṣadya] ‖ 参见 ثدى [ṣady，ṣidy]，the breast（in man and woman）。《李殿君》页 44，列 1，行 16–18。

نِ [ni]，泥 [ni]，mud，clay，mud mashed，mire

波/阿（1） تغث [taghṣ]，按，此词待考。《李殿君》页 53，列 4，行 1–3。

波/阿（2） دَرْنِ [darni] ‖ 参见 درن [daran]，being dirty。《李殿君》页 91，列 1，行 10。

波/阿（3） سِيخِ [siīkhi] ‖ 参见 سيخ [sīkh]，a furrow made by the plough，an iron instrument with which pack-saddles are stuffed，a sort of yoke for carrying burdens。《李殿君》页 65，列 4，行 13–15。对照对应阿拉伯语词汇，该小儿锦与对应汉字疑为"犁"。如是，则原作者所操方言中有声母 n-与 l-不分现象。

波/阿（4） طِمْلِ [ṭimli] ‖ 参见 طمل [ṭiml]，muddy water。《李殿君》页 53，列 5，行 4–6。

نْ [n]，能 [neng]，be able to，can，capable，skillful

波/阿（1） غِرِير [ghirīra] ‖ 参见 غِرِير [ghirīr]，良好的天赋，优良的天质，《新阿汉大词典》页 1443，左。《李殿君》页 85，列 3，行 10。

波/阿(2) حَاذِقِ [hāẕiqi] ‖ 参见 حاذق [hāẕiq], ingenious, skilful, clever, excelling。《李殿君》页 3，列 5，行 4–6。

نًا [nan]，难 [nan]，adversity，bad，blame，difficult，disaster，hard，hardly possible

波/阿（1） عراقيل [‘arāqīl]，عرقلة [‘arqalat]的复数，意为妨碍，障碍，阻碍物（通常用复数），事情的各种困难，曲折，复杂，灾难，祸患，《新阿汉大词典》页 1320，左。《李殿君》页 71，列 2，行 7–9。

波/阿（2） شَاصِبُ [šaāṣibu] ‖ 参见 شاصب [šāṣib]，（a life） oppressed with penury。《李殿君》页 71，列 1，行 4–6。

波/阿（3） شَصْبُ [šaṣbu] ‖ 参见شصب [šaṣb]（v.n.），failing to conceive，though frequently covered（a camel）；[šiṣb]，adversity，scarcity，hardship。《李殿君》页 78，列 1，行 10–12。

波/阿（4） غَائِلَةِ [ghaā’ilati] ‖ 参见 غائلة [ghā’ilat，ghā’ila]，a misfortune。《李殿君》页 64，列 3，行 4–6。

波/阿（5） ضرورة [ẓarūrat]，无法逃脱的灾难，不幸，艰难，困难，《新阿汉大词典》页 1183，左。《李殿君》页 59，列 1，行 4–6。

波/阿(6) شَظْفُ [šaẑfu] ‖ 参见 شظف [šaẑf]（v.n.），hindering，keeping back，removing，putting to a distance，castrating （a ram by removing the testicles），a split stick。《李殿君》页 50，列 3，行 10–12。

波/阿(7) كزم [kazim]，怕领先，怕走在前面（或类似意义），《新阿汉大词典》页 1753，左。《李殿君》页 43，列 2，行 13–15。

波/阿（8） صَعْبُ [ṣa‘bu] ‖ 参见 صعب [ṣa‘b]，difficult。《李

殿君》页 101，列 5，行 4。

نَا [na]，拿 [na]，fetch，have，hold，seize，take

波/阿（1）اَخْذِ [akhẕi] ‖ 参见 اخذ [akhẕ](v.n.), taking, seizing, apprehending，procuring，intercepting，seizure，exaction。《李殿君》页 20，列 5，行 4–6。

波/阿（2）بَطْشِ [baṭši] ‖ 参见 بطش [baṭš]（v.n.），seizing，carrying away by force，rushing upon with violence，attacking。《李殿君》页 18，列 2，行 4–6。

نَاً پَیْ [nan pai]，安排 [an pai]，arrange

波/阿 وزع [waz‘] ‖ 参见 وزع [waz‘]，restraining，checking，prohibiting。《伊哈雅仪》页 5，列 2，行 13。

按，此处“安”字声母小儿锦拼音中含影母。

نَاً چُوًا [nan čuan]，暗传 [an chuan]，pass or spread secretly

波/阿 اسرها，按，此词待考。《中文消经》页 2，列 3，行 19。

按，此处“暗”字声母小儿锦拼音中含影母。

نَاً دِیاً [nan dian]，暗点 [an dian]，scotoma

波/阿 رمز [ramz]，riddle，enigma，mysterious allusion，secret writing。《伊哈雅仪》页 2，列 1，行 2。

按，此处“暗”字声母小儿锦拼音中含影母。

نَاً زِخَا [nan zi ha]，男子汉 [nan zi han]，man

波/阿 النجول [al-najūl] ‖ 参见 نجل [najl]，progeny，son。《中文消经》页 2，列 1，行 5。

按，ال [al-]为阿拉伯语名词定冠词。

نَاً ژِ [nan jhin]，男人 [nan ren]，a man

波/阿 رُجُلِ [rujuli] ‖ 参见 رجل [rajl]，a man，《新阿汉大词典》页 717。《李殿君》页 133，列 1，行 10。

نًاضِى شِيُو [nan ći šiu]，按（次）[秩]序 [an ci xu]，take orders

波/阿 رتبتة [rutibtat] ‖ 参见 رتيب [ratīb]，单调的，清一色的，无变化的，千篇一律的，《新阿汉大词典》页 707，左。《伯亚尼》页 6，列 2，行 34。

按，此处“按”字声母小儿锦拼音中含影母。

نَالَى [na lai]，拿来 [na lai]，bring something

波/阿 ورود [wurūd]，arriving。《满俩》页 5，行 4。

نام [nām]，名 [ming]，name

波/阿（1） شاع [šā‘a]，传开，流传，传播开，《新阿汉大词典》页 1094，右。《李殿君》页 45，列 4，行 7–9。

波/阿（2） سمعة [sam‘at，sum‘at]，名望，名气，声望，声誉，《新阿汉大词典》页 956，右。《李殿君》页 33，列 4，行 13–15。

波/阿（3） أسْمُ [ismu] ‖ 参见 اسم [ism]，name。《李殿君》页 92，列 3，行 1；同书页 104，列 5，行 16。此两处对应汉字为“名字”[ming zi]。

按，该小儿锦为波斯语表意借词，意为名称，乃英语name的同源词。小儿锦使用者虽然书写时取波斯文原形，但仍按对应汉语意义读为“名”或“名字”。

نام [nām]，明 [ming]，bright

波/阿 ابان [ibaāna] ‖ 参见 اِبَانَة [ibānat]（v.n. 4 of بين）making clear，known，manifest，clearness，distinctness in speaking。《李殿君》页 40，列 4，行 1–3。

按，该小儿锦为波斯语表意借词，对应的汉语意为名称，“名”与“明”同音，小儿锦使用者用以表示汉语“明”字。

نًانِ [nan nin]，安宁 [an ning]，peace，save

波/阿 الامان [al-amān] ‖ 参见 امان [amān]，peace，基督徒礼

拜时所呼之“阿门”即此词。《伯亚尼》页 4，列 2，行 23；同书页 5，列 1，行 19。

按，此处“安”字声母小儿锦拼音中含影母。“宁”字应为后鼻韵母，此处小儿锦拼为前鼻音。ال[al-]为阿拉伯语名词定冠词。

نَاَوْ [nau]，闹 [nao]，noisy，be troubled by

波/阿لجب [lajab，lajib]，making a noise，voices of men，(a host) numerous，tumultuous，and uproarious。《李殿君》页 35，列 2，行 13–15。

نًا ؤْ [nan ü]，暗语 [an yu]，code word

波/阿 با لكنابة [bālknābat]，按，此词待考。《伯亚尼》页 6，列 1，行 34。

按，此处“暗”字声母小儿锦拼音中含影母。

نًا يَوْ [nan yau]，暗语 [an yu]，code word

波/阿 با لكنابة [bālknābat]，按，此词待考。《伯亚尼》页 6，列 1，行 34。

按，此处“暗”字声母小儿锦拼音中含影母。

نٍ بِيًا [nen bian]，能辩 [neng bian]，eloquence

波/阿 الفصلحه [al-fṣalhe] ‖ 参见 فصلحه [faṣālhat]，eloquence。《伯亚尼》页 2，列 3，行 7。

按，“能”字应为后鼻韵母，此处小儿锦拼为前鼻音。ال[al-]为阿拉伯语名词定冠词。

نَ تِوْ [na tiu]，奶头 [nai tou]，a nipple

波/阿 ثَدى [ṣadī]，乳房，《新阿汉大词典》页 219，右。《李殿君》页 116，列 2，行 4。

نجم [najm]，星 [xing]，star

波/阿（1） دُرِّى [durraī]，按，应为دُرِّى [dirraī，darraī]，闪

烁的星辰,《新阿汉大词典》页 606，左。《李殿君》页 48，列 5，行 10–12。

波/阿（2） مَرِيخ [mariīkhi] ‖ 参见 مريخ [mirrīkh]，the planet Mars，火星，战神星。《李殿君》页 56，列 5，行 16–18。

波/阿（3） زَحَلِ [zahli] ‖ 参见 زحل [zuhal]，the planet Saturn，土星，农神星。《李殿君》页 56，列 4，行 13–15。

波/阿（4） ثَاقِبُ [ṣaāqibu] ‖ 参见 ثاقب [ṣāqib]，penetrating，hence shining brightly，glittering，brilliant，splendid，famous，sublime，high。《李殿君》页 78，列 5，行 16–18。

该小儿锦为阿拉伯语表意借词，意为星辰。小儿锦使用者虽然书写时取阿拉伯文原形，但仍按对应汉语意义读为"星"。

نحاس [nahās，nuhās，nihās]，铜 [tong]，copper

波/阿 قِلِّزِ [qqilizi] ‖ 参见 قلز [quluzz，qilizz]，hard copper on which iron makes no impression。《李殿君》页 33，列 5，行 16–18。

按，该小儿锦为阿拉伯语表意借词，指黄铜或紫铜。小儿锦使用者虽然书写时取阿拉伯文原形，但仍按对应汉语意义读为"铜"。

نِ ْخُوِ [nin hui]，恩惠 [en hui]，favor

波/阿 فضلى [fazalī] ‖ 参见فضل [fazl]，恩惠，恩德，恩典，《新阿汉大词典》页 1538，右。《伯亚尼》页 6，列 3，行 14。

按，此处"恩"字声母小儿锦拼音中含影母。

نِ سِ [ni si]，你洗 [ni xi]，wash thou

波/阿 بشو [bišū]，波斯语动词شستن [šustan]（意为洗涤）的命令式第二人称单数。《真境花园》页 4，列 2，行 15。

نِ سِ خُوِ [ni sin hui]，你醒[省]回 [ni xing hui]，you should know

波/阿 دريابى [daryābī]，波斯语动词دريافتن [dar yāftan]（意为了解，理解，明白）的命令式第二人称单数。《真境花园》页 4，列 1，行 1。

按，“醒”字应为后鼻韵母，此处小儿锦拼为前鼻音。

نِ سِئ [ni si]，你死 [ni si]，you should die

波/阿 مردباش [murd bāš]，波斯语مرد [murd]（意为死亡的）+系动词بودن [būdan]的命令式第二人称单数باش [bāš]构成，意为“你该死”，“你去死吧”，《真境花园》页 5，列 1，行 5。

نِ شِ [ni ši]，泥石 [ni shi]，clay and stones

波/阿 سَجِيلِ [sajīli] ‖ 参见 سجيل [sajīl]，said to be derived from P. sang “stone” and gil “clay”，a large bucket。《李殿君》页 46，列 3，行 7–9；同书页 139，列 3，行 7。

نِ شَان [nin šan]，恩赏 [en shang]，to award，to grant

波/阿 مخهم，按，此词待考。《中文消经》页 2，列 2，行 10。

按，此处“恩”字声母小儿锦拼音中含影母。آن-[-ān]在小儿锦中表示开口后鼻韵母-ang。

نِ شَانْ گِ [ni šan gin]，你上紧[ni shang jin]，try your best，please work hard

波/阿 كوش [kuš]，波斯语 كوشيدن [kūšīdan]（意为努力，尽力）的命令式第二人称单数，意为“你要努力”，“你努力吧”，《真境花园》页 6，列 1，行 1。

按，آن-[-ān]在小儿锦中表示开口后鼻韵母-ang。

نٌ شُ زِ [nun šu zi]，嫩树枝 [nen shu zhi]，a fresh twig

波/阿（1） اطفال شاخ [aṭafal šākh]，twig（复数）。《真境花园》页 1，列 2，行 6。

波/阿（2） قضبان [quẓbān，qiẓbān]，long and slender branches。《真境花园》页 6，列 1，行 15。此处对应汉字写为“枝杈”。

نغِ [ningh]，哼 [ning]，urge again and again，warn

波/阿 تَأْكِيدَ [taā'kiīda] ‖ 参见 تأكيد [ta'kīd], reminder。《李殿君》页 1，列 3，行 10–12。

نُغٍ چُوآن [nungh čuan]，脓疮 [nong chuang]，a running sore

波/阿 حِبنِ [hibni] ‖ 参见 حِبن [hibn]，肿疡，肿瘤，脓疮，又意为 oleander，即夹竹桃。《新阿汉大词典》页 339，右，同页，左。《李殿君》页 121，列 5，行 1。

按，آن-[-ān]在小儿锦中表示开口后鼻韵母-ang。

نُغِ گِيَا [nughi gia]，弄假 [nong jia]，feigned，faked

波/阿 مَجَازِ [majaāzi] ‖ 参见 مجاز [majāz]，feigned，insincere。《李殿君》页 27，列 3，行 7–9。

按，"弄"字为后鼻韵母，此处小儿锦未标示鼻音。

نِ غَو [nighau]，尿 [niao]，urine

波/阿 بَوْلِ [bauli] ‖ 参见 بَوْل [baul], urine。《李殿君》页 112，列 2，行 10。

按，该小儿锦双元音拼音中的字母غ[gh]，应理解为ع[ê]，即读为نِ عَو [nieau]。

نِغوْ [nighu]，牛 [niu]，cattle，cow，ox

波/阿 ثَوْرَ [ṣaura] ‖ 参见 ثور [ṣaur]，a bull，Taurus（金牛座）。《李殿君》页 21，列 5，行 1–3；同书页 116，列 4，行 13。

按，该小儿锦双元音拼音中的字母غ[gh]，应理解为ع[ê]，即读为نِعوْ [nieu]。

نِغوْ [nighu]，扭 [niu]，wrest，wring，tweak，disobedient

波/阿 عَاق ['aāq] ‖ 参见 عاق ['āqq]，disobedient，undutiful，rebellious，disloyal。《李殿君》页 37，列 5，行 4–6。

按，该小儿锦双元音拼音中的字母 غ[gh]，应理解为 ع[ê]，即读为نِعوْ [nieu]。

نِغِوْ دُو [nghiu du]，牛犊 [niu du]，calf

波/阿 عَجْلِ [‘ajli] ‖ 参见 عجل [‘ijl]，a calf。《李殿君》页 17，列 4，行 10–12。

按，此处“牛”字小儿锦双元音拼音中的字母غ[gh]，应理解为ع[ê]，即读为نِعِوْ دُو [neiu du]。

نِ غَو تِ ذَاوْ [nighu ti z̲āu]，牛膝草 [niu xi cao]，a kind of grass

波/阿 فَاخُورةِ [fākhūrati] ‖ 参见 فاخر [fākhara]，name of a medicinal grain；فاخور [fākhūr]，一种芳香植物，《新阿汉大词典》页 1503，右。《李殿君》页 159，列 1，行 4–6。

按，此处“牛”字小儿锦双元音拼音中的字母غ[gh]，应理解为ع[ê]，即读为نِ عَو تِ ذَاوْ [nieu ti z̲āu]。

نِ غَو كِوْغًا [nighu giüghan]，牛圈 [niu juan]，cow pen

波/阿 بَهْوُ [bahwu] ‖ 参见 بَهو [bahw]，a large stable for cattle。《李殿君》页 112，列 3，行 13。

按，此处“牛”字与“圈”字小儿锦双元音拼音中的字母غ[gh]，均应理解为ع[ê]，即读为نِ عَو كِوْعًا [nieu giüean]。

نِ غَو وٌ [nighiu wun]，牛粪 [niu fen]，cattle dung

波/阿 خُثِّى [khṣṣīa] ‖ 参见 خثى [khaṣā]，dung。《李殿君》页 125，列 1，行 10。

按，此处“牛”字小儿锦双元音拼音中的字母غ[gh]，应理解为ع[ê]，小儿锦字母وٌ应为فٌ之误，即读为نِ عَو فٌ [nieiu fun]。

نِ قِوْ [ni ghiu]，泥垢 [ni gou]，mud

波/阿（1） رَغَامُ [raghāmu] ‖ 参见 رغام [raghām]，soil。《李殿君》页 134，列 1，行 13。

波/阿（2）دَرْنِ [darni] ‖ 参见 درن [duran]，being dirty（hands or garments）。《李殿君》页 129，列 2，行 7。

نِ قِوْ [ni ghiu]，能够 [neng gou]，can，be capable of，be able to

波/阿（1） طَاقَةِ [ṭaāqati] ‖ 参见 طاقة [ṭāqat，ṭāqa]，power，force，strength。《李殿君》页 74，列 4，行 4–6。

波/阿（2） طوق [ṭūq]，能，能力，力量，《新阿汉大词典》页 1254，左。《伯亚尼》页 6，列 1，行 29。按，此处对应汉字写作“够”。

波/阿（3） طول [ṭūl]，势力，能力，力量，《新阿汉大词典》页 1255，左。《李殿君》页 43，列 5，行 1–3。

波/阿（4） إمكَان [imkaāni] ‖ 参见 امكان [imkān]，possibility，practicability。《李殿君》页 24，列 1，行 7–9；同书页 107，列 4，行 1。

波/阿（5） امئان，按，此词未查到，疑为上述 امكان [imkān] 之讹写，待考。《李殿君》页 71，列 1，行 1–3。

نِ كِيَا [nin gian]，恩典 [en dian]，favours

波/阿 افضال [afẓāl]，favours。《伯亚尼》页 5，列 1，行 34。

按，此处“恩”字声母小儿锦拼音中含影母。

نِ لِى [nin li]，能力 [neng li]，ability

波/阿（1） مقدرة [maqdarat] ‖ 参见 مقدرة [maqdarat]，power。《伯亚尼》页 3，列 1，行 33。

波/阿（2） باع [bā’]，慷慨而有能力的，《新阿汉大词典》页 178，左。《中文消经》页 3，列 2，行 19。

按，“能”字应为后鼻韵母，此处小儿锦拼为前鼻音。

نَ نَ [na na]，奶奶 [nai nai]，grandmother

波/阿 جَدَّةِ [jaddati] ‖ 参见 جدة [jidat]，a grandmother。《李殿君》页 83，列 4，行 16；同书页 117，列 5，行 16。

نِ نِ غِوْ [ni（n） nighiu]，拧［扭］[ning]，screw，tweak，wrest，wring

波/阿 عَصْرَ ['aṣra] ‖ 参见 عصر ['aṣr]（v.n.），squeezing，pressing （grapes），taking refuge。《李殿君》页 8，列 4，行 1–3。

按，此处小儿锦第一部分نِ[ni]应为نٍ [nin]，与“拧”字对应，且“拧”字应为后鼻韵母；其第二部分نِ غِوْ [nighiu]中双元音拼音中的字母غ[gh]，应理解为ع[ê]，即读为نِ عِوْ [nieiu]，其对应汉字应为“扭”，漏写。

نُ نَوْ [nu nau]，怒恼 [nu nao]，angry，be annoyed for，vex，gall，exasperation，aggravation，anger，rage，fury，in profusion，burst

波/阿（1） مَقْتِ [maqti] ‖ 参见 مقت [maqt]（v.n.），hating，hatred，grudge，enmity。《李殿君》页 71，列 4，行 10–12。

波/阿（2） غَضْبُ [ghaẓbu] ‖ 参见 غضب [ghaẓb]，being angry，rage，anger，ire，wrath。《李殿君》页 158，列 1，行 4–5。

نَوْ [nau]，脑 [nao]，brain

波/阿 دِمَاغِ [dimaāghi] ‖ 参见 دماغ [dimāgh]（in P. damāgh），the brains。《李殿君》页 27，列 2，行 10–12。

نُوْ [nu]，奴 [nu]，slave

波/阿 عَبْدِ ['abdi] ‖ 参见 عبد ['abd]，a servant，slave，今通常音译为“阿卜都”，元代音译为“奥都”。《李殿君》页 13，列 4，行 13–15。

نِوْ پُوْ [niu pu]，掳捕 [lu bu]，capture，catch，arrest

波/阿 سَبَّى [sabbaī] ‖ 参见 سبى [saby]（v.n.），making a captive，taking prisoner，captivating （a woman）; [sabī]，a captive，a prisoner of war。《李殿君》页 24，列 1，行 1–3。

按，对应汉字声母有 n-与 l-混混淆现象。

نُو پُو [nu pu]，奴仆 [nu pu]，servant

波/阿 الصاد [al-ṣād]，按，此词待考。《伯亚尼》页 5，列 1，

行 5。

按，ال[al-]为阿拉伯语名词定冠词。

نَوْ چُوَآن [nau čuwan]，脑疮 [nao chuang]（头癣），favus of scalp

波/阿 آمَةِ，按，此词待考。《李殿君》页 106，列 2，行 16。

按，آن- [-ān]在小儿锦中表示开口后鼻韵母-ang。

نَوْ خِوْ [nau hiu]，脑后 [nao hou]，the back of the head

波/阿 قفاَ [qafaā] ‖ 参见 قفا [qafā]，the back part or nape of the neck，nuke。《李殿君》页 73，列 4，行 16–18；同书页 164，列 6，行 16–18。

نَوْ زْ [nau z]，脑子 [nao zi]，brains

波/阿 دَمَاغِ [damāghi] ‖ 参见 دماغ [dimāgh]，the brains。《李殿君》页 130，列 1，行 7–9。

نُوُغِ [nungh]，脓 [nong]，purulence，pus

波/阿 قِيحَ [qīha] ‖ 参见 قيح [qaih], being purulent （a wound），matter unmixed with blood，pus。《李殿君》页 3，列 3，行 4–6；同书页 166，列 4，行 10–12。

نُوُغِ بَوْ [nungh bau]，脓疱 [nong pao]，pustule，worthless fellow，good-for-nothing

波/阿 فَصِيصُ [faṣīṣu] ‖ 参见 فصيص [faṣīṣ]，being purulent，running （a wound）。《李殿君》页 160，列 6，行 16–18。

نوم [naum]，睡 [shui]，sleep，asleep

波/阿（1） نُعْس [nu‘s] ‖ 参见 نعس [na‘s]，sleeping。《李殿君》页 88，列 4，行 13。

波/阿（2） رَقْدِ [raqdi] ‖ 参见 رقد [raqd]（v.n.），sleeping，sleep，dream。《李殿君》页 71，列 1，行 7–9。此处对应汉字写为“睡着”。

该小儿锦为阿拉伯语表意借词，小儿锦使用者虽然书写时取阿拉伯文原形，但仍按对应汉语意义读为“睡”或“睡着”。

نُو لِ [nu li]，努力 [nu li]，effort

波/阿 جدّ [jidd]，speaking truth，endeavour，effort，labour，study，industry，application，exertion，pains-taking，seriousness，gravity。《伊哈雅仪》页 4，列 3，行 2。

نُو لِ شَانْ گِ [nu li šan gin]，努力上（近）[进] [nu li shang jin]，try hard

波/阿 جد [jidd]，speaking truth，endeavour，effort，labour，study，industry，application，exertion，pains-taking，seriousness，gravity。《伊哈雅仪》页 4，列 1，行 7。

按，آن-[-ān]在小儿锦中表示开口后鼻韵母-ang。

نَو مِيَو [nau miau]，奥妙 [ao miao]，secret

波/阿（1） الحكمة [al-hikmat] ‖ 参见 حكمة [hikmat]，wisdom。《伯亚尼》页 5，列 3，行 33。ال为阿拉伯语名词定冠词。

波/阿（2） بلطا نف [balṭā'f]，secret。《伯亚尼》页 2，列 2，行 14。

按，此处“奥”字声母小儿锦拼音中含疑母。

نُوْ نَوْ [nu nau]，怒恼 [nu nao]，anger，fury，rage

波/阿 غَضْبِ [ghaẓbi] ‖ 参见 غضب [ghaẓab]（v.n.），being angry，rage，anger，ire，wrath。《李殿君》页 10，列 5，行 1–3。

نِوْ [niü]，女 [nü]，woman

波/阿 بِكْرَ [bikra] ‖ 参见 بكر [bakr]，girl。《李殿君》页 91，列 2，行 1。

نِى [ni]，泥 [ni]，dirt，mud，slob

波/阿（1） طِينِ [ṭīini] ‖ 参见 طين [ṭain]，clay。《李殿君》页

98，列 2，行 10。

波/阿（2） صَلْصَالِ [ṣaālṣaāli] ‖ 参见 صلصال [ṣalṣāl], clay mixed with sand，or clay not made into earthenware，clay dry and hard which yields a sound。《李殿君》页 74，列 2，行 1–3。

نِيًا [nian]，年 [nian]，years，new year

波/阿（1） حَدِيثِ [hadīṣi] ‖ 参见 حَدِيثِ [hadīṣ]，history。《李殿君》页 121，列 4，行 16。

波/阿（2） عَامُ [‘aāmu] ‖ 参见 عام [‘ām]，a year。《李殿君》页 57，列 4，行 13–15。

波/阿（3） حَوْلِ [haūli] ‖ 参见 حول [haul]，a year。《李殿君》页 15，列 4，行 1–3。

波/阿（4） سِنَةِ [sinati] ‖ 参见 سنة [sanat, sana], a year, a single revolution of the sun。《李殿君》页 15，列 2，行 13–15。

波/阿（5） نِيرُوزِ [niīruūzi] ‖ 参见 نيروز [nairūz]，New Year’s Day。《李殿君》页 14，列 4，行 1–3。

波/阿（6） خرف [kharifa]，年老昏愦，《新阿汉大词典》页 506，右。《李殿君》页 69，列 5，行 4–6。

波/阿（7） حدية ，按，此词待考。《李殿君》页 69，列 1，行 4–6。

نِيًا [nian]，撵 [nian]，drive out

波/阿 رجيم [rajam]，赶走，驱逐，遗弃，离弃，《新阿汉大词典》页 718，右。《李殿君》页 14，列 1，行 4–6。

نِيًا [nian]，碾 [nian]，grind，mill

波/阿（1） داس [dās]，a sickle，reaping hook，a pot，pan。《李殿君》页 40，列 2，行 16–18；同书页 128，列 4，行 4。

波/阿（2） كس [kass]，捣研成粉末，磨碎，捣碎，《新阿汉大词典》页 1757，右。《李殿君》页 39，列 4，行 1–3。

نِيًا [nian]，念[nian]，read，recite or chant scriptures

波/阿（1） النطق [al-naṭaq] ‖ 参见 نطق [naṭaqa]，说话，发言，《新阿汉大词典》页 2072，左。《伯亚尼》页 6，列 2，行 10。ال[al-]为阿拉伯语名词定冠词。

波/阿（2） قِرَاءَةِ [qirā'ti] ‖ 参见 قراءة [qirā'at]，reading the Qur'ān，a proper manner of reading the Qur'ān，skill in reading（particularly the Qur'ān with a solemn tone）。《李殿君》页 3，列 2，行 13–15；同书页 163，列 2，行 13–15。

波/阿（3） تَلَاوَةِ[talaāwati] ‖ 参见 تلاوة [tilāwat], reading。《李殿君》页 82，列 4，行 13。

نِ يًا [nen yan], 能言 [neng yan], eloquence, glib and quick-tongued in argument

波/阿（1） الفصاحه [al-faṣāha]，eloquence。《伯亚尼》页 2，列 4，行 7。ال为阿拉伯语名词定冠词。

波/阿（2） فَصِيحَ [faṣīha]，有口才的，能说会道的，口齿伶俐的,《新阿汉大词典》页 1532，左。《李殿君》页 160，列 5，行 16–18。

按，"能"字应为后鼻韵母，此处小儿锦拼为前鼻音。

نِيًا پِی [nian pi]，眼皮 [yan pi]，eye-lids

波/阿 الاجفان [al-ajfān] ‖ 参见 اجفان [ajfān]，eye-lids。《伯亚尼》页 4，列 2，行 31。

按，"眼"字小儿锦拼音含疑母。ال[al-]为阿拉伯语名词定冠词。

نِيًا دِ [nian din]，眼睛 [yan jing]，eyes

波/阿 النواظر [al-nawāẑir] ‖ 参见 نواظر [nawāẑir]，eyes。《伯亚尼》页 5，列 2，行 23。

按，"眼"字小儿锦拼音含疑母。"睛"字应为后鼻韵母，此处小儿锦拼为前鼻音。ال[al-]为阿拉伯语名词定冠词。

نِيًا دَا [nian da]，年大 [nian da]，old，aged

波/阿 كِبْرَ [kibra] ‖ 参见 كبر [kibar]，great，old age。《李殿君》页 166，列 6，行 16–18。

نِيًا دَغا [nian dgha]，年大 [nian da]，old，aged

波/阿 كبر [kibar]，great，old age。《李殿君》页 60，列 5，行 7–9。

按，此处"大"字小儿锦开口元音拼音中的字母غ[gh]，应理解为ع[ê]，即读为نِيًا دَعا [nian dea]。

نِيًاژً [nian jhin]，眼仁 [yan ren]，eyeball

波/阿 احداق [ahdāq] ‖ 参见 احداق [ahdāq]，the pupils of the eyes。《伯亚尼》页 3，列 1，行 12。

按，"眼"字小儿锦拼音含疑母。

نِيًا صُوٌ [nian ṣun]，念诵 [nian song]，read

波/阿 تِلَاوَةِ [tilāwati] ‖ 参见 تِلَاوَة [tilāwat]，reading。《李殿君》页 115，列 1，行 1。

按，"诵"字应为后鼻韵母，此处小儿锦拼为前鼻音。

نِيًا كِى [nian gi]，年（级）[纪] [nian ji]，grade，year

波/阿 السن [al-sinni] ‖ 参见 سن [sinni，sinn u sāl]，mature age，old age，age （many）years。《中文消经》页 3，列 2，行 15。

按，对应汉字"年级"当为"年纪"之讹写。

نِيًا كِيًا [nian gian]，年间 [nian jian]，in the years of

波/阿 اخجج，按，此词待考。《中文消经》页 2，列 3，行 2。

نِيًا لِ [nian li]，眼力 [yan li]，on the view

波/阿 بصرة [bṣrt] ‖ 参见 بصر [baṣar]，seeing，discerning，sight，vision。《伊哈雅仪》页 2，列 2，行 19。

按，"眼"字小儿锦拼音含疑母。

نِيًا مَ [nian ma]，年迈 [nian mai]，old，aged

波/阿 خَرْفُ [khrfu] ‖ 参见 خرف [kharaf]，doting from old age。《李殿君》页 125，列 6，行 16。

نِيَآن [nian]，娘 [niang]，mother

波/阿 قانف，按，此词待考。《李殿君》页 29，列 3，行 16–18。

按，آن-[-ān]在小儿锦中表示开口后鼻韵母-ang。

نِيًا هِيًا [nian hian]，年限 [nian xian]，year，limit of time

波/阿 حَوْلِ [haūli] ‖ 参见 حول [haul]，a year。《李殿君》页 124，列 3，行 7。

نيت [niyyat]，举意 [ju yi]（意图，目的，决心），purpose，plan，target

波/阿 نوى [nawāi]，想，打算，决定，决意，《新阿汉大词典》页 2144，左。《李殿君》页 74，列 1，行 7–9。此词为阿拉伯语表意代词，意为想，打算，《波汉词典》页 2472，右。

按，小儿锦使用者虽然在书写时取阿拉伯文原形，但仍按对应汉语意义读为“举意”。

نِى جِى [ni ji]，医治 [yi zhi]，heal，medical treatment

波/阿 يداوون，按，原文未标音 ‖ 参见 داوى [dawāi]，治疗，医治，《新阿汉大词典》页 661，左。《中文消经》页 3，列 1，行 14。

按，“医”字小儿锦拼音含影母。

نِىَ زْغَو [nia zghau]，捏造 [nie zao]（编造），fabricate，forge

波/阿 خَرْقَ [kharqa] ‖ 参见 خرق [kharq]，framing a lie，lying，tearing （a garment）。《李殿君》页 97，列 1，行 13；同书页 126，列 2，行 1。

按，此处“造”字小儿锦双元音拼音中的字母غ[gh]，应理解为ع[ê]，即读为نِىَ زْعَو [nia zeau]。

نِى شُوَ سِ [ni šua sin]，你所寻 [ni suo xun]，you look for

波/阿 تطلبها [taṭlabhā] ‖ 参见 طلب [ṭalaba]，想要，想得到，向……请求……，《新阿汉大词典》页 1231，左。《中文消经》页 3，列 3，行 16。

نَى ْمُو [nai mu]，奶母 [nai mu]，wet nurse

波/阿 دايه [dāya]，a nurse，foster-mother。《真境花园》页 1，列 2，行 2。

نِيَو [niau]，尿 [niao]，urinate，pee

波/阿（1） مِثَانَة [miṣānat] ‖ 参见 مثانة [maṣānat]，bladder。《李殿君》页 97，列 2，行 16。

波/阿（2） بَوْلِ [bauli] ‖ 参见 بول [baul]，urine。《李殿君》页 84，列 2，行 4。

نِيُو [niu]，牛 [niu]，a bull，a cow，cattle

波/阿 گاو [gāw] ‖ 参见 گاو [gāu]，a bull，a cow，bullock。《真境花园》页 12，列 1，行 4。

نِيَوْ دَوْ [niau dau]，尿道 [niao dao]，urethra

波/阿 اِحْلِيلِ [ihlīli] ‖ 参见 اِحْلِيل [ihlīl]，the orifice of the teat or penis。《李殿君》页 103，列 2，行 10。

نِيَوْ يَا [niau yan]，尿眼 [niao yan]，the orifice of the penis

波/阿 اِحْلِيلِ [ihliīli] ‖ 参见 احليل [ihlīl]，the orifice of the teat or penis。《李殿君》页 47，列 4，行 16−18。

و Wāw

وٌّ [wun]，稳 [wen]，settled，steady，stable，sure，certain

波/阿 رِزَانَةِ [rizaānati] ‖ 参见 رزانة [razānat]（v.n. of رزن），being heavy （in weight），being grave，modest，sedate，firmness，strength。《李殿君》页 75，列 2，行 10–12。

وَ [wa]，窝 [wo]，nest，cote，litter

波/阿 عشى [‘ušiī] ‖ 参见 عش [‘ašš，‘ušš]，巢，窝，《新阿汉大词典》页 1335，左。《李殿君》页 53，列 2，行 4–6。

وُ [wu]，五 [wu]，five

波/阿 خَمْسَةِ [khamsati] ‖ 参见 خمسة [khamsat，khamsa]，five（masc.）。《李殿君》页 17，列 4，行 13–15。

وُ [wu]，恶 [wu]，hate，disgust，detest，disfavor，mislike，nauseate，sicken of

波/阿 قفع [qafa‘a]，制止，禁止，阻止，阻拦，《新阿汉大词典》页 1669，右。《李殿君》页 66，列 5，行 4–6。

وَا [wa]，挖 [wa]，dig，dug，excavate，grub，pick，scrape，trench

波/阿 فقاء [faqā’i] ‖ 参见 فقا [faqā]，刺破，挖眼睛，《新阿汉大词典》页 1545，右。《李殿君》页 79，列 3，行 16–18。

وَا [wa]，娃 [wa]，child

波/阿 وَلَدِ [waladi] ‖ 参见 ولد [wald，wild，wuld，walad]，a son，off-spring，sons，children。《李殿君》页 7，列 2，行 13–15。

وَا [wa]，瓦 [wa]，tile

波/阿 خَزْفُ [khazfu] ‖ 参见 خزف [khazaf]，earthenware，crockery。《李殿君》页 35，列 2，行 16–18。

وَا [wa]，袜 [wa]，sock，stocking，hose

波/阿（1）جَوْرِبُ [jaūrbu] ‖ 参见 جورب [jaurab], a shoe, sandal, a stocking。《李殿君》页 78，列 5，行 4–6。

波/阿（2）قلشين[qalšīn]，裹腿，绑腿，《新阿汉大词典》页 1676，左。《李殿君》页 16，列 4，行 13–15。

وًا [wan]，豌 [wan]，pea

波/阿 مُجّ [mujj] ‖ 参见 مج [majj]，a kind of pease。《李殿君》页 14，列 2，行 16–18。

وًا [wan]，玩 [wan]，play，enjoy

波/阿（1）لَهْوُ [lahwu] ‖ 参见 لهو [lahw]（v.n.），playing, amusing oneself, passing the time agreeably, unbending, lying with, play, anything ludicrous or jocular。《李殿君》页 12，列 3，行 16–18。

波/阿（2）كُجَّ [kajja] ‖ 参见 كج [kajj]（v.n.），playing at the game。《李殿君》页 24，列 1，行 4–6。

波/阿（3）لَعْبُ [la'bu] ‖ 参见 لعب [la'b]，play，sport。《李殿君》页 14，列 3，行 4–6。

波/阿（4）هزوا [huzwan]，按，此词待考。《李殿君》页 59，列 1，行 16–18。

وًا [wan]，完 [wan]，whole，complete，finish

波/阿 كَافَةِ [kaāfati] ‖ 参见 كافة [kāffat，kāffa]，all，universal，whole，total。《李殿君》页 70，列 2，行 10–12。

وًا [wan]，碗 [wan]，bowl

波/阿（1）مِصْحَاةِ [miṣha] ‖ 参见 مصحاة [miṣhatāti]，a cup，a silver goblet。《李殿君》页 50，列 3，行 4–6。

波/阿（2） طَاسِ [ṭaāsi] ‖ 参见 طاس [ṭās]，a cup，dish，plate。《李殿君》页 39，列 5，行 4–6。

波/阿（3） قَصْعَةِ [qaṣ'ati] ‖ 参见 قصعة [qaṣ'at]，a dish，plate，saucer，the bason or scale of a balance，a box，a casket。《李殿君》页 57，列 3，行 10–12。

وًا [wan]，晚 [wan]，evening，night

波/阿 اصيل [aṣīl]，黄昏，傍晚，《新阿汉大词典》页 39，右。《李殿君》页 76，列 2，行 16–18。

وَا زْ [wa z]，袜子 [wa zi]，socks

波/阿（1） جُرمُوقِ [jurmūq] ‖ 参见 جُرمُوق [jurmūq]，a kind of hose or gaiters。《李殿君》页 118，列 5，行 10。

波/阿（2） قِلْشِينَ [qalšīna] ‖ 参见 قَلْشِين [qilšīn]，puttee，裹腿，绑腿，《新阿汉大词典》页 1676，左。《李殿君》页 165，列 1，行 10–12。

وًا سِ [wan si]，晚夕 [wan xi]，setting sun，dusk，evenfall，evening，nightfall

波/阿（1） أَصِلِ [aṣl]，按，应为 اصيل [aṣīl]，黄昏，傍晚，《新阿汉大词典》页 39，右。《李殿君》页 5，列 6，行 1。

波/阿（2） لَيْلَ [laīla] ‖ 参见 ليل [lail]，night。《李殿君》页 73，列 1，行 7–9。

وًا شَوًا [wan šaua]，玩耍 [wan shua]，play，sport，have fun，amuse oneself

波/阿（1） عَبْثِ ['abṣi] ‖ 参见 عبث ['abṣ]，playing。《李殿君》页 100，列 3，行 13。

波/阿（2） بازى [bāzī]，play，sport。按，此词为波斯语。《真境花园》页 11，列 2，行 14。

波/阿（3） لَعْبُ [la'abu] ‖ 参见 لعب [la'b，li'b，la'ib，lu'ab]，

play，made game of，play and sport，playing，games，sports。《李殿君》页 170，列 6，行 10–12。

波/阿（4） مُلاعبت [mulā‘abat] ‖ 参见 ملاعبة [mulā‘abat]，a playing，joking，toying。《真境花园》页 5，列 1，行 12。

波/阿（5） كُجَ [kuja] ‖ 参见 كج [kajj]，playing at the game。《李殿君》页 167，列 1，行 10–12。

波/阿（6） مَلَاهِى [malaāhiī] ‖ 参见 ملاهى [malāhī]（pl. of milhā），instruments of music，implements of play，any kinds of ludicrous or wanton pastimes prohibited by law。《李殿君》页 55，列 4，行 10–12。

وًا فَا [wan fa]，挽发 [wan fa]，hairdo

波/阿 عقض，阿拉伯语中无此词，应为عقص[‘aqiṣ]，（羊）两角贴耳向后弯曲，《新阿汉大词典》页 1366，右。《李殿君》页 79，列 4，行 16–18。

وَا كِّىِ [wa gi]，瓦器 [wa qi]（陶器），crockery，pottery

波/阿 خَزْفُ [khzfu] ‖ 参见 خزف [khazaf]，earthenware，crockery。《李殿君》页 126，列 5，行 4。

وًالِيُوْ [wan liu]，挽留 [wan liu]，detainment，detention

波/阿 صمع [ṣamma‘a]，固执己见，坚持，一意孤行，《新阿汉大词典》页 1148，右。《李殿君》页 26，列 4，行 16–18。

按，此词小儿锦与对应汉字及对应阿拉伯文的意义有差异。

وَآن [wan]，王 [wang]，king

波/阿（1） طَرْخَانِ [ṭarkhaāni] ‖ 参见 طرخان [ṭarkhān]，name of a prince in Turkistān，prince，ruler（in Khurāsān）a Turkish tribe。按，此词即唐代突厥官号中之达干，元代蒙官号达剌罕。《李殿君》页 63，列 4，行 1–3。

波/阿（2） كُرْسِى [kursiī] ‖ 参见 كرسى [kursī]，a throne，chair。

《李殿君》页 29，列 3，行 10−12。

按，آن-[-ān]在小儿锦中表示开口后鼻韵母-ang。

وَآن [wan]，网 [wang]，net

波/阿 شَبْكَةِ [šabkati] ‖ 参见 شبكة [šabakat]，a fishing net。《李殿君》页 85，列 2，行 10。

按，آن-[-ān]在小儿锦中表示开口后鼻韵母-ang。

وَآن [wan]，往 [wang]，go

波/阿 تَعُاقُبُ [ta'uāqubu] ‖ 参见 تعاقب [ta'āqub]，to pursue。《李殿君》页 100，列 4，行 13。

按，آن-[-ān]在小儿锦中表示开口后鼻韵母-ang。

وَآن [wan]，忘 [wang]，forget，neglect

波/阿 نَسَى [nasiy] ‖ 参见 نسى [nisy]（v.n.），forgetting，neglecting，omitting。《李殿君》页 8，列 2，行 13−15。

按，آن-[-ān]在小儿锦中表示开口后鼻韵母-ang。

وَآن [wan]，旺 [wang]，flourishing，prosperous，good fortune

波/阿（1） حَظًّ [haẑẑa] ‖ 参见 حظ [haẑẑ]（v.n.），being blessed with prosperity，enjoying abundance，favours，or privileges，good fortune，happiness，pleasure，delight。《李殿君》页 39，列 2，行 7−9。

波/阿（2） عَمْرَ ['amra] ‖ 参见 عمر ['amr]，living long。《李殿君》页 90，列 3，行 4。

按，آن-[-ān]在小儿锦中表示开口后鼻韵母-ang。

وُآن [wan]，望 [wang]，look

波/阿 زِيَارَةِ [ziyaārati] ‖ 参见 زيارة [ziyārat]，visiting。《李殿君》页 90，列 2，行 1。

按，آن-[-ān]在小儿锦中表示开口后鼻韵母-ang。

وَآن ثِيَآن [wan ṣian]，望想 [wang xiang]，will，desire，want，hope for，wish for

波/阿（1） اب [aaba] ‖ 参见 أَب [ab]，wish。《李殿君》页 51，列 5，行 1–3；同书页 102，列 3，行 4。

波/阿（2） تُوْقِ [tauq] ‖ 参见 تُوْقِ [tauq]（v.n. of توق)，desiring ardently，desire。《李殿君》页 47，列 5，行 13–15；同书页 115，列 6，行 10。

波/阿（3） تَمَنِّى [tamannīa] ‖ 参见 تَمَنِّى [tamannī]（v.n. 5 of منى)，wishing for，wish，desire，longing，inclination，petition，request，supplication，prayer。《李殿君》页 79，列 4，行 4–6；同书页 115，列 1，行 7。

波/阿（4） حَنَّ [hanna] ‖ 参见 حن [hinn]，hope for，wish for，《新阿汉大辞典》页 432。《李殿君》页 124，列 3，行 1。

波/阿（5） الامال [al-āmāl] ‖ 参见 آمال [āmāl]，hopes。《伯亚尼》页 5，列 1，行 32。ال[al-]为阿拉伯语名词定冠词。

按，آن-[-ān]在小儿锦中表示开口后鼻韵母-ang。

وَآن لَ [wan la]，往来 [wang lai]，travel，communication，contact，dealings，intercourse

波/阿（1） تَعَاقُبُ [ta‘āqubu] ‖ 参见 تعاقب [ta‘āqub]，to pursue。《李殿君》页 114，列 4，行 7。

波/阿（2） غَابِرَ [ghābira] ‖ 参见 غابر [ghābir]，remaining，past，passing by，passing away，relic，remainder。《李殿君》页 72，列 3，行 7–9；同书页 157，列 3，行 1–3。

按，آن-[-ān]在小儿锦中表示开口后鼻韵母-ang。

وَآن وِى [wan wi]，王位 [wang wei]，throne

波/阿 كُرْسِي [kursī] ‖ 参见 كرسى [kursī]，a throne。《李殿君》页 167，列 6，行 16–18。

按，آن-[-ān]在小儿锦中表示开口后鼻韵母-ang。

وًاوُ [wan wu]，万物 [wan wu]，all living things

波/阿 خليقتة [khalīqtat] ‖ 参见 خليقة [khalīqat]，nature。《伯亚尼》页 5，列 1，行 1。

وَايًا [wā yan]，挖眼 [wa yan]，exoculation

波/阿 فَقْاءِ [faqa'] ‖ 参见 فقا [faqā]，刺破，挖眼睛，《新阿汉大词典》页 1545，右。《李殿君》页 161，列 5，行 4–6。

وًايَوْ [wan yau]，弯腰 [wan yao]，bow，stoop，bend over

波/阿 كشح，此词在阿拉伯语中有几个不同的意义，如 clapping the tail between legs（夹着尾巴），与弯腰无关。若读为 كشح [kašaha]，其与腰的概念有关的意义为烙烤……的腰窝、肋腹，刺……的腰窝、肋腹，《新阿汉大词典》页 1759，左。《李殿君》页 48，列 3，行 1–3；同书页 168，列 5，行 7–9。

وًايُوَ [wan yua]，丸药 [wan yao]，pill

波/阿 بعفاقر，按，此词待考。《中文消经》页 3，列 1，行 15。

وُءِ [wu 'i]，无耳 [wu er]，no ear

波/阿 سئاء [su'ā'i]，按，此词待考。《李殿君》页 75，列 4，行 10–12。

وِبَا [wi ba]，尾巴 [wei ba]，tail

波/阿 ذَنْبِ [ẕanbi] ‖ 参见 ذنب [ẕanab]，a tail，tail of the Dragon，descending node，the outer angle of the eye。《李殿君》页 16，列 5，行 1–3。

وُجِ [wu ji]，无知 [wu zhi]，ignorant

波/阿 جَاهِلِ [jāhili] ‖ 参见 جَاهِل [jāhil]，ignorant。《李殿君》页 117，列 5，行 4。

وٌجَانْ [wun jan]，文章 [wen zhang]，article，context

波/阿 مقال [maqāl]，speaking，saying，amand，discourse，saying，

opinion，sentence，adage，proverb。《伊哈雅仪》页 3，列 3，行 9。按，آن-[-ān]在小儿锦中表示开口后鼻韵母-ang。

وِ جِآن [wi jian]，（围）[帷]帐 [wei zhang]，a tent，a curtain

波/阿 سَرَادِقُ [sarādiqu] ‖ 参见 سرادق [surādiq]，the curtain before the door of a house or tent，a tent，pavilion。《李殿君》页 99，列 5，行 7；同书页 139，列 1，行 16。

按，آن-[-ān]在小儿锦中表示开口后鼻韵母-ang。

وُ جُوْ [wu ju]，务住 [wu zhu]，divine

波/阿 الهى [ilāhī]，divine，预言。《李殿君》页 66，列 4，行 10–12；同书页 106，列 6，行 10。

按，此词在李殿君的字典中两次出现，其对应汉字均写为“务住”。对照对应阿拉伯文الهى [ilāhī]，其意义应为预言。以此推测，其对应汉字似应为“巫祝”。

وَ جوًا لِياً [wa juan lian]，我转脸 [wo zhuan lian]，I turn to……

波/阿 اضرب [aẓarb]，此词应为阿拉伯文，其三母原形应为ضرب，意义很多，但未查到与转脸有关的意义，待考。《伯亚尼》页 3，列 1，行 18。

وٌ جُوُغِ [wun jungh]，稳重 [wen zhong]，firm

波/阿 رِزَانَةِ [rizānati] ‖ 参见 رزانة [razānat]，being heavy （in weight），being grave，modest，sedate，firmness，strength。《李殿君》页 133，列 6，行 16。

وَ چُوَ [wa čua]，齷齪 [wo chuo]，dirtily，dirty，filthy

波/阿（1） رَجْسِ [rajsi] ‖ 参见 رجس [rijs]，uncleanness，sin，iniquity。《李殿君》页 73，列 4，行 4–6；同书页 133，列 4，行 7。

波/阿（2） قَذْرَ [qaẕra] ‖ 参见 قذر [qaẕr]，abhorring，abominating as being impure。《李殿君》页 163，列 3，行 10–12。

波/阿（3） وَضَرَ [waẓra] ‖ 参见 وضر [waẓar]（v.n.），being greasy(a dish), being stained with saffron, the smell of tainted meat, the corrupted part of fat or milk。《李殿君》页 74，列 4，行 16–18。

وَ چِيَوْ [wa čiau]，窝巢 [wo chao]，nest

波/阿单数：وطن [waṭan]，复数：الاوطان [al-auṭān] ‖ 参见 وطن [waṭn]，a country，اوطان [auṭān]，homes。该词为阿拉伯文，意为家乡，家园，祖国，故土。《伯亚尼》页 4，列 1，行 3。

按，ال[al-]为阿拉伯语名词定冠词。

وٗدِّ [wun ddi]，稳定 [wen ding]，stability

波/阿 ثُبُوْتِ [ṣubūti] ‖ 参见 ثُبوت [ṣubūt]，being firm。《李殿君》页 116，列 1，行 1。

按，“定”字应为后鼻韵母，此处小儿锦未标鼻音。

وَ دِ طِوْ [wa di ṭiu]，我的头 [wo de tou]，head，top

波/阿 سرى [sarī]，head，top。按，此词为波斯语，以 سر [sar]（意为头，脑袋）加不定ى[-ī]（意为一个，某一位）构成，直译“一个头”，“一个脑袋”，无人称代词“我的”。《真境花园》页 11，列 2，行 13。

وِ دَا دِ [wi da di]，伟大的 [wei da de]，great

波/阿 جسيم [jasīm]，great (in dignity)，bulky，corpulent，fat，high ground。《真境花园》页 2，列 1，行 7。

وٗ دِى غ [wun dingh]，稳定 [wen ding]，stabilize

波/阿 اِطْمَانِ [iṭmān] ‖ 参见 اِطْمَان [iṭmānn]，安心，放心，安定，《新阿汉大词典》页 1245，右。《李殿君》页 105，列 5，行 4。

وٗزْ [wun z]，蚊子 [wen zi]，mosquito

波/阿（1） جَعُوْضَةِ [ja'uūẓati] ‖ 参见 جعوضة [ja'uẓat]，a mosquito。《李殿君》页 93，列 1，行 7。

波/阿（2） بَعوضَةِ [ba‘ūẓati] ‖ 参见 بَعوض [ba‘ūẓ]，a gnat（库蚊，蚋，蠓）。《李殿君》页 111，列 1，行 10。

波/阿（3） بَقِّ [baqq] ‖ 参见 بَقِّ [baqq]，a gnat，a bug。《李殿君》页 21，列 1，行 1–3；同书页 111，列 2，行 13。

وِژِ [wi jhin]，为人 [wei ren]，personal character

波/阿 بَشَر [bašar] ‖ 参见 بَشَر [bašar]，mortal。《李殿君》页 110，列 5，行 13。

وِژَوْ [wi jhau]，围绕 [wei rao]，surround，move around，circumfuse，encircle

波/阿（1） حَاقَ [hāqa] ‖ 参见 حَاق [hāqq]，middle of anything。《李殿君》页 120，列 4，行 13。

波/阿（2） اِحْتَفَ [ihtaffa]，包围，环绕，围住，《新阿汉大词典》页 417，右。《李殿君》页 37，列 5，行 13–15；同书页 103，列 5，行 7。

波/阿（3） حَرَّقَ [harraqa]，the disappearance or immersion of a planet on account of its nearness to the sun，或为波/阿（4）中 حَدق [hadq]之讹写。《李殿君》页 23，列 1，行 1–3。

波/阿（4） حَدَقَ [haddaqa] ‖ 参见 حَدق [hadq]，surrounding。《李殿君》页 121，列 1，行 13。

وِسِ [wi si]，苇席 [wei xi]，reed mat

波/阿 بَابُورْ [baābuwra] ‖ 参见 بوريا [būriyā]，mat。《李殿君》页 108，列 4，行 10。

وَشيو گى [wa šiu gi]，无求济 [wu qiu ji]（没有要求的？），no requirement（？）

波/阿 الفف [alfaf]，疑应为 الفق [alfaq] ‖ 参见 لفق [lafaqs]，未办成，未实现，《新阿汉大词典》页 1855，右。《伯亚尼》页 2，列 1，行 10。

وُصُوٌ [wun ṣun]，文松 [wen song]［放松］，release

波/阿تَسَاهُلِ [tasāhuli] ‖ 参见 تَسَاهُل [tasāhul]，remitting，疏忽，怠慢，轻视，轻率，《波汉词典》页 572，右。

按，“松”字应为后鼻韵母，此处小儿锦拼为前鼻音。

وَظُوًا [wa zuan]，我钻 [wo zuan]，I drill

波/阿 مى سفتم [mī-suft-am] ‖ 参见 سفتن [suftan]，钻眼，钻孔，钻洞，《波汉词典》页 1358，左。此波斯文短语为现在进行时第一人称单数，直译“我在钻孔”，“我总是在钻孔”。《真境花园》页 3，列 2，行 12。

وِغِ بَا [wighi ba]，尾巴 [wei ba]，the tail

波/阿 ذَنْبِ [ẕanbi] ‖ 参见 ذنب [ẕanb]，the tail，《新阿汉大词典》页 683。《李殿君》页 132，列 6，行 1。

按，该小儿锦中表示双元音的字母غ[gh]，应理解为ع[ê]，即读为 وِعِ بَا [wiei ba]。

وًفَا [wan fa]，挽发 [wan fa]，coil up the hair，haired

波/阿 عفاص [‘afāṣ] ‖ 参见 عقص [‘aqiṣ]，（羊）两角贴耳向后弯曲，《新阿汉大词典》页 1366，右。《李殿君》页 53，列 1，行 7–9。

وٌقِي [wun qi]，闻给 [wen gei]，smell，scent

波/阿 اشمهم [ašammhum] ‖ 参见 اشم [ašamm]，让（某人）闻，使嗅，هم[-hum]，他们，他们的。《中文消经》页 2，列 1，行 8。

وِكسى [wi kasī]，为人 [wei ren]，conduct，humanness，being a person，as a person

波/阿（1） مَرْدْ [mard]，按，阿拉伯语中虽有 مر [mar’，mir’，mur’]，a man，man，the human species，但这里مَرْدْ[mard]乃波斯语，意为男人。《李殿君》页 18，列 1，行 7–9。

波/阿（2） شَخْصُ [šakhzu] ‖ 参见 شخص [šakhs]，a person，body。《李殿君》页 85，列 1，行 7。

波/阿（3） بَشْرَ [bašra] ‖ 参见 بشر [bašar]，man，mankind，mortals，the human race。《李殿君》页 22，列 1，行 13–15。

按，该小儿锦后半部分كسى [kasī]是波斯语表意借词，意为某人，由كس [kas]＋不定ى[-ī]构成。小儿锦使用者虽然书写时取波斯文原形，但仍按对应汉语意义读为“人”。

وٌ لِيَان [wun lian]，温凉 [wen liang]，cool

波/阿 بردما，按，原文未注音标 ‖ 参见 برد [barada]，温度降低，变冷，《新阿汉大词典》页 107，左。《中文消经》页 2，列 3，行 16。

按，آن-[-ān]在小儿锦中表示开口后鼻韵母-ang。

وِ لِينْ [wi lin]，为邻 [wei lin]，becoming neighbours

波/阿 جاور [jāūr] ‖ 参见 [jāwar]，who takes or occupies a place，state，addition。《伊哈雅仪》页 5，列 1，行 11。

وُ مُ [wu mu]，乌木 [wu mu]，ebony

波/阿 آبَنُوْسِ [ābanūs] ‖ 参见 آبنوس [ābnūs]，ebony。《李殿君》页 102，列 5，行 10。

وُّ مُوِى [wu mui]，温美 [wen mei]，beautiful

波/阿 بَهِيَجةِ [bahījati] ‖ 参见 بَهيج [bahīj]，beautiful。《李殿君》页 112，列 4，行 13。

وِ وَآن [wi wan]，为王 [wei wang]，to be a king，be enthroned

波/阿 مُلْكِ [mulki] ‖ 参见 ملك[mulk]（v.n.），possessing，having dominion，a kingdom，royalty，power，dominion。《李殿君》页 9，列 5，行 7–9。

按，آن-[-ān]在小儿锦中表示开口后鼻韵母-ang。

وُ وَآن [wu wan]，无望 [wu wang]，hopeless

波/阿 قَنْطِ [qanṭi] ‖ 参见 قنط [qanaṭ](v.n.), despairing, [qanit], overwhelmed with despair，desperate。《李殿君》页 56，列 3，行 1–3。

按，آن-[-ān]在小儿锦中表示开口后鼻韵母-ang。

وِو شِيَو [wui šiau]，微笑 [wei xiao]，smile

波/阿 تبسم [tabassum]，a smile。《伯亚尼》页 4，列 2，行 10。

وِى [wi]，威 [wei]，dignity

波/阿 هَيْبَةِ [haībati] ‖ 参见 هيبة [haibat]，awfulness，gravity，sternness，severity，dignity，majesty，grandeur。《李殿君》页 10，列 4，行 7–9。

وِى [wi]，位 [wei]，position，place

波/阿 مَنَابُ [manaābu] ‖ 参见 مناب [manāb]，supplying the place （of another）。《李殿君》页 99，列 2，行 4。

وُيَا [wu ya]，乌鸦 [wu ya]，crow

波/阿（1） اَبْقَع [abqa‘] ‖ 参见 اَبْقَع [abqa‘]，a crow。《李殿君》页 69，列 1，行 13–15；同书页 102，列 6，行 7。

波/阿（2） غَاقِ [ghāqi] ‖ 参见 غاق [ghāq]，a crow。《李殿君》页 157，列 6，行 1–3。

وَىْ بِيًا [wai bian]，外边 [wai bian]，outside

波/阿 خَارِجَ [khārija] ‖ 参见 خارج [khārij]，external，outside。《李殿君》页 52，列 1，行 1–3；同书页 124，列 3，行 16。

وَىْ ثِى [wai ṣia]，歪斜 [wai xie]，deflection，crooked，askew，aslant

波/阿（1）فَدْعَ [fad‘a] ‖ 参见 فدغ [fadagh]，crookedness，obliquity in the sole of the foot。《李殿君》页 46，列 1，行 7–9；同书页 159，

列 3，行 16–18。

波/阿（2） تراء，按，此词待考。《李殿君》页 54，列 1，行 1–3；同书页 115，列 1，行 10。

波/阿（3） عِوَجِ ['iwaji] ‖ 参见 عوج ['iwaj]，curvature，crookedness，obliquity（especially in a moral sense）。《李殿君》页 156，列 3，行 10–12。

波/阿（4） أَوْدَة [awdah]，按，此词待考。《李殿君》页 25，列 1，行 13–15；同书页 107，列 3，行 16。

وِی جَانْ [wi jan]，帷帐 [wei zhang]，tent，curtain

波/阿 سرادق [surādigh] ‖ 参见 سرادق [surādigh]，a tent。《伯亚尼》页 5，列 1，行 18。

按，آن-[-ān]在小儿锦中表示开口后鼻韵母-ang。

وِی چو [wi ču]，（伪）[为]仇 [wei chou]，hate

波/阿 العدوان [al-'idwān] ‖ 参见 عدوان ['idwān]，hating。《伯亚尼》页 4，列 2，行 34。

按，从对应阿拉伯文判断，这里对应汉字中的“伪”字当系“为”字讹写。ال[al-]为阿拉伯语名词定冠词。

وِی دُ [wi du]，唯独 [wei du]，only

波/阿 خَاصَةِ [khāṣati] ‖ 参见 خاصة [khaṣṣat]，special，private。《李殿君》页 124，列 4，行 16。

وَی دَوْ [wai dau]，外道 [wai dao]（不信神的人，其他宗教，其他教派），nothingarian，heretical doctrine

波/阿 زِنْدِيقِ [zindīqi] ‖ 参见 زنديق [zindīq]，one who maintains the doctrine of two principles，a fire-worshipper，an theist，a disbeliever in God and a future state，此词为波斯语。《李殿君》页 51，列 4，行 16–18；同书页 137，列 4，行 16。

وِی ژِ [wi jhin]，为人 [wei ren]，moral

波/阿 البشی [āl-bišī] ‖ 参见 بشر [bašr]，mankind。《伯亚尼》页 3，列 2，行 3。

按，ال [al-]为阿拉伯语名词定冠词。

وِی ژوَ [wi jhua]，围绕 [wei rao]，surrounding

波/阿 احاطة [ihāṭat] ‖ 参见 احاطة [ihāṭat]，surrounding。《伯亚尼》页 5，列 3，行 22。

وِی قُ [wi qu]，尾骨 [wei gu]，coccyx

波/阿 عصص [ʻuṣaṣ]，尾骨，《新阿汉大词典》页 1340，左。《李殿君》页 33，列 3，行 13–15。

وِی کِوْ [wi kiu]，胃口 [wei kou]，appetite

波/阿 معدة [ma'idat]，human stomach。《满俩》页 5，行 5。

وِی لَیْ [wi lai]，未来 [weilai]，future

波/阿 استقبال [istiqbāl]，futurity。《满俩》页 3，行 10。

وَ یُوْ [wa yu]，万有 [wan you]，have anything，have all facilities

波/阿 نایئات，按，此词待考。《李殿君》页 23，列 3，行 7–9。

وِی یًا [wi yan]，威严 [wei yan]，dignity

波/阿 بهیبة [bahībat] ‖ 参见 هيبة [haibat]，awfulness，gravity，sternness，severity，dignity，majesty，grandeur。《伯亚尼》页 4，列 2，行 33。

ۋ Üāü

ۋ [ü]，鱼 [yu]，fish

波/阿（1） حنكلس [hankalisi] ‖ 参见 حنكليس [hankalīs]，鳗鲡，《阿汉辞典》页 309，右，即鳝鱼，鳗鱼。《李殿君》页 65，列 5，行 16–18。

波/阿（2） نُوْنِ [nuūni] ‖ 参见 نون [nūn]，a fish。《李殿君》页 17，列 2，行 16–18。

波/阿（3） مَارَمَاهِى [maāramaāhiī] ‖ 参见 مارماهى [mārmāhī]，an eel，鳗鱼。《李殿君》页 91，列 4，行 7。

波/阿（4） بُورّىِ [buūrrīi] ‖ 参见 بورى [būrī]，a kind of fish。《李殿君》页 53，列 3，行 4–6。

波/阿（5） زمير [zimīr]，鱼丝，鱼棘，《阿汉辞典》页 522，右。《李殿君》页 39，列 2，行 16–18。

波/阿（6） سَمَكَةِ [samakati] ‖ 参见 سمك [samak]，fish，the sign Pisces，a fish on which the earth is supposed to rest。《李殿君》页 15，列 2，行 10–12。

ۋ [ü]，玉 [yu]，jade

波/阿 فيروزح [firuzahi] ‖ 参见 فيروزج [fīrūzaj]，绿松石，甸子，《阿汉辞典》页 957，左。《李殿君》页 38，列 2，行 4–6。

ۋ [ü]，遇 [yu]（遇到），meet

波/阿（1） لَاقى [laāqīa] ‖ 参见 لاقى [lāqī]，facing（many difficulties）。《李殿君》页 91，列 2，行 7。

波/阿（2） وَاقِعْ [waāqi‘] ‖ 参见 واقع [wāqi‘]，happening，arriving，occurring，appearing，intervening。《李殿君》页 52，列 2，行 16–18。

ۋٍءِ [ü ’in]，鱼鹰 [yu ying]，osprey，ossifrage

波/阿 رَخْمَةِ [rakhmati] ‖ 参见 رخمة [rakhamat]（in P. rakhma），a bird like a vulture which feeds on carrion。《李殿君》页 53，列 5，行 7–9。

按，“鹰”字应为后鼻韵母，此处小儿锦拼为前鼻音。

ۋٍءِغٍ كِ [ü’ingh gi]，用（俱）[具] [yong ju]，furniture

波/阿 قُمَاشِ [qumaāši] ‖ 参见 قماش [qumāš]，household furniture。《李殿君》页 54，列 1，行 7–9。

ۋٍ بُوِى [ü bui]，预备 [yu bei]，prepare

波/阿（1） تَسَبَّبَ [tasabbuba] ‖ 参见 تَسَبَّبَ [tasabbub]（v.n. 5 of سبّ），causing，employing means，labouring。《李殿君》页 54，列 5，行 10–12；同书页 114，列 5，行 4。

波/阿（2） اعد [a‘adda] ‖ 参见 اعد ه [a‘addah]，预备，准备，《阿汉词典》页 819，左。《李殿君》页 67，列 1，行 79。

ۋٍبُوِى [ü bui]，预备 [yu bei]，prepare

波/阿 أَعَدَّ [a‘adda]，预备，准备，《新阿汉大词典》页 1294，左。《李殿君》页 105，列 5，行 7。

ۋٍ ثِغٍ [ü ṣingh]，欲性 [yu xing]（欲望），desire

波/阿 شَهْوَةِ [šahrati] ‖ 参见 شهرة [šahrat]，desire，lust。《李殿君》页 90，列 5，行 13。

ۋَ جِى قُولِي [üa ji ghu li]，我只顾里 [wo zhi gu li]（我只顾着），I think about only

波/阿 لفقت [lafaqat] ‖ 参见 فقط [faqaṭ]，阿拉伯语，只是，仅

仅。《伯亚尼》页 4，列 1，行 7。

ۋچُوً [ü čuan]，愚蠢 [yu chun]，stupid，foolish，silly

波/阿 غَلَيْظِ [ghalaiẑi] ‖ 参见 غليظ [ghalīẑ], coarse, gross, rude, hard-hearted，unfeeling。《李殿君》页 158，列 5，行 7–9。

ۋچُوغِى [ü čūingh]，愚蠢 [yu chun]，stupid，foolish，silly

波/阿 غَبِّى [ghabī] ‖ 参见 غبى [ghabī], a dolt, blockhead, fool。《李殿君》页 157，列 3，行 7–9。

按，此处“蠢”字小儿锦拼音中غ之后的元音ى[-i]虽置于غ之后，但读音时按置于其前拼读。这种后鼻韵母拼音中的元音后置现象，笔者目前所见者主要在李殿君先生字典中。“蠢”字应为前鼻韵母，此处小儿锦拼为后鼻音。

ۋدِءِغِى [ü di'iingh]，玉顶 [yu ding]（一般应指眉心痣），having a white spot on the forehead

波/阿 غُرَرْ [ghurara] ‖ 参见 غرر [gharar]，having a white spot（the forehead）。《李殿君》页 157，列 2，行 13–15。

按，此处“顶”字小儿锦拼音中غ之后的元音ى[-i]虽置于غ之后，但读音时按置于其前拼读。这种后鼻韵母拼音中的元音后置现象，笔者目前所见者主要在李殿君先生字典中。

ۋغ [ügh]，药 [yao]，drug，medicine

波/阿 دَوَاءِ [dawaā'i] ‖ 参见 دواء [dawā'，diwā'，duwā']，a medicine，remedy。《李殿君》页 21，列 4，行 7–9。

按，此处“药”字小儿锦双元音拼音中的字母غ[gh]，应理解为ع[ê]，即读为ۋع[üe]。

ۋغِ [üngh]，晕 [yun]，dizzy，faint

波/阿 غماء [ghamā'i] ‖ 参见 غمًى [ghamī]，昏倒，晕倒，昏过去。《新阿汉大词典》页 1475，左。《李殿君》页 59，列 2，行

10–12。

按，“晕”字应为前鼻韵母，此处小儿锦拼为后鼻音，其中的字母غ[gh]，应理解为ع[ê]，即读为ۋعٍ [üen]。

ۋغٍ [üngh]，瘫［孕？］[tan]，paralysed［conceived？］

波/阿 جَائِفَةِ [jaā'ifati] ‖ 参见 جائفة [jā'ifat]，a deep wound penetrating the belly，入腹的一刺，《新阿汉大词典》页 326，左。《李殿君》页 95，列 3，行 4。

按，此处对应汉字“瘫”与该小儿锦读音不合，似为“孕”字，但又与对应阿拉伯文意义不合，待考。

ۋغٍ [üngh]，勇 [yong]，brave，courageous

波/阿 شُجَاعَة [šajaā'at] ‖ 参见 شجاعة [šajā'at]，being bold，courageous，magnanimous，intrepidity，valour，fortitude。《李殿君》页 1，列 4，行 7–9。

ۋغَا [üghan]，冤 [yuan]，treat unjustly，not worthwhile，bad luck，injustice

波/阿（1） قَرْفَ [qarfa] ‖ 参见 قرف [qarf]，incriminating。《李殿君》页 97，列 2，行 13。

波/阿（2） بُهْتَانِ [buhtaāni] ‖ 参见 بهتان [buhtān]（v.n. of بهت），slandering，accusing falsely，a calumny，lie，slander，false accusation，malignant imputation，malevolent suspicion。《李殿君》页 59，列 3，行 16–18。

波/阿（3） قذف [qaẕafa]，讲话信口开河，不加考虑地讲话，轻率说话，诽谤，中伤，诬告，《新阿汉大词典》页 1601，右。《李殿君》页 58，列 2，行 1–3。

波/阿（4） رَمَى [ramay] ‖ 参见 رمى [ramy]，railing at，reproaching，vilifying。《李殿君》页 64，列 2，行 16–18。从该对应阿拉伯文判断，此处对应汉字似应为“怨”。

该小儿锦前鼻韵母拼音中的字母غ[gh]，应理解为ع[ê]，即读为ۋعا [üean]。

ۋغا [üghan]，园 [yuan]，garden

波/阿 بُسْتَانِ [bustaāni] ‖ 参见 بستان [bustān]，a garden for flowers or herbs，波斯文。《李殿君》页 59，列 4，行 1–3。

该小儿锦前鼻韵母拼音中的字母غ[gh]，应理解为ع[ê]，即读为ۋعا [üean]。

ۋغا [üan]，圆 [yuan]，circle，round

波/阿（1） ريال [riyāli]，里亚尔（伊朗货币单位），《波汉词典》页 1208，右，在这里取其银圆的意义。《李殿君》页 12，列 2，行 13–15。

波/阿（2） سطح [saṭh]，按，此词在阿拉伯语中意为平坦，展平，表面等，疑对应汉字“圆”为“原”（平原）之讹，待考。《李殿君》页 41，列 2，行 7–9。

波/阿（3） مَدُورَ [maduūra] ‖ 参见 مدور [mudauwar]，round，circular，the world。《李殿君》页 15，列 1，行 16–18。

该小儿锦前鼻韵母拼音中的字母غ[gh]，应理解为ع[ê]，即读为ۋعا[üean]。

ۋغا [üghan]，园 [yuan]，garden

波/阿（1） غبغب [ghabghab]，按，此词在阿拉伯语中意为（牛脖下的）肉垂，《新阿汉大词典》页 1432，左。未查到有园的意义，待考。《李殿君》页 72，列 5，行 10–12。

波/阿（2） رَوْضَةِ [rauẓati] ‖ 参见 روضة [rauẓat]，a kitchen or flower garden，a meadow，lawn（met.） Paradise，a tomb，a funeral prayer。《李殿君》页 61，列 5，行 16–18。

该小儿锦前鼻韵母拼音中的字母غ[gh]，应理解为ع[ê]，即读为ۋعا[üean]。

ۋغًا [üghan]，远 [yuan]，far

波/阿（1） سَحْقِ [sahqi] ‖ 参见 سحق [suhq，suhuq]，being far，remote，removing to a distance，distance。《李殿君》页 47，列 5，行 10–12。

波/阿（2） هَيْهَاتَ [haīhaāta] ‖ 参见 هيهات [haihāt]，away。《李殿君》页 99，列 5，行 4。

波/阿（3） رَهْدَ [rahda]。按，在阿拉伯语中，رَهَدَ [rahada] 意为碾碎，رَهُدَ [rahuda]意为新鲜。未查到与该小儿锦及对应汉字相应的意义，待考。《李殿君》页 58，列 2，行 13–15。

该小儿锦前鼻韵母拼音中的字母غ[gh]，应理解为ع[ê]，即读为 ۋعًا [üean]。

ۋغًا [üghan]，愿 [yuan]，be ready，desire，hope，vow，will，wish

波/阿（1） نَذْرُ [nazru] ‖ 参见 نذر [nazr]（v.n.），vowing，devoting，presenting。《李殿君》页 74，列 2，行 7–9。

波/阿（2） غموس [ghamūs]，a false oath，gross perjury。《李殿君》页 33，列 1，行 4–6。在李殿君字典另一处（页 158，列 1，行 13–15），其对应汉字为"慌愿"，应为"谎愿"，意为虚假的誓言、愿望。

按，该小儿锦前鼻韵母拼音中的字母غ[gh]，应理解为ع[ê]，即读为ۋعًا [üean]。

ۋغًا [üghan]，怨 [yuan]，complain，resentment

波/阿 لَوْمِ [laumi] ‖ 参见 لوم [laum]（v.n.），blaming，reprehending，accusing，reproof，fear，dread，fault，error，sin，crime。《李殿君》页 64，列 1，行 16–18。

按，此处"怨"字小儿锦前鼻韵母拼音中的字母غ[gh]，应理解为ع[ê]，即读为ۋعًا [üean]。

ۋغًا زْ [üghan z]，院子 [yuan zi]，courtyard，a court

波/阿 دَارَ [daāra] ‖ 参见 دار [dār], a house, dwelling, mansion, habitation，inhabited place，seat，country，district。《李殿君》页 11，列 1，行 7–9；此处小儿锦拼作ۋعًا زْ [üean z]，同书页 128，列 3，行 4。

按，此处“院”字小儿锦前鼻韵母拼音中的字母 غ[gh]，应理解为ع[ê]，即读为ۋعًا [üean]。

ۋغًا وَآن [üghan wan]，冤枉 [yuan wang]，injustice，treat unjustly，wrong

波/阿（1） رَمِى [ramīa] ‖ 参见 رمى [ramī]，railing at，reproaching，vilifying。《李殿君》页 135，列 6，行 16。

波/阿（2） قَرْفُ [qarfu] ‖ 参见 قرف [qarf]，finding fault with。《李殿君》页 164，列 5，行 1–3。

波/阿（3） قَذَفُ [qaẕafu] ‖ 参见 قذف [qaẕf], accusing（a virtuous woman）of incontinence。《李殿君》页 163，列 4，行 10–12。

波/阿（4） بُهتَانِ [buhtāni] ‖ 参见 بهتان [buhtān]，诽谤，中伤，《波阿词典》页 337，右。《李殿君》页 112，列 1，行 13。

按，آن-[-ān]在小儿锦中表示开口后鼻韵母-ang。此处“冤”字小儿锦前鼻韵母拼音中的字母غ[gh]，应理解为ع[ê]，即读为ۋعًا وَآن [üean wan]。

ۋغْ چِى [ügh či]，钥匙 [yao shi]，key

波/阿 مَقَالِيدَ [maqaālīida] ‖ 参见 مقاليد [maqālīd]，keys。《李殿君》页 82，列 1，行 13。

按，此处“钥”字小儿锦前鼻韵母拼音中的字母غ[gh]，应理解为ع[ê]，即读为ۋعًا [üean]。

ۋغِ خْغَ [üng ċgha]，云彩 [yun cai]，cloud

波/阿（1） سُحَابُ [suhaābu] ‖ 参见 سحاب [sahāb]（pl. of sahābat）

clouds，a cloud。《李殿君》页 3，列 3，行 1–3；同书页 139，列 4，行 7。

波/阿（2） غَيْمُ [ghaīmu] ‖ 参见 غيم [ghaim]，being overspread with clouds，a cloud。《李殿君》页 90，列 1，行 7；同书页 158，列 5，行 16–18。

按，“云”字应为前鼻韵母，此处小儿锦拼为后鼻音。此处“彩”字小儿锦韵母双元音拼音中的字母غ[gh]，应理解为ع[ê]，即读为خْع [ċea]。

وْغُ فُ [üghu fu]，岳父 [yue fu]，father-in-law，wife’s father

波/阿 صَهْرَ [ṣahari] ‖ 参见 صهر [ṣihr]，a father-in-law，a son-in-law，a sister’s husband。《李殿君》页 69，列 5，行 13–15。

按，该小儿锦中拼写“岳”字表示双元音的字母غ[gh]，应理解为ع[ê]，即读为وْعْ فُ [üeu fu]。

وْغِ قَّ [üghi gan]，勇敢 [yong gan]，brave

波/阿 جَلَادَةِ [jalādati] ‖ 参见 جَلَادَة [jalādat]，bravery。《李殿君》页 119，列 4，行 1。

按，“勇”字应为后鼻韵母，该小儿锦未标示鼻音。

وْغٍ كِيُوْ [üng kiu]，永久 [yong jiu]，forever，permanence，perpetuity

波/阿 خَلْدَ [khalda] ‖ 参见 خلد [khuld]，abiding，lasting for ever，eternity，perpetuity。《李殿君》页 22，列 5，行 13–15；同书页 127，列 1，行 4。

وْغْ لِيَوْ [ügh liao]，药料 [yao liao]，a medicine

波/阿 دَوَاءِ [daūā’i] ‖ 参见 دواء [dawā’]，a medicine，remedy。《李殿君》页 130，列 6，行 10。

按，此处“药”字小儿锦前鼻韵母拼音中的字母غ[gh]，应理解为ع[ê]，即读为وْعْ لِيَوْ [üe liao]。

ۋغِ مُغِ [üngh mungh]，勇猛 [yong meng]，brave

波/阿（1） بَغْتَةِ [baqhtati] ‖ 参见 بغتة [baqhtat]，suddenly，happening unexpectedly。《李殿君》页 88，列 5，行 13；同书页 111，列 2，行 10。

波/阿（2） عَنْفِ [‘anfi] ‖ 参见 عنف [‘unuf]（pl. of ‘anīf），imperious，tyrannical，violent，cruel。《李殿君》页 63，列 4，行 4–6。

ۋغيِ هِيَآن [üingh hian]，芸香 [yun xiang]，rue

波/阿 حُرْمَلِ [hurmali] ‖ 参见 حرمل [haramal]，seed of wild rue。《李殿君》页 122，列 2，行 4。

按，此处“芸”字小儿锦拼音中غ之后的元音ی[-i]虽置于غ之后，但读音时按置于其前拼读。这种后鼻韵母拼音中的元音后置现象，笔者目前所见者主要在李殿君先生字典中。“芸”字应为前鼻韵母，此处小儿锦拼为后鼻音。آن-[-ān]在小儿锦中表示开口后鼻韵母-ang。

ۋغً 七يَآن [üghan qian]，院墙 [yuan qiang]，a wall

波/阿 جَدَارَ [jadāra] ‖ 参见 جَدَار [jidār]，a wall。《李殿君》页 117，列 1，行 16。

按，此处“院”字小儿锦中的字母غ[gh]，应为ع[ê]，正确拼法应为 ۋعً 七يَآن [üean qian]。آن-[-ān]在小儿锦中表示开口后鼻韵母-ang。

ۋُوْ [üu]，入 [ru]，enter

波/阿 سَاكِ [saāki] ‖ 参见 ساك [sāk]，the transmission of soul from human to animal。《李殿君》页 94，列 2，行 1。

ۋَو شِ [üau ši]，月（蚀）［食］[yue shi]，eclipse

波/阿 خُسُوْقُ [khusūqu] ‖ 参见 خسوف [khasūf]，undergoing an eclipse （the moon）。《李殿君》页 126，列 2，行 7。

ۋوَغْ [üaugh]，药 [yao]，medicine，cure，drug，remedy

波/阿 دلوک [dalūk]，anything with which the body is rubbed（as oil or odours）。《李殿君》页 72，列 3，行 4–6。

按，该小儿锦拼音中的字母غ[gh]，应理解为ع[ê]，即读为ۋوَعْ [üaue]。

ۋوُغٍ [üngh]，勇 [yong]，brave

波/阿 جَلَادَةِ [jalaādati] ‖ 参见 جلادة [jalādat]，being hard and strong。《李殿君》页 95，列 1，行 10。

ۋوُغْ [ügh]，约 [yue]，make an appointment，date

波/阿 عهد [‘ahid]，践约，履行诺言，《新阿汉大词典》页 1408，左。《李殿君》页 60，列 2，行 1–3。

按，该小儿锦拼音中的字母غ[gh]，应理解为ع[ê]，即读为ۋوَعْ [üaue]。

ۋوَوْ لِيَآن [üau lian]，耀亮 [yao liang]，flaring

波/阿 زَهْرَ [zahra] ‖ 参见 زهر [zahr]，flaring，《新阿汉大词典》页 851。《李殿君》页 138，列 6，行 1。

按，آن-[-ān]在小儿锦中表示开口后鼻韵母-ang。

ۋهَ جاً كِي [yua jan ki]，我站起 [wo zhan qi]，I stand up

波/阿 فانتصب [fānatṣub] ‖ 参见 انتصاب [intiṣāb]，rising up。《伯亚尼》页 3，列 3，行 14。

按，ف [fa]为阿拉伯语连词。

ۋهِيَآن [ü hian]，玉香 [yu xiang]，perfume

波/阿 بُخُورَ [bukhūra] ‖ 参见 بَخُورْ [bakhūr]，perfume。《李殿君》页 109，列 2，行 10。

按，آن-[-ān]在小儿锦中表示开口后鼻韵母-ang。

ۋَى قُوَ [üai ghua]，越过 [yue guo]，pass over，get across

波/阿（1）دُوْنَ [duūna] ‖ 参见 دون [dawn]，above。《李殿君》页 96，列 5，行 7；同书页 130，列 6，行 13。

波/阿（2）جَاوَزَ [jāwaza] ‖ 参见 جَواز [jawāz]，pass。《李殿君》页 117，列 3，行 4。

وْىَ كِغ [üia gingh]，月经 [yue jing]，catamenia

波 / 阿 حَوىَ [haūīa] ‖ 参见 حيض [haiẓ]，the menstrual discharge。《李殿君》页 124，列 1，行 13。

ه 双眼 He

هِءِ [hi]，稀 [xi]，rare，scarce，sparse，watery

波/阿 نَادِرَ [naādira] ‖ 参见 نادر [nādir]，singular，rare，uncommon，unusual，wonderful，excellent，precious，projecting，rarely。《李殿君》页 19，列 5，行 4–6。

هِءِ [h'i]，吸 [xi]，absorb，suck

波/阿 نَشْفَ [našfa] ‖ 参见نشف [našf]，（a garment） imbibing （perspiration），or a cistern （water），or paper （ink），absorption。《李殿君》页 32，列 4，行 1–3。

هِ [hi]，喜 [xi]，like

波/阿 عِشْقِ [ʻišqi] ‖ 参见 عشق [ʻišq]（in P. also ʻašq，ʻašaq），love，intensity of the passion and a blindness to the failings of the object loved，being sick or dying for love。《李殿君》页 79，列 2，行 10–12。

هِءِغِ [h'ingh]，刑 [xing]，punishment，torture

波/阿 غابر [ghābir]，past，passing by，passing away。按对应阿拉伯文的意义，此处对应汉字“刑”似应为“行”之讹，待考。《李殿君》页 48，列 2，行 7–9。

هِءِغِ [h'ingh]，行 [xing]，line，range，go，ok，well

波/阿（1） خطا [khaṭā] ‖ 参见 خطا [khiṭā]，steps。《李殿君》页 67，列 3，行 4–6。

波/阿（2） ساح [sāh]，travelling。《新阿汉大词典》页 993。《李殿君》页 32，列 2，行 13–15。

波/阿（3） دَجَّ [dajja]，缓慢行走，步履艰难，小步行走，《新阿汉大词典》页 593，左。《李殿君》页 62，列 2，行 1–3；同书页 127，列 6，行 10。

波/阿（4） هرتکی [hurtaki] ‖ 参见 هرتک [hartak]，行李，衣服，《新阿汉大词典》页 2176。《李殿君》页 40，列 1，行 4–6。

波/阿（5） ذَهَبَ [zahaba] ‖ 参见 ذهب [ẕahab], come by, [ẕihab],（he） went。《新阿汉大词典》页 684。《李殿君》页 132，列 5，行 4。

هِءِ غِ [h'i ghin]，行恩 [xing en]，doing favour

波/阿 منح [manaha]，赠予，授予，《新阿汉大词典》页 1974，右。《李殿君》页 46，列 3，行 13–15。

按，此处“行”字未拼出鼻音，“恩”字拼音含影母。

هِءِغًا [h'ighan]，咸 [xian]，salty

波/阿 مَالِحَ [maālihi] ‖ 参见 مالح [mālih]，salt （water）。《李殿君》页 14，列 3，行 4–6。

按，此处“咸”字开口前鼻音韵母小儿锦拼音中的字母غ[gh]，应理解为ع[ê]，即读为هِءِعًا [h'iean]。

هِءِغْ زْغِوْ [hi'ingh zghiu]，行走 [xing zou]，travelling

波/阿 سَاحَ [sāha] ‖ 参见 ساح [sāh]，travelling，《新阿汉大词典》页 993。《李殿君》页 138，列 6，行 7。

按，此处“走”字韵母双元音小儿锦拼音中的字母غ[gh]，应理解为ع[ê]，即读为هِءِغْ زْعِوْ [hi'ing zeiu]。

هِءِغْ فُغْ [hingh fungh]，凶风 [xiong feng]，strong wind

波/阿 قَاصِفَ [qaāṣifa] ‖ 参见 قاصف [qāṣif]，吼叫的，咆哮的，巨声的，《新阿汉大词典》页 1644，左。《李殿君》页 20，列 3，行 1–3。

هِءِغْ قُوَا [h'ingh ghua]，悬挂 [xuan gua]，append，hanging

波/阿 نَوْطِ [nauṭi] ‖ 参见 نوط [nauṭ]（v.n.），suspending，appending。《李殿君》页 32，列 5，行 7–9。

按，"悬"字应为前鼻韵母，此处小儿锦拼为后鼻音。

ﮨِءِغْ كِيًا [hi'ingh gian]，行奸 [xing jian]，fornicate

波/阿（1）زِنَا [zinā] ‖ 参见 زناء [zinā'], fornicating, committing fornication，adultery。《李殿君》页 137，列 1，行 16。

波/阿（2） سِفَاحْ [sifāha] ‖ 参见 سفاح [sifāh]，committing fornication or adultery。《李殿君》页 140，列 6，行 4。

ﮨِءِغْ كُوِ [hi'ingh kui]，行亏 [xing kui]，serve the devil

波/阿 رَهْقِ [rahqi] ‖ 参见 رهق [rahaq]，approaching，following, entering, being near, indulging in lawless and wiked deeds, iniquity, oppression。《李殿君》页 136，列 6，行 4。

ﮨِءِغْ لِ [hi'ingh li]，行李 [xing li]，a luggage

波/阿 رَحْلِ [rahli] ‖ 参见 رحل [rahl]，saddling（a camel）, departing，travelling，a（small）camel's saddle。《李殿君》页 57，列 1，行 1–3；同书页 133，列 5，行 10。

هِءِغِوْ [h'ighiu]，巧 [qiao]，artful，cute，clever

波/阿 عرقوب ['urqūb]，计谋，曲折，《波汉词典》页 1605，右。《李殿君》页 37，列 2，行 13–15。该小儿锦拼音中的字母غ[gh]，应为ع[ê]，即应读为 هِءِعِوْ [h'ieiu]。

ﮨِ ءِ غْ وَآن [hi'ingh wan]，兴旺 [xing wang]，flourish

波/阿 حَظّ [haẑẑa] ‖ 参见 حظ [haẑẑ]，being blessed with prosperity，enjoying abundance，favours，or privileges。《李殿君》页 123，列 3，行 1。

按，آن-[-ān]在小儿锦中表示开口后鼻韵母-ang。

ﮨِءِغِوْ ثِ [hi’ghiu ṣi]，休息 [xiu xi]，have a rest

波/阿 سَبْتِ [sabti] ‖ 参见 سبت [sabt]，rest，quiet，repose。《李殿君》页 138，列 1，行 16。

按，此处“休”字小儿锦拼音中的字母غ[gh]，应为ع[ê]，即应读为 ﮨِءِعِوْ ثِ [hi’eiu ṣi]。

هِءِغِوْفُ [highu fu]，休妇 [xiu fu]（被休弃的妇女，离婚的妇女），a divorced woman

波/阿 طِلَاقِ [ṭilāqi] ‖ 参见 طلاق [ṭalāq]（v.n. of طلق），being divorced （a wife）。《李殿君》页 20，列 3，行 4−6。

按，此处“休”字小儿锦中的字母غ[gh]，应为ع[ê]，即应读为هِءِعِوْفُ [hieu fu]。

ﮨِءِغِوْ قُ [hi’ighiu ghu]，朽骨 [xiu gu]（遗骸），bones

波/阿 رُفَادِ [rufāti] ‖ 参见 رفات [rufāt]，anything broken or pounded。《李殿君》页 134，列 6，行 13。

按，此处“朽”字小儿锦中的字母غ[gh]，应为 ع[ê]，即应读为ﮨِءِعِوْ قُ [hi’ieiu ghu]。

هِءِؤْغِ [h’iüngh]，雄 [xiong]，male，grand

波/阿 بهادو，当为بَهَادُور [bahādūr]，即蒙古语“把阿秃儿”（baghatur），今音译为“巴图尔”，译言勇士。此词当系元代传至西域。《李殿君》页 51，列 1，行 16−18。

هِءِؤْغِ [h’iyungh]，胸 [xiong]，chest，breast

波/阿 جوْشوش，似应为جوشن [jaušan，jošan]，the breast。《李殿君》页 51，列 2，行 13−15。

هِءِؤْغْ شُوَ [h’iügh šua]，学说 [xue shuo]，doctrine，imitate

波/阿 حكى [hakā]，模仿，仿效，效法，仿造，传述，援引，引证，《新阿汉大词典》页 429，左。《李殿君》页 57，列 4，行

10−12。

按，该小儿锦中拼写“学”字表示双元音的字母غ[gh]，应理解为ع[ê]，即读为هِءوْغْ شُوَ [h'iüe šua]。

هِءِيَآن [h'ian]，香 [xiang]，fragrant

波/阿 حُرْمَلِ [hurmali] ‖ 参见 حرمل [harmal]，seed of wild rue，芸香籽。《李殿君》页 54，列 1，行 4−6。

按，آن-[-ān]在小儿锦中表示开口后鼻韵母-ang。

هِ دِوْ [hi diu]，戏（斗）［逗］[xi dou]（诱惑，挑逗），tease，hit

波/阿 رَاوَدَ [rāūada] ‖ 参见 راود [rāwad]，lure，《新阿汉大词典》页 801。《李殿君》页 132，列 2，行 13。

هِ شِنْ [hi šin]，戏声 [xi sheng]，with melody of an opera

波/阿 طَرْبُ [ṭarbu] ‖ 参见 طرب [ṭarab]（v.n.），skipping，leaping，dancing for joy，cheerfulness，joy，gladness，motion，emotion，grief，sadness。《李殿君》页 8，列 4，行 13−15。

按，“声”字应为后鼻韵母，此处小儿锦拼为前鼻音。

هِغْ [hingh]，行 [xing]，go，travel，ok

波/阿 ذَهَبَ [ẕahaba] ‖ 参见 ذهب [ẕahab]，come by，[ẕihab]，（he） went。《李殿君》页 21，列 2，行 16−18。

هِغْ كِيَا [hingh gian]，行奸 [xing jian]，fornicate

波/阿 زنا [zinā] ‖ 参见 زناء [zinā']，fornicating，committing fornication，adultery。《李殿君》页 52，列 3，行 7−9。

هِغْ كُوِ [hingh kui]，行亏 [xing kui]（做亏心事），sin，serve the devil，crime

波/阿 حَوْبُ [haūbu] ‖ 参见 حوب [hawb]，sinning，grief，sadness，solitariness，poverty，humility。《李殿君》页 17，列 3，行 7−9。

هِ غَىْ [hi ghai]，喜爱 [xi ai]，like，love

波/阿 وبى [wabī]，按，此词在阿拉伯语中意为蔓延，疾病流行。未查到与该小儿锦及对应汉字相关的意义，待考。《李殿君》页 28，列 1，行 13–15。

按，“爱”字小儿锦中的字母غ[gh]表示影母。

هِ ماه زْ [himāh z]，靴子 [xue zi]，a boot

波/阿 خَفَّ [khaffa] ‖ 参见 خف [kuff]，a boot。《李殿君》页 126，列 4，行 16。

按，该小儿锦拼音中表示对应汉字“靴”的复合元音 üe 的ماه [māh]是波斯语，意为月份，月亮。小儿锦使用者虽然在书写时取波斯文原形，但仍然按对应汉语意义读为“月”。

هِ ۋْغِ [hiüngh]，胸 [xiong]（乳房），chest，breast

波/阿 جَوْشِنِ [jaušini] ‖ 参见 جوشن [jaušan，jošan]，the breast。《李殿君》页 52，列 5，行 16–18。

هِ ۋْغِ خُوآن شِ [hiüngh huan ši]，雄黄石 [xiong huang shi]，arsenic

波/阿 زَرْنِيخِ [zarnīkhi] ‖ 参见 زرنيخ [zarnīkh]，arsenic，《新阿汉大词典》页 826。《李殿君》页 137，列 6，行 1。

按，آن-[-ān]在小儿锦中表示开口后鼻韵母-ang。

هِى [hi]，喜 [xi]，like

波/阿 وَدَّ [wadda] ‖ 参见 ود [wadd]，liking。《李殿君》页 92，列 4，行 13。

هِىَ [hia]，鞋 [xie]，shoes

波/阿（1）بَابُوْجِ [bābūji] ‖ 参见 بابوج [bābūj]，波斯语，意为鞋套，拖鞋。《李殿君》页 47，列 4，行 10–12；同书页 108，列 3，行 10。

波/阿（2） نَعْلِ [na‘li] ‖ 参见 نعل [na‘l]（v.n.），shoeing。《李

殿君》页 21，列 5，行 4–6。

هِیَ [hia]，血 [xie]，blood

波/阿 دَمِ [dami] ‖ 参见 دم [dam]，black blood。《李殿君》页 130，列 6，行 4。

هِیَا [hia]，瞎 [xia]，blind，foolishly，to no purpose

波/阿（1）كَمْهَ [kamha] ‖ 参见 كمه [kamah]（v.n.），being blind from birth，suffering from dimness of sight。《李殿君》页 16，列 1，行 16–18。

波/阿（2） أَعْمَى [a'mai] ‖ 参见 اعمى [a'mā]，blind。《李殿君》页 4，列 4，行 13–15。

هِیَا [hia]，下 [xia]，below，down，descend，put down，leave off，lower，next

波/阿（1） حَلَّ [halla] ‖ 参见 حل [hall，hal]，a lighting。《李殿君》页 16，列 5，行 16–18。

波/阿（2） تَحْتِ [tahti] ‖ 参见 تحت [that]，the lower part。《李殿君》页 16，列 2，行 13–15。

波/阿（3） هَبْطِ [habṭi] ‖ 参见 هبط [habṭ]，throwing down，precipitating，lowering or beating down（a price），attenuating，decrease。《李殿君》页 6，列 5，行 13–15。

هِیَا [hia]，狭 [xia]，narrow

波/阿 رک [rakka]，瘦的，瘦弱的，消瘦的，《新阿汉大词典》页 780，左。《李殿君》页 49，列 5，行 4–6。

هِیَا [hian]，咸 [xian]，salty

波/阿 أُجَاجِ [ujaāji] ‖ 参见 اجاج [ujāj]，brackish water，bitter。《李殿君》页 89，列 3，行 1–0；同书页 103，列 2，行 4。

هِیَا [hian]，贤 [xian]，a worthy person，virtuous，worthy

波/阿 نَقِيبُ [naqiību] ‖ 参见 نقيب [naqīb]，a chief，leader，an intelligent person，one acquainted with the genealogies of a people。《李殿君》页 25，列 1，行 10–12。

هِيًا [hian]，弦 [xian]，chord，string

波/阿 وِتَرَ [witara] ‖ 参见 وتر [watar]，string of bow，harp，lute，the string by which a bow is hung up，the chord of an arc。《李殿君》页 38，列 4，行 13–15。

هِيًا [hian]，闲 [xian]，leisure time

波/阿 فَرْغِ [farghi] ‖ 参见 فرغ [fargh]，leisure。《李殿君》页 88，列 5，行 10。

هِيًا [hian]，显 [xian]，apparent，display，illustrious，obvious，show，appear，noticeable

波/阿（1） ظَهْرَ [žahra] ‖ 参见 ظهر [žahr]，boasting，glorying in，the back，the superficies，especially the harder and more hilly part（of ground），a road through the desert，much wealth。《李殿君》页 7，列 4，行 7–9。

波/阿（2） علانة [‘alānati] ‖ 参见 علانية [‘alāniyat]，公开，坦白，坦率，《新阿汉大词典》页 1385，左。《李殿君》页 79，列 3，行 10–12。

波/阿（3）طَارِى [ṭaārii] ‖ 参见 طارى [ṭārī]，who or what comes suddenly and unexpectedly，intervening。《李殿君》页 28，列 5，行 10–12。

波/阿（4） برج [barraja]，（妻子向其他男人）炫耀美色，《新阿汉大词典》页 106，右；或为 بَرِح [bariha]，疑团被解开，真相大白，事情搞清，《新阿汉大词典》页 107，右。《李殿君》页 58，列 1，行 4–6。

波/阿（5） بَرَّزَ [barraza] ‖ 参见 برز [barz，burz]，perfect。

《李殿君》页 56，列 2，行 7–9。

波/阿（6）شِعَار [ši'aār] ‖ 参见 شعار [ša'ār]，contending or excelling in poetry。《李殿君》页 31，列 4，行 7–9。

波/阿（7）آيَةِ [āyati] ‖ 参见 آية [āyat]，a mark，a sign，a miracle。《李殿君》页 54，列 5，行 16–18。

波/阿（8）تَجَلَّى [tajallaī] ‖ 参见 تجلى [tajallī]（v.n. 5 of جلو），lustre，brightness，brilliancy，manifestation，transfiguration，splendour，glory。《李殿君》页 59，列 5，行 4–6。

波/阿（9）جَهْرَ [jahra] ‖ 参见 جهر [jahr]（v.n.），revealing，declaring，publishing，discovering，disclosing，cleaning out（a well）。《李殿君》页 22，列 2，行 7–9。

波/阿（10）عن ['ann]，designedly，on purpose，appearing before the eyes，presenting itself。《李殿君》页 22，列 2，行 1–3。

波/阿（11）ارى [arā]，按，在阿拉伯语此词的各项意义中，未查到与该小儿锦及对应汉字相关的意义，待考。《李殿君》页 71，列 4，行 1–3。

波/阿（12）سنح [sanaha]，暗示，暗指，《新阿汉大词典》页 964，左。《李殿君》页 46，列 5，行 16–18。

波/阿（13）بقل [baqala]，出现，呈现，《新阿汉大词典》页 151，右。《李殿君》页 62，列 2，行 10–12。

波/阿（14）تاج [tāj]，阿拉伯语，意为王冠，未查到与该小儿锦及对应汉字相应的意义，待考。《李殿君》页 25，列 2，行 1–3。

هِيَا بُو [hia bu]，夏布 [xia bu]（以苎麻的纤维织成的布），linen，grass cloth，grass linen

波/阿 كِرْبَاسِ [kirbaāsi] ‖ 参见 كرباس [karbās]（in A. kirbās），a white cotton garment，fine linen，muslin。《李殿君》页 55，列 5，行 1–3；同书页 167，列 6，行 13–15。

هِيَآ خِوْ [hian hiu]，向后 [xiang hou]，backwards，postpone，delay

波/阿 أَخَّرَ [akhkhara] ‖ 参见 آخر [ākhir]，last，posterior，ultimate，final，the end，issue，extremity，finally，at last，afterwards。《李殿君》页 15，列 4，行 4–6；同书页 103，列 6，行 13。

按，"向"字应为后鼻韵母，此处小儿锦拼为前鼻音。

هِيًا دَ [hian di]，贤德 [xian de]，virtuous，able，sagacious

波/阿（1） كَرِمُ [karimu] ‖ 参见 كرم [karm]（v.n.），excelling in honour，nobility，generosity，munificence。《李殿君》页 20，列 4，行 16–18。

波/阿（2） كَرِيمُ [karīmu] ‖ 参见 كريم [karīm]，generous，respectable，most generous and noble，noble-minded，of a generous soul。《李殿君》页 168，列 4，行 1–3。

هِيَا دُ ۋْغْ [hia du ügh]，下毒药 [xia du yao]，poison

波/阿 ذَرْحَ [ẕarha] ‖ 参见 ذرح [ẕarh]，poisoning food with cantharides。《李殿君》页 131，列 2，行 13。

按，该小儿锦中拼写"药"字表示双元音的字母غ[gh]，应理解为ع[ê]，即读为هِيَا دُ ۋْغْ [hia du üe]。

هِيَا زْ [hia z]，瞎子 [xia zi]，a blind person

波/阿（1） كَمْهَ [kamha] ‖ 参见 كمه [kamah]，being blind from birth，suffering from dimness of sight。《李殿君》页 169，列 3，行 1–3。

波/阿（2） أَعْمَى [a'mīa] ‖ 参见 أَعْمَى [a'ma]，blind。《李殿君》页 105，列 4，行 10。

هِيَا زْ [hia z]，匣子 [xia zi]，box

波/阿 تَابُوْتِ [taābuūti] ‖ 参见 تابوت [tābūt]，a wooden box。《李殿君》页 93，列 5，行 7；同书页 113，列 1，行 1。

هِيًا زِءِ [hian zi'i]，显（跡）[迹] [xian ji]（显露痕迹），become visible，appear

波/阿（1） قِيَافَةِ [qiyāfati] ‖ 参见 قيافة [qiyāfa]，appearance，semblance，likeness，resemblance。《李殿君》页 166，列 3，行 10–12。

波/阿（2） أَمَارَةِ [amaārati] ‖ 参见 امارة [amārat]，a sign。《李殿君》页 98，列 3，行 1；同书页 106，列 4，行 13。

波/阿（3） آيَةِ [āyati] ‖ 参见 آيَة [āyat]，mark。《李殿君》页 108，列 2，行 4。

هِيًا زِيًا [hia zian]，下贱 [xian jian]，basebred

波/阿 ذَلِّ [zalli] ‖ 参见 ذل [zill]，being submissive，easy，compliant。《李殿君》页 132，列 2，行 1。

هِيًا كْ [hia k]，下颏 [xia ke]，jaw

波/阿 ذُقْنِ [zuqni] ‖ 参见 ذقن [zaqn]，chucking under the chin。《李殿君》页 99，列 1，行 1。

هِيًا كِيَآن [hia gian]，下降 [xia jiang]，decline，descend

波/阿 اِنْزَالِ [inzāli] ‖ 参见 اِنْزَالِ [anzāl]，causing to descend。《李殿君》页 93，列 4，行 4；同书页 107，列 6，行 7。

按，-آن[-ān]在小儿锦中表示开口后鼻韵母-ang。

هِيًا مِ [hian min]，显明 [xian ming]，apparently，clarify

波/阿（1） بَرْحِ [barhi] ‖ 参见 بَرِح [bariha]，疑团被解开，真相大白，事情搞清，《新阿汉大词典》页 107，右；或为 برج [barraja]，（妻子向其他男人）炫耀美色，《新阿汉大词典》页 106，右。《李殿君》页 110，列 3，行 1。

波/阿（2） أَرَى [arā]，按，在阿拉伯语此词的各项意义中，未查到与该小儿锦及对应汉字相关的意义，待考。《李殿君》页 104，列 2，行 10。

按，“明”字应为后鼻韵母，此处小儿锦拼为前鼻音。

هِيَآن [hian]，香 [xiang]，fragrant，perfume，spice，incense，aromatic

波/阿（1） رِيْحَانِ [riīhaāni] ‖ 参见 ريحان [raihān]，sweet basil，any odoriferous herb。《李殿君》页 35，列 3，行 4–6。

波/阿（2） عَنْبَرَ [‘anbara] ‖ 参见 عنبر [‘aṃbar]，ambergris，a rich perfume，per fume，saffron。《李殿君》页 63，列 3，行 4–6。

波/阿（3） خَطْمِى [khaṭmiī] ‖ 参见 خطمى [khaṭmī，khiṭmī]，marsh-mallows。《李殿君》页 96，列 5，行 10。

波/阿（4） ياسمين [yāsmīn]，耶悉茗，茉莉花。《李殿君》页 35，列 2，行 1–3。

波/阿（5） ئُافور [’ufūr]，按，此词未查到，待考。《李殿君》页 17，列 1，行 10–12。

波/阿（6） مُبِخَرَ [mbikhara] ‖ 参见 مبخر [mubakhkhar]，fumigated，perfumed，vaporous。《李殿君》页 30，列 3，行 10–12。

波/阿（7） كُبْوَةِ [kubwati] ‖ 参见 كُبْوَة [kubwat]，熏衣的香炉，《新阿汉大词典》页 1726，左。《李殿君》页 72，列 2，行 10–12。

波/阿（8） عَطَارَ [‘aṭaāra] ‖ 参见 عطارة [‘aṭṭārat]，A.عطار，fem. عطارة，a dealer in perfumes，drugs，spices，or groceries。《李殿君》页 27，列 4，行 13–15。

波/阿（9） خُنُوْطِ[khunuūṭi] ‖ 参见 خنوط[khunūṭ]，sweet herbs。《李殿君》页 96，列 2，行 7。

波/阿（10） ضَوْعَ [ẓau‘a] ‖ 参见 ضوع [ẓau‘]，diffusing an odour（musk，&c.，when shaken），also diffusing a bad smell。《李殿君》页 44，列 3，行 10–12。

波/阿（11） أَرْجِ [arji] ‖ 参见 ارج [araj]（v.n.），sending forth an agreeable perfume，a sweet smell，sweet-scented spices。《李殿君》页 51，列 5，行 4–6。

波/阿（12） شذوة [šaẕwatu] ‖ 参见 شذو [šaẕw]，麝香，麝香

香味，《新阿汉大词典》页 1023，右。《李殿君》页 62，列 4，行 7–9。

波/阿（13） بُخُوْرَ [bukhuūra] ‖ 参见 بخور [bakhūr]，perfume，odour，or anything which diffuses fragrance。《李殿君》页 29，列 4，行 7–9。

波/阿（14） حلو [hulw，halū]，sweet。《李殿君》页 51，列 1，行 4–6。

按，آن-[-ān]在小儿锦中表示开口后鼻韵母-ang。

هِيَآن [hian]，乡 [xiang]，countryside，village，rural area

波/阿（1） بَدْوِىِّ [badwiyyi] ‖ 参见 بدوى [badawīy]，a country-man，country bumpkin。《李殿君》页 29，列 5，行 16–18。

波/阿（2） لِسَانِ [lisaāni] ‖ 参见 لسان [lisān]，the tongue，language，dialect，idiom。《李殿君》页 93，列 3，行 16。此处对应阿拉伯语意为“乡言”，小儿锦和对应汉字均未拼出或写出“言”。

按，آن-[-ān]在小儿锦中表示开口后鼻韵母-ang。

هِيَآن [hian]，项 [xiang]，neck

波/阿 طَوْقِ [ṭauqi] ‖ 参见 طوق [ṭauq]，a necklace，chain，collar，a bird's ruff，a ring，a circle round anything，the pillory。《李殿君》页 29，列 4，行 13–15。

按，آن-[-ān]在小儿锦中表示开口后鼻韵母-ang。

هِيًا نام [hian nām]，宣明 [xuan ming]，announce

波/阿 أعِرَابُ [a'iraābu] ‖ 参见 اعراب [i'rāb]，speaking。《李殿君》页 49，列 3，行 13–15。

按，该小儿锦后半部分نام [nām]是波斯语表意借词，意为名称，该小儿锦按“名”与“明”同音替用原理，理解为“明”。

هِيَآن تِيًا [hian tian]，向前 [xiang qian]，forward，onward，ahead

波/阿 قَدَّمَ [qadama] ‖ 参见 قدم [qadm]，preceding，going

before，being prior in point of time，place or degree，being bold and intrepid。《李殿君》页 163，列 1，行 7–9。

按，آن-[-ān]在小儿锦中表示开口后鼻韵母-ang。

هِيَآن ظُوٌ [hian çun]，乡村 [xiang cun]，village，countryside，rural area

波/阿 قَرِيَة [qariyati] ‖ 参见 قرية [qaryat，qiryat]，a village，town，city。《李殿君》页 1，列 1，行 7–9。

按，آن-[-ān]在小儿锦中表示开口后鼻韵母-ang。

هِيَآن قُوًا [hian ghuan]，降管 [xiang guan]（降伏管治），subdue，surrender，yield，tame

波/阿（1） سَخَّرَ [sakhkhara] ‖ 参见 سخر [tasakhkhur]，oppressing，compelling one to work for nothing，making obedient or tractable，subduing，being made submissive，control。《李殿君》页 36，列 1，行 7–9。

波/阿（2） قَهَّرَ [qahhara] ‖ 参见 قهر [qahr]，power，lordship，conquering，overcoming，subduing，subjection，rule，oppress，tame。《李殿君》页 85，列 4，行 4；同书页 166，列 4，行 7–9。

按，آن-[-ān]在小儿锦中表示开口后鼻韵母-ang。

هِيَآن كِ [hian gi]，香气 [xiang qi]，aroma

波/阿 اَرْجِ [arji] ‖ 参见 اَرْجِ [araj]，a sweet smell。《李殿君》页 104，列 2，行 7。

按，آن-[-ān]在小儿锦中表示开口后鼻韵母-ang。

هِيَآن لِوْ [hian liu]，香炉 [xiang lu]，censer，incense burner

波/阿 مَجَامِرَ [majaāmira] ‖ 参见 مجامر [majāmir]（pl. of mijmar，mujmar，mijmarat），censers，chafing-dishes。《李殿君》页 71，列 3，行 1–3。

按，آن-[-ān]在小儿锦中表示开口后鼻韵母-ang。

هِيَآن لِيَوْ [hian liau]，香料 [xiang liao]，spice，sweet herbs

波/阿（1） خَطْمِیَ [khaṭmīa] ‖ 参见 خطمی [khaṭmī，khiṭmī]，mash-mallows。《李殿君》页 126，列 1，行 16。

波/阿（2） حَنَوْطِ [hanaūṭi] ‖ 参见 حنوط [hanūṭ]，sweet herbs which they are wont to sprinkle or stew over dead bodies。《李殿君》页 124，列 4，行 4。

按，آن-[-ān]在小儿锦中表示开口后鼻韵母-ang。

هِيَآن وِ [hian wi]，香味 [xiang wei]，sweet smell，fragrance，fragrancy，scent，perfume

波/阿 عقاقر [‘aqa’āqira] ‖ 参见 عقَّار [‘aqqār]，复数 عقاِقير [‘aqāqīr]，药料，药材，药草，药,《新阿汉大词典》页 1365，左。《李殿君》页 71，列 5，行 7–9。

按，آن-[-ān]在小儿锦中表示开口后鼻韵母-ang。

هِيَآن يَا [hian yan]，乡言 [xiang yan]，dialect，local accent

波/阿 لِسَانِ [lisāni] ‖ 参见 لسان [lisān]，dialect。《李殿君》页 170，列 5，行 7–9。

按，آن-[-ān]在小儿锦中表示开口后鼻韵母-ang。

هِيَآن七يَا [hian qian]，向前 [xiang qian]，forthcome，ahead，forward

波/阿 سَبَقِ [sabqi] ‖ 参见 سبق [sabq]，going before，taking the leader，preceding，excelling，outstripping，surpassing；[sibaq]（v.n. 3 of سبق），endeavouring to get the lead（in running），trying to outstrip，precedence，a race，[sabbāq]，one who takes the lead and gets far ahead。《李殿君》页 19，列 1，行 7–9；同书页 139，列 4，行 1。

按，آن-[-ān]在小儿锦中表示开口后鼻韵母-ang。

هِيَا هِيَا [hian hia]，闲暇 [xian xia]，leisure

波/阿 فَرْغَ [fargha] ‖ 参见 فرغ [firgh]，leisure，disengagement。

《李殿君》页 160，列 5，行 7–9。

هِىءِغ [h'ingh]，胸 [xiong]，breast

波/阿 صُدُورَ [ṣuduūra] ‖ 参见 صدور [ṣudūr]，breasts。《李殿君》页 85，列 5，行 16。

هِىؤءِغ زْ [hiü'ingh z]，胸子 [xiong zi]（胸口），breast

波/阿 تَرَائِبُ [taraā'ibu] ‖ 参见 ترائب [tarā'ib]，breast bone。《满俩》页 87，列 3，行 7。

هِىءِغِگِيَا [hi'ingh gian]，行奸 [xing jian]（奸淫），illicit sexual relations，adultery

波/阿 عَهْرَ ['ahra] ‖ 参见 عهر ['ihr]，adultery，fornication。《李殿君》页 156，列 5，行 13–15。

هِىءغِ كُوِى [hi'ingh giua]，行亏 [xing kui]（做坏事），serve the devil，crime

波/阿（1） حَوْبُ [haūbu] ‖ 参见 حوب [hawb]，grief，sadness，solitariness，poverty，humility。《李殿君》页 124，列 5，行 4。

波/阿（2） جُوْرَ [jūra] ‖ 参见 جُوْرَ [jaur]，violence。《李殿君》页 120，列 1，行 1。

هيءِغِ لِ [hi'ingh li]，行李 [xing li]，baggage

波/阿 ثَقَلِ [ṣaqli] ‖ 参见 ثَقَل [ṣaql]，load。《李殿君》页 116，列 4，行 7–9。

هِىءِغِوْ [h'ighiu]，朽 [xiu]，rotten

波/阿 غُثَاءِ [ghuṣaā'i] ‖ 参见 غثاء [ghuṣā']，decaying。《李殿君》页 86，列 2，行 10。

按，该小儿锦中拼写双元音的字母غ[gh]，应理解为ع[ê]，即读为هيءِعِوْ [h'ieiu]。

هِىءِغِوْخُوَىْ [hi'i ghiu huai]，朽坏 [xiu huai]，rotten，decayed

波/阿（1） غُثَاءِ [ghuṣā’] ‖ 参见 غثاء [ghuṣā’，ghussā’]，decayed leaves of trees，any rubbish dirtied by foam carried downed by the stream。《李殿君》页 157，列 5，行 7–9。

波/阿（2） فَنَاءِ [fanā’i] ‖ 参见 فَنَاءٌ [fanā’]，rotten，decayed。《李殿君》页 161，列 5，行 13–15。

按，该小儿锦中拼写“朽”字表示双元音的字母غ[gh]，应理解为ع[ê]，即读为هِىءِعِوْخُوَىْ [hi’ieiu huai]。

هِيَ جَ [hia ja]，蝎螫 [xie shi]，sting

波/阿 لَدْغِ [ladghi] ‖ 参见 لدغ [ladghi]，stinging（a scorpion）。《李殿君》页 170，列 3，行 4–6。

هِيَ دَىْ [hia dai]，鞋带 [xie dai]，bootlace，lace

波/阿 شِرَاكِ [širaāki] ‖ 参见 شراك [širāk]，a shoe-strap or latchet。《李殿君》页 45，列 4，行 4–6。

هِي شَوْ [hi šau]，稀少 [xi shao]，few，rare，scarce

波/阿 قِلَّةِ [qilati] ‖ 参见 قل [qill，qull]，being rare，not happening frequently，a little，a small quantity。《李殿君》页 165，列 5，行 4–6。

هِي غَ [hi gha]，喜爱 [xi ai]，like

波/阿 حب [hubba] ‖ 参见 حَبَ [hubb]，love。《李殿君》页 120，列 3，行 16–18。

按，该小儿锦“爱”字拼音含影母。

هِيغَوْ [highau]，晓 [xiao]，know

波/阿 شُعْرَ [šu‘ra] ‖ 参见 شعر [ši‘r]，knowing，understanding，perceiving。《李殿君》页 86，列 4，行 13。

按，该小儿锦中拼写双元音的字母غ[gh]，应理解为ع[ê]，即读为هِيعَوْ [hieau]。

هِی کُوَی [hi kuai]，血块 [xue kuai]，gore

波/阿 علق [‘alaq]，凝血块，《波汉词典》页 1626，右。《李殿君》页 69，列 5，行 7–9。

هِیَ مَ [hia ma]，（胁）[胁]买 [xie mai]，the privilege of buying or occupying something

波/阿 شَفْعَةِ [šaf‘ati] ‖ 参见 شفعة [šuf‘at，šuf‘a]，wishing to add a neighbour’s estate to one’s possessions，a neighbouring house or land，redemption。《李殿君》页 41，列 4，行 16–18。

هِيُو خوَی [hiu huai]，朽坏 [xiu huai]，bad，spoil

波/阿 فناء [fanā’]，rotten，decayed。《李殿君》页 36，列 4，行 16–18。

هِيَوْ ۋ [hiau ü]，晓谕 [xiao yu]，give explicit instructions

波/阿 نِدَاءِ [nidaā] ‖ 参见 نداء [nidā’]（v.n. of ندو），calling to one，convoking，proclaiming，proclamation，edict，sound，voice，clamour，invitation，a call or voice from heaven，《新阿汉大词典》页 2034，右。《李殿君》页 9，列 1，行 7–9。

هیِۋ تَآن [hiü tan]，胸膛 [xiong tang]，chest

波/阿 جُوْشَوْن[jawšan]，胸部，波斯语。《李殿君》页 120，列 4，行 1。

按，آن-[-ān]在小儿锦中表示开口后鼻韵母-ang。“胸”字应为后鼻韵母，此处小儿锦未标示鼻音。

هیِۋ غِ خُوَیْ [hiüngh huai]，胸怀 [xiong huai]，mind

波/阿 حَجرَ [hajra] ‖ 参见 حَجر [hajr]，the bosom。《李殿君》页 121，列 5，行 7。

هیِۋ قُوْ [hiü ghu]，胸骨 [xiong gu]，breast bones

波/阿 تَرَائِبُ [tarā’ibu] ‖ 参见 تَرَائِبُ [tarā’ib]，breast bones。《李

殿君》页 113，列 6，行 16。

按，“胸”字应为后鼻韵母，此处小儿锦未标示鼻音。

هِیَ هِیَا [hia hia]，胁下 [xie xia]（腋下），armpit

波/阿 ابطی [abaṭī] ‖ 参见 ابط [ibṭ]，腋，腋窝，《新阿汉大词典》页 5，右。《李殿君》页 78，列 1，行 1–3；同书页 102，列 4，行 7。

هِیَ کُوَیْ [hia kuai]，血块 [xue kuai]，clot

波/阿（1） كَتْلَةِ [katlati] ‖ 参见 كتلة [kutlat]，clot，《新阿汉大词典》页 1730，左：块，球。《李殿君》页 84，列 4，行 4。

波/阿（2） دَمِ [dami] ‖ 参见 دم [dam]，blood，black blood。《李殿君》页 73，列 5，行 10–12。

هِي يِ غِ خَوْ [hingh khau]，行好 [xing hao]，do something good

波/阿 تَبَرُّعَ [tabarru‘a] ‖ 参见 تَبَرُّع [tabarru‘]，giving gratis。《李殿君》页 113，列 2，行 4–6。

هِ 七ؤعَ [hi qü‘a]，喜（雀）[鹊] [xi que]（鹊鸲），a pied magpie

波/阿 ذُعْرَةِ [z̲u‘rati] ‖ 参见 ذعرة [z̲‘arah]，a pied magpie，《新阿汉大词典》页 675。《李殿君》页 131，列 6，行 13。

ى Yey

ىّ [ia]，炎 [yan]，inflammation，burning hot

波/阿 حَتْنِ [hatni] ‖ 参见 حتن [hatan]，being hot （the day）。《李殿君》页 30，列 5，行 16–18。

按，此处小儿锦未标注鼻音。

يِ [i]，疑 [yi]，doubt，suspect

波/阿 شَكِّ [šakki] ‖ 参见 شك [šakk]（v.n.），doubting，suspecting，doubt，suspicion，vacillation，incredulity，scepticism。《李殿君》页 19，列 5，行 10–12。

يَا [ia]，鸦 [ya]，crow

波/阿 غاقِ [ghaāqi] ‖ 参见 غاق [ghāq]，an aquatic bird，a crow。《李殿君》页 77，列 3，行 16–18。

يَا [ia]，牙 [ya]，tooth

波/阿（1）ضَرْسِ [ẓarsi] ‖ 参见 ضرس [ẓirs]，a tooth，a grinder。《李殿君》页 50，列 2，行 10–12。

波/阿（2）سُنَّ [sunna] ‖ 参见 سن [sinn]，a tooth。《李殿君》页 13，列 5，行 10–12。

يَا [ia]，哑 [ya]，mute，dumb

波/阿 بُكَمُ [bukamu] ‖ 参见 بكم [bukm]（pl. of abkam），dumb，mute （persons）。《李殿君》页 3，列 1，行 1–3。

يًا [ian]，淹 [yan]，flood，submerge

波/阿（1） غَمْسِ [ghamsi] ‖ 参见 غمس [ghams]（v.n.），

immersing，ducking into water，dipping，steeping。《李殿君》页 5，列 3，行 16–18。

波/阿（2） عَطْنِ [ʻaṭni] ‖ 参见 عطن [ʻaṭn]（v.n.），macerating（hides） with salt，&c. to soften them and take off the hair。《李殿君》页 30，列 3，行 16–18。此处对应阿拉伯文意为"腌"，对应汉字虽写为"淹"，但小儿锦拼的应为"腌"。

波/阿（3） غَرْقِ [gharqi] ‖ 参见 غرق [ghark]（v.n. of عرق），sinking，being submerged or drowned，submersion，a drowning，coition，drowned，sunk，overwhelmed，absorbed，deep in。《李殿君》页 17，列 2，行 10–12。

يًا [ian]，咽 [yan]，swallow，ingest，consume，gulp down，gulp

波/阿（1） زىعوم [za?aʻūm]，按，此词第二个字母缺音点，无法拼读，待考。《李殿君》页 72，列 1，行 10–12。

波/阿（2） بَلْعْ [balʻa] ‖ 参见 بلع [balaʻ]（v.n.），swallowing。《李殿君》页 27，列 3，行 10–12。

يًا [ian]，烟 [yan]，smoke，mist，cigarette，tobacco，opium

波/阿（1） تبغ [tibghi]，又可读为[tabgh]或[tabagh]，烟草，烟叶，烤烟，即 tobacco 之转写或音译。《李殿君》页 18，列 5，行 10–12。

波/阿（2） عُثْنِ [ʻuṣni] ‖ 参见 عثن [ʻaṣn]（v.n.），smoking （as a fire）。《李殿君》页 54，列 3，行 16–18。

波/阿（3） شَوْظِ [šiwẑi] ‖ 参见 شوظ [šiwaẑ]，flame without smoke，blaze。《李殿君》页 74，列 3，行 10–12。

波/阿（4） اَفْيُونِ [afuyuūni] ‖ 参见 افيون [afyūn]，opium，poppy juice。按，此词即鸦片之原字，在明初《回回药方》中音译为"阿肥荣"，又为"阿芙容"。《李殿君》页 15，列 3，行 16–18。

波/阿（5） دُخِّ [dukhkhi] ‖ 参见 دخ [dakhkh，dukhkh]，smoke。《李殿君》页 22，列 3，行 10–11。

波/阿（6） تتن [tatuni]，按，阿拉伯语与波斯语中均未查到此词，待考。《李殿君》页 72，列 3，行 10–12。

يًا [ian]，炎 [yan]，burning hot，inflammation

波/阿 صمدح [ṣamdaha]，炎热，酷热，《新阿汉大词典》页 1147，右。《李殿君》页 75，列 3，行 16–18。

يًا [ian]，言 [yan]，say，speak，talk

波/阿（1） افحام [ifhām] ‖ 参见 افحام [afhām]，驳得哑口无言，使无以对答，《新阿汉大词典》页 1501，左。《李殿君》页 46，列 4，行 16–18。

波/阿（2） كزم [kazm] ‖ 参见 كزم [kazam]，闭口不言，默不作声，不吭声，《新阿汉大词典》页 1753，左。《李殿君》页 39，列 1，行 4–6。

波/阿（3） فَصِيحَ [faṣiīha] ‖ 参见 فصيح [faṣīh]，eloquent，rhetorical（man or discourse）。《李殿君》页 36，列 5，行 16–18。

يًا [ian]，严 [yan]，strict，severe，tight，dignity

波/阿（1） اِبْرَامُ [ibraāmu] ‖ 参见 ابرام [ibrām]（v.n. 4 of برم），twisting tight，wearying，disgusting，urgency，importunity。《李殿君》页 33，列 4，行 7–9。

波/阿（2） شَوْكَة [šaukat] ‖ 参见 شوكة [šaukat]，majesty，power，grandeur，dignity，pomp。《李殿君》页 25，列 1，行 16–18。

يًا [ian]，盐 [yan]，salt

波/阿 مِلْحِ [milhi] ‖ 参见 ملح [malh]（v.n.），salting，seasoning（fish or a pot）；[milh]，salt，savouriness。《李殿君》页 11，列 4，行 1–3。

يًا [ian]，眼 [yan]，eye，aperture，key point，look，small hole

波/阿（1） عَيْنِ [ʻaīni] ‖ 参见 عين [ʻain]，the eye，sight，vision，

a look，glance，anything resembling an eye，as the eye of a needle，of a pair of scales，&c.，a warning or look。《李殿君》页 7，列 1，行 10–12；同书页 156，列 2，行 16–18。

波/阿（2） جِفْنِ [jifni] ‖ 参见 جفن [jafn]，the eye-lid。《李殿君》页 75，列 5，行 16–18。

波/阿（3） حَدْقَةِ [hadqati] ‖ 参见 حدقة [hadaqat]，the pupil of the eye。《李殿君》页 25，列 3，行 16–18。

波/阿（4） بَصْرَ [basṛa] ‖ 参见 بصر [baṣar]（v.n.），seeing，discerning，sight，vision，the eye。《李殿君》页 20，列 2，行 10–12。

يًا [ian]，掩 [yan]，setting a door half-closed and half-open

波/阿 سَفْق [safq] ‖ 参见 سفق [safq]，setting a door wide open。《李殿君》页 87，列 2，行 13。

按，小儿锦及对应汉字与对应阿拉伯文之间意义有出入。

يًا [ian]，（嚥）［咽］[yan]，swallow

波/阿 كظم [kaẑama]，堵住，塞住，堵塞，屏住气，《新阿汉大词典》页 1763，左。《李殿君》页 59，列 2，行 7–9。

按，从对应阿拉伯语的意义判断，对应汉字似应为“噎”。

يًا [ian]，燕 [yan]，swallow

波/阿（1） خُطَّافُ [khuṭṭāfu] ‖ 参见 خطاف [khuṭṭāf]，a swallow。《李殿君》页 5，列 4，行 13–15。

波/阿（2） بعر [ba'r]，按，此词未查到燕子的意义，待考。《李殿君》页 58，列 3，行 10–12；同书页 111，列 4，行 7。

يًا [ian]，焰 [yan]，blaze，flame

波/阿 لَهْبُ [lahbu] ‖ 参见 لهب [lahb，lahab]，flame，blaze，blazing，flaming without emitting smoke，flame （especially smokeless）。《李殿君》页 23，列 5，行 16–18。

يَاپِی [ian pi]，眼皮 [yan pi]，eyelids

波/阿 جِفنِ [jafni] ‖ 参见 جفن [jafn]，the eyelid。《李殿君》页 118，列 5，行 16。

يَاڠْاَوْ [ian ċau]，烟草 [yan cao]，smoke

波/阿（1） دُخِّ [dukhkhi] ‖ 参见 دخ [dakhkh，dukhkh]，smoke。《李殿君》页 128，列 3，行 16。

波/阿（2） دُخَانِ [dukhāni] ‖ 参见 دخان [dukhān，dukhkhān，dukhkhn]，smoke，tobacco or its fumes。《李殿君》页 128，列 4，行 16。

يَاڠْغَوْ [ian ċaghu]，烟草 [yan cao]，tobacco

波/阿（1） تِبغِ [tibghi] ‖ 参见 تبغ [tibgh]，[tabgh]或[tabagh]，烟草，烟叶，烤烟，即 tobacco 之转写或音译。《李殿君》页 113，列 4，行 4–6。

波/阿（2） تُتُنِ [tutuni]，按，此词未查到，待考。《李殿君》页 113，列 2，行 7。

此处“草”字小儿锦双元音拼音中的字母غ[gh]，应理解为ع[ê]，即读为يَاڠْعَوْ[yan ċaeu]。

يَادِغِ [ian dingh]，言定 [yan ding]，rule，manner，certainly

波/阿（1） قَنَنَ [qanana] ‖ 参见 قنن [qanan]，rule，mode，manner。《李殿君》页 166，列 6，行 1–3。

波/阿（2） عَيَنَ ['aina] ‖ 参见 عين ['ainu]，experimental knowledge，certainty。《李殿君》页 156，列 4，行 16–18。

يَاْدُوٌ [iau dun]，摇动 [yao dong]，moving

波/阿 حَرْكَةِ [harkati] ‖ 参见 حركة [harakat]，moving，motion，movement，act，action。《李殿君》页 122，列 1，行 4。

按，“动”字应为后鼻韵母，此处小儿锦拼为前鼻音。

يَازْ [ia z]，鸭子 [ya zi]，a duck，quacker

波/阿 بَطِ [baṭi] ‖ 参见 بَط [baṭṭ，baṭ]（for P. bat），a duck。《李殿君》页 5，列 3，行 13–15；同书页 110，列 3，行 1。

يَازِيِ غِ [ian zingh]，眼睛 [yan jing]，the eye

波/阿 بَصر [baṣar]，the eye。《李殿君》页 110，列 3，行 16。

يَاژِغَ [ian jhigha]，炎热 [yan re]，hot

波/阿（1） حَتنِ [hatni] ‖ 参见 حتن [hatan]，being hot（the day）。《李殿君》页 121，列 3，行 4。

波/阿（2） حَرَ [harra] ‖ 参见 حر [harr]，being hot。《李殿君》页 121，列 4，行 16。

按，此处"热"字小儿锦韵母拼音中的字母غ[gh]，应理解为ع[ê]，即读为يَاژِعَ[yan jhiea]。

يَاشُوَ [ian šua]，言说 [yan shuo]，speaking，speak，tell，say，talk，talk about

波/阿（1） نطق [nuṭq]，speaking。《伯亚尼》页 5，列 3，行 32；同书页 6，列 2，行 10（此处对应阿拉伯文写为النطق [al-naṭaq]，ال[al-]为阿拉伯语名词定冠词）。

波/阿（2） نَاطِقِ [naāṭiqi] ‖ 参见 ناطق [nāṭiq]，speaking，a speaker。《李殿君》页 52，列 3，行 13–15。

波/阿（3） اِفْحَامُ [ifahāmu] ‖ 参见افحام [afhām]，驳得哑口无言，使无以对答，《新阿汉大词典》页 1501，左。《李殿君》页 105，列 1，行 16。

يَاشَىْ [ian šai]，颜色 [yan se]，color

波/阿 لَوْنِ [laūni] ‖ 参见 لون [laun]，colour，hue。《李殿君》页 59，列 3，行 7–9。

يَاضِ [ian ći]，言词 [yan ci]，words

波/阿单数：حديث [hadīṣ]，复数：الاحاديث [al-ahādīs] ‖ 参见 احاديث [ahādīṣ]，stories；حديث [hadīṣ]，story。《伯亚尼》页 3，列 2，行 26。

按，ال[al-]为阿拉伯语名词定冠词。

يَا كُوَانْ [ian kuan]，眼（窝子）［眶］[yan wo zi]，eyehole，eye socket

波/阿 چشم خانه [čašm-khāna]，eyehole。《真境花园》页 11，列 1，行 5。

按，آن- [-ān]在小儿锦中表示开口后鼻韵母-ang。此处对应汉字写为“眼眶”，据小儿锦拼音应为“眼窝子”。

يَا گِيُوَ [ian giua]，眼角 [yan jiao]，the corner of the eye，canthus

波/阿 كرشمه [kirišma]，a wink，looking languishingly through half-shut eyes。《真境花园》页 8，列 1，行 12。

按，对应波斯文意为用眼角看，瞄一眼。

يَا گِيُو [ian giu]，研究 [yan jiu]，study

波/阿 الابحاث [al-abhāṣ] ‖ 参见 بحث [bahaṣa]，搜求，搜索，研究，探讨，探求，调查，审查，《新阿汉大词典》页 88，左。《伯亚尼》页 6，列 2，行 32。

按，ال[al-]为阿拉伯语名词定冠词。

يَا گِيُو گِيَا [ian giu gia]，研究家 [yan jiu jia]，pursuer，specialist

波/阿 نقاد [naqqād]，a cambist who knows at once good from bad money，an assayed coin，prompt，ready，an adept。《伊哈雅仪》页 5，列 3，行 8。

يَا لَ غِ [ian laghi]，眼泪 [yan lei]，tear

波/阿 دَمْعَ [dam‘a]，weeping，a tear。《李殿君》页 130，列 3，行 7。

按，此处“泪”字小儿锦韵母拼音中的字母غ[gh]，应理解为

ع[ê]，即读为يَا لْ غ [ian liea]。

يَا لُوِ [ian lui]，眼泪 [yan lei]，tear

波/阿 آب ديده [ābi dīdah] ‖ 参见 آب ديده [ābi dīdah]，water of the eyes，tears。按，波斯语，直译水被看见。《真境花园》页 3，列 2，行 11。

يَا مٌ [ian mun]，掩门 [yan men]，close the door

波/阿 سَفْقِ [safqi] ‖ 参见 سفق [safq]，setting（a door）wide open。《李殿君》页 140，列 4，行 7。

按，对应阿拉伯文的意义与该小儿锦及对应汉字恰相反。

يَا مَآ [ia ma]，亚麻 [ya ma]，flax，hemp，linen

波/阿 قِنَّبُ [qinnabu] ‖ 参见 قنب [qinnab，qunnab]（in P. qanab），hemp，a hempen rope。《李殿君》页 39，列 1，行 7–9；同书页 165，列 5，行 16–18。

يَا مَى [ian mai]，掩埋 [yan mai]，bury

波/阿 دَسَّ [dassa] ‖ 参见 دس [dass]，hiding（one thing under another）。《李殿君》页 129，列 5，行 7–9。

يَا مِى [ian mi]，严密 [yan mi]，exact

波/阿 إِبْرَام [ibarāmi] ‖ 参见 إِبْرَام [ibrām]，twisting tight。《李殿君》页 102，列 1，行 7。

يَآ ن [ian]，羊 [yang]，sheep，goat

波/阿（1） شَاةٌ [šaātun] ‖ 参见 شاة [šāt]，a sheep。《李殿君》页 11，列 5，行 10–12。

波/阿（2） غَنَمُ [ghanamu] ‖ 参见 غنم [ghanam]，sheep or goats。《李殿君》页 11，列 2，行 13–15；同书页 158，列 5，行 13–15。

波/阿（3） ضَأْنِ [ẓaā'ni] ‖ 参见 ضأن [ẓa'n]（v.n.），separating sheep （from goats），a sheep，a wether；[ẓa'an]（pl. of zā'in）， wethers。《李殿君》页 11，列 5，行 16–18。

波/阿（4） حَمْلِ [hamli] ‖ 参见 حمل [hamal]，a lamb，the sign Aries，白羊座，白羊宫。《李殿君》页 22，列 1，行 16–18。

波/阿（5） مَعْزِ [ma‘zi] ‖ 参见 معز [ma‘z], a goat,（pl. of mā‘iz）goats。《李殿君》页 11，列 1，行 16–18。

波/阿（6） نَعْجَةِ [na‘jati] ‖ 参见 نعجة [na‘jat，na‘ja]，a ewe。《李殿君》页 46，列 1，行 10–12。

波/阿（7） كَبْشِ [kabši] ‖ 参见 كبش [kabš]，a ram，a battering ram。《李殿君》页 46，列 4，行 7–9。

波/阿（8） جداء [jidā’] ‖ 参见 جَدَّاءُ [jaddā’u]，割去耳朵的驼或羊；或جَدَايَة [jadāyat]，满半岁能跑跳的小羚羊（阴阳通用），《新阿汉大词典》页 256，左。《李殿君》页 31，列 2，行 4–6。

波/阿（9） عَنْزَةِ ['anzati] ‖ 参见 عَنْزَة ['anzat]，a she goat。《李殿君》页 93，列 5，行 10。

按，آن-[-ān]在小儿锦中表示开口后鼻韵母-ang。

يَآن [ian], 养 [yang], provide for, give birth to, maintain, cultivate, support

波/阿 غِذَاءِ [ghizaā’i] ‖ 参见 غذاء [ghizā’]，meat or drink，diet，provision，food，victuals，aliment，nutriment。《李殿君》页 16，列 1，行 4–6。

按，آن-[-ān]在小儿锦中表示开口后鼻韵母-ang。

يَآن [ian]，痒 [yang]，itch，tickle

波/阿 ظئر [ža’ir]，按，此词在阿拉伯语中意为乳母，奶妈，《新阿汉大词典》页 1264，左。未查到有与“痒”有关的意义。《李殿君》页 28，列 2，行 10–12。

按，آن-[-ān]在小儿锦中表示开口后鼻韵母-ang。

يَآن [ian]，样 [yang]，appearance，kind

波/阿 صَنْفِ [ṣanfi] ‖ 参见 صنف [ṣanf, ṣinf], kind, sort, species, mode，manner，form，guild，category，tribe。《李殿君》页 49，列 2，行 10–12。

按，آن-[-ān]在小儿锦中表示开口后鼻韵母-ang。

يَآن ثِغِ [ian ṣingh]，佯性 [yang xing]，按，此处对应汉字意义不明

波/阿 هَوْسِ [hausi] ‖ 参见 هوس [haus]，going about or wandering in the night-time （as cattle when pasturing）。《李殿君》页 47，列 4，行 10–12。

按，依照对应阿拉伯文，此处小儿锦及对应汉字应意为夜游，待考。آن-[-ān]在小儿锦中表示开口后鼻韵母-ang。

يَآن چِغِ [ian čingh]，扬尘 [yang chen]，raised dust

波/阿 نَقْعَ [naq'a] ‖ 参见 نقع [naq']，raised dust，a cloud of dust。《李殿君》页 13，列 3，行 1–3。

按，آن-[-ān]在小儿锦中表示开口后鼻韵母-ang。"尘" 字应为前鼻韵母，此处小儿锦拼为后鼻音。

يَآن زْ [ian z]，样子 [yang zi]，appearance，shape，manner，air，tendency，likelihood

波/阿 قَانُوْنِ [qānūni] ‖ 参见 قانون [qānūn]，mode，manner。《李殿君》页 18，列 4，行 16–18；同书页 162，列 2，行 13–15。

按，آن-[-ān]在小儿锦中表示开口后鼻韵母-ang。

يَآن قَوْ [ian ghau]，羊羔 [yang gao]，a lamb

波/阿（1）جِداءِ [jidā'i] ‖ 参见 جَدَاءُ [jaddā'u]，割去耳朵的驼或羊；或 جَدَاية [jadāyat]，满半岁能跑跳的小羚羊（阴阳通用）。《新阿汉大词典》页 256，左。《李殿君》页 117，列 6，行 13。

波/阿（2）جَذَعَ [jaẕa'] ‖ 参见 جَذَع [jaẕa']，the young of cattle。《李殿君》页 118，列 5，行 4。

波/阿（3）حَمْلِ [hammli] ‖ 参见 حمل [hamal]，a lamb。《李

殿君》页 123，列 6，行 16。

按，نَا-[-ān]在小儿锦中表示开口后鼻韵母-ang。

يَآن كِ [ian qi]，阳气 [yang qi]，the flyaway

波/阿 سِرَابُ [sirābu] ‖ 参见 سراب [sarāb]，a vapour resemling the sea at a distance，formed by the reflection of the sun’s meridian rays upon the surface of sandy plains。《李殿君》页 139，列 5，行 13。

按，آن-[-ān]在小儿锦中表示开口后鼻韵母-ang。

يَآن مَوْ [ian mau]，羊毛 [yang mao]，sheep’s wool，fleece

波/阿（1）لَبْدِ [labdi] ‖ 参见لبد [labd]，wool，coarse covering made of wool or hair。《李殿君》页 169，列 6，行 16－18。

波/阿（2）عِهْنِ [‘ihni] ‖ 参见 عهن [‘ihn]，dyed wool。《李殿君》页 63，列 4，行 16－18; 同书页 156，列 6，行 13－15。

按，آن- [-ān]在小儿锦中表示开口后鼻韵母-ang。

يًا نُوْ [ian nu]，嚥怒 [yan nu]，anger

波/阿 كَظْمُ [kažmu] ‖ 参见كظم [kažzm]，restraining(anger)，shutting (a door)。《李殿君》页 168，列 4，行 10－12。

按，疑此处对应汉字应为“颜怒”。

يًا وْغْ شِ [ian ügh ši]，眼药石 [yan yao shi]，a stone from which antimony is prepared

波/阿（1）كَحْلِ [kahli] ‖ 参见 كَحَل [kuhl]，眼药膏，眼药粉，《新阿汉大词典》页 1736，右。《李殿君》页 167，列 2，行 10－12。

波/阿（2）اِثْمِدَ [iṣmida] ‖ 参见اِثْمِدَ [iṣmid, uṣmud]，皓矾，硫酸锌（阿拉伯人用作眼药或作以涂眼睑化妆），《新阿汉大词典》页 1736，右。《李殿君》页 103，列 6，行 1。

按，此处“药”字小儿锦韵母拼音中的字母غ[gh]，应理解为ع[ê]，即读为يًا وْغْ شِ [ian üe ši]。

يٍ بَوْ خُوِ [in bau khui]，饮饱水 [yin bao sȟui]，drink fully

波/阿 رطء [riṭ]，按，此字待考。《伯亚尼》页 5，列 1，行 31。

ىٔ چو [i ču]，益处 [yi chu]，benefit

波/阿 اثر [iṣr] ‖ 参见 اثر [iṣr]，the best part of butter。《伯亚尼》页 3，列 2，行 13。

ىَ حمار [ia himār]，野驴 [ye lü]，a kiang，a wild donkey

波/阿（1）أَئَافْ [ā'af]，按此词待考。《李殿君》页 106，列 2，行 4。

波/阿（2）تُوْلَبُ [taulabu] ‖ 参见 تُوْلَب [taulab]，an ass's colt。《李殿君》页 115，列 2，行 13。

波/阿（3）أَخْذُرِى [akhdurī]。按，在波斯文与阿拉伯文中均未查到اخدرى，待考。《李殿君》页 53，列 4，行 16－18；同书页 103，列 3，行 13。

波/阿（4）أَتَانَ [atāna] ‖ 参见 أَتَانَ [atān]，a she-ass。《李殿君》页 102，列 2，行 13。

按，该小儿锦后半部 حمار [himār]为阿拉伯语表意借词，小儿锦使用者虽然书写时取阿拉伯文原形，但仍按对应汉语意义读为“驴”。

ىً حوَا [in hua]，熔化 [rong hua]，a melting

波/阿 سبكتعا [sbaktā] ‖ 参见 سبک [sabk]，a melting。《伯亚尼》页 2，列 3，行 17。

按，“熔”字应为后鼻韵母，此处小儿锦拼为前鼻音。

ىَ خنزير [ia khinzīr]，野猪 [ye zhu]，boar

波/阿 عنجل，笔者在波斯语与阿拉伯语中均未查到此词，疑为عنجه [ʻunjuh]，豪猪，箭猪，母刺猬，《新阿汉大词典》页 1402，右。指母刺猬时又写作غنجه [ghunajat]，《新阿汉大词典》页 1476，右。《李殿君》页 65，列 1，行 13－15。该小儿锦后半部分خنزير

[khinzīr]为阿拉伯语表意借词，小儿锦使用者虽然书写时取阿拉伯文原形，但仍按对应汉语意义读为“猪”。

یَ شِن [ia šin]，野牲 [ye sheng]，wild animal

波/阿 وُحُوْشِ [wuhuūši] ‖ 参见 وحوش [wuhūš](pl. of wahsh)，wild beasts。《李殿君》页 8，列 4，行 10－12。

按，“牲”字应为后鼻韵母，此处小儿锦拼为前鼻音。

يَغًا [iaghan]，（严）[眼] [yan]，strict， severe

波/阿 عَيَّنَ [‘ayyani] ‖ 参见 عين [‘ain]，the eye。《李殿君》页 59，列 1，行 10－12。

按，此处“严”字小儿锦韵母拼音中的字母غ[gh]，应理解为ع[ê]，即读为يعًا [iaean]。从对应阿拉伯文判断，此处小儿锦拼写的应为汉字“眼”，李殿军先生因“眼”与“严”同音而误将对应汉字写为“严”。

يَغَوْ [ighau]，摇 [yao]，rock，shake

波/阿 رمل [raml]，making (mats)， or anything of a flimsy texture，织席。《李殿君》页 45，列 1，行 4－6。

按，此处“摇”字小儿锦韵母拼音中的字母غ[gh]，应理解为ع[ê]，即读为يَعَوْ [ieau]。

یک [yak]，壹 [yi]，one

波/阿 اَحَدِ [ahadi] ‖ 参见احد [ahad]，one，any one，sole，alone，separated，a unit，an individual。《李殿君》页 19，列 3，行 16－18。

按，该小儿锦为波斯语表意借词，意为一。小儿锦使用者虽然书写时取波斯文原形，但仍按其对应汉语意义读为“壹”。

یک بَا [yak ba]，一把 [yiba]，a handful of

波/阿 حَفْنَةِ [hafnati] ‖ 参见 حفنة [hufnat, hafnat]，a mouthful， handful。《李殿君》页 45，列 3，行 1－3。

按，该小儿锦由波斯语表意借词和汉语词汇音译合成。前半部分یک [yak]是波斯语词汇，意为一，小儿锦使用者虽然书写时取波斯文原形，但仍按其对应汉语意义读为“壹”。后半部分با是汉语“把”的音译。

ىِ كَوْ [i kau]，依靠 [yikao]，rely on，depend

波/阿 باسائيد，按，此字待考。《中文消经》页 2，列 3，行 14。

يک كِوْ [yak kiu]，一口 [yikou]，bite，chaw，a mouthful

波/阿 لقمة [luqmat]，一口食物，《新阿汉大词典》页 1859，左。《李殿君》页 41，列 5，行 13－15；同书页 170，列 4，行 16－18。

按，该小儿锦中的 يک [yak]为波斯语表意借词，意为一，小儿锦使用者虽然书写时取波斯文原形，但仍按其对应汉语意义读为“壹”。

ىَ گِ [ia gi]，野鸡 [ye ji]，pheasant

波/阿 غِرْغِرَ [ghirghira] ‖ 参见غرغر [gharghar]，the Guineahen or jungle-fowl。《李殿君》页 157，列 5，行 13－15。

ىٌكِيُو [iungiu]，永久 [yongjiu]，for ever， eternity

波/阿 خلد [khuld] ‖ 参见خلد [khuld]， eternity。《伯亚尼》页 5，列 1，行 29。

按，“永”字应为后鼻韵母，此处小儿锦拼为前鼻音。

ىِ كِيُو [iagiu]，依据 [yiju]，according to,based on

波/阿 حجة [hjt] ‖ 参见 حجة [hujjat]，argument，proof，reason，demonstration。《伊哈雅仪》页 3，列 1，行 12。

ىِ مِ [i min]，易明 [yiming]（简单），clear

波/阿（1）المبين [al-mubīn] ‖ 参见مبين [mubīn]，clear。《伯亚

尼》页 5，列 1，行 22。

波/阿（2）البين [al-baiyin] ‖ 参见 بين [baiyin]，clear。《伯亚尼》页 6，列 1，行 2。

按，“明”字应为后鼻韵母，此处小儿锦拼为前鼻音。ال[al-]为阿拉伯语名词定冠词。

یَ مَوْ [iamau]，夜猫 [ye mao]，a kind of cat which appears just at night

波/阿 بُوْمِ [buūmi] ‖ 参见 بوم [būm]，an owl，猫头鹰。《李殿君》页 82，列 4，行 4；同书页 112，列 4，行 10。

يَوْ [iau]，腰 [yao]，waist

波/阿 حَقْوَةِ [haqfati] ‖ 参见 حقوة [haqwat]，the waist-band。《李殿君》页 45，列 4，行 1–3。

يَوْ [iau]，摇 [yao]，rock，shake，sway，wave

波/阿 تَمَطّى [tamaṭṭii] ‖ 参见 تمطى [tamaṭṭi]（v.n. 5 of مطر），yawning，stretching oneself。《李殿君》页 30，列 1，行 4–6。

يَوْ [iau]，鹞 [yao]，harrier

波/阿 بَاشِقِ [baāšiqi] ‖ 参见 باشق [būšaq]，a sparrow-hawk。《李殿君》页 82，列 4，行 4。

يَوْ [iau]，咬 [yao]，bite，gnaw，snap at

波/阿 نَهْشِ [nahši] ‖ 参见 نهش [nahš]（v.n.），biting （a serpent），biting （especially with the front teeth）。《李殿君》页 45，列 5，行 4–6。

يَوْ [iau]，要 [yao]，need，want

波/阿 شاى [šaā’a] ‖ 参见 شاء [šā’a]，欲，想要，愿望，希望，《新阿汉大词典》页 1091，右。《李殿君》页 26，列 1，行 46。

يُوْ [iu]，油 [you]，oil，fat，grease，butter

波/阿（1） سَمْنِ [samni] ‖ 参见 سمن [samn]，butter。《李殿君》页 38，列 2，行 16−18。

波/阿 （2） دِهْنِ [dihn] ‖ 参见 دهن [duhn]，oil，unguent。《李殿君》页 131，列 5，行 1。

波/阿（3） حل [hhil]，按，此词待考。《李殿君》页 46，列 2，行 10−12。

波/阿（4） وَدْكِ [wadki] ‖ 参见 ودك [wadik]，fat（meat）。《李殿君》页 29，列 2，行 4−6。

يُوْ [iu]，由 [you]，due to，because of

波/阿 اختيار [ikhtiyār]，权力，职权，挑选，掌握，《波汉词典》页 77，左。《李殿君》页 42，列 5，行 4−6。

يُوْ [iu]，有 [you]，have

波/阿（1） مكان [makān]，地点，场所，位置，职位，品位，替代（某人），《新阿汉大词典》页 1960，右。《李殿君》页 69，列 2，行 10−12。

波/阿（2） وُجُوْدِ [wujuūdi] ‖ 参见 وجود [wujūd]，being found，existing，or beginning to exist，existence，substance，essence。《李殿君》页 2，列 2，行 4−6。

يِ وُ [in wu]，鹦鹉 [ying wu]，a parrot

波/阿 ببغاءِ [babāgh'i] ‖ 参见 بَبَغاءِ [babāgh']，a parrot。《李殿君》页 109，列 5，行 1。

按，“鹦”字应为后鼻韵母，此处小儿锦拼为前鼻音。

يُوًا جوُ [iuan ju]，援助 [yuan zhu]，help

波/阿 الفتع [al-fat‘] ‖ 参见 فتع [fat‘]，victory。《伯亚尼》页 5，列 1，行 21。

按，ال [al-]为阿拉伯语名词定冠词。

يُوًاكِيًا [iuan gian]，远见 [yuan jian]，foresight

波/阿 مناطرا [mnāṭrā]，按，应为 مناظرا [manāẑrā] ‖ 参见 مناظر [manāẑir]，spectacles，public or theatrical exhibitions，aspects，appearances，objects of sight，conspicuous，places，stages。《伊哈雅仪》页 4，列 3，行 17。

يُوًامٌ ژِ [iuan mun jhin]，圆梦人 [yuan meng ren]，one who realise his dream

波/阿 المعبريا [alm'brīā] ‖ 参见 معبرى[mu'abbirī]，interpretations of dreams。《伊哈雅仪》页 5，列 2，行 8。

按，"梦"字应为后鼻韵母，此处小儿锦拼为前鼻音。

يوًامًا [iuan man]，圆满 [yuan man]，satisfaction

波 / 阿 الكمالات [al-kamālāt] ‖ 参见 كمالات [kamālāt]，perfections。《伯亚尼》页 4，列 3，行 6。

按，ال[al-]为阿拉伯语名词定冠词。

يُوًا وَانْ [iuan wan]，冤枉 [yuan wang]，wrong，treat unjustly，not worthwhile，not repaying the effort

波/阿 مرموه [ramūh]，按，在阿拉伯语与波斯语中，此词均未查到。或为 مموه [mumauwah]，falsified，adulterated，insincere，被歪曲的。《中文消经》页 2，列 3，行 23。

按，آن-[-ān]在小儿锦中表示开口后鼻韵母-ang。

يُوًا وَانْ [iuan wan]，愿望 [yuan wang]，wish

波/阿（1） الاوطار [al-awṭār] ‖ 参见 اوطار [awṭār]，愿望，欲望，目的，目标，وطر [waṭar]的复数，《新阿汉大词典》页 2293，左。《伯亚尼》页 4，列 1，行 5。ال为阿拉伯语名词定冠词。

波/阿（2） الامال [al-āmāl] ‖ 参见 امال [āmāl]，hopes。《伯亚尼》页 4，列 2，行 7。ال为阿拉伯语名词定冠词。

波/阿（3） اطارب [aṭwārb]，按，طرب[ṭarab]在阿拉伯语中意

为高兴，愉快，未查到与该小儿锦及对应汉字相应的意义，待考。《伯亚尼》页 4，列 2，行 17。

按，آن-[-ān]在小儿锦中表示开口后鼻韵母-ang。

يُو ءِ چِى [iu 'i ċi]，有一次 [you yi ci]，once

波/阿 باى [bāre] ‖ 试比较波斯语باره [bāra]，once，a time。《真境花园》页 11，列 1，行 12。

يُو ئِى [iu 'i]，语意 [yu yi]，meaning

波/阿 التعقيد [al-ta'aqīd]，تعقيد [ta'aqīd]，文字混乱难懂，修辞不当使人费解，《新阿汉大词典》页 1364，右。《伯亚尼》页 6，列 2，行 21。

按，ال[al-]为阿拉伯语名词定冠词。

يَوْ بَ [iau ba]，摇摆 [yao bai]，sway，swing，vacillate，rock，waver

波/阿 مختال，按，此词未查到，待考。《李殿君》页 66，列 3，行 13。

يَوٌ بيًا [iau bian]，右边 [you bian]，one's right hand，right

波/阿 يَمِيْنِ [yamiīni] ‖ 参见 يمين [yamīn]，the right hand。《李殿君》页 2，列 3，行 7–9。

يَوْ بوْ [iau bu]，腰部 [yao bu]，waist

波/阿 حَقَوْةِ [haqaūti] ‖ 参见 حقوة [haqwat]，the waist-band。《李殿君》页 123，列 4，行 6。

يَوْ بَى [iau bai]，（遥）[摇]摆 [yao bai]，sway

波/阿 تَمَطَى [tamaṭṭia] ‖ 参见 تَمَطى [tamaṭṭi]，yawning。《李殿君》页 115，列 6，行 4。

يُوْ جِوْ [iu jiu]，忧愁 [you chou]，grief，unhappiness

波/阿 كَرْثِ [karṣi] ‖ 参见 كرث [karṣ]（v.n.），oppressing，

grieving，afflicting。《李殿君》页 29，列 1，行 7–9。

يَوْ جُوْ [iau ju]，咬住 [yao zhu]，bite

波/阿 آزْمُ [āzmu] ‖ 参见 ازم [azm]，biting。《李殿君》页 86，列 3，行 4。

يَوْ جُوْ [iau ju]，咬着 [yao zhe]，bite

波/阿 ازْمُ [azmu] ‖ 参见 ازْم [azm]，bite。《李殿君》页 104，列 1，行 13。

يُوْ چِوْ [iu čiu]，忧愁 [you chou]，sad，worried，depressed

波/阿（1）كَرْثِ [karṣi] ‖ 参见 كرث [karṣ]，oppressing，grieving，afflicting。《李殿君》页 167，列 2，行 16–18。

波/阿（2）حَزْنِ [hazni] ‖ 参见 حزن [huzn]，grieving，making sad，being sad。《李殿君》页 122，列 3，行 7。

波/阿（3）دَجْمَ [dajma] ‖ 参见 دجم [dajama]，grief，unhappiness，《新阿汉大词典》页 594。《李殿君》页 128，列 1，行 13。

波/阿（4）اَسَفَ [asafa] ‖ 参见 اَسَف [asaf]，sadness。《李殿君》页 104，列 4，行 16。

波/阿（5）تلهفُ [talahhufu] ‖ 参见 تلهف [talahhuf]，regret。《李殿君》页 115，列 1，行 4。

波/阿（6）غَمَّى [ghama] ‖ 参见 غمى [ghamī]，unhappy，sad，sorrowful，a grief，a sorrow。《李殿君》页 158，列 1，行 10–12。

يُو چِو بُوِ شَان [iu čiu bui šan]，忧愁悲伤 [you chou bei shang]，sorrow

波/阿 تلهف [talahhuf]，lamenting，regretting。《满俩》页 1，列 3，行 9。

按，آن- [-ān]在小儿锦中表示开口后鼻韵母-ang。

يُوِ خُوَ [iui khua]，宜合 [yi he]，appropriate

波/阿 صالح [ṣalih] ‖ 参见 صالح [ṣālih]，good，apt。《满俩》页 5，行 11。

يَوْ دُوٌّ [iau dun]，摇动 [yao dong]，rock，shake，shimmy

波/阿 رَهْلِ [rahli] ‖ 参见 رهل [rahal]，shaking，being loose and flabby（flesh）。《李殿君》页 26，列 1，行 13。

按，"动"字应为后鼻韵母，此处小儿锦拼为前鼻音。

يُوَ دُو [iua du]，阅读 [yue du]，read

波/阿 مطالعيه [mṭāl'īh] ‖ 参见 مطالعة [muṭāla'at]，exhibiting（anything） to inspection，or to be read，reading，study。《伊哈雅仪》页 2，列 4，行 14。

يَوْ دُوُغٍ [iau dungh]，窑洞 [yao dong]，cave dwelling

波/阿 كَهْفُ [kahfu] ‖ 参见 كهف [kahf]，a cave，a large cavern，grotto，as a mountain-cave。《李殿君》页 169，列 3，行 10–12。

يَوْ دُوُغِى [iau dūnghi]，窑洞 [yao dong]，cave dwelling

波/阿 غَارِ [ghāri] ‖ 参见 غار [ghār]，a cavern，cave，grotto，the den of a wild beast。《李殿君》页 157，列 4，行 1–3。

按，"洞"字小儿锦拼音غٍ之后的元音ى虽置于غٍ之后，但读音时按置于其前拼读，即应读为دُوُغِى [dūingh]。

يَوْ دَىْ [iau dai]，腰带 [yao dai]，waistband，belt，girdle

波/阿 كَسْتِيجَ [kastīja]，按，此词未查到，待考。《李殿君》页 168，列 3，行 4–6。

يُوَر لِيَانْ [iuar lian]，月儿[亮] [yue'r]，moon

波/阿 ماه [māh] ‖ 参见 ماه [māh]，the moon。《真境花园》页 2，列 1，行 1。

按，آن-[-ān]在小儿锦中表示开口后鼻韵母-ang。小儿锦所拼者应为"月儿亮"。

يَوْزْ [iao z]，窑子 [yao zi]（窑洞），a cave

波/阿（1） طَاقِ [ṭaāqi] ‖ 参见 طاق [ṭāq]，an arch，an arched building，cupola，or any kind of vaulted work，a window，balcony。《李殿君》页 41，列 5，行 7–9。

波/阿（2） محراب [mihrāb]，清真寺里的壁龛（教长站的地方），半圆室（教堂向外突出的地方），《波汉词典》页 2130，左。《李殿君》页 59，列 1，行 13–15。

波/阿（3） كهف [kahf] ‖ 参见 كهف [kahf]，a cave。《伯亚尼》页 5，行 23。

يَوْزْ [iau z]，鹞子 [yao zi]，a snipe，falcon，a sparrow hawk

波/阿（1） سُبْرَ [subra] ‖ 参见 سبر [subr]，a snipe，《新阿汉大词典》页 874。《李殿君》页 58，列 3，行 1–3；同书页 138，列 6，行 16。

波/阿（2） بَازِى [baāziī] ‖ 参见 بازى [bāzī]，a falcon。《李殿君》页 61，列 5，行 1–3；同书页 108，列 3，行 13。

波/阿（3） بَاشِقِ [bāšiqi] ‖ 参见 بَاشِق [bāšaq]，a sparrow hawk。《李殿君》页 108，列 2，行 16。

يُوَسِ [iua si]，钥匙 [yao shi]，the key

波/阿 كليد [kalīd，kilīd]，a key。《真境花园》页 5，列 2，行 13。

يُوْشِوْ [iu šiu]，忧愁 [you chou]，grief

波/阿 تا سفا [tā'sfā] ‖ 参见 تا سفاً [ta'assufan]，with grief，or regret，remorsefully。《伊哈雅仪》页 3，列 4，行 10。

يَوْصُوْ [iau ṣu]，要素 [yao su]，element

波/阿 بالاركان [bālārkān] ‖ 参见单数：ركن [rukn]，复数：اركان [arkān]，要素，基本成分，实质，主要部分，《新阿汉大词典》页 781，左。《伯亚尼》页 5，列 3，行 12。

يُو عِ وًا دِيًا [iu ei wan dian]，有一晚点 [you yi wan dian]（晚上），evening

波/阿 شب [šab]，晚间，晚上。《真境花园》页 6，列 2，行 7。

يُوَ فُو جَا نْ ژِ [iua fu jan jhin]，岳父丈人 [yue fu zhang ren]，father-in-law

波/阿 حموک [hamuk] ‖ 参见 حمو [hamu]，a husband's or wife's father or brother。《满俩》页 5，行 8。

按，آن -[-ān]在小儿锦中表示开口后鼻韵母-ang。

يوَ كِيًا وِ [iua kian wi]，有权威 [you quan wei]，authority

波/阿 كلمة [kalimat, kalima, kalma]，a word, saying, discourse, vocable，part of speech，the Muhammadan confession of faith。《伊哈雅仪》页 4，列 1，行 16。

يوَكٍْ [iao gin]，要紧 [yao jin]，importance

波/阿 العناية [al-'anāyat] ‖ 参见 عناية ['anāyat]，meaning。《伯亚尼》页 3，列 3，行 19。

按，ال[al-]为阿拉伯语名词定冠词。

يُوْ كِ [iu gi]，悠气 [you qi]，the last breath

波/阿 رَمْقِ [ranqi] ‖ 参见 رمق [ramq]，the last breath，the departing spirit。《李殿君》页 135，列 6，行 13。

يوُكٍ لِيَانْ دِ [iu gin lian di]，有斤两的 [you jin liang de]，heavy

波/阿 اولى الخظر [awlī al-khažar]，按，此词待考。《伯亚尼》页 6，列 1，行 7。

按，آن-[-ān]在小儿锦中表示开口后鼻韵母-ang。ال[al-]为阿拉伯语名词定冠词。

يوم شِ [yaum ši]，日（蚀）［食］ [ri shi]，solar eclipse

波/阿 كُسُوْفُ [kusūfu] ‖ 参见 كسوف [kusūf](v.n. of كسف), being obscured，eclipsed，an eclipse （especially of the sun）。《李殿君》页 44，列 1，行 13–15；同书页 168，列 3，行 7–9。

按，此处小儿锦前半部分يوم [yaum]乃阿拉伯语表意借词，意为日，白天。小儿锦使用者虽然书写时取阿拉伯文原形，但仍按对应汉语意义读为“日”。

يُو مِ فَانْ [iu min wan]，有名望 [you ming wang]，famous，with reputation

波/阿 ناموس [nāmūs]，reputation，fame，renown，esteem，honour，dignity，law，divine decrees or judgments。《真境花园》页 1，列 1，行 7。

按，“名”字应为后鼻韵母，此处小儿锦拼为前鼻音。آن-[-ān]在小儿锦中表示开口后鼻韵母-ang。

يوم لُوَ [yaum lua]，日落 [ri luo]，sundown，sunset

波/阿（1） غُرُوْبُ [ghuruūbu] ‖ 参见 غروب [ghurūb]（v.n. of غرب），setting （as the sun or moon）。《李殿君》页 52，列 1，行 13–15；同书页 157，列 4，行 16–18。

波/阿（2） أَفَلِ [afal]，（星）下落，没落，《新阿汉大词典》页 42。《李殿君》页 105，列 3，行 16。

按，此处小儿锦前半部分يوم [yaum]乃阿拉伯语表意借词，意为日，白天。小儿锦使用者虽然书写时取阿拉伯文原形，但仍按对应汉语意义读为“日”。

يُو مِي [iu mi]，幼女 [you nü]，小儿锦“女”字拼法或有误，正确写法似应为 يُو ني [iu ni]，young girl。如该拼法不误，则对应汉字或应为“幼妹”

波/阿 حزائرة [hizā’rat]，按，应为 خريده [kharīda]，an immature virgin。《伯亚尼》页 4，列 1，行 28。

يُو ْ نيِ [iu ni]，油泥 [you ni]，grease

波/阿 تَغثِ [taghṣi]，按，此词待考。《李殿君》页 114，列 6，行 10。

يُو نِيُو [iu niui]，幼女 [you nü]，an little immature girl

波/阿（1） خرائد [kharā'd] ‖ 参见 خريده [kharīda]，an immature virgin。《中文消经》页 3，列 1，行 10。

波/阿（2） الاعجاز [al-a'jāz] ‖ 参见 اعجاز [a'jāz]，最小的儿子或姑娘（阴阳性，单复数通用），《新阿汉大词典》页 1289，左。《伯亚尼》页 6，列 1，行 22。ال[al-]为阿拉伯语名词定冠词。

يَوْ يوًا [iau yuan]，遥远 [yao yuan]，distant

波/阿 نبوّل [nabūl]，按，此词待考。《伯亚尼》页 4，列 1，行 2。

يُوْ وًا [iu wan]，游玩 [you wan]，play，stroll，go sightseeing

波/阿 طَوّافُ [ṭawwaāfu] ‖ 参见طواف [ṭawāf]（v.n. of طوف），going round，making a procession，circumambulating （especially the Ka'bah，or the tomb of a pious person）。《李殿君》页 61，列 1，行 13–15。

يَوْ وِى [iau wi]，要为 [yao wei]，become，desire

波/阿（1） رَامَ [rāma] ‖ 参见 رام [rām]，tame，domestic。《李殿君》页 50，列 5，行 1–3；同书页 132，列 6，行 10。

波/阿（2） مُرَامَ [muraāma] ‖ 参见 مرام [marām]，seeking anxiously，desire。《李殿君》页 99，列 1，行 7。

波/阿（3） عنى ['anā]，他的话意味着……，意思是……，就是说……，《新阿汉大词典》页 1407，左。《李殿君》页 24，列 4，行 10–12。

يَوْ ؤغً [iau üghan]，遥远 [yao yuan]，far，far away

波/阿（1） بَعدِ [bu'di] ‖ 参见 بَعد [bu'd]，distance。《李殿君》

页 111，列 2，行 7。

波/阿（2）زَحْزَحَ [zahzaha] ‖ 参见 زحزح [zahzah], separating, detaching, driving away, putting to a distance。《李殿君》页 23，列 4，行 10–12。

按，此处"远"字小儿锦韵母拼音中的字母غ[gh]，应理解为ع[ê]，即读为يَو ۋِعً[iau üean]。

يَوْ ۋغًا [iau üghan]，遥远 [yao yuan]，distance，far away

波/阿（1）بَعُدَ [ba'uda] ‖ 参见 بعد [bu'd], distance, remoteness。《李殿君》页 10，列 2，行 4–6。

波/阿（2）سَحُقَ [sahqa] ‖ 参见 سحق [suhq，suhuq]，being far，remote，removing to a distance。《李殿君》页 139，列 6，行 7。

波/阿（3）زَحْزَحَ [zahzaha] ‖ 参见 زحزح [zahzah]，driving away，putting to a distance。《李殿君》页 136，列 5，行 16。

按，此处"远"字小儿锦韵母拼音中的字母غ[gh]，应理解为ع[ê]，即读为يَوْ ۋعا [iau üean]。

يٍ وِی [in wi]，因为 [yin wei]，because

波/阿 ازبهر [az bahr] ‖ 参见بهر [bahr], for, because, on account of; از [az]，for，by。《真境花园》页 1，列 2，行 5。

يُ وُی [iu yun]，余文 [yu wen]，unnecessary words

波/阿 الحشو [al-hušū] ‖ 参见 حشو [hašwa]，多余的话，废话，《新阿汉大词典》页 398，左。《伯亚尼》页 6，列 2，行 19。

按，ال[al-]为阿拉伯语名词定冠词。

يوُ يِوی [iu yiui]，有余 [you yu]，too much to use

波/阿 رائد [rā'īd] ‖ 参见 رائد [rā'id]，one who goes or is sent a foraging。《伊哈雅仪》页 5，列 1，行 3。

يٍ ي [in yin]，阴影 [yin ying]，shadow

波/阿 ظل [ẑill] ‖ 参见 ظل [ẑill]，shadow。《伯亚尼》页 4，列 2，行 22；同书页 5，列 1，行 26。

按，“影”字应为后鼻韵母，此处小儿锦拼为前鼻音。

يِ ىُ [in yun]，应用 [ying yong]，use，apply

波/阿 تناولا [tanāwulā] ‖ 参见 تناول [tanāwul]，拿，取，接收，收到，《新阿汉大词典》页 2142，左。《伯亚尼》页 6，列 3，行 1。

按，“应”与“用”均应为后鼻韵母，此处小儿锦拼为前鼻音。

ىَ ىَ [ia ia]，叶叶 [ye ye]（树叶），leaf

波/阿 وَرْقَةِ [warqati] ‖ 参见 ورقة [waraqat]，one leaf。《李殿君》页 84，列 3，行 1。

ىُ ىُ [iun yun]，韵文 [yun wen]，rhymed prose

波/阿 السجع [al-saj‘] ‖ 参见 سجع [saj‘]，rhymed prose。《伯亚尼》页 5，列 3，行 27。

按，ال [al-]为阿拉伯语名词定冠词。

ىُ يِ [iun yi]，容易 [rong yi]，easy

波/阿لتسهيل [litishīl] ‖ 参见لتسهيل [tashīl]，提供方便，提供便利，《新阿汉大词典》页 975，左。ل 为阿拉伯语属格虚词。《伯亚尼》页 6，列 3，行 2。

按，“容”字应为后鼻韵母，此处小儿锦拼为前鼻音。

يِ يَا [in ya]，（瘖症）[喑哑] [yin ya]（沉默，哑），dumb

波/阿（1）أَخْرَس [akhras]，dumb。《李殿君》页 103，列 1，行 16。

波/阿（2）بُكْمُ [bukmu] ‖ 参见 بُكم [bukm]，dumb。《李殿君》页 111，列 5，行 16。

يِ يَانْ شِوِ ىَ [i yan šuin yan]，一样学文[问][yi yang xue wen]（一

种学问），a kind of knowledge

波/阿 الفن [al-fan] ‖ 参见 فن [fann]，writing。《伯亚尼》页 3，列 2，行 7。

按，-آن [-ān]在小儿锦中表示开口后鼻韵母-ang。ال为阿拉伯语名词定冠词。

يِئِ كَوْ [i kau]，依靠 [yi kao]，a support，prop，a protector，patron

波/阿 پشت [pušt] ‖ 参见 پشت [pušt]，a support，prop，a protector，patron。《真境花园》页 11，列 1，行 1。

ىِيُو فا [in yuiu fa]，隐喻法 [yin yu fa]，metaphor

波/阿 استارة [astārat]，按，应为 استعارة [ast'ārat]，波斯语写为استعاره [ast'āra]。《伯亚尼》页 6，列 1，行 33。

ىِ 七 يًا [i qian]，一千 [yi qian]，a thousand

波/阿 اَلفُ [alfu] ‖ 参见 اَلف [alf]，a thousand。《李殿君》页 106，列 6，行 7。

七 Qi

七 [q]，七 [qi]，seven

波/阿 سَبْعَ [sab'a] ‖ 参见 سبع [sab']，seven。《李殿君》页 139，列 2，行 1。

ءِ七 [qi]，膝 [xi]，knee

波/阿 رَكْبَةِ [rakbati] ‖ 参见 ركبة [rukbat]，the knee。《李殿君》页 19，列 4，行 13–15。

ءِ七 [q'i]，脐 [qi]，hilum，navel，bellybutton

波/阿 فاخورة [fākhūrat]，按，在阿拉伯语中此词意为陶瓷作坊，陶瓷厂。未查到与该小儿锦及对应汉字相应的意义，待考。《李殿君》页 42，列 3，行 16–18。

ءِ七 [qi]，戚 [qi]（亲戚），relatives

波/阿 صِهْرَ [ṣihra] ‖ 参见 صهر [ṣihr]，contraction of affinity by marriage，姻亲，姻亲关系，姐夫，妹夫，女婿，《新阿汉大词典》页 1156，右。《李殿君》页 43，列 4，行 7–9。

قُوْ ءِغِ 七 [q'ingh ghau]，清高 [qing gao]，aloof from politics and material pursuits

波/阿 تَعَالَى [ta'aālīā] ‖ 参见 تعالى ا [ta'ālā]，be he exalted，often joined to the name of God。《李殿君》页 100，列 4，行 16。

غِ七 [qingh]，亲[倾？] [qin]，kiss

波/阿 قصد [qaṣd]，此词在阿拉伯语中意为希望，打算。按此判断，对应汉字似应为“倾”，即倾向的意思。《李殿君》页 10，列 2，行 1–3。

按，此字小儿锦拼为后鼻音，应为前鼻音，其中的字母غ[gh]，应理解为ع[ê]，正确拼法为 عِ七[qien]。

غًا 七 [qghan]，前 [qian]，priority

波/阿 اِمَامُ [imaāmu] ‖ 参见 امام [imām]，prior to，before。《李殿君》页 93，列 5，行 4。

按，该小儿锦中表示开口元音的字母غ[gh]，应理解为ع[ê]，即读为عًا 七 [qean]。

آب غِ 七 [qingh āb]，清水 [qing shui]，clean and clear water

波/阿 قِرَاحَ [qiraāha] ‖ 参见 قراح [qarāh]，water （sweet，limpid）。《李殿君》页 96，列 1，行 13。

按，该小儿锦后半部分آب[āb]为波斯语表意借词，意为水。小儿锦使用者虽然书写时取波斯文原形，但仍按对应汉语意义读为“水”。

بٌ غِ七 [qingh bun]，亲奔 [qin ben]，wish，try to do sth.，intending，oppose

波/阿（1） عمد ['amd]（v.n.），intending，proposing。《李殿君》页 51，列 3，行 1–3。

波/阿（2） تَصَدّىَ [taṣaddīa] ‖ 参见 تَصَدّىَ [taṣaddī]，oppose。《李殿君》页 114，列 2，行 7。

按，“亲”字应为前鼻韵母，此处小儿锦拼为后鼻音。此处对应汉字“亲奔”或应写为“倾奔”。

غِ ثِغُو七 [qingh ṣghiu]，清秀 [qing xiu]，comeliness

波/阿 هَذَّبَ [hazzaba] ‖ 参见 هذب [hazab]，purity，integrity，brightness。《李殿君》页 48，列 5，行 1–3。

按，此处“秀”字小儿锦双元音拼音中的字母غ[gh]，应理解为ع[ê]，即读为غِ ثِعو七 [qing ṣeiu]。

شِيُوْ قِغِ七 [qingh šiu]，清秀 [qing xiu]，comeliness

波/阿 تنقيح [tanqīh]，cleaning。《李殿君》页 57，列 1，行 7–9。

ثِىُ قِغِ七 [qingh ṣiu]，清修 [qing xiu]（清理修剪），prune

波/阿 شَذَّبَ [šazzaba]，pruning，lop or bark of trees，peeling。《李殿君》页 38，列 4，行 16–18。

ثِىُ قِغِ七 [qingh ṣiu]，清秀 [qing xiu]，delicate and pretty

波/阿 تَنِقيحَ [tanqīha] ‖ 参见 تَنِقيح [tanqīh]，cleaning。《李殿君》页 115，列 5，行 7。

按，此处小儿锦“清”字未标出齐齿鼻音。

قُوْ قِغِ 七 [qingh ghau]，清高 [qing gao]，aloof from politics and material pursuits

波/阿 تَعَالَى [ta'ālā] ‖ 参见 تعاليا [ta'ālā]，be he exalted。《李殿君》页 114，列 5，行 7。

كِيَ قِغِ 七 [qingh gia]，清洁 [qing jie]，clean

波/阿 عَفلَّ ['aflla]，按，此词未查到与该小儿锦及对应汉字相应的意义，待考。《李殿君》页 26，列 5，行 7–9。

قْغَ七 [q gh'a]，膝盖 [xi gai]，the knee

波/阿 رَكْبَةِ [rakbati] ‖ 参见 ركبة [rukabat]，the knee。《李殿君》页 135，列 1，行 7–9。

يَا七 [qian]，前 [qian]，former，forward，front，preceding

波/阿 سَلْفُ [salfu] ‖ 参见 سلف [salaf]，past or former times，a predecessor，ancestor（also used for the plural），a precedent，money advanced for merchandize。《李殿君》页 24，列 3，行 4–6。

يَا七 آب [qian āb]，浅水 [qian shui]，shallow water

波/阿 ضَحْلِ [ẓahli] ‖ 参见 ضحل [ẓahl]（v.n.），being little and shallow（water），containing but little water（a pond or tank），a stone in the water，the upper part appearing above。《李殿君》页 28，列 1，行 1–3。

该小儿锦后半部分آب [āb]为波斯语表意借词，意为水。明四夷馆本《回回馆杂字》“地理门”第 47 词 “آب（āb），水，阿卜”，即此。小儿锦使用者虽然书写时取波斯文原形，但仍按对应汉语意义读为“水”。

七يَا بِيَا [qian bian]，前边 [qian bian]，in front of

波/阿 إِمَامُ [imāmu] ‖ 参见 إِمَامْ [imām]，one who stands before or be followed。《李殿君》页 106，列 5，行 13。

七 يَا كِيَوْ [qian giau]，前窍 [qian qiao]（前面，前部），foreside

波/阿 قُبُلِ [qubuli] ‖ 参见 قبل [qubul]，前面，前部，开始，《新阿汉大词典》页 1580，左。《李殿君》页 90，列 3，行 13。

七 يَآن [qian]，墙 [qiang]，wall

波/阿（1） حَائِطِ [haā'iṭi] ‖ 参见 حائط [hā'iṭ]，wall，inclosure，fence，a garden。《李殿君》页 6，列 2，行 13–15。

波/阿（2） حِيطَانِ [hiṭaāni] ‖ 参见 حيطان [hīṭān]，walls。《李殿君》页 29，列 1，行 10–12。

波/阿（3） حَطِيمُ [haṭiīmu] ‖ 参见 حطيم [haṭīm]，the wall surrounding the temple at Mecca on the west。《李殿君》页 27，列 1，行 16–18。

波/阿（4） جِدَارِ [jidaāri] ‖ 参见 جدار [jidār]，a wall。《李殿君》页 11，列 2，行 7–9。

按，آن-[-ān]在小儿锦中表示开口后鼻韵母-ang。

七 يَآن [qian]，抢 [qiang]，bump，rob，scratch，loot，snatch，grab，scramble，vie，rush，scrape

波/阿（1） غاور [ghāwir]，powerful。《李殿君》页 68，列 3，行 4–6。

波/阿（2）مخرص [makhraṣ] ‖ 参见 مخرص [mikhraṣ]，矛枪，红缨枪。按，从对应阿拉伯语意义判断，此处对应汉字“抢”应为“枪”之讹。《李殿君》页 49，列 3，行 16–18。

按，آن-[-ān]在小儿锦中表示开口后鼻韵母-ang。

بِ يَآن 七 [qian bi]，墙壁 [qiang bi]，walls

波/阿 حَائِطِ [haā'iṭi] ‖ 参见 حائط [hā'iṭ]，wall，inclosure，fence，a garden。《李殿君》页 120，列 5，行 7。

按，آن-[-ān]在小儿锦中表示开口后鼻韵母-ang。

تِوْ يَآن七 [qian tiu]，墙头 [qiang tou]，walls

波/阿 حَيْطَانِ [haīṭāni] ‖ 参见 حيطان [hiṭān]，walls。《李殿君》页 124，列 2，行 13。

按，آن-[-ān]在小儿锦中表示开口后鼻韵母-ang。

قِ يَآن七 [qian ghin]，墙根 [qiang gen]，the corner of a wall

波/阿 حَطِيمُ [haṭīmu] ‖ 参见 حطيم [haṭīm]，the wall surrounding the temple at Mecca on the west。《李殿君》页 122，列 2，行 1。

按，آن-[-ān]在小儿锦中表示开口后鼻韵母-ang。

قًا يَآن七 [qian ghan]，枪杆 [qiang gan]，gun barrel，spear，gun，arms

波/阿 رَمْحَ [ramha] ‖ 参见 رمح [ramh]，piercing(with a spear)，kicking （a horse)，[rumh]，a spear，lance，a star in the knee of bootes。《李殿君》页 7，列 5，行 13–15；同书页 135，列 2，行 13。

按，آن-[-ān]在小儿锦中表示开口后鼻韵母-ang。

تمام يِ七 [qi tamām]，漆泉 [qi quan]，laquer spring

波/阿 قِيرَ [qira] ‖ 参见 قير [qīr]，a kind of pitch，used in smearing ships or camels。《李殿君》页 166，列 6，行 10–12。

该小儿锦前半部分“يِ七”以汉字“七”表示普通话中的声母 q-，读为[qi]。这是迄今所见唯一以汉字表示的小儿锦字母。它表示同音字“漆”。而与汉字“泉”相对应的تمام [tamām]为阿拉伯文，意为完全，在这里是表意借词。使用小儿锦的人在此处按“全”与“泉”同音的原则，理解为“泉”。

يُوْ 七 [qiu]，秋 [qiu]，autumn

波/阿 خَرِيفُ [khariīfu] ‖ 参见 خريف [kharīf]，autumn，fall。《李殿君》页 42，列 3，行 4–6。

七يُوْ تِيًا [qiu tian]，秋天 [qiu tian]，autumn，fall

波/阿 خَرِيفُ [kharīfu] ‖ 参见 خريف [kharīf]，autumn。《李殿君》页 126，列 2，行 4。

欧亚历史文化文库

已经出版

林悟殊著:《中古夷教华化丛考》 定价：66.00 元
赵俪生著:《弇兹集》 定价：69.00 元
华喆著:《阴山鸣镝——匈奴在北方草原上的兴衰》 定价：48.00 元
杨军编著:《走向陌生的地方——内陆欧亚移民史话》 定价：38.00 元
贺菊莲著:《天山家宴——西域饮食文化纵横谈》 定价：64.00 元
陈鹏著:《路途漫漫丝貂情——明清东北亚丝绸之路研究》
定价：62.00 元
王颋著:《内陆亚洲史地求索》 定价：83.00 元
〔日〕堀敏一著，韩昇、刘建英编译:《隋唐帝国与东亚》
定价：38.00 元
〔印度〕艾哈默得·辛哈著，周翔翼译，徐百永校:《入藏四年》
定价：35.00 元
〔意〕伯戴克著，张云译:《中部西藏与蒙古人
——元代西藏历史》(增订本) 定价：38.00 元
陈高华著:《元朝史事新证》 定价：74.00 元
王永兴著:《唐代经营西北研究》 定价：94.00 元
王炳华著:《西域考古文存》 定价：108.00 元
李健才著:《东北亚史地论集》 定价：73.00 元
孟凡人著:《新疆考古论集》 定价：98.00 元
周伟洲著:《藏史论考》 定价：55.00 元
刘文锁著:《丝绸之路——内陆欧亚考古与历史》 定价：88.00 元
张博泉著:《甫白文存》 定价：62.00 元
孙玉良著:《史林遗痕》 定价：85.00 元
马健著:《匈奴葬仪的考古学探索》 定价：76.00 元
〔俄〕柯兹洛夫著，王希隆、丁淑琴译:
《蒙古、安多和死城哈喇浩特》(完整版) 定价：82.00 元
乌云高娃著:《元朝与高丽关系研究》 定价：67.00 元
杨军著:《夫余史研究》 定价：40.00 元

梁俊艳著：《英国与中国西藏（1774—1904）》 定价：88.00 元

〔乌兹别克斯坦〕艾哈迈多夫著，陈远光译：

《16—18 世纪中亚历史地理文献》（修订版） 定价：85.00 元

成一农著：《空间与形态

——三至七世纪中国历史城市地理研究》 定价：76.00 元

杨铭著：《唐代吐蕃与西北民族关系史研究》 定价：86.00 元

殷小平著：《元代也里可温考述》 定价：50.00 元

耿世民著：《西域文史论稿》 定价：100.00 元

殷晴著：《丝绸之路经济史研究》 定价：135.00 元（上、下册）

余大钧译：《北方民族史与蒙古史译文集》 定价：160.00 元（上、下册）

韩儒林著：《蒙元史与内陆亚洲史研究》 定价：58.00 元

〔美〕查尔斯·林霍尔姆著，张士东、杨军译：

《伊斯兰中东——传统与变迁》 定价：88.00 元

〔美〕J.G.马勒著，王欣译：《唐代塑像中的西域人》 定价：58.00 元

顾世宝著：《蒙元时代的蒙古族文学家》 定价：42.00 元

杨铭编：《国外敦煌学、藏学研究——翻译与评述》 定价：78.00 元

牛汝极等著：《新疆文化的现代化转向》 定价：76.00 元

周伟洲著：《西域史地论集》 定价：82.00 元

周晶著：《纷扰的雪山——20 世纪前半叶西藏社会生活研究》

定价：75.00 元

蓝琪著：《16—19 世纪中亚各国与俄国关系论述》 定价：58.00 元

许序雅著：《唐朝与中亚九姓胡关系史研究》 定价：65.00 元

汪受宽著：《骊靬梦断——古罗马军团东归伪史辨识》 定价：96.00 元

刘雪飞著：《上古欧洲斯基泰文化巡礼》 定价：32.00 元

〔俄〕T.Б.巴尔采娃著，张良仁、李明华译：

《斯基泰时期的有色金属加工业——第聂伯河左岸森林草原带》

定价：44.00 元

叶德荣著：《汉晋胡汉佛教论稿》 定价：60.00 元

王颋著：《内陆亚洲史地求索（续）》 定价：86.00 元

尚永琪著：

《胡僧东来——汉唐时期的佛经翻译家和传播人》 定价：52.00 元

桂宝丽著：《可萨突厥》 定价：30.00 元

篠原典生著：《西天伽蓝记》 定价：48.00 元

〔德〕施林洛甫著，刘震、孟瑜译：

《叙事和图画——欧洲和印度艺术中的情节展现》 定价：35.00 元

马小鹤著：《光明的使者——摩尼和摩尼教》 定价：120.00 元

李鸣飞著：《蒙元时期的宗教变迁》 定价：54.00 元

〔苏联〕伊·亚·兹拉特金著，马曼丽译：

《准噶尔汗国史》（修订版） 定价：86.00 元

〔苏联〕巴托尔德著，张丽译：《中亚历史——巴托尔德文集第 2 卷第 1 册第 1 部分》 定价：200.00 元（上、下册）

〔俄〕格·尼·波塔宁著，〔苏联〕B.B.奥布鲁切夫编，吴吉康、吴立珺译：《蒙古纪行》 定价：96.00 元

张文德著：《朝贡与入附——明代西域人来华研究》 定价：52.00 元

张小贵著：《祆教史考论与述评》 定价：55.00 元

〔苏联〕K. A. 阿奇舍夫、Г. A. 库沙耶夫著，孙危译：

《伊犁河流域塞人和乌孙的古代文明》 定价：60.00 元

陈明著：《文本与语言——出土文献与早期佛经词汇研究》

定价：78.00 元

李映洲著：《敦煌壁画艺术论》 定价：148.00 元（上、下册）

杜斗城著：《杜撰集》 定价：108.00 元

芮传明著：《内陆欧亚风云录》 定价：48.00 元

徐文堪著：《欧亚大陆语言及其研究说略》 定价：54.00 元

刘迎胜著：《小儿锦研究》（一、二、三） 定价：300.00 元

敬请期待

段海蓉著：《萨都剌传》

许全胜著：《黑鞑事略校注》

贾丛江著：《汉代西域汉人和汉文化》

王永兴著：《敦煌吐鲁番出土唐代军事文书考释》

薛宗正著：《汉唐西域史汇考》

徐文堪编：《梅维恒内陆欧亚研究文选》

李锦绣编：《20 世纪内陆欧亚历史文化研究论文选粹》

李锦绣、余太山编：《古代内陆欧亚史纲》

郑炳林著：《敦煌占卜文献叙录》

李锦绣著:《裴矩〈西域图记〉辑考》
李艳玲著:《田作畜牧
——公元前2世纪至公元7世纪前期西域绿洲农业研究》
许全胜、刘震编:《内陆欧亚历史语言论集——徐文堪先生古稀纪念》
张小贵编:《三夷教论集——林悟殊先生古稀纪念》
李鸣飞著:《横跨欧亚——中世纪旅行者眼中的世界》
杨林坤著:《西风万里交河道——明代西域丝路上的使者与商旅》
林悟殊著:《华化摩尼教补说》
王媛媛著:《摩尼教艺术及其华化考述》
李花子著:《长白山踏查记》
芮传明著:《摩尼教敦煌吐鲁番文书校注与译释研究》
马小鹤著:《霞浦文书研究》
〔德〕梅塔著，刘震译:《从弃绝到解脱》
郭物著:《欧亚游牧社会的重器——鍑》
王邦维著:《华梵问学集》
李锦绣著:《北阿富汗的巴克特里亚文献》
孙昊著:《辽代女真社会研究》
赵现海著:《长城时代的开启
——长城社会史视野下明中期榆林长城修筑研究》
华喆著:《帝国的背影——公元14世纪以后的蒙古》
杨建新著:《民族边疆论集》
王永兴著:《唐代土地制度研究——以敦煌吐鲁番田制文书为中心》
〔苏联〕伊·亚·兹拉特金等著,马曼丽、胡尚哲译:
《俄蒙关系档案文献集（1607—1654）》
〔俄〕柯兹洛夫著，丁淑琴译:《蒙古与喀木》
马曼丽著:《马曼丽内陆欧亚自选集》
韩中义著:《欧亚与西北研究辑》
刘迎胜著:《蒙元史考论》
尚永琪著:《古代欧亚草原上的马——在汉唐帝国视域内的考察》
石云涛著:《丝绸之路的起源》
青格力等著《内蒙古土默特金氏蒙古家族契约文书整理研究》
尚永琪著:《鸠摩罗什及其时代》
石云涛著:《魏晋南北朝时期的外来文明》
